약관법론

이병준 저

세창출판사

머리말

약관법은 그 실무적 중요성에 비하여 우리나라에서는 아직 문헌이 많지 않고 그 연구의 깊이도 아주 깊은 편이 아니라는 생각에서 책을 써야겠다는 목표로 연구를 한 지 20년이 지났다. 그 사이에 여러 번 책을 내야겠다고 이야기만 하고 끝맺지 못하다가 모교인 고려대학교로 옮긴 뒤 첫 방학을 맞이하여 지금까지의 연구를 매듭짓고자 시간을 내어 약관법 책을 마무리했다. 프랑스 파리의 에펠탑 밑 그리고 박사과정의 추억이 묻어 있는 독일 튀빙겐 대학교 교정에서 고된 교정작업을 마쳤다.

약관법론이라는 이름으로 세상에 내게 된 이 책은 여전히 약관법과 관련된 쟁점을 모두 다루고 있지 못하다. 이 책에서는 약관법의 총론부분만 다루고 개별적 불공정 심사기준과 분야별 약관에 대해서는 다루고 있지 못하기에 아직 미완성처럼 보일 수 있다. 그럼에도 약관법의 총론부분에서 해결되지 못한 많은 부분을 일관된 시각과 관점으로 서술하고자 노력하였다. 따라서 거시적 관점으로 보았을 때에는 그 자체로 책의 완전성을 인정하고 싶은 마음이다. 물론 더 많은 쟁점을 자세히 연구한 후 좀 더 완성도 있는 책을 낼 수도 있지만, 한시라도 빨리 내 달라는 많은 분들의 요구와 실무적 필요성을 느껴 서두르게 됐다. 후술하겠지만, 전기료 누진제 판례처럼 약관법 법리에 정면으로 반하는 전제를 바탕으로 내려진 판결이 실무에서 나오고 있는 실정이다. 판례는 약관법 제정 이전의 태도를 완전히 버리지 못하고 약관법을 바탕으로 한 법리개발을 비교적 소홀히 하고 있다고 생각된다. 물론 이는 학자들이 깊이 있는 연구를 통하여 약관법을 해석하고 적용하는 길을 보여 주지 못하고 있기 때문이 아닐까 싶다.

이 책은 약관법의 기본적인 이론적 맥락을 일관되게 서술함으로써 약관법이 실무에서 제대로 해석되고 적용되면 좋겠다는 생각에서 쓰여졌다. 약관법의 입법목적을 달성하는 방향으로 약관법이 적용되어 약관을 통한 거래생활을 활성화하면서도 적절한 고객의 보호를 수반하는 약관법에 대한 이론을 제시하고자 했다. 넓은 약관개념의 인정, 편입요건의 간편화, 객관적 해석의 강조, 법적용으로서의 약관에 대한 내용통제 등으로 전체 이론전개 방향을 압축할 수 있을 것이다. 그 구체적인 의미는 책을 읽으면서 이해하기 바란다.

이 책의 이론은 약관법이 탄생한 독일의 이론을 바탕으로 하고 있다. 필자가 독일에서 초등학교를 나오고 박사학위를 취득한 인연이 있음과 상관없이 독일 법학의 깊이에 항상 감탄을 하며 연구를 하고 있다. 약관법의 경우도 독일에서는 방대한 양의 자료가 축적되어 있다. 그에 반해 빈약한 우리 학계의 현실에 안타까움을 느끼며 조금이라도 더 많은 학문적 자료를 제공하기 위하여 이 책을 세상에 내어놓는다. 물론 우리 문헌을 반영하여 우리의 학문적 성과도 최대한 반영하려고 노력하였다.

작년 말에 약관법 연구를 조금 더 깊이 있게 연구하기 위하여 약관법연구회를 만들었다. 이 연구회를 같이 시작하여 주신 장경환 교수님, 김규완 교수님, 서희석 교수님, 황원재 교수님, 김화 교수님에게 감사의 인사를 드리며 앞으로도 같이 연구하며 많이 배우겠다고 다짐하여 본다. 다른 한편 올해 민법 개정작업이 다시 시작되었다. 민법 개정위원으로 힘을 보태고 있는 것과는 별개로, 소비자법 및 약관법이 민법에 일부 편입되는 과정을 거치면 좋겠다는 생각을 가지고 있다.

이 책이 나오면서 원고 정리, 교정 및 색인 작업에 힘써 준 후배 교수인 황원재 교수 그리고 제자들인 한종현 변호사, 문현지 석사, 장남호 학사에게 감사를 드린다. 그리고 이번에도 수익성이 없는 책의 출판을 기꺼이 허락하여 주신 세창출판사의 이방원 사장님과 임길남 상무님에게도 특별한 감사의 말씀을 드리고 싶다.

2023.9.20.

안암동 연구실에서

이병준

차 례

제1장 총 설

제2장 약관법의 적용범위

제3장 약관의 편입

제5장 약관의 내용통제

제1절 / 내용통제의 기초 245

제2절 / 내용통제 대상과 그 제한 282

제6장 불공정한 약관조항을 갖는 계약의 효력

제7장 특수문제: 약관의 제3자효

제1장

총 설

제1절 / 서 론

참고문헌: 한국법학교수회 편, 「법과 약관」, 삼영사, 1984.

I. 약관법의 의의

대량생산·대량소비 사회가 되면서 사업자는 많은 고객에게 동일한 상품과 서비스를 제공하게 되었고 수많은 계약을 동일한 내용으로 체결할 필요가 생겼다. 이에 사업자는 계약서식을 마련하여 고객과 계약을 체결하고 있다. 이처럼 사업자가 다수의 고객과 계약을 체결하기 위하여 미리 마련한 계약의 내용을 약관이라고 한다(제2조 제1호). 이전에는 보통거래약관, 일반거래약관, 일반약관, 일반거래조건 등 여러 용어가 사용되었으나, 약관법에서 '약관'이라는 용어를 사용함으로써 약관이라는 용어로 통일되었다.

약관이 사용되는 영역은 무수히 많다. 현금으로 이루어지는 소액거래를 제외하고 경제적으로 의미 있는 대부분의 계약에서 약관을 사용하고 있다. 예컨대 무임승차를 한 경우에 30배의 벌금을 부과한다는 내용이 버스 안에 게시되어 있다. 이는 바로 버스회사와 승차한 고객 사이의 운송계약 내용을 형성하고 있는 약관에 해당한다. 또한 카드로 결제하였을 때 영수증 뒤에 인쇄된 내용도 약관에 해당한다. 인터넷에서 회원가입을 할 때에는 약관에 동의를 하는 클릭을 해야 하며, 전자기기를 구매하였을 때 상품설명과 함께 인쇄되어 제공되는 내용도 약관에 해당한다. 일상생활에 필수적인 전기, 가스, 수도 등의 공급계약도 약관을 사용하여 체결된다. 휴대폰을 구매하고 통신서비스계약을 체결하는 계약서도 약관에 해당한다. 보험계약을 체결하면 두꺼운 책자를 받아 볼 수 있는데, 이 또한 계약의 내용을 정한 약관이다. 또한 리스와 같은 신종계약도 약관을 통하여 그 구체적인 계약 내용이 정해진다. 그 밖에도 은행거래, 운송계약, 증권거래, 할부거래 등 소비자계약, 고용계약 등 대량적 · 집단적 거래에서 약관의 사용은 필수불가결한 것이 되었다.[1)]

사업자와 계약을 체결하는 고객이 소비자인 경우에만 약관이 사용되는 것이 아니다. 사업자와 계약을 체결하는 고객이 사업자 내지 상인인 경우에도 약관이 사용된다. 상인 사이의 매매계약을 체결할 때 사용되는 판매조건과 구매조건 모두 약관에 해당하며, 프랜차이즈 계약, 하도급계약 등에서도 대표적으로 약관을 통하여 구체적인 계약내용이 정해진다.

실제 통계자료가 있는 것은 아니지만, 계약실무에서는 약관이 점차 표준화되어 가고 있다. 공정거래위원회 등 관련 행정기관에 의하여 표준약관 내지 표준계약서가 제정되거나 승인되고 있고 사업자 단체들에 의하여 표준약관이 만들어져 관련 사업자에게 그 사용이 권장되고 있다. 또한 업계의 선도적 기업이 만든 약관을 많은 후발 기업들이 따르기도 한다.

이처럼 약관을 통한 계약체결 관행이 정착되고 있으나, 아직도 많은 기업에서 자신들에게 유리하고 객관적으로 보면 불공정한 약관을 사용하고 있다. 사업자는 자신에게 필요하면서도 유리한 규정을 만들기 위하여 약관을 만들뿐만 아니라, 공정 내지 적법한 사업을 하고 싶은 사업자도 법의 부지로 인하여 불공정한 내용을 담고 있는 약관을 사용하기도 한다. 이러한 측면에서 약관법이 1986년에 제정된 이후에도 그 의의는 실무적으로 점점 더 커지고 있다.

약관을 기초로 하는 계약관행으로 인하여 대부분의 계약 관련 사건에서 약관법의 검토는 필수적인 것이 되고 있다. 특히 대규모 사건의 경우에 주요 쟁점이 약관법과 관련되어 판결이 선고되고 있다. 이에 따라 변호사 내지 사내법무를 담당하는 자들은 매일 약관법을 적용하지 않을 수 없는 상

---

1) 권오승, "보통거래약관의 내용통제", 「법과 약관」, 1984, 14면.

황에 있다고 해도 과언이 아니다.

II. 약관법에 관한 문헌

참고문헌: 김동훈, "약관법의 형성과 전개", 「한국민법이론의 발전(I): 채권편」, 1999.

실무상 약관법이 가지고 있는 중요성에 비하여 약관법에 관한 연구서가 많지 않다. 약관법 자체만을 대상으로 하는 교과서는 이은영 교수가 1984년도에 출간한 것이 선구적 역할을 하였다.[2] 그 후 이 책은 1996년에 다시 발간되긴 하였지만, 1984년 출간된 이후 학설과 판례를 반영한 독자적인 연구서는 나오고 있지 않다. 또한 한국법학교수회에서 1984년에 발간한 「법과 약관」이라는 단행본도 약관연구에 초석을 다지는 것으로 평가할 수 있다.[3] 관련 주석서로는 손지열 대법관이 쓴 민법주해 내의 약관편과 최근에 김동훈 교수[4]가 쓴 주석민법 내의 것이 있고 이는 학설과 판례를 반영하여 실무지침서로서 역할을 하고 있다. 그 밖에 중요한 단행본으로는 장경환 교수의 약관법 제9조에 관한 박사학위논문을 들 수 있다.[5] 또한 중요한 입법자료로 약관법의 제정기초가 되었던 소비자시민모임의 연구보고서가 있다. 그 밖에는 소비자법 내지 경제법 관련 교과서 내지 민법 교과서에서 약관법에 관한 내용을 조문과 판결 위주로 소개하고 있다.[6]

초기 약관법을 이론적으로 소개하고 정립하는 데 기여한 학자로는 앞에서 소개한 분 이외에 이영준 교수, 이호정 교수, 손주찬 교수, 권오승 교수,

---

2) 이은영, 「약관규제법」, 1994.

3) 한국법학교수회 편, 「법과 약관」, 1984.

4) 특히 김동훈 교수는 '한국과 독일의 약관법의 비교연구'라는 주제로 독일에서 박사학위를 받았다(Kim, Dong-Hoon, Koreanisches AGB-Gesetz — unter Berücksichtigung der Rechtsvergleichung mit dem deutschen AGB-Gesetz, Diss. zu Köln Uni, 1988).

5) 장경환, "약관규제법 일반조항에 관한 연구 — 독일 약관규제법 제9조를 중심으로", 서울대학교 법학과 박사학위논문, 1990.

6) 박수영, 「소비자법해설」, 제4판, 2019; 이호영, 「소비자보호법」, 제4판, 2018.

이재현 교수 등이 있다. 최근에 관련 연구로서 최병규 교수, 김진우 교수, 서희석 교수, 김화 교수, 황원재 교수 등을 중심으로 약관 관련 논문의 숫자가 늘어나고 있다.[7] 이것은 약관법의 실무적 의의에 비추어 당연한 현상일 것이다. 하지만 아직도 약관법의 내용과 쟁점들이 충분히 체계적으로 정리되어 있지 않다보니 실무적으로 약관 관련 쟁점들이 인식되지 못하거나, 논의되더라도 충분히 논의되지 못하는 경우를 많이 발견할 수 있다.

그에 반하여 약관법이 탄생한 독일에서는 약관법만을 대상으로 하는 2개의 권위 있는 주석서가 출판되고 있다.[8] 그 밖에 민법 주석서 시리즈 안에서 약관법의 내용을 상세히 다루는 주석서도 나오고 있다.[9] 또한 하나의 교과서[10]와 의미 있는 단행본[11]들이 존재한다. 따라서 독일에서는 그 문헌의 수와 양에 있어서 우리나라와 비교가 안 될 정도로 많다고 할 수 있다.

본서는 여기에 소개된 책들을 기본 텍스트로 하여 작성된 것임을 밝힌다. 그리고 각 장마다 별도로 참고한 논문과 책들을 제시하기로 한다.

---

7) 초기 문헌에 대한 자세한 분석으로 김동훈, "약관법의 형성과 전개", 「한국민법이론의 발전(I): 채권편」, 1999, 752면 이하 참조.

8) Wolf/Lindacher/Pfeiffer, ABG-Recht, Kommentar, 7. Aufl., 2020; Ulmer/Brandner/Hensen, AGB-Recht, Kommentar, 13. Aufl., 2022.

9) Staudinger-Coester/Coester-Waltjen/Schlosser, Neubearbeitung 2006; MünchKomm-Basedow/Kieninger, 5. Aufl., 2007.

10) Stoffels, AGB-Recht, 4. Aufl., 2021.

11) Raiser, Das Recht der Allgemeinen Geschäftsbedingungen, 1935; Fastrich, Richterliche Inhaltskontrolle im Privatrecht, 1992.

제2절 / 약관의 본질과 기능

I. 약관의 본질

참고문헌: 김동훈, "약관법의 형성과 전개", 「한국민법이론의 발전(I): 채권편」, 1999; 손건웅, "보통거래약관의 효력과 그 배제의 한계", 판례연구 제1집, 1988; 양승규, "보통보험약관의 구속력", 서울대학교 법학 제27권 제4호, 1986; 장경환, "약관의 구속력의 근거", 고시계 제40권 제7호, 1995.

1. 약관법 제정 전의 논의

약관의 본질 내지 법적 성질을 무엇으로 볼 것인지에 관한 문제는 약관을 통하여 체결하는 계약의 경우 고객이 약관에 구속되어야 할 이유와 연관되어 있다. 실질적으로는 이에 관한 논의는 약관에 대한 동의, 즉 약관이 존재한다는 인식하에 약관이 계약관계에 적용되어도 된다는 편입에 대한 동의 내지 약관적용에 대한 동의가 있어야 하는지의 문제와 연관된다. 최근에 이 문제는 개정된 약관이 기존의 계약관계에 효력을 갖기 위한 편입에 대한 동의가 요건인지와 관련하여서도 논의되었다. 약관법 제정 전에는 독일법의 영향을 받아 고객의 동의 없이 바로 적용될 수 있다는 규범설과 고객의 동의가 있는 경우만 계약의 내용이 된다는 계약설이 주장되었다.[12]

---

12) 제3의 견해로 계약과 법의 이분법을 거부하고 약관에 의한 계약체결은 묵시적 의사표시로 설명할 수 없는 사실적 계약관계와 유사한 사회적·사실적 요소가 있으며 고객은 사회경제의 일원으로서 기업의 합리화에 협력할 사회적 접촉에서 연원하는 법률상의 의무가

1) 규범설

규범설(Normentheorie)에서는, 약관은 독자적·자생적인 효력을 갖는 법규범이며 계약당사자의 의사와 상관없이 계약내용을 형성한다고 본다. 이 이론은 실제 거래생활에서 마치 법규범처럼 약관이 사용되고 있음에 착안하여 약관에 규범적 효력을 부여하고 있다. 규범설 안에서도 자치법규설과 상관습법설이 있다.[13] 자치법규설은 약관을 거래를 하는 집단 내에서의 자치법규로 보며,[14] 상관습법설은 약관의 내용이 거래관여자의 법적 확신에 의하여 관습법으로 되었다고 본다.[15] 약관법이 시행되기 전에는 상관습법설이 상법학계의 다수설이었다.[16] 규범설의 원류인 독일에서는 제2차 세계대전 전 국가권력이 막강하여 국민생활 전반에 걸쳐 법적 통제가 행하여지던 시대에 규범설이 유행하였으며, 판례 또한 이를 받아들였다. 그러나 자유경제가 회복되고 자유민주적 법사상이 지배하면서 규범설을 주장하는 학자가 점차 줄어들게 되었다.

규범설의 문제점에 관하여 자세한 분석이 있다.[17] 첫째, 입법권은 독점적으로 국가에 부여되는 것이다. 그런데 사인에 불과한 기업 내지 사업자가 어떠한 근거로 법규범을 만들어 낼 수 있는가를 규범설은 설명하지 못한다. 회사 또는 사단법인에서 제정하는 정관의 경우 국가가 단체에 자치법규를 제정할 필요성을 인정하고 법률로서 단체에 대하여 일정한 절차에

있고 이것은 약관의 편입을 거부하고자 하는 고객이 이의를 제기할 책무로 나타난다는 견해도 주장되었다(이영준, "법원에 의한 일반약관의 통제(2)", 법조 제18권 제11호, 1969, 40면 이하).

13) 그 밖에 약관제정의무가 법에 있는 경우 기업이 법제정권을 위임받아 제정한 규범이 약관이라고 하는 법규승인설도 있다.

14) 차락훈, 「상법(상)」, 1966, 80면.

15) 이와 달리 약관 자체가 상관습법이 되어 규범력을 갖게 되는 것이 아니라, 특정의 거래에서는 '약관에 따른다'는 사실이 상관습법으로 되어서 그 상관습법의 힘에 의하여 약관이 규범력(구속력)을 갖게 된다는 견해도 있다(임홍근, "보통거래약관(상)", 판례월보 제206호, 1987, 22-23면).

16) 정희철, 「상법학(상)」, 1989, 55면; 손주찬, 「상법(상)」, 제15판, 2005, 43면; 최기원, 「상법학신론(상)」, 1986, 46면; 양승규·박길준, 「개정 상법요론」, 1984, 41면.

17) 이러한 비판으로 손지열, 「민법주해[XII]」, 1999, 303면 각주 6 참조.

따라 자치법규를 제정할 권한을 부여하고 있으나, 약관의 경우에는 이러한 권한위임을 찾아볼 수 없다. 약관 중에는 법률상 약관을 작성하는 것이 의무화되어 있고 이러한 약관은 주무관청의 인가를 받도록 되어 있는 경우가 있으나, 이것을 가리켜서 규범제정권이 부여된 것으로 볼 수는 없는 것이다. 둘째, 약관의 내용에 대하여 법적 확신이 형성되어 있다고 하여 관습법을 주장하는 것도 지나친 의제이거나 극히 일부의 약관에 대하여만 해당되는 것이라는 측면에서 관습법설의 문제점을 찾을 수 있다. 또한 새로 제정 내지 개정한 약관을 상관습이라고 하여 적용하는 것은 무리가 있으며, 거래관행이라는 이유로 고객에게 약관의 효력을 주장하는 것은 결국 경제적 강자의 지배를 정당화하는 논리여서 부당하다는 비판도 적절한 것이라고 생각된다.

2) 계약설

계약설(Vertragstheorie)에서는, 약관이 그 자체로서 효력을 갖는 것이 아니라, 당사자 사이의 편입 합의에 의하여 계약의 내용이 된다고 한다. 약관을 기초로 한 계약도 계약당사자의 의사합치에 의한 계약의 성질을 갖는다고 본다. 다만 약관의 특수성으로 인하여 약관에 대하여 특수한 법리가 적용된다고 한다. 계약설은 약관법 제정 전에 다수설[18] 및 판례[19]의 입장이었다.

계약설 안에서도 약관이 어떠한 요건하에서 계약의 내용으로 되는지에 관하여 다양한 이론이 주장되었다. 즉, 약관을 일반 계약과 동일하게 파악하여 약관 전부에 대하여 당사자 합의가 있는 것으로 보는 법률행위 이론, 전통적인 법률행위 이론을 바탕으로 하면서도 당사자가 계약체결 당시 약관의 내용을 알지 못하더라도 이에 의하여 계약을 체결할 의사가 있는 것으로 추정한다고 하는 의사추정 이론, 독점적 필수적 색채를 띠는 영리조

---

18) 김용덕 편, 「주석 민법[채권각칙(1)]」, 제5판, 2021, 60면(김동훈 집필부분); 서돈각, 「상법강의(상)」, 1999, 58면.

19) 대법원 2004. 11. 11. 선고 2003다30807 판결.

직이 계약 내용에 대하여 부동의 조항을 일방적으로 설정하고 상대방인 공중이 이를 포괄적으로 승인함으로써 성립하는 특수한 계약으로 보는 부합계약(附合契約) 이론 등이 있었다. 계약설에 대하여는 고객이 실제 거래에서 약관 편입에 개별적인 동의를 하는 것은 아니므로 약관을 기초로 한 계약 체결과정을 정확히 반영하지 못한다는 비판이 있었다.

2. 약관법의 입장

약관법은 기본적으로 계약설의 입장을 채택하고 있다고 보는 것이 다수설이다.[20] 그 근거로 약관의 정의에서 약관은 '계약의 내용이 되는 것'이라고 하고 있는 점(제2조 제1호), 사업자와 고객 개념에서 약관을 계약 내용으로 하려는 당사자 사이의 '제안'을 기초로 규정하였다는 점(제2조 제2호, 제3호), 약관의 명시 및 설명의무를 규정하였다는 점(제3조) 등을 들 수 있다. 이러한 약관법의 규정을 기초로 해서 보면 약관이 계약당사자의 의사에 근거하여 계약내용으로 된다는 것을 전제로 하고 있다는 측면에서 계약설을 받아들인 것으로 볼 수 있다.

독일의 경우 상대방이 약관을 계약내용으로 편입된 것에 동의한 경우에 한하여 계약의 구성부분이 된다고 규정하고 있다(독일 민법 제305조 제2항). 이처럼 동의의 요건을 명시한 것은 계약설에 따라 당연히 인정되는 법률행위 원리를 확인하는 의미를 갖는다고 하지만,[21] 실무에서 이를 잘 지키지 않으려고 하기 때문에 도입된 주의규정이라고 한다. 이에 반하여 현행 약관법은 약관이 계약의 내용으로 편입되기 위한 요건으로 명시의무와 설명의무만을 규정하고 있을 뿐 고객의 동의를 그 요건으로 설시하는 규정이 없어 학설과 판례의 입장이 대립하고 있다. 약관법의 입법자료에는 약관은 법률이 아니므로 합의가 없는 한 계약의 내용이 될 수 없다고 하면서 합의

20) 손지열, 「민법주해[XII]」, 1999, 304면; 김형배, "보통거래약관에 의한 계약", 고시연구 제20권 제2호, 1993, 61면; 장경환, "약관의 구속력의 근거", 고시계 제40권 제7호, 1995, 138면.

21) Staudinger/Schlosser, § 305 Rn. 159; Stoffels, Rn. 290; BGH WM 1982, 445.

를 필요로 한다고 하는 판례를 예로 들지만, 다른 한편으로 약관을 명시하고 이를 알 수 있는 기회를 줌으로써 합의에 대신한다고 하여 매우 불분명한 입장을 취하고 있다.[22)]

3. 약관법 제정 후 논의

약관법의 제정으로 약관의 본질을 계약으로 보는 계약설은 학설로 어느 정도 정리되었지만, 아직도 약관 편입에서 동의가 필요한지에 관하여 학설이 대립하고 있다. 즉, 당사자 사이에 일치된 합의로서 구속력을 갖는다는 순수 계약설,[23)] 계약설을 기본으로 하되 일정한 경우에는 예외적으로 다른 근거에서 구속력이 인정된다는 제한적 계약설,[24)] 약관의 법적 성질은 계약에 해당하지만 그것이 거래계에서 수행하는 규범과 유사한 기능으로 인해 규범적 요소가 가미된 계약으로 변형되었다고 보는 절충설[25)] 등이 주장되었다. 이러한 학설의 대립은 구체적으로 계약 당사자들이 약관을 계약에 편입시키기로 하는 합의가 편입요건으로서 필요한지에 관하여 결론을 달리하게 된다. 판례는 약관의 법적 성질과 약관의 구속력과 관련하여 "보통거래약관이 계약 당사자에 대하여 구속력을 갖는 것은 그 자체가 법규범 또는 법규범적 성질을 가진 약관이기 때문이 아니라 보험계약 당사자 사이에서 계약내용에 포함시키기로 합의하기 때문이라고 볼 것이다"라고 하여 순수 계약설을 취하고 있다.[26)]

---

22) 이와 같은 분석으로 이재현, "약관의 편입", 부동산법학 제10집, 2004, 155면.

23) 김진환, "약관규제법과 전자약관의 계약편입", 법학연구 제10집, 2001, 42면; 장경환, "약관의 구속력의 근거", 고시계 제40권 제7호, 1995, 142면.

24) 곽윤직, 「채권각론」, 제6판, 2005, 21면.

25) 이은영, 「약관규제법」, 1994, 104-108면.

26) 대법원 1998. 9. 8. 선고 97다53663 판결; 대법원 1990. 4. 27. 선고 89다카24070 판결; 대법원 1983. 12. 27. 선고 83다카893 판결.

1) 순수 계약설

순수 계약설은 약관법 제3조에서 계약설의 근본취지를 충분히 살리고 있고 약관법 제2조의 사업자와 고객에 관한 정의규정에서 설정된 '제안하고 제안받는 관계'가 다름 아닌 고객의 승낙 내지 양해를 의미한다고 하면서 고객의 동의를 편입요건의 하나로 인정하고 있다.[27)]

순수 계약설을 취하고 있더라도 약관을 통한 계약은 일반 계약과는 다른 다음과 같은 특징이 있다고 한다. 약관은 (1) 쌍방의 합의가 아니라, 일방이 마련하고 그 편입에 상대방이 동의를 한다는 점, (2) 다수의 거래를 통일적으로 사용되기 위하여 마련된다는 점, (3) 대체로 그 내용이 길고 복잡하면서 추상적인 조문의 형식을 취한다는 점 등에서 일반 계약과 다른 특징을 가진다고 한다.[28)]

2) 제한적 계약설

법률이 사업자에 대하여 약관의 작성을 의무화하는 한편 해당 감독관청의 인가를 받은 후 이러한 약관에 의해서만 계약을 체결하도록 하는 경우가 있다. 이때 약관은 원칙적으로 계약의 모형과 같은 것이지만, 예외적으로 법률이 기업에 대하여 약관작성의무를 부과하고 감독관청에 의한 인가 및 변경명령의 권한을 규정하고 있는 때에는 법률이 사업자에 대하여 법규제정을 수권한 것으로 보고 법률상의 수권으로 약관의 구속력을 인정한다는 견해가 제한적 계약설이다. 제한적 계약설도 계약당사자의 경제적 지위의 차이에 따라 약관의 증명 여부가 달리 판단될 뿐, 약관에 따라서 계약을 체결하는 데에 상대방의 동의는 필요하다고 보고 있다.[29)]

판례에서도 한전의 전기공급규정 개정과 관련하여 제한적 계약설과 유사한 입장을 취하는 판시를 한 적이 있다. "전기사업법은 다수의 일반수요

---

27) 손지열, 「민법주해[XII]」, 1999, 304면; 김진환, "약관규제법과 전자약관의 계약편입", 법학연구 제10집, 2001, 43면.

28) 손지열, 「민법주해[XII]」, 1999, 304면.

29) 곽윤직, 「채권각론」, 제6판, 2005, 21면.

자에게 생활에 필수적인 전기를 공급하는 공익사업인 전기사업의 합리적 운용과 사용자의 이익보호를 위하여 계약자유의 원칙을 배제하여 일반전기사업자와 일반수요자 사이의 공급계약조건을 당사자가 개별적으로 협정하는 것을 금지하고 오로지 공급규정의 정함에 따르도록 하고 있으며 특히 전기요금에 관하여는 공공요금의 공정하고 합리적인 결정이라는 입장에서 엄격한 절차를 요구하고 있어 이러한 공급규정은 일반전기사업자와 그 공급구역 내의 현재 및 장래의 불특정 다수의 수요자 사이에 이루어지는 모든 전기공급계약에 적용되는 보통계약약관으로서의 성질을 가지는 것이므로, 공급규정의 개정이 전기사업법 소정의 절차를 거쳐 인가를 받고 공표의무를 마쳤다면 그 개정에 따른 새 요금 요율을 내용으로 하는 계약의 변경이 있었다고 할 것이고, 개별 수요자와 변경된 공급규정을 내용으로 하는 새로운 계약을 일일이 체결하거나 승낙을 받아야 비로소 구속력이 생기는 것은 아니다"라고 판시하였다.[30] 하지만 이러한 판례는 주류적 입장을 이루고 있는 순수 계약설과 배치되는 판례에 해당한다.

이 견해에 대하여 약관법은 인가약관을 다른 약관과 다르게 취급하지 않고 있으므로 실질적 근거가 없다는 비판이 있다.[31] 인가약관의 경우 국가가 사업자에 대하여 가지고 있는 인가권과 변경명령권은 해당 사업자가 수행하는 사업의 성질이 공공성 내지 공익성을 가지고 있기 때문에 이에 대하여 감독 내지 통제권한을 행사하기 위한 것이다. 따라서 이처럼 국가가 수행하는 통제권한은 약관의 사법적 성질에 영향을 미칠 수 없으며, 계약의 구속력은 결국 당사자 사이의 합의를 기반으로 한다는 계약설이 여기서도 타당한 것이다.[32] 제18조에서 행정관청의 인가약관에 대하여도 예외를 인정하지 않고 있으므로 제6조 내지 제14조가 적용되고 있음을 규정하고 있는 한편, 제31조는 행정관청이 약관을 인가함에 있어서 제6조 내지

30) 대법원 1989. 4. 25. 선고 87다카2792 판결.

31) 손지열, 「민법주해[XII]」, 1999, 305면.

32) 이와 같은 비판으로 김형배, "보통거래약관에 의한 계약", 고시연구 제20권 제2호, 1993, 62면.

제14조가 심사기준이 됨을 규정하고 있다.

3) 절충설

절충설에 따르면 약관은 기본적으로 계약의 성질을 가지지만 그것이 거래계에서 수행하는 규범과 유사한 기능으로 인하여 '규범적 요소가 가미된 계약'으로 변형되었다고 한다. 이에 따라 약관법은 사업자의 명시 및 고객의 동의를 계약편입의 적극적 요건으로 규정하지 않고 있음을 들어 사업자가 약관에 대한 편입 제안만 하면 별도의 합의가 없더라도 약관은 계약에 편입되는 것이라고 해석한다.[33] 이 견해는 편입규제보다는 내용규제로 고객을 보호해야 하기 때문에 편입을 위하여 별도의 합의는 필요하지 않다고 하는 입장이다.

고객의 동의를 별도의 편입요건으로 요구하지 않는 절충설에 대하여는 상당한 비판이 제기되고 있다. 양 당사자 사이에 편입에 관한 합의가 있어야 한다는 계약설의 근본인 입장에 좀처럼 부합하지 않는 측면이 있기 때문에 약관이 계약에 편입되기 위해서는 약관의 명시와 주요내용에 대한 설명 그리고 약관을 계약 내용으로 삼는다는 고객의 동의가 모두 필요하다는 견해[34]와 가능한 한 편입규제를 통하여 문제된 약관을 편입시키지 않음으로써 개별소송에서 고객을 보호하는 것이 입법취지에 부합한다고 하여 약관법이 고객의 동의를 요건으로 하고 있다고 보아야 한다는 견해[35]가 반대 논거로 주장되고 있다. 또한 약관이 규범과 유사한 기능을 한다고 하여 규범으로 되는 것은 아니므로, 구태여 계약설을 수정할 필요까지는 없다는 비판도 있다.[36]

---

33) 이은영, 「약관규제법」, 1994, 104면. 이와 유사한 견해로 장경환, "약관의 구속력의 근거", 고시계 제40권 제7호, 1995, 141-142면.

34) 김진환, "약관규제법과 전자약관의 계약편입", 법학연구 제10집, 2001, 44면.

35) 이재현, "약관의 편입", 부동산법학 제10집, 2004, 156면.

36) 손지열, 「민법주해[XII]」, 1999, 305면.

4) 학설의 평가

지금까지 논의한 내용을 살펴보면 약관을 계약의 내용이 되는 것으로 규정한 현행 약관법의 해석상 계약설이 타당하지 않을 수 없다. 하지만 규범설이 지적하는 바처럼 약관이 실제로 고객에게 마치 규범처럼 다가와서 실질적인 규범력을 행사하는 현상을 부정하기도 힘들다. 따라서 계약설에 맞추려고 형식적이고 형해화된 동의를 구하는 것이 문제가 있는 것이고 현실을 왜곡하는 것이라고 볼 수도 있다.

그러나 이러한 규범적 특성이 내재되어 있더라도 약관의 효력근거는 계약설을 기초로 하지 않을 수 없다. 사적자치의 원칙을 기반으로 계약자유의 원칙을 실현하기 위하여 당사자의 합의를 기반으로 한 계약이론이 가장 우수하기 때문이다. 하지만 효력근거와 연관된 논의에서는 계약설을 기초로 하여 본다고 하는 원칙적 입장을 기초로 편입단계, 해석단계 및 내용통제단계에서 약관이 갖는 규범적 성질로서의 특징도 반영하여 그에 맞는 해석을 해야 한다.[37)]

편입단계에서는 고객의 동의를 요한다는 견해들도 반드시 명시적 동의를 요하지는 않는다고 하여 절충설의 입장에 접근하고 있다. 즉, 약관의 개별조항에 대해 체결단계에서 고전적 계약법에서 상정하는 구체적·개별적 합의의 존재는 기대하기 어렵기 때문에 기능적 관점에서 객관적 합의의 존재형태를 다양하게 바라보는 것이다.[38)] 따라서 약관을 계약으로 편입하기 위한 전제로서 묵시적 승낙을 통한 약관을 전체로서 계약내용에 편입시킨다는 내용의 포괄적 합의를 해석상 인정할 수 있다고 한다.[39)] 결국 편입단계에서 고객이 하는 약관편입에 대한 동의는 약관의 내용에 대하여 동의한다는 것이 아니라, 약관이 명시·설명된 상태에서 약관의 존재를 인정하고

---

37) 이와 유사한 입장으로 김동훈, "약관법의 형성과 전개", 「한국민법이론의 발전(I): 채권편」, 1999, 761면.

38) 김대규, "약관편입통제 조항의 기능성연구 — 소비자보호의 관점에서", 비교사법 제11권 제1호, 2004, 258면.

39) 손지열, 「민법주해[XIII]」, 1999, 318면.

있다는 편입에 대한 동의인 것이다. 이러한 측면에서 보면 통상 계약에서 요구하고 있는 계약 내용 전체에 대한 동의와는 다른 의미를 갖는 것이다.

약관의 해석에 있어서도 기본적으로는 계약설을 기초로 하여 약관의 수령자인 고객의 입장에서 객관적 해석을 하지만, 규범적 특성이 반영되어 객관적·획일적 해석이 일어난다. 통상 계약의 경우에는 객관적 해석을 하지만 구체적인 당사자의 계약체결 정황 등을 고려하여 개별적 해석이 이루어지나, 약관에서는 약관에 따른 사업자의 이익을 도모하기 위하여 획일적 해석을 하여 모든 고객에 대하여 동일한 의미로 약관의 내용을 확정한다.

4. 보험약관의 경우

참고문헌: 김은경, "상법상 보험약관 교부 및 설명의무와 독일 보험계약법 개정안의 소비자정보 제공 등의 의무에 대한 고찰", 외법논집 제25집, 2007; 양승규, "보험자의 보험약관의 명시설명의무", 서울대학교 법학 제40권 제1호; 최병규, "상법 제638조의3과 약관법 제3조의 관계", 보험법률 제15호, 1997.

1) 상법 제638조의3과 관련한 해석

보험거래의 경우 동일한 위험하에 있는 다수의 보험계약자 상호 간에 위험의 균등한 분배와 공평한 이해관계의 조정이 필요하므로 보험 고유의 특수성으로 인하여 모든 보험계약체결에서 보험약관의 사용은 필수적이라고 할 수 있다. 따라서 보험거래의 경우에는 약관의 사용을 전제로 하지 않은 보험계약의 체결이란 사실상 존재하기 어렵다. 그리고 보험계약의 사회적 중요성으로 인하여 앞의 약관의 본질에 관한 논의는 보험약관과 연관하여 진행되어 온 것도 사실이다.

그런데 보험약관의 경우에 상법 개정을 통하여 제638조의3에서 보험자가 부담하는 보험약관의 교부·설명의무에 관한 특별규정을 두고 있다. 즉, 보험자는 보험계약을 체결할 때에 보험계약자에게 보험약관을 교부하고 그 약관의 중요한 내용을 설명하여야 하며 이러한 의무를 위반한 경우 보험계약이 성립한 날부터 3개월 이내에 취소할 수 있다. 이를 기초로 약관의 법적 성질을 계약으로 보는 견해에서도 상법상의 규정을 기초로 보험 약관이 법규범이라는 견해가 주장되고 있다.[40] 즉, 이 견해는 기본적으로 보험약관의 교부·설명의무에 관한 상법 제638조의3이 약관법 제3조에 대한 특별규정에 해당하므로 약관법 제3조는 배제된다는 전제하에서 논의를 시작하고 있다.[41] 따라서 별도의 편입절차 없이, 특히 계약설이 설정하고 있는 고객의 동의 없이 해당 약관은 유효하게 계약의 내용으로 편입되고 교부·설명의무를 이행하지 않은 경우에 상법 제638조의3에서 규정하고 있는 위반효과로서 취소권을 행사하지 않으면 묵시적으로 해당 보험약관을 그대로 적용받겠다는 동의가 있는 것으로 볼 수 있다는 것이다. 그런데 이 견해는 또다시 약관을 교부 내지 설명하지 않은 경우와 부실하게 설명한 경우로 나누어서 교부 내지 설명하지 않은 경우는 앞의 설명이 타당해서 계약설로 일관되게 설명할 수 있지만, 부실하게 설명한 경우에는 제대로 된 동의를 의제할 수 없기 때문에 보험약관의 구속력 근거를 규범설에서 찾을 수밖에 없다고 한다.

이 견해에는 찬성할 수 없다. 첫째, 위 견해는 그 전제부터 잘못되었다. 상법 제638조의3을 약관법 제3조에 대한 특별규정으로 이해할 수는 없다. 왜냐하면 약관은 약관법 제3조에서 전제로 하는 계약설로 편입 여부가 결정되는 것이고 상법 제638조의3으로는 교부·설명의무를 위반한 경우에 취소권이라는 특별한 법률효과를 부여하고 있는 것이기 때문이다. 위 견해처럼 해석한다면 보험계약자를 특별히 더 보호하기 위하여 도입된 위 규정이 오히려 약관법에 의한 보험계약자의 보호를 박탈하는 결과에 이른다. 둘째, 상법 제638조의3은 명시의무를 포함하여 교부·설명의무를 대체하는

40) 장경환, “약관의 구속력의 근거”, 고시계 제40권 제7호, 1995, 143면 이하. 상법에 이러한 규정이 들어오기 전에도 일반적으로는 계약설을 취하면서 보험약관에 대하여만 규범설을 취하는 견해로 양승규, “보통보험약관의 구속력”, 서울대학교 법학 제27권 제4호, 2019, 164-165면.

41) 이와 동일한 견해로 김은경, “상법상 보험약관 교부 및 설명의무와 독일 보험계약법 개정안의 소비자정보제공 등의 의무에 대한 고찰”, 외법논집 제25호, 2007, 215면.

것이 아니다. 약관법 제3조에 규정되어 있는 바처럼 명시의무와 교부·설명의무는 구분되어 규정되어 있다. 약관법상으로는 당사자의 요구가 있는 경우에 약관을 교부해야 하나, 상법 제638조의3은 항상 교부해야 하는 것으로 규정하고 있는 점에 차이가 있다. 따라서 상법 제638조의3은 약관의 본질론과 상관없는 조문이며, 양 규정은 중첩적으로 적용된다고 보는 다수설[42]과 판례[43]의 입장이 타당하다.

2) 평 가

약관법 제3조에 기하여 보험자는 명시의무와 고객의 동의를 받고 설명의무를 부담한다. 그리고 이러한 의무를 위반한 경우에는 사업자는 약관의 편입 자체를 고객에게 주장할 수 없다. 그리고 상법 제638조의3을 통하여 보험자는 반드시 계약 체결 후에 보험약관을 교부해야 하며, 중요내용의 설명의무를 부담한다. 상법상 필수적인 교부의무는 고객의 요구가 있는 경우에는 교부의무가 발생하는 약관법에 대하여 특칙적인 내용을 담고 있다. 그에 반하여 중요내용의 설명의무는 약관법의 규정 내용을 반복적으로 규정하고 있을 뿐이다. 그러나 상법에 규정되어 있는 제한된 철회권보다 약관법의 법률효과가 더 고객에게 유리하므로, 법률효과를 다음과 같이 이해해야 한다.

첫째, 명시의무를 이행하지 않거나 고객의 동의를 받지 않은 경우에는 약관법 제3조 제4항에 의하여 사업자는 약관의 편입을 주장하지 못한다.

둘째, 고객의 요구에도 불구하고 약관을 교부하지 않은 경우에는 약관법 제3조 제2항과 제638조의3이 중첩하여 적용되어 편입 자체를 부정할 수 있거나 취소권을 행사할 수 있고 고객의 요구가 없었던 경우에는 취소권만을 행사할 수 있다.

---

42) 정찬형, 「상법강의(하)」, 제23판, 2022, 688면; 최병규, "상법 제638조의3과 약관규제법 제3조의 관계", 보험법률 제15호, 1997, 25면.

43) 대법원 1996. 4. 12. 선고 96다4893 판결; 대법원 1996. 4. 12. 선고 96다5520 판결; 대법원 1999. 3. 9. 선고 98다43342, 43359 판결; 대법원 2003. 11. 14. 선고 2003다35611 판결.

셋째, 주요내용의 설명의무를 위반한 경우 양 규정은 중첩 적용되어 편입 자체를 부정하거나 취소권을 행사할 수 있다.

5. 관할관청의 인가를 받지 않은 약관의 효력

법률에 의하여 인가를 받아야 하는 약관을 사용함에 있어서 사업자가 이러한 인가를 받지 않고 약관을 사용한 경우에 해당 약관의 효력은 어떻게 되는가? 약관을 처음 사용하는 경우보다 인가를 받아서 사용하던 약관을 개정한 후 인가 없이 사용하는 경우의 문제가 실무에서 더 자주 발생한다. 인가약관에 대하여 예외적으로 규범적 성격을 인정해야 한다는 견해에 따르면 이러한 약관이 인가를 받지 않으면 해당 약관은 규범으로서의 효력을 갖지 못하고 종전에 인가를 받은 약관만이 효력을 갖는다. 그에 반하여 계약설에서는 행정관청의 인가를 받지 않았다고 하여 행정적 제재를 받는 것은 별론으로 하고 사법상의 효력이 부인되는 것이 아니다. 따라서 개정된 약관의 계약편입 절차를 밟은 이상 그 약관은 인가를 받지 않은 상태에서도 유효하게 계약의 내용이 된다.[44)]

II. 약관의 긍정적 · 부정적 기능

참고문헌: 권오승, "보통거래약관의 효력한계", 사회과학논집 창간호, 1984; 김교창, "보통거래약관의 기초적 연구", 보통거래약관의 연구, 1983; 김형배, "보통거래약관에 의한 계약", 고시연구 제20권 제2호, 1993.

1. 약관의 합리화 기능

거래현실에서 사업자가 약관을 작성하여 사용하는 이유는 다양하게 존

---

44) 손지열, 「민법주해[XIII]」, 1999, 306면.

재한다. 우선 크게 부각되는 약관의 기능은 영업 내지 거래절차를 합리화할 수 있다는 것이다(합리화기능, Rationalisierungsfunktion).[45] 다수의 고객과 거래를 하는 사업자로서는 동일한 내용으로 거래조건을 형성하는 것이 거래절차를 획일화하고 거래로부터 발생할 수 있는 위험을 사전에 산정할 수 있게 함으로써 거래비용을 감소시켜 주는 역할을 하게 된다. 또한 미리 마련한 약관을 통하여 개별적인 고객과 계약을 체결할 때마다 계약내용을 별도로 협상하지 않아도 된다는 장점을 갖게 된다. 그리고 모든 고객과 같은 조건으로 계약이 체결되기 때문에 고객에 대한 평등대우가 실현될 수도 있다.[46]

이러한 현상은 흔히 대량생산·대량판매·대량소비로 특징지울 수 있는 현대의 거래현상을 통하여 설명될 수 있다.[47] 대량거래로 인하여 내부적으로는 거래절차의 능률이 오르지만 다른 한편으로는 거래주체들이 개별적인 거래현상에 대하여 주의를 게을리하게 된다. 당사자들은 동일하고, 관행화되어 있는 전형적인 절차에 따라 거래를 하려고 하고 개별적인 개인의 욕구와 필요에 대한 반영 없이 거래가 계약내용의 통일화 및 단순화를 통하여 동일한 형태로 이루어지게 되는 것이다.

더 나아가 약관을 사용하게 되면 계약의 내용이 명확하게 결정되고 이로 인하여 계약내용에 대한 이해가 달라서 발생하게 되는 분쟁을 예방할 수 있을 뿐만 아니라, 계약에 대한 증명의 부담이 경감된다. 또한 약관은 경제적, 법률적, 기술적 변화에 대응하여 사업 내지 계약내용을 신속히 반영할 수 있는 장치로서 작용한다.

이러한 약관의 긍정적 기능은 사업자뿐만 아니라 부분적으로는 고객의 이익에도 부합한다.[48] 고객의 경우도 개별적인 계약조건에 대한 합의를 하

---

45) Raiser, Das Recht der Allgemeinen Geschäftsbedingungen, S. 19 ff.; 이은영, 「약관규제법」, 1994, 73면; 손지열, 「민법주해[XII]」, 1999, 290면.

46) 김형배, "보통거래약관에 의한 계약", 고시연구 제20권 제2호, 1993, 60면.

47) Heck, AcP 92(1902), 455; 권오승, "보통거래약관의 효력한계", 사회과학논집 창간호, 1984, 208면 이하.

는 것에 노력과 시간을 투자하지 않아도 되고 사업자가 약관을 통하여 반영된 위험을 충분히 고려하여 가격을 결정하기 때문에 비교적 저렴하게 상품 내지 서비스를 구매할 수 있는 가능성이 높아진다.

2. 약관의 정형화 기능

약관은 임의규정을 변경하거나 법률규정이 없는 경우 이를 보충하기 위하여 사용된다. 민법에는 15가지의 전형계약규정이 있으나, 이러한 규정은 당사자 사이의 별도의 합의가 없으면 보충적으로 적용되는 임의규정인 경우가 대부분이다. 그런데 사업자는 자신에게 맞거나 유리한 규정내용을 약관에 반영함으로써 이러한 임의규정의 적용을 배제하게 된다. 또한 사업자는 자신에게 맞는 적절한 법률규정이 없는 경우에는 이를 보완하기 위하여 약관내용을 두는 경우도 많다. 이를 소위 흠결보충기능(Lückenausfüllungsfunktion)이라고 한다.[49]

또한 전형계약규정이 존재하지 않은 거래영역에서는 많은 경우에 약관이 새로운 계약내용을 형성하고 정형화하는 기능을 한다(정형화기능, Typisierungsfunktion).[50] 예컨대 리스계약, 팩토링계약, 디지털콘텐츠계약 등의 신종계약에서는 경제계의 요청에 맞추어 약관을 통하여 계약관계가 규율되고 있다. 특히 우리 약관법의 경우에는 표준약관제도가 있어 표준약관의 제정을 통하여 이러한 정형화기능이 더욱 강화되고 있다고 할 수 있다. 하지만 표준약관이 제정되지 않은 영역에서도 이러한 계약의 정형화는 계속되고 있다. 이러한 차원에서 약관을 "사업자들에 의하여 만들어진 자신의 법(selbstgeschaffenes Recht der Wirtschaft)"이라고 하기도 한다.

---

48) Stoffels, Rn. 70.

49) Locher, Recht der AGB, S. 6.

50) 손지열, 「민법주해[XIII]」, 1999, 290면.

3. 약관의 부정적 기능: 고객에 대한 부당한 위험의 전가

약관의 긍정적인 기능에도 불구하고 부정적인 기능이 있음을 부정할 수 없다. 약관을 작성하여 사용하는 사업자는, 특히 제시하는 약관의 내용을 고객이 그대로 받아들일 수밖에 없는 사정을 이용하여 자신에게 유리한 내용으로 규정을 만들어 약관에 담게 된다. 즉, 약관조항의 내용에 가능한 한 자신에게 유리한 법률효과를 규정하여 분쟁 발생 시에 유리한 계약상황을 만들어 놓으려고 한다.

따라서 항상 그러한 것은 아니지만, 약관의 경우에는 법률에서 통상 사업자가 부담하는 위험을 고객의 부담으로 이전시키는 현상이 존재한다.[51] 예컨대 사업자는 면책조항을 통하여 자신이 부담하는 계약상의 책임을 배제하거나 경감하려고 하며 고객의 부담은 최대한 가중하려고 한다. 그런데 고객은 사업자가 제공하는 상품을 구매하거나 서비스를 이용하기 위해서는 약관을 받아들일 수밖에 없는 입장에 놓이므로 상당히 불이익한 계약을 체결하게 된다. 이처럼 약관을 제시하는 사업자가 경제적·지적 우월성을 이용하여 일방적으로 이익을 추구하는 경우에는 평등한 당사자를 전제로 한 계약의 공정성확보라는 이념이 처음부터 배제되는 것이다. 특히 상품이나 서비스가 전기·수도·가스·운송 등 생존배려 영역에서 기초적인 생활에 필수적이고 이를 독점사업자를 통하여 소비자에게 공급하는 경우에는 소비자들은 살아가기 위해서 이들이 사용하는 약관을 받아들이지 않으면 안 되는 위치에 있다.

---

51) 손지열, 「민법주해[XIII]」, 1999, 291면.

제3절 / 약관법의 제정

참고문헌: 김동훈, "약관규제법 시행 이후의 대표적 판결과 그 의의", 외법논집 제41권 제3호, 2017; 장경환, "우리나라 약관규제법의 의의와 성과", 경희법학 제41권 제2호, 2006.

I. 19세기 거래생활의 발전에 따른 약관의 등장과 학계의 반응

약관이 많이 사용되어 거래생활에서 중요한 의미를 갖게 된 것은 19세기에 거래생활이 대량화·전형화하면서부터이다. 그 이전에도 15세기에 북이탈리아의 도시국가와 해상보험에서 약관을 사용하였다는 기록을 발견할 수 있다.[52] 농업국가에서 산업화함에 따라 대량거래사회로 발전하고 서비스 영역이 확대된 19세 후반에 이르러서 계약을 체결할 때 개별적인 계약조건의 협상보다는 전형화되고 유형화된 계약조건을 더 많이 사용하게 되었다. 이러한 추세에 가장 앞장섰던 것은 보험업계였으며 이들 보험회사들은 동일한 내용의 계약을 다수 고객과 체결하기를 원하였다. 그다음으로 대중교통수단을 제공하는 기업들과 은행들이 그 뒤를 이었다. 그 후 10년 동안 상품거래, 서비스 영역 등 모든 영역의 계약분야에 약관 사용이 퍼지게 되었다.

그런데 곧 약관이 주로 이를 사용하는 사업자의 계약위험을 계약상대방에게 전가하는 데 계획적으로 이용되고 사업자에게 계약상의 유리한 상황을 만들기 위하여 사용하고 있다는 사실이 드러났다. 독일에서는 제1차 세

52) 약관의 역사에 관하여 Raiser, Recht der Allgemeinen Geschäftsbedingungen, S. 26 참조.

계대전과 제2차 세계대전 사이에 발간된 문헌에서 이와 같은 약관의 사용을 통하여 일방적으로 계약내용을 결정하여 불공정한 내용을 형성하는 문제를 계약의 공정성 관점에서 논의하였다. 예컨대 Großmann-Doerth는 이미 1933년에 법현실에서 더 이상 입법자가 만든 임의규정이 아니라, 약관의 형태로 만들어진 "경제계에서 스스로 만든 법"에 의하여 계약의 내용이 지배되고 있다고 비판하였다.[53] 이러한 과정 속에서 약관법의 이론적 중추를 형성하는 Ludwig Raiser의 「약관(일반적 거래조건)에 관한 법(Das Recht der Allgemeinen Geschäftsbedingungen)」이라는 단행본이 출간되었다. 독일에서 약관법이 제정될 때까지 이 단행본이 관련 논의 상당부분에 영향을 미쳤다. 이 문헌에서 약관의 기능과 위험성에 대하여 다음과 같이 서술하고 있다.

"약관이라는 현상을 그 자체로 문제시할 필요는 없다. 약관을 국가에 의하여 만들어진 질서를 통하여 대체하려고 하는 시도는 잘못된 것이다. 현재 존재하는 경제헌법의 규정을 바꾸지 않는 한, 약관은 오히려 경제적으로 의미 있는 기능을 가지고 있으며, 그 필요에 따라 사용되어야 할 것이다. 단지 약관의 형성과 이행에 있어서 공공의 이익과 공동체의 법인식이 사후적으로 반영될 수 있도록 주의를 기울이기만 하면 된다. 사업자가 자신의 약관을 통하여 사기적으로 또는 경제적 압력을 통하여 자신의 이익만을 반영하여 고객에게 부당한 내용을 강요하거나, 경제질서에 손해가 되거나 법을 위반하는 내용이 형성되지 않도록 방지하면 된다. 그 적절한 수단으로는 행정관청과 법원을 통한 효과적인 통제를 활용하면 되며, 이 영역에서 이러한 통제수단이 자의적으로 배제되어서는 안 될 것이다."[54]

물론 여기서 주장되고 있는 계약자유의 내재적 한계로서의 공동체 의식

53) Raiser, Das Recht der Allgemeinen Geschäftsbedingungen, S. 293 f.

54) Raiser, Das Recht der Allgemeinen Geschäftsbedingungen, S. 98 f.

은 그 당시에 시대의식이 반영된 것이나, 오늘날에는 당연히 주장될 수 없는 것이다. 하지만 그 밖의 내용은 현재 약관법이 담고 있는 핵심사항을 제대로 포함하고 있다. 또한 Raiser에 의하여 주장된 내용 중에서 약관법에 중요한 발견은 임의규정이 불공정성 판단의 척도가 될 수 있다는 점이다.

> "임의규정은 그 자체로 계약법에 대하여 보충적 효력만 가지는 것이지만, 자의적인 질서가 아니라, 전체 법공동체의 법이상이 객관화된 특별한 의미를 가지는 '법'이다. 즉, 임의규정은 일반적으로 … 대립당사자와 그 위에 존재하는 공동체이익의 적절하면서 자연적인 균형점으로 볼 수 있고 관련 생활관계의 '일반적인' 질서로 볼 수 있다. 임의규정이 갖는 이러한 법적 성질로 인하여 임의규정은 계약질서에 대하여도 다시 관철될 수 있는 힘을 갖는 것이다."[55)]

그 후 약관에 대한 사법적 내용통제가 가해져야 한다는 견해가 우세하게 되었으며, 소비자보호 사상을 토대로 약관규제의 문제를 접근해야 한다는 논의는 1970년대부터 진행되었다고 할 수 있다.

Ⅱ. 약관법 제정 전 판례이론

참고문헌: 손지열, "약관에 관한 판례의 동향", 「민사판례연구 제10권」, 1988.

1970년대 후반부터 부당한 약관을 문제 삼은 사건들이 법원에 의한 판단을 받았고 법원에서는 예문해석 등을 통하여 부당한 약관에 대하여 적절한 한도에서 내용통제를 가하려고 하였다. 그런데 이러한 일반원리에 의한 약관통제는 약관법이 제정되기 전에는 타당할 수 있으나, 약관법이 제정된 후에는 그 수정 내지 약관법에 따른 판단이 필요함에도 불구하고 아직도

---

55) Raiser, Das Recht der Allgemeinen Geschäftsbedingungen, S. 293 f.

판례는 이러한 입장을 견지하고 있는 경우가 있어 학설의 상당한 비판을 받고 있다.

1. 약관의 편입

판례는 일찍이 약관은 규범이 아니라 계약이라는 계약설의 입장에 서서 원칙적으로 당사자 사이의 약관을 계약내용에 포함시키로 하는 합의가 필요하고 당사자가 그 약관의 구체적인 내용을 알지 못하더라도 그 효력을 배제할 수 없다고 보았다.[56] 또한 약관의 편입에 대한 합의는 명시적으로는 물론 묵시적으로도 가능하다고 보았다.[57] 한편 인가약관의 경우에는 약관조항에 의하지 않는다는 취지를 명시한 의사표시를 하지 않는 한 해당 약관 전체가 계약의 내용으로 된다고 보았다.[58] 그러나 대체로 판례는 약관편입에 대하여 약관의 명시나 설명을 요구하지 않았고 합의를 인정함에 있어서도 까다로운 요건을 설정하지 않은 것으로 보인다.[59] 그러나 보험계약과 같은 계속적 계약관계에서 종전계약의 내용이 된 약관을 고객에게 불리하게 변경하였다면 사업자는 새로운 계약을 체결함에 있어서 약관의 변경사실 및 내용을 고객에게 고지하여야 할 신의칙상의 의무를 인정하였다.[60] 이에 따라 약관이 개정되었음에도 불구하고 고지 없이 체결되었다면 새로운 계약은 종전 약관에 따라 체결된 것으로 보아야 한다고 보았다.

---

56) 대법원 1985. 11. 26. 선고 84다카2543 판결.
57) 대법원 1986. 10. 14. 선고 84다카122 판결.
58) 대법원 1985. 9. 24. 선고 81다440 판결.
59) 이러한 평가로 손지열, "약관에 관한 판례의 동향", 「민사판례연구 제10권」, 1988, 415면.
60) 대법원 1986. 10. 14. 선고 84다카122 판결.

2. 예문해석

참고문헌: 박찬주, “약관의 해석과 예문해석”, 아주법학 제2권 제1호, 2008.

1) 의 의

예문해석은 일본 판례에서 사용하였던 이론으로서 계약당사자들이 서명한 계약서는 소송법상으로 이른바 처분문서에 해당하여 그 성립의 진정함이 인정되면 반증이 없는 한 해당 기재내용대로 효력을 인정하여야 하므로 약관도 처분문서인 이상 문서에 기재된 대로 효력을 발생하는 것이 원칙이다는 점에서 출발한다. 그런데 약관의 형태로 되어 있어 부동문자로 인쇄하여 두고 포괄적이고 정형화된 내용을 일률적으로 사용하는 경우를 문언대로 해석할 때 일반거래관계와 어긋나거나 심히 부당한 결과를 가져오는 경우에는 해당 내용은 예문에 불과하므로 그 조항의 구속력을 배제하고 대신 당사자의 구체적인 진정한 의사 내용대로 계약내용을 확정해야 한다는 것이 예문해석 이론이다. 즉, 약관에 형식적으로 규정되어 있는 조문이더라도 해당 조문은 당사자에 의사에 의하여 지지되지 않은 조항으로 보고 해당 규정의 내용을 예문이라고 무시하는 방식으로 내용통제를 실제로 한 것이다.

2) 판례상 적용사례

무엇을 예문으로 볼 것인지에 관하여 판례는 문언대로 해석하면 일반거래관행에 어긋하거나 당사자의 의사에 비추어 문언과 달리 해석하는 것이 합리적인 경우라면 예문이라는 추상적인 원칙을 세우고 있다.

1970년에 선고된 초기 판례는 근저당권설정계약서[61] 내지 민사상 손해배상포기각서[62]가 예문이라고 단정할 수 없다고 하여 예문해석에 따른 해당 약관 내지 조항의 효력을 부정하지 않는 조심스러운 입장을 취하였다.

---

61) 대법원 1970. 9. 22. 선고 70다1611 판결.

62) 대법원 1970. 12. 29. 선고 70다2494 판결.

예문해석이 적용된 최초의 판결은 유명한 판결로서 부동산매매계약서 중 "면적이나 대금총액에 착오가 있을 때는 등기부상의 면적과 평당가격으로 재정산한다"는 조항이 부동문자로 인쇄된 예문에 지나지 않아 별도로 이루어진 진정한 합의내용을 계약의 내용으로 긍정한 사건이었다.[63] 또한 은행에 대한 물상보증의 목적이 신규대출을 담보하기 위한 것일 뿐 기존의 채무를 담보하기 위한 것은 아니라고 인정되는 사안에 있어서, 근저당권설정계약서 중 피담보채무란의 "현재 부담하고 있는 채무"라는 기재는 부동문자로서 인쇄된 예문에 불과하다고 판단하였다.[64]

약관법이 제정된 후에도 판례는 예문해석을 많이 인정하여 포괄근저당권설정계약에서 예문해석을 통하여 포괄담보 조항을 '한정된 채무의 담보'로 제한하여 해석하였다.[65] 포괄근보증계약의 경우도 예문해석을 통하여 문언상 포괄보증을 인정한 범위 내의 채무보증에 한정하거나 개별보증으로 해석하였다.[66] 부동산매매계약에서는 매도인의 권리포기조항,[67] 위약 시 해약조항,[68] 필요비와 유익비의 포기조항,[69] 착오 시 면적과 가격의 정산조항[70] 등을 예문으로 보았다. 그 밖에 손해배상합의의 배상포기조항의 경우를 예문으로 인정한 사례가 있으나,[71] 전속계약에서 위약금조항은 예문에 불과하다는 주장을 배척하기도 하였다.[72]

3) 비 판

예문해석은 약관에 의한 부작용을 방지하고 고객을 보호하기 위하여 만

63) 대법원 1979. 11. 27. 선고 79다1141 판결.
64) 대법원 1984. 6. 12. 선고 83다카2159 판결.
65) 대법원 1997. 5. 28. 선고 96다9508 판결; 대법원 1992. 11. 27. 선고 92다40785 판결 등.
66) 대법원 1993. 9. 29. 선고 92다8651 판결; 대법원 1991. 7. 23. 선고 91다12776 판결 등.
67) 대법원 1997. 11. 28. 선고 97다36231 판결.
68) 대법원 1992. 2. 11. 선고 91다21954 판결.
69) 대법원 1989. 8. 8. 선고 89다카5628 판결.
70) 대법원 1979. 11. 27. 선고 79다1141 판결.
71) 대법원 1979. 2. 13. 선고 78다2161 판결.
72) 대법원 1993. 2. 9. 선고 92다33176 판결.

든 이론이라는 측면에서는 긍정적인 의미를 갖는다. 그러나 약관법이 제정된 후 이 이론은 더는 학설에 의하여 지지를 받지 못하고 있다.

예문이 무엇인지에 관한 명확한 기준이 없어서 실제 사안의 적용에 있어서 판례가 자의적인 판단을 할 가능성이 존재한다. 판례상 예문해석으로 약관조항의 효력이 부정된 사례군을 살펴보면 계약내용으로 편입되지 않은 약관조항, 개별약정과 다른 약관조항, 내용상 부당하여 무효인 조항에 이른다.[73] 그런데 약관법이 제정된 이상 예문해석의 사례로 판단된 사례는 엄격히 약관법의 특수한 원리에 따라 구분하여 어느 단계에서 해당 약관조항이 문제가 있는지를 판단해야 하는 것이다.

3. 효력유지적 축소 내지 수정해석

참고문헌: 김영갑, "약관규제의 법리와 수정해석의 문제", 법조 제484호, 1997; 김화, "약관에 있어서 효력유지적 축소해석 – 독일법상의 논의를 중심으로", 민사법학 제82호, 2018; 이희영, "약관규제법 제8조, 제6조에 위배되는 약관의 효력", 대법원판례해석 제21호, 1994.

1) 판례와 학설의 입장

효력유지적 축소 내지 수정해석은 약관의 규정 내용 중 과도하게 부당한 내용만을 배제한 채 나머지 부분만을 유효한 내용으로 보는 약관의 해석원칙을 말한다. 대법원이 수정해석을 처음 인정한 사안은 무면허운전과 관련한 면책조항에 관한 사안이었다.[74] 여기서 대법원은 "수정해석은 조항전체가 무효사유에 해당하는 경우뿐만 아니라 조항일부가 무효사유에 해당하고 그 무효부분을 추출배제하여 잔존부분만으로 유효하게 존속시킬 수 있는 경우에도 가능하다"고 보았다. 그리고 나머지 합리적인 부분의 면책조항을 그대로 효력 있는 것으로 보기 위하여 "…라고 해석되는 한에 있어서 유효하다"라는 한정적 유효의 형태로 판시하게 된다.

---

73) 손지열, 「민법주해[XIII]」, 1999, 297면.

74) 대법원 1991. 12. 24. 선고 90다카23899 전원합의체 판결.

학설은 효력유지적 축소 내지 수정해석에 대하여 그 입장이 정리되지 않은 채 심하게 대립하고 있다. 판례처럼 이를 전면적으로 인정하는 입장에서는 상대적 금지조항을 중심으로 하고 있는 우리 약관법의 특성상 사업자가 약관의 유·무효를 판단하기 어렵기 때문에 재판 실무상 효력유지적 축소를 통하여 구체적인 타당성을 추구하는 방식을 찾는 것은 합당하는 것을 그 근거로 든다.[75] 그에 반하여 약관법이 제정된 이상 약관법의 의한 통제방법에 따라 불공정한 약관을 무효로 선언해야 하며, 효력유지적 축소를 인정하게 되면 사업자로 하여금 처음부터 공정한 약관을 작성할 필요가 없어져 예방목적을 달성할 수 없다는 것을 근거로 다수견해는 효력유지적 축소 내지 수정해석을 인정하고 있지 않다. 다만 이를 전면적으로 부정하는 견해도 있지만,[76] 일정한 예외를 인정해야 한다는 견해도 주장되고 있다. 즉, 약관조항의 내용이 가분적일 경우에는 계약조항이 전부무효가 됨으로 인한 규율의 공백을 최소화할 필요가 있다는 견해,[77] 거래계의 예측가능성을 크게 해하지 않는 범위 내에서 예외적인 간이 통제수단으로서만 최소한도로 기능해야 한다는 견해[78] 그리고 해당 약관조항의 상당한 내용의 한계에 관하여 학설이나 판례에서 다툼이 있다든가 해당 거래관행상 명확한 기준이 아직 확립되어 있지 않다든가 하는 특별한 사정이 있어서 사용자의 눈에 약관조항의 약관법과의 불일치가 뚜렷이 드러나지 못하는 경우에 예외적으로만 인정해야 한다는 견해[79]가 주장되고 있다.

2) 효력유지적 축소 내지 수정해석의 장단점

수정해석 방법은 다양한 장점을 가지고 있다. 첫째, 통상 약관조항을 불

75) 양창수, "약관조항에 대한 내용통제", 「민법연구 제4권」, 1997, 346면 이하.

76) 김영갑, "약관규제의 법리와 수정해석의 문제", 법조 제484호, 1997, 109면; 이희영, "약관규제법 제8조, 제6조에 위배되는 약관의 효력", 대법원판례해석 제21호, 1994, 239-240면.

77) 이은영, "약관법과 민법의 관계, 계약내용통제 및 일부무효와 관련하여", 외법논집 제34권 제4호, 2010, 201면.

78) 김동훈, "약관법의 형성과 전개", 「한국민법이론의 발전(I): 채권편」, 1999, 769면.

79) 장경환, "우리나라 약관규제법의 의의와 성과", 경희법학 제41권 제2호, 2006, 224면.

공정한 것으로 무효라고 판단하면 해당 조항은 무효가 되고 이를 대신하여 임의규정을 찾거나 당사자의 가정적 의사를 물어 보충해석에 의하여 해당 내용을 보충하게 된다. 그에 반하여 수정해석을 하게 되면 문제되는 내용만 제거하고 나머지 부분은 유효하게 남기 때문에 앞의 복잡한 절차를 거치지 않아도 된다. 둘째, 수정해석에 의하면 당사자가 합의한 내용을 최대한 살릴 수 있다는 측면에서 내용통제를 통한 법원 내지 공정거래위원회의 간섭을 최소화할 수 있다. 셋째, 내용통제를 통하여 해당 약관조항을 무효로 선언하게 되면 한동안 규율의 공백상태가 있게 되어 거래계의 혼란을 초래할 수 있으나, 수정해석의 경우에는 유효한 부분을 그대로 남겨 두므로 공백상태가 발생하지 않는다.

하지만 이러한 장점에도 불구하고 수정해석은 많은 문제점을 안고 있다. 첫째, 가장 큰 문제점은 약관법이 제정된 상태에서는 해석단계와 내용통제단계가 엄격히 구분된다. 그러나 수정해석을 하게 되면 해석단계에서 약관의 내용확정을 하는 것을 넘어서 해석이라는 이름 아래 실질적으로는 내용통제를 하게 되는 것이다. 따라서 수정해석이 갖는 이러한 **숨은 내용통제**는 비판의 대상이 된다. 약관법이 제정된 상태에서는 해당 내용이 어떠한 이유로 무효가 되었는지를 명확히 밝혀야 한다. 이를 **공개된 내용통제**라고 한다. 둘째, 수정해석이 갖는 실제적인 문제점은 사업자가 약관을 만들 때 주의를 기울이지 않아도 수정해석을 통하여 적절한 내용으로 약관내용을 모두 수정하여 주기 때문에 사업자의 불공정한 거래관행을 자진 시정하려는 노력이 없게 된다. 셋째, 수정해석은 명백한 근거와 기준이 없기 때문에 법원이 자의적으로 당사자들의 계약내용을 재구성하는 간섭의 통로가 될 가능성도 존재한다.

4. 민법의 일반조항 내지 사법의 일반원리를 적용한 판례

판례는 민법 제2조의 신의성실의 원칙과 제103조의 선량한 풍속 기타 사회질서와 관련된 규정 그리고 민사법의 일반원리인 형평의 원칙 등을 통하여 고객에게 현저하게 불이익한 규정에 대한 내용통제를 하려고 하였다.

예컨대 신용카드 회원규약에 "카드의 도난, 분실 등으로 인한 모든 책임이 회원에게 귀속된다"라는 조항은 카드이용에 따른 거래의 특수성에 비추어 볼 때 신의성실의 원칙이나 공서양속에 위반되는 무효의 것이라 할 수 없다고 보았다.[80] 또한 은행약관의 한 규정에 대하여 약관의 약정이 '형평의 원칙'에 어긋날 정도로 불합리한 것이 아닌 이상 그 효력을 부인할 수 없다고 판단하였다.[81]

Ⅲ. 약관법의 제정

1. 제정과정과 그 의의

1980년대부터 약관으로 인한 소비자피해가 증가하자 법학자·법조인·소비자단체를 중심으로 현행법의 한계를 지적하고 이를 시정할 수 있는 법률을 제정할 필요가 있다는 인식이 강해졌다. 비교법적으로 보면 그 무렵 세계 각국에서 약관규제에 관한 법률을 제정하기 시작하였다. 즉, 1971년 스웨덴의 부당한 계약조건의 금지에 관한 법률, 1976년 독일 보통거래약관에 관한 법률(AGB-Recht), 1977년 영국의 불공정계약조건에 관한 법률(Unfair Contract Terms Act)이 이미 제정되어 있었다.

이에 상법개정 내지 특별법 제정의 형태로 구체적인 법안이 제안되기도 하였다.[82] 독일의 약관법은 약관에 대한 사법적 통제가 갖는 한계를 극복

---

80) 대법원 1987. 4. 14. 선고 85다카2273 판결.

81) 대법원 1987. 1. 20. 선고 86다카1262 판결.

82) 손주찬 교수는 제1안으로 상법 개정을, 제2안으로 특별법 제정을 주장하였다(손주찬, "보통거래약관의 효력규정의 신설", 「상법개정의 논점」, 1981, 24-26면). 이러한 제안에 신중한 검토가 필요하다는 의견으로 이균성, "상법개정에 대한 개별적 의견의 종합", 「상법개정의 논점」, 1981, 335-336면; 권오승, "보통거래약관법시안", 「민사법개정의견서」, 1982, 402-411면.

하고, 행정적 통제가 갖는 약점을 보완하기 위하여 약관에 대한 효율적인 통제방법으로서 약관의 효력을 중심으로 하는 입법적 통제를 채택하고 있다고 하면서 우리나라에서도 독일처럼 입법적 해결을 도모할 필요가 있다는 점에서는 제안의 취지는 공통되었다. 다만 상법개정안에서는 약관에 의한 거래는 기업(상인)과 기업 사이 또는 기업과 소비자(비상인) 사이의 거래에 적용되는 것이므로 쌍방적 상행위 또는 일방적 상행위가 되는 것이라고 보고, 체계상으로는 상법전 중 상행위편 통칙에 이은 독립된 장의 형태로 두자고 제안하였다. 그에 반하여 민사특별법으로 제정하자고 하는 안이 주장되었다. 이처럼 양 법안은 제정하는 형태는 달랐으나, 내용상으로는 독일의 약관법을 모델로 하고 있다는 점에서 근본적인 차이는 없었다.[83)]

1985년 경제기획원의 후원 아래 '소비자문제를 연구하는 시민의 모임'에 약관의 이용에 따른 소비자의 피해를 방지하고 공정한 거래를 확보할 수 있는 법률안의 기초를 위탁하였다. 이에 약관법제정위원회가 발족되고 실태조사와 초안작성이 이루어졌다. 약관법제정 연구위원으로 구성하여 발족된 위원회[84)]에서는 입법의 필요성, 구체적인 입법사항 등에 관한 의견을 설문조사를 통하여 분석하였고, 국내논문을 검토하는 한편 독일, 영국 등의 입법례의 연구, 각종 약관의 실태조사를 정리하여 약관법의 시안을 작성하였다.[85)] 학계 · 법조계 · 업계의 의견을 수렴하여 초안을 검토하는 과정을 거쳐 제2수정안까지 마련되었다. 이 안이 토대가 되어 민주정의당과 입법정책당국의 협의가 이루어져 1986년 7월 30일에 당정책위원회의 주최로 공청회가 열리고 의견을 수렴하여 다시 수정을 거쳐 당정협의를 거쳐 재수정한 것을 민정당안으로 채택하여 정기국회에 제출하여 1986년 12월 18일 본회의에서 통과하였다. 「약관의 규제에 관한 법률」은 1986년 12월 31일에

83) 이러한 평가로 이은영, 「약관규제법」, 1994, 51면.

84) 제정위원회는 손주찬 위원장(교수, 상법), 김동환 변호사(소시모 회장), 황적인 교수(민법), 김홍규 교수(민사소송법), 박길준 교수(상법), 이은영 교수(민법), 김재옥(소시모 사무처장) 등 7인으로 구성되었다(소시모, 약관규제의 입법, 115면 참조).

85) 소비자문제를 연구하는 시민의 모임, 「약관규제의 입법」, 1986.

법률 제3922호로 제정되어 1987년 7월 1일부터 시행되었다.

약관의 규제방법을 할부매매, 신용카드 매매, 방문판매 등 개별적인 거래형태별로 하는 개별적 입법의 형태를 취할 것인지, 아니면 모든 약관을 대상으로 하는 포괄적 입법을 할 것인지의 선택지 중에서 포괄적 입법방식을 취하는 단일법을 만드는 쪽으로 선택하였다. 그 당시만 하더라도 개별 영역에 관한 소비자특별법들이 제정되지 않았고 아직 거래유형별로 법률관계 및 소비자보호방식이 정하여지지 않은 상태였으므로 거래영역을 불문하고 약관의 내용을 어느 정도 적정선으로 끌어올려 거래질서를 개선하려고 하는 목적이 있었다.[86] 약관법의 공식적인 입법이유를 다음과 같이 밝히고 있다.

> "약관에 의한 거래는 현대의 대량생산·대량소비사회에서 등장하게 된 새로운 현상으로서 여러 가지 유용한 기능을 해 온 것이 사실이므로 이에 약관에 대한 법률을 제정하여 신의성실의 원칙에 반하여 공정을 잃은 조항들을 무효화하고, 약관심사위원회를 설치하여 이 법에 위반되는 조항을 적용한 사업자에 대하여는 경제기획원장관으로 하여금 동 위원회의 심의를 거쳐 시정권고를 하도록 함으로써 경제적 약자가 명실상부한 계약의 자유를 누릴 수 있도록 보장하려는 것이다."

약관법의 제정 의의에 관하여 김동훈 교수는 비록 "학문적 연구나 판례의 축적이 없이 소비자보호라는 정책적 필요에서 다소 급조된 듯한 감이 있어 부분적으로는 외국법전의 번역과 같은 생경한 느낌을 주기도 하나 어차피 입법적 대응이 필요한 분야라면 입법이 선도적 역할을 담당함으로써 거래계의 의식에도 자극을 주고, 법원에는 약관이라는 새로운 법적 현상에 직접적으로 대처할 수 있는 무기를 부여하며, 행정적으로는 효과적인 규제의

---

86) 포괄적 규제방법을 채택한 이유에 관하여 자세한 것은 이은영, 「약관규제법」, 1994, 52면 참조.

수단을 제공한다는 종합적인 효과를 생각할 때 긍정적으로 볼 수 있다"는 솔직하면서도 정확한 평가를 하였다.[87)]

2. 제정법의 특징

1) 포괄적 규제방식의 채택

약관에 대한 규제법은 모든 약관에 대하여 적용될 수 있는 일반법을 제정하는 방식을 취하거나, 개별적인 거래영역의 약관을 특별히 규제하는 방식을 취할 수 있다. 전자를 포괄적 규제방식이라고 하고, 후자를 개별적 규제방식이라고 한다. 우리 입법자는 약관법을 제정함으로써 원칙적으로 약관에 대하여 포괄적 규제방식을 취하는 한편, 거래영역에서 문제되는 약관의 특수문제를 또한 특별규정을 통하여 규정(예컨대 보험계약에 관한 상법 제663조, 해상물건운송계약에 관한 상법 제790조 등)하는 개별적 규제방식을 통하여 보완하고 있다.[88)]

즉, 약관법은 제30조 제1항에서 적용제외 규정을 두고 있어 이 분야에 해당하지 않으면 거래분야를 불문하고 모든 종류의 약관에 대하여 적용된다. 다만 특정한 거래분야의 약관에 대하여 다른 법률에 특별한 규정이 있는 경우에는 이 법의 규정에 우선한다(제30조 제2항).

2) 3단계의 사법적 통제방식의 채택

약관법의 기본적 특징은 편입, 해석 및 내용통제라는 3단계 심사단계를 갖추고 있다는 점이다. 첫 번째 심사단계인 편입통제 단계에서는 약관이 사업자와 고객 사이에 체결된 계약의 내용으로 편입되어 계약의 내용으로 되었는지를 심사하는 단계를 말한다. 두 번째 단계인 해석단계에서는 편입된 약관의 내용을 확정하는 단계로서 해석을 통하여 당사자 사이의 권리와

---

87) 김동훈, "약관법의 형성과 전개", 「한국민법이론의 발전(I): 채권편」, 1999, 756면.

88) 이러한 설명으로 장경환, "우리나라 약관규제법의 의의와 성과", 경희법학 제41권 제2호, 2006, 249면.

의무의 구체적인 내용이 확정된다. 마지막 세 번째 단계인 내용통제 단계에서는 약관의 구체적인 조항의 내용이 고객에게 불공정한지의 여부를 심사하여 해당 조항의 유·무효를 결정하게 된다. 편입단계에서 특징적인 것은 사업자에게 약관의 명시의무 이외에도 설명의무를 부과하고 있다는 점이다. 해석단계에서는 객관적 해석의 원칙 및 작성자 불이익의 원칙을 채택하고 내용통제단계에서는 일반조항을 통하여 일반원칙을 정하는 한편, 구체적으로 불공정한 사유를 예시적으로 열거하고 있다는 점이 우리 약관법의 특징이다.

이와 관련하여 판례와 일부 학설은 통제단계를 편입통제, 해석통제, 불공정성통제라는 3단계가 존재하는 것으로 설명한다. 그리고 편입통제와 해석통제를 간접적 내용통제라 하고, 불공정성 통제를 직접적 내용통제에 해당한다고 설명한다.[89] 그런데 해석 단계를 해석통제라고 하고 있는 것은 판례에서 해석이라는 미명 아래 실질적으로는 숨은 내용통제를 하고 있기 때문이다. 즉, 수정해석 등의 해석방법 등을 통하여 무효로 볼 수 있는 약관조항의 내용을 제한하여 해석한다. 그런데 이러한 방법은 약관법이 제정되기 이전에는 타당하였지만, 현재 약관법에서 3단계의 심사단계를 구분하고 있고, 내용통제라는 최종단계를 두고 있는 이상 해석단계에서 실질적인 내용통제에 해당하는 수정해석의 방법을 사용해서는 안 된다. 이러한 의미에서 '해석통제'라는 통제방법의 하나로 기능을 부여하는 것은 타당하지 않으며 해석단계에서는 통제가 이루어지는 것이 아니라, 단지 해석을 통하여 약관의 내용을 확정하는 것으로 보아야 한다.

3) 추상적 내용통제와 구체적 내용통제 모두 인정

약관법은 추상적 내용통제와 구체적 내용통제 방법을 모두 인정하고 있다. 이러한 통제방법의 차이는 기본적으로 약관의 내용통제를 하면서 구체적인 계약관계를 전제로 하느냐의 여부에 따라 나뉜다.[90] 추상적 내용통제

---

89) 상경환, "우리나라 약관규제법의 의의와 성과", 경희법학 제41권 제2호, 2006, 249면.

에서는 특정한 구체적 계약관계를 전제로 하지 않고 오로지 약관조항을 기초로 약관조항의 유효성을 심사함에 반하여 구체적 내용통제에서는 특정한 구체적 계약관계를 기초로 약관조항을 심사하게 된다.

구체적인 계약관계를 기초로 하는 구체적인 내용통제의 경우에는 약관의 3단계의 심사인 편입·해석 및 내용통제가 모두 이루어지지만, 추상적 내용통제의 경우에는 구체적인 계약관계를 전제로 한 편입 여부는 문제가 되지 않기 때문에 해석 및 내용통제만이 이루어진다.[91] 하지만 추상적 내용통제에서도 구체적인 계약관계에서의 통제가 문제 되지 않을 뿐 사실적으로는 해당 조항이 널리 거래계에서 사용되고 있거나 해당 사업자가 해당 조항을 다수 고객과의 계약에서 사용하고 있는 것이 전제되어 있어 큰 차이점이라고 보기는 어려울 것이다.

구체적 내용통제와 추상적 내용통제를 담당하는 기관을 어디에 두고 해당 절차를 어떻게 진행할지는 법정책적 문제라고 할 수 있다.[92] 독일의 경우 이 모두를 법원이 담당하고 있다. 즉, 사업자와 고객 사이의 개별적 소송에서 계약관계를 전제로 한 구체적 내용통제가 이루어지고 소비자단체에 의한 단체소송을 통하여 추상적 내용통제가 이루어지고 있다. 우리나라의 경우 구체적 내용통제는 법원에서 그리고 추상적 내용통제는 행정기관에 의하여 담당하도록 규정되었다.[93] 즉, 행정기관에 의한 추상적 내용통제와 법원에 의한 구체적 내용통제를 적절하게 안배하는 모델을 취하고 있는 것이다. 그런데 소비자기본법에 소비자단체소송이 도입되면서 법원에 의하여도 추상적 내용통제가 이루어지게 되었다.

---

90) 이에 관하여 기본적 설명으로 장경환, "약관의 내용통제의 방식과 체계", 경희법학 제30권 제1호, 1995, 83면 이하; 권오승, "한국의 약관규제", 경쟁법연구 제8권, 2016, 584면.

91) 추상적 내용통제의 경우 오로지 약관조항의 효력만을 심사하는 것이므로 내용통제만이 이루어진다는 입장이 있으나, 내용통제를 하기 위한 논리적인 전단계로 그 내용을 확정하는 해석이 이루어져야 하므로 추상적 내용통제에서도 해석 단계를 거쳐야 한다.

92) 특히 단체소송의 법정책적 의미에 관하여 자세한 것은 Säcker, Die Einordnung der Verbandsklage in das System des Privatrechts, 2006 참조.

93) 이러한 평가로 권오승, "한국의 약관규제", 경쟁법연구 제8권, 2016, 587면.

4) 행정기관에게 내용통제 기능부여

입법이유에서 밝히고 있듯이 약관법의 특징은 약관의 추상적 불공성 통제를 행정기관이 담당하도록 하고 있다는 점에 있다. 제정 당시에는 경제기획원에 약관심사위원회가 설치되었고 이 기구를 통하여 불공정한 약관의 시정이 이루어지게 되었다.

약관의 구체적 내용통제는 계약당사자가 갖는 권리의 존부와 내용을 확정하기 위한 선결문제로서 재판에 의하여 이루어져야 하므로 법원에서 이러한 역할을 담당할 수밖에 없다. 그러나 추상적 내용통제는 구체적인 사건에서 권리의 존부 및 내용과 상관없이 진행되는 것이므로 법원에서 반드시 담당할 필요가 없는 것이다. 불공정한 약관으로 인한 피해가 소액인 것이 보통이고, 판결을 받기 위해서는 시간과 비용이 들어가므로 소의 제기가 현실적으로 많이 이루어지지 않는다는 점, 현행 민사소송법상 기판력은 원칙적으로 소송당사자에게만 미치므로 동일·동종의 불공정 약관조항에 의한 다른 피해자들을 구제하기가 어렵고 불공정약관조항의 장래 사용을 금지하기 어렵다는 점 등을 고려하여 약관법에서는 담당기관을 행정기관으로 정한 것이다.[94]

5) 약관법의 특징에 따른 독자적 발전의 기틀 마련

약관법은 독일의 약관법을 모델로 만든 것이기는 하지만, 독일법과는 다른 특징을 가지고 있고 독자적인 성장을 거치고 있다.[95] 약관법은 크게 보면 약관의 개념, 사업자와 고객을 기초로 하여 소비자거래뿐만 아니라, 사업자거래도 포함시켰다는 점, 3단계 통제단계를 설정하고 있다는 점, 불공정사유를 일반조항과 예시적 열거조항으로 제시하였다는 점, 불공정한 약관의 법률효과 등에서 기본 틀을 가져왔다. 하지만 각 조항별로 세부적인 차이를 보이는 점 이외에도 큰 차이점은 편입단계에서 독일에는 없는 사업

---

94) 장경환, "우리나라 약관규제법의 의의와 성과", 경희법학 제41권 제2호, 2006, 252면.
95) 그러나 대체적으로 모방을 하였다는 평가로 박수영, 「소비자법해설」, 제4판, 2019, 134면.

자의 설명의무를 요구하고 있는 점, 소극적 편입요건으로 의외조항을 설정하지 않고 내용통제사유로 설정하였다는 점, 예시적 열거사유를 불공정한 약관의 내용을 중심으로 열거하고 있다는 점, 약관의 심사를 위하여 행정적 통제방식을 취하고 있다는 점 등에서는 독일법과는 차이를 보이며 이는 독자적인 약관규제의 방향으로 발전할 수 있는 기틀이 되었다.

제4절 / 약관법의 민법편입 논의

참고문헌: 김대규, "독일 약관규제법의 민법전 편입 및 개정—법정책적 논의와 개정 내용을 중심으로", 경쟁법연구 제8권, 2002; 서희석·백경일, "소비자법의 민법전 편입에 관한 연구", 2009년도 법무부연구용역 보고서, 2009; 이병준, "약관규제법의 민법편입", 「소비자법과 민법」, 2010; 최병규, "독일 약관규제법 폐지와 변화", 상사법연구 제21권 제1호, 2002.

I. 소비자법의 민법편입 논의

2009년 민법개정작업이 시작되면서 소비자법의 민법편입에 관한 논의가 본격적으로 진행되었다. 그 당시 편입논의의 대상이 되는 법률로는 약관법, 방문판매법, 할부거래법 그리고 전자상거래법 등에 규정되어 있는 중요 소비자계약법 관련 규정이었다. 이 중에서 약관법은 소비자법으로서 그 역사가 가장 오래된 법이면서도 성공적으로 소비자보호에 기여하고 있고 제도로서 정착단계에 들어서고 있는 법이라고 할 수 있다. 약관법은 제정된 이후 큰 변화 없이 이어지고 있으며, 개정 필요성이 있어 논의되고 있는 부분도 근본적인 개정보다는 제도적 보완차원에서 이루어지고 있다. 그리고 아직 개정논의에서 약관법의 내용을 민법으로 편입해야 한다고 주장하여 그 논의를 구체적으로 진행하는 논문 및 연구가 나왔다.

II. 약관법의 민법편입에 대한 긍정적·부정적 논거

약관법의 편입 자체만이 목적이 될 수 없기 때문에 약관법의 민법편입에 관한 합당한 이유를 찾아야 한다. 따라서 편입의 이론적 논거와 법정책적 고려도 필요하다.

1. 민법편입의 긍정적 논거

1) 민법의 기본원리에 부합하는 약관법

약관법이 제정되기 전 상태에서 우리 판례는 약관통제에 관한 법리를 일반 민사법 법리를 기초로 하였고 해당 조항만 무효로 하는 일부무효의 법리를 차용하였다. 또한 약관법은 약관을 계약설에 따라 구성하여 약관에 관한 규정을 만들었고, 약관의 내용통제도 민법의 일반원칙인 신의칙을 기본원리로 삼고 있다. 더 나아가 일부무효의 법리를 차용함으로써 민법의 기본원리와 그 규율내용 측면에서 배치되지 않는다. 따라서 약관법이 민법에 규정되어 있는 계약체결 내지 계약상황의 수정을 가하는 규정내용을 담고 있지만, 약관법의 유래가 민법의 기본원리라는 점은 의심의 여지가 없다고 할 수 있다.[96]

2) 통일된 법전의 완성

독일의 입법자가 특별법인 소비자관련 법률들을 민법 내에 편입하려고 하였을 때 내세웠던 주된 주장이다. 즉, 민법은 사법의 일반법이면서도 가장 중요한 법인데, 거래생활의 변화로 민법이 적용되는 영역이 점차 적어지고 오히려 특별법, 그리고 이 중 소비자법의 적용영역이 점차 넓어지고 있다는 점이 지적되었다. 이러한 시각에서 민법을 강화하고 그 적용영역을 일반 서민거래에 확대하기 위하여 소비자법의 편입을 주장하게 되었다. 또한 이렇게 함으로써 소비자가 거래할 때 고려할 수 있는 규정들을 민법 안에서 모두 찾을 수 있다고 한다.

3) 약관법의 원리는 사회적 소비자보호를 위한 것이 아님

약관법이 소비자보호 목적이란 기본적 관념을 갖고 출발하였으나, 이미

---

96) 같은 취지로 Ulmer, Integration des AGB-Gesetzes in das BGB?, in: Die Schuldrechtsreform vor dem Hintergrund des Gemeinschaftsrecht(hrg. Schulze/Schulte-Nölke), 2001, S. 218.

입법단계에서 소비자에 한정하는 입법을 하지 않았다. 그럼에도 불구하고 우리 학설 중에는 아직도 약관법을 소비자법 특히 사회적 소비자보호법에 속한다고 보는 견해가 있다. 특히 약관법이 내용통제를 하고 있다는 측면에서는 소비자를 '사회적 약자'로 보고, 사업자와 소비자 사이에 힘의 불균형에 입각해서, '사적자치'를 희생해서라도 소비자를 약자로서 '보호'하기 위하여 만든 규정이라고 해석하는 것이 더 타당하다고 한다.[97] 하지만 약관법은 소비자보호를 주된 목적으로 하여 탄생한 법이기는 하지만, 민법의 일반원리와 상충하는 법이 아니므로 충분히 일반사법인 민법으로 받아들일 수 있다.

2. 민법편입의 부정적 논거

독일 민법개정 당시에 약관법의 민법 편입에 부정적인 입장을 표명한 논거 중에서 약관법에 참조할 수 있는 반대논거를 살펴보면 첫째, 약관법을 민법으로 편입하였을 때 약관법 관련 규정들의 체계적 위치를 하나로 정하기 어렵다는 점, 둘째, 민법편입으로 그 적용범위가 광범위하여 그 적용범위가 축소될 수 있다는 점, 셋째, 민법편입으로 인하여 가져올 수 있는 약관법이 갖고 있는 상징적 의미가 쇠퇴할 수 있다는 점 등을 들고 있다.

1) 체계적 혼란

약관법의 규정내용을 전반적으로 살펴보면 그 내용이 민법의 다양한 규정들과 관련되어 있음을 알 수 있다. 즉, 약관의 편입통제와 관련된 규정(약관법 제3조)은 계약의 체결에 관한 규정들과 연관되어 있고, 약관의 해석에 관한 규정(약관법 제5조)은 법률행위의 해석과 관련되며, 약관의 내용통제(제6조 이하)와 그에 따른 일부무효의 효과(제16조)는 법률행위의 무효와 일

97) 이러한 입장으로 백경일, "소비자보호법의 민법전 내 편입문제에 관한 비판적 고찰 — 소비자사법론, 상황관련적 소비자보호관, 실질적 사적자치 개념 등의 모순성에 대하여", 재산법연구 제26권 제2호, 2008, 294면 주 65.

부무효에 관한 규정과 직접적 연관성을 갖는다. 따라서 이러한 다양한 규정내용을, 예컨대 독일의 입법자처럼 채권총론 규정에 하나의 장 내지 편으로 편입시킨다면 체계적 혼란을 가져올 수 있다고 한다. 또한 약관법상 정의규정(제2조) 및 규정의 적용범위(제15조)에 관한 규정들을 민법의 체계 내에 편입하는 것도 쉬운 문제는 아니다.

2) 약관법의 적용범위의 축소

약관법이 민법에 편입되는 것에 부정적 입장이 가지는 논거 중 하나는 다음과 같다. 약관법이 민법에 편입되면, 약관법의 규정 내용이 민법에 규정되어 있는 계약이나 계약자유의 원칙에 따라 형성된 계약에만 적용되는 것으로 오해가 발생할 수 있다는 것이다. 하지만 모든 형태의 계약, 즉 그것이 채권계약이든 물권계약이든, 민법에 규정된 것이든 다른 법률에 규정된 것이든 계약이라면 약관법의 적용을 받는다. 물론 민법에 약관법이 편입된다고 하더라도 이러한 적용범위가 근본적으로 변하는 것은 아니지만 특별법으로 존재하였을 때보다는 민법으로 편입되었을 때 해당 약관조항들이 기타의 계약에도 적용될 수 있다는 의미가 약화될 수 있다고 한다.

여기서 제기된 부정적 논거는 약관법이 특별법의 형태로 존재하였을 때에 갖게 되는 적용범위와 민법편입으로 갖게 되는 적용범위의 차이가 있을 것으로 우려하고 있다. 그러나 이 견해가 스스로 지적하고 있듯 이는 피상적인 기우에 불과하고 민법편입으로 실질적으로 적용범위의 변화는 가져오지 않을 것이다. 오히려 민법이 일반사법인 이상 해당 특별사법에서 이 규정들의 적용을 배제하는 예외규정이 없는 한 모든 사법에 적용되는 것이 전제되어 있다는 점에서는 그 적용범위가 오히려 넓어질 수 있다고 생각된다.[98] 다만 뒤에서 살펴보는 바와 같이 약관법에 관한 규정내용을 편입하는 체계적 위치에 따라서는 적용범위가 제한되는 것처럼 보일 가능성도 존재한다. 즉 독일 입법자처럼 약관법의 내용을 채권편에 규정하게 된다면

---

98) 특히, 특별법보다 민법이 유추와 적용확대가 더 용이하다는 점을 고려하면 더욱 그러하다.

약관법에 관한 내용이 마치 채권계약에만 적용되는 것처럼 생각될 수 있다. 이러한 점은 물론 입법을 함에 있어서 반드시 고려해야 할 주의점이라고 생각되고 이러한 한도에서 이 지적은 타당할 수 있다.[99)]

3) 약관법의 상징적 의미의 상실

또 다른 반대논거는 약관법이 민법으로 편입되어 법률 명칭 자체가 소멸하게 되었을 때의 문제를 지적하는 것이다. 즉 특별법으로서의 약관법이 존재하게 되면 별도의 법명으로 이러한 규정내용이 존재하기 때문에 당사자들이 법의 존재를 더 확실하게 인식할 수 있게 되어 법목적을 충실하게 실현할 수 있게 된다는 것이다. 또한 약관법이 법의 형태로 존재하면 외국의 입법례에도 상당한 영향을 주어서 모델적 역할을 할 수 있다고 한다.[100)]

하지만 이러한 우려는 약관법이라는 특별법 자체가 민법편입으로 완전히 폐지될 때 제기될 수 있는 문제이다. 독일의 경우에는 약관법이 쪼개져서 실체적 규정들은 민법으로, 절차적 규정은 부작위소송법으로 각각 편입되면서 약관법이라는 명칭의 법이 폐지되었다. 하지만 현재 행정규제적 성격이 강한 우리 약관법의 경우에는 사법적 요소가 민법에 편입되더라도 약관법 자체의 폐지는 없을 것이므로 우리나라에서는 우려할 필요가 없는 반대논거라고 할 수 있다.

---

99) 그러나 채권법 총론편으로 편입된 독일법의 해석에 있어서도 소유권유보와 물권행위에 약관규제에 관한 규정이 적용된다고 아직도 해석되고 있으며, 오히려 적용범위를 넓혀서 노동법관계에도 적용되도록 하였다고 한다(최병규, "독일 약관규제법 폐지와 변화", 상사법연구 제21권 제1호, 2002, 65면 참조).

100) 이러한 측면에서 우리 약관법도 일본 소비자계약법을 제정할 때 참조의 대상이 되었음은 부정할 수 없을 것이다.

Ⅲ. 약관법의 민법편입 방안

1. 입법의 전체적인 방향

입법의 전체적인 방향을 고려함에 있어서 크게 3가지 문제점을 고려할 필요가 있다.

첫째, 약관법의 편입은 독자적인 의미를 갖는 것이 아니라, 민법이 서민거래, 더 현대적으로 말한다면 소비자거래의 모습을 담고 있어야 한다는 의미에서 소비자법의 민법편입이라는 큰 개정목표 아래에서 더 의미가 크다고 할 수 있다. 물론 소비자법의 편입과 상관없이 약관에 의한 계약체결이라는 모습으로 약관법의 일부 제도를 민법으로 받아들이는 방안도 고려될 수 있지만, 오히려 소비자법의 편입이라는 근본적인 목적을 반영한다는 측면에서의 편입이 더 바람직하다.

둘째, 소비자법, 그리고 여기에서는 약관법의 민법편입을 고려할 때 그 대상은 사법제도에 제한된다는 점을 고려해야 한다.[101] 즉, 다른 소비자법도 그러하지만 약관법도 크게는 사법적 규정, 행정적 규정 및 절차적 규정 등을 담고 있는데, 민법에 편입대상이 되는 규정들은 사법적 내용을 담고 있는 규정이다. 이는 결국 소비자법의 분법화를 의미하며 약관법의 사법적 내용이 민법 내로 편입되더라도 기타 규정들, 즉 행정적 규정과 절차적 규정 등은 약관법에 남게 된다는 것을 의미한다. 결국 약관법의 내용 중에서 민법의 일반제도로 받아들일 수 있는 규정들만 편입의 대상이 된다는 것을 의미한다. 따라서 약관법상의 규정들이 민법 내에 편입되더라도 약관법은 폐지되지 않거나 다른 형태로 재편되어야 한다.

셋째, 약관법의 민법 편입을 통하여 실체적 법규정내용을 변경하려는 것이 아니며, 약관법에 의하여 발전하여 온 법원리를 일반사법인 민법으로

101) 독일 약관법의 민법편입 현상을 보면서 우리 약관법을 행정적 규제에 관한 규정이 있으므로 독일 민법으로의 편입은 참조할 것이 못 된다는 견해로 최병규, "독일 약관규제법 폐지와 변화", 상사법연구 제21권 제1호, 2002, 93면.

받아들이려고 한다는 점이다. 물론 특별법의 형태로 있던 법문을 그대로 민법으로 받아들일 수는 없고 특별법의 형태로 독자적인 법률로 되어 있을 때 가능하였던 법형식이 일반사법인 민법에는 맞지 않은 측면이 있다(예컨대 제2조의 정의규정). 이러한 측면에서 민법으로 규정내용을 받아들일 때 "순화"과정은 반드시 거쳐야 할 것이다.

2. 약관법의 체계적 위치

약관법 중 사법적 규정들을 민법으로 편입할 때 그 규정들을 어느 부분에 어떠한 형태로 편입할지는 쉬운 문제가 아니며, 이 부분에 대하여도 다양한 의견이 제시될 수 있을 것이다.

우선 약관법이 계약과 연관된 것이고 계약의 성립과 내용통제에 관한 것이므로 채권법에 해당 규정을 두어야 한다는 시각이 있을 수 있다. 이러한 시각에서 독일 입법자는 약관규제에 관한 규정들을 민법의 채권법에 규정을 두었다. 그에 반하여 약관에 관한 규정들이 채권계약에만 적용되지 않고 더 나아가서 물권계약에도 적용될 수 있다는 측면을 고려하면 채권계약에 한정하여 해당 규정을 규율할 수 있는지에 관하여 의문이 제기될 수 있다. 또한 불공정 약관의 효력에 관한 규정이 일부무효에 관한 특칙임을 감안한다면 이들 규정들을 연관된 규정과 관련하여 나누어서 특칙의 형태로 개별적인 입법으로 규정해야 한다고 생각할 수 있다. 이처럼 편입 시 규정의 위치와 편입될 규정의 형태에 대하여 다양한 방안이 가능하다.

그러나 약관법이 하나의 통일된 원리에 의하여 체계적으로 규정되었고 그 입법방식이 우수하여 무리 없이 실무에서 적용되고 있었던 점을 생각한다면, 약관에 관한 규정들을 통합적으로 하나의 묶음으로 규정하는 것(en bloc-Lösung)이 방법론상으로 타당할 것이다.[102] 따라서 약관법의 사법관련

---

102) Ulmer, in: Die Schuldrechtsreform vor dem Hintergrund des Gemeinschaftsrecht(hrg. Schulze/Schulte-Nölke), S. 221.

규정들을 각 분야에 맞추어 나누어서 규정하는 입법형태는 옳지 않다고 생각된다.

그렇다면 어떠한 해결방식이 타당한가? 약관법의 규정내용을 보면 계약체결과 연관된 편입규정을 제외하고는 모두 민법총칙 중 법률행위 편과 연관성이 높다고 할 수 있다. 따라서 법률행위 편으로 두는 방안을 고려할 수 있을 것이다. 다른 한편 약관에 의한 계약체결이 특수한 계약체결방식에 관한 것이고 이러한 계약체결 상황에 관한 특별규정임을 감안한다면 계약성립과 관련된 규정과 같이 두는 것이 타당할 수 있다. 하지만 현재 채권각론의 계약총론에 있는 계약성립 편에 약관 관련 규정을 둔다면 이는 채권계약에만 약관조항들이 적용될 수 있다는 인상을 줄 수 있다.

이러한 고민은 민법개정위원회에서 논의되었던 방안이 실현되면 자연스럽게 해결될 수도 있다. 왜냐하면 민법개정위원회에서 계약성립에 관한 규정을 민법총칙의 법률행위 편으로 옮기는 것을 긍정적으로 검토하였기 때문이다. 그렇다면 약관법의 내용도 자연스럽게 법률행위 편 계약성립에 관한 규정에서 자리를 잡게 하면 될 것이다. 그렇게 본다면 약관법의 민법편입이 오히려 계약성립에 관한 규정을 민법총칙으로 옮겨야 하는 논거로 작용할 수 있다.

아직 계약성립에 관한 규정들을 민법총칙 법률행위에 관한 규정들과 연관하여 규정하는 안이 확정되지 않은 이상, 계약총론 편에 계약성립에 관한 규정이 있다는 것을 전제로 논의를 진행하는 것이 현실적일 것이다. 그렇다면 앞에서 제기하였던 문제점들이 남게 된다. 즉, 법률행위 편에 규정을 둘 것인가 아니면 계약성립 편에 규정을 둘 것인가의 어려운 체계적 문제가 남는다. 법률행위 총칙 규정을 살펴보면 법률행위 내용통제에 관한 규정(민법 제103조와 제104조)과 법률행위 내용확정에 관한 규정(민법 제105조와 제106조)이 있으므로 약관규제에 관한 약관의 해석 및 내용통제와 관련한 규정을 이곳에 두는 것을 생각해 볼 수 있다. 이러한 입장을 취하고 있는 것이 바로 유럽계약법 원칙이다. 그런데 유럽계약법 원칙을 보면 알 수 있지만 이러한 입법방식을 취하면 약관법의 규정 중에서 편입통제에 관한 중요한 규정이 빠지게 된다. 따라서 편입통제에 관한 규정을 편입시키기 위해서는 — 그리고 이 부분이 약관법의 사법적 규정 중에서 첫 규율 내용이라는 점을 생각하면 — 계약성립에 관한 규정에 두는 것이 타당할 것이다. 이러한 측면에서 독일 민법처럼 계약성립 뒤에 별도의 장으로 약관조항을 두는 방안을 구체적으로 실현 가능한 안이라고 생각한다. 체계적으로는 민법 제3편 채권 제2장 계약 제1절 총칙의 하나의 새로운 관으로 약관에 관한 규정을 신설하는 것이 타당할 것이다.

제5절 / 약관법의 기본이념과 그 성격

참고문헌: 김진우, "약관의 내용통제의 정당화 사유", 법학연구 제53권 제1호, 2012; 정진명, "계약자유와 약관의 내용통제", 소비자법연구 제5권 제2호, 2019.

I. 약관규제의 정당성

1. 헌법상의 전제

약관에 관한 법적 규율이 약관법에 의하여 이루어지고 있으나, 이러한 점이 그 헌법상 정당성 자체를 담보하는 것은 아니므로 약관규제, 특히 그 내용통제의 정당성에 관하여 살펴본다.

이미 살펴본 바와 같이 약관의 사용을 통하여 계약의 한 당사자인 사업자가 계약자유의 원칙을 자신을 위해서만 사용하고 있으며, 이로 인하여 전형적으로 계약자유의 원칙을 전제로 하는 대등성이 파괴되고 사업자에게 우월적 지위가 발생한 정도가 과하여 헌법의 요청에서도 기본권을 보장하기 위하여 계약관계에 개입할 필요성이 발생하는 것이다. 독일 헌법재판소는 약관법을 이와 같은 헌법에 부여된 기본권보장의 임무를 실현하고 있는 중요한 영역으로 보고 있다.[103] 약관의 내용통제가 구체적인 계약실무에서 실현될 수 있도록 약관법에 기한 내용통제를 통하여 국가에 의한 보호의무가 작용하고 있는 것이다.

---

103) 독일 헌법재판소는 정형화된 계약에 대한 내용통제를 하는 것에 대하여 "헌법상 문제가 있는 것"으로 보지 않고 "필요한 것"으로 보고 있다[BVerfG, NJW 2005, 1036(1037)].

2. 약관의 내용통제에 대한 계약법적 정당화 사유

약관을 사용하는 사업자와 그 고객 사이에는 구체적인 정보의 불평등이 존재한다고 보는 것에는 이견이 있을 수 없다. 사업자가 필요로 하여 해당 거래에서 요구되는 모든 사정과 위험을 고려하여 만든 약관의 복잡한 규정들을 소비자를 포함한 고객에게 전체적으로 조망하거나 이해하라고 요구하는 것은 지적으로 무리한 요구이다. 사업자는 사업을 통하여 장기간 획득한 경험을 바탕으로 자신의 조직을 이용하여 해당 거래분야에서 축적된 지식을 기초로 약관을 작성하지만, 고객은 사전에 만들어서 제시된 길고 복잡한 약관의 규정 내용을 그 자체로만은 제대로 파악하기 힘들기 때문에 협상을 통하여 자신의 이익을 계약내용으로 반영할 기회를 사실상 박탈당한다.

하지만 약관을 사용하는 사업자와 그러한 약관을 제시받는 고객 사이의 정보 및 경험의 차이는 명시 및 설명의무의 부과만을 통하여 충분히 극복되지 못한다. 즉, 약관법은 약관의 명시 및 설명의무를 사업자에게 부과하고 있지만(제3조) 더 나아가서 약관의 내용을 통제하여 사업자가 실제로도 자신의 정보 내지 경험의 우위를 약관에 반영하여 고객에게 불리한 내용을 약관에 규정였는지를 심사하는 것이다. 정보를 충분히 갖는 계약당사자가 전체 계약내용을 기초로 보았을 때 일반적으로 인정하지 않았을 내용의 조항은 내용통제를 통하여 무효로 선언된다. 약관의 내용통제를 설명의무와 함께 또는 설명의무를 대신하여 인정하고 있는 것은 마치 정보모델이 전제로 하고 있던 전제와 일치하지 않는 것으로 보일 수 있지만,[104)] 부합하는 것

104) 불공정약관조항의 통제에 관한 규정은 사실상 소비자를 '사회적 약자'로 보고 사업자와 소비자 간의 세력불균형에 입각해서 계약내용형성의 자유와 시장에서의 다양한 수요가능성을 희생해서라도 소비자를 약자로서 '보호'하기 위해 만든, 사실상 '시장보완적 모델'에 입각한 규정이라기보다 '시장교정적 모델'에 입각한 규정이라고 해석할 수밖에 없다는 견해가 있다(이에 관해서는 백경일, "소비자보호법의 존재의의 및 효용성에 대한 비판적 고찰", 법학연구 제29권 제2호, 2019, 269면).

으로 충분히 볼 수 있다.

왜냐하면 정보의 제공이 의미가 있는 것은 해당 정보를 통하여 정보 내지 경험의 격차가 극복되어 해당 정보를 갖고 평균인으로서의 판단능력을 회복한 상태가 달성될 수 있는 경우이다. 하지만 약관의 존재를 명시하고 주된 약관내용을 필요한 경우에 설명한다고 해서 충분히 판단능력의 회복을 가져온다고 볼 수 없다. 공정거래위원회 또는 소비자원처럼 주요 소비자기관 내지 단체들이 약관의 불공정성으로 인한 위험성과 불공정의 위험이 높은 약관조항을 게시하여 소비자에게 알리고 있기는 하다. 하지만 이러한 정보를 소비자가 갖고 있다고 해서 사업자가 해당 거래분야에서 갖고 있는 능력과 대등한 정도의 전문적인 식견과 지식이 생기는 것은 아니다. 그렇다고 하여 사업자가 해당 약관의 내용과 효력에 대하여 구체적으로 설명하는 것은 해당 거래의 광범위성으로 인하여 실현가능성이 없다. 또한 약관에 대한 많은 정보와 설명을 요구하는 것은 원칙적으로 실용적이지도 못하다. 왜냐하면 단지 약관의 내용을 읽어 주고 표면적으로 약관 규정내용을 설명한다고 하여 법률적으로 상당한 지식을 갖춘 자도 완전히 약관의 내용을 모두 이해할 수 있다고 보는 것은 불가능하기 때문이다. 그리고 약관을 제시받는 고객이 사업자로부터 약관에 대한 충분한 정보와 설명을 듣는다고 해서 자신의 의지대로 다른 계약내용을 관철하는 것도 원칙적으로 가능하지 않다.

결국 약관과 관련하여서는 정보제공만으로 주관적·지적인 불평등상황에 놓인 고객이 충분한 보호를 받을 수 없으므로 이러한 불평등을 수정하기 위한 제도로서 약관의 내용통제를 고려하는 것이 정당화된다. 또한 약관법의 형성과정과 현재의 규정내용을 보더라도 판례와 입법자가 사법의 기본원리로부터 크게 벗어나지 않았음을 알 수 있다. 불공정한 약관의 판단기준에 관하여 구체적인 기준을 약관법 제7조 내지 제14조에서 규정하고 있지만, 추상적 기준으로 제시하고 있는 제6조에서는 신의칙을 내용통제의 기본원칙으로 하고 민법의 임의규정을 평가의 기본 잣대로 하고 있다. 이러한 규정들은 민법이 정하고 있는 기본원리 내지 기본적인 틀을 기초로

하고 있으므로 이러한 원리의 적용이 사적자치의 원칙에 반한다고 볼 수 없을 것이다.[105)]

Ⅱ. 약관법의 목적

1. 약관법의 목적규정 내용

우선 약관법의 목적조항인 제1조의 내용을 살펴보려고 한다. 목적조항은 통상 약관법의 해석과 그 적용에 있어서 근거가 되고 가장 중요한 제도인 약관에 대한 내용통제의 정당화 근거를 제공해야 하기 때문이다.[106)]

그런데 입법례를 살펴보면 기본적으로 계약조항 내지 약관의 내용통제에 관하여 크게 2가지 흐름이 있다.[107)] 첫째는 사업자의 지배적 지위의 남용을 원인으로 한 경제적 힘의 우위로 인한 불평등관계로부터 약자의 지위에 있는 계약당사자를 보호하기 위한 목적을 가질 수 있다.[108)] 만약 이와 같

---

105) 이에 관하여 자세한 것은 신영수, “약관의 규제와 소비자보호”, 「소비자와 법의 지배」, 2008, 126면 이하. 우리 판례(대법원 2005. 2. 18. 선고 2003두3734 판결)도 “약관은 사업자가 다수의 고객과 계약을 체결하기 위하여 일방적으로 작성한 것으로서 고객이 그 구체적인 조항내용을 검토하거나 확인할 충분한 기회를 가지지 못한 채 계약의 내용으로 되는 것이므로, 그 약관의 내용이 사적자치의 영역에 속하는 채무자위험부담주의에 관한 민법 제537조의 규정에 관한 것이라고 하더라도, 사업자가 상당한 이유 없이 자신이 부담하여야 할 위험을 고객에게 이전하는 내용의 약관조항은 고객의 정당한 이익과 합리적인 기대에 반할 뿐 아니라 사적자치의 한계를 벗어나는 것이라고 할 것이고, 따라서 이러한 사적자치의 한계를 벗어나는 약관조항을 무효로 한다고 하여 사적자치의 원칙에 반한다고 할 수는 없다”고 판시하고 있다.

106) 특히 대법원 판례(대법원 2014. 6. 12. 선고 2013다214864 판결)에서 “약관 작성자가 거래상 지위를 남용하여”라는 목적조항의 표현을 그대로 사용함으로써 약관법에 기한 내용통제 규정의 해석에서도 활용하고 있다.

107) Ulmer/Habersack, Einl. BGB Rn. 47 f.

108) 이러한 입법정책적 입장에서 독일에서 약관법의 입법을 주장한 견해로 Wolf, Vorschläge für eine gesetzliche Regelung der AGB, JZ 1974, 468 ff.; Nicklisch, BB 1974, 944 ff.

은 목적을 가지고 있다면, 그 적용대상을 전형적으로 특별한 보호가 요구되는 인적범위를 중심으로, 특히 소비자를 중심으로 제한하게 된다. 또한 이러한 입장을 취한다면 계약상 힘의 불균형이 약관에서뿐만 아니라, 사전에 마련한 1회적 계약조항에도 존재하므로 개별약정에 대하여도 강화된 내용통제를 고려할 수 있다. 따라서 첫 번째 목적은 주로 소비자계약을 대상으로 하며, 사전에 마련한 1회적 계약내용에 대하여도 내용통제를 할 수 있는 권한을 부여한다. 이러한 대표적인 입법이 유럽연합의 불공정조항 입법지침이다.

두 번째로는 약관의 내용형성에 있어 약관을 사전에 마련한 자와 이러한 약관을 제안받는 자 사이에 존재하는 계약체결상의 구조적 불평등으로부터 계약상대방인 고객을 보호하려는 목적이 있을 수 있다. 사업자만이 자신의 이익을 일방적으로 반영하여 다수 계약의 체결을 위해 마련한 계약내용을 제안한 상태에서 상대방인 고객은 해당 계약을 약관의 내용대로 체결하거나, 계약체결을 포기하는 선택의 문제만을 남긴 상태에서 계약을 체결하게 된다. 즉, 고객은 자신의 이해관계를 반영할 수 있는 기회가 박탈당한 상태에서 계약을 체결하게 된다. 따라서 두 번째 목적은 거래상대방이, 소비자인지 아니면 사업자인지 상관없이 고객을 그 보호대상으로 하며, 다수거래를 대상으로 한 약관에 대하여 내용통제를 한다. 그 대표적인 입법이 독일의 구 약관법 및 현행 민법 내의 약관조항이다.

그런데 우리 약관법은 그 목적 조항에서 "사업자가 그 거래상의 지위를 남용하여 불공정한 내용의 약관을 작성하여 거래에 사용하는 것을 방지하고 불공정한 내용의 약관을 규제함으로써 건전한 거래질서를 확립하고, 이를 통하여 소비자를 보호"하는 것을 선언하고 있다(제1조).[109] 이러한 목적 조항의 내용을 보면 소비자보호가 목적인 것으로 볼 수 있는 여지도 있다.[110] 그런데 그 구체적인 적용대상을 보면 사전에 마련된 소비자와의 계

109) 이러한 목적조항을 기반으로 약관법이 소비자보호를 규율목적으로 한다고 보는 견해(김형배, "보통거래약관에 의한 계약", 고시연구 제20권 제2호, 1993, 65면)도 있다.

110) 한국약관법의 입법자는 1986. 12. 31. 약관법을 제정하면서 동법의 입법이유에 관하여

약조항에만 적용되는 것이 아니라 약관에 적용되며, 그 보호대상도 고객으로 하고 있으므로 소비자를 넘어서 사업자도 그 범주에 포함된다(제2조 참조).

그러면 목적조항을 우선시할 것인지 아니면 사항적 적용범위를 정하는 약관개념과 인적 적용범위를 정하는 고객개념을 우선시할 것인지를 정하여야 하는 문제가 발생한다. 하지만 목적조항이 전체적인 조문의 해석을 위한 방향성만을 설정하는 기능을 한다는 것을 고려하면 당연히 실체적인 규정내용을 가지고 있는 약관법의 적용범위를 기준으로 생각하는 것이 맞다. 그렇다면 약관법은 고객에 대하여 다수 거래를 위해 사전에 마련된 계약의 내용인 약관을 사용하는 사업자에게 내용통제를 가하기 위한 입법임에는 분명하다.

물론 입법과정에서 소비자거래에 본법의 적용범위를 한정할 것인지, 아니면 상인 사이의 거래에도 그 적용범위를 확대할 것인지에 관하여 논의되었으나, 결국 사업자의 독점적 지위의 남용이나 양 거래당사자 사이의 경제력의 불균형이라는 요소는 소비자거래에 국한되는 현상이 아니라, 대기업과 소상공인 사이의 거래에도 빈번히 나타나므로 불공정약관조항 규제의 필요성은 상인 사이의 거래에서도 존재한다고 판단하여 원칙적으로 모

"약관에 의한 거래는 현대의 대량생산·대량소비사회에서 등장하게 된 새로운 현상으로서 여러 가지 유용한 기능을 해 온 것이 사실이므로 이에 약관에 대한 법률을 제정하여 신의성실의 원칙에 반하여 공정을 잃은 조항들을 무효화하고, 약관심사위원회를 설치하여 이 법에 위반되는 조항을 적용한 사업자에 대하여는 경제기획원장관으로 하여금 동 위원회의 심의를 거쳐 시정권고를 하도록 함으로써 경제적 약자가 명실상부한 계약의 자유를 누릴 수 있도록 보장하려는 것"이라고 언급하였다. 그런데 이러한 입법취지를 기초로 "경제적 약자가 명실상부한 계약의 자유를 누릴 수 있도록 보장하려는 것"이 한국 약관법의 기본적 입법취지로서 입법자는 이를 내용통제의 정당화사유로 이해한 것으로 보는 시각이 있다(김진우, "약관의 내용통제의 정당화 사유", 법학연구 제53권 제1호, 2012, 9면). 이 견해는 이와 같은 내용으로 우리 입법자의 의사를 보면서 경제적 불균형을 기초로 하여서는 약관법의 입법목적을 제대로 설정할 수 없다고 비판하고 있으나, 목적 규정을 보면 경제적 약자의 경제적 불균형이 아니라 역학적 불균형을 보호하려고 하고 있는 것으로 보아야 한다.

든 거래에 이 법을 적용하도록 입법하였다.[111] 즉, 본법은 소비자뿐만 아니라 상인도 고객의 범주에 포함하고 있으므로 소비자계약(B2C)은 물론 상인 사이의 계약(B2B)도 포함하여 계약 전반을 적용대상으로 한다. 또한 기존의 소비자법에서 사업자 개념과 달리 약관을 제안하는 자를 사업자로 보고 있기 때문에 심지어 소비자가 사전에 마련한 계약내용으로서 약관을 사업자에게 제시하여 계약을 체결하는 경우도 약관법의 적용이 가능하다고 볼 수 있다.[112]

결국 약관법의 유일한 목적이 소비자보호라고 보기는 어렵다. 그렇다고 한다면 소비자보호라는 입법목적은 그 범주가 너무 좁게 설정된 것이며,[113] 더 나아가 사업자의 지배적 지위의 남용이라는 항목도 입법취지에 맞게 합당하게 해석하는 것이 요구된다.[114]

2. 약관에 대한 내용통제의 정당화 근거

현재 절대적 다수설은 약관법의 입법목적과 내용통제의 정당화 근거를 사업자와 고객 사이에 존재하는 역학적 불균형에서 찾고 있다.[115] 물론 일

---

111) 이은영, 「약관규제법」, 1994, 748면 참조.

112) 이러한 지적으로 Stoffels, Rn. 88.

113) 하지만 약관법의 중요 목적이 소비자보호임에는 부정할 수 없다. 약관법이 소비자법인지에 관한 자세한 논의는 신영수, "약관의 규제와 소비자보호", 「소비자와 법의 지배」, 2008, 129면 이하 참조. 이에 따라 소비자보호가 가능한 영역에서는 소비자보호의 원리를 우선시해야 할 것이다. 우리 약관법은 사업자와 소비자 사이의 거래인지 아니면 상인 사이의 거래인지를 구별하고 있지 않으나, 불공정성 판단에서처럼 평가의 여지가 있는 경우에는 고객이 소비자인 경우에는 엄격한 기준을 적용하고 사업자인 경우에는 조금 더 완화된 기준을 적용해야 한다(동일한 입장으로 손지열, 「민법주해[XII]」, 1999, 299면).

114) 동일한 취지로 장경환, "우리나라 약관규제법의 의의와 성과", 경희법학 제41권 제2호, 2006, 202면.

115) 공정거래위원회, 「약관규제의 실제 – 약관규제법 시행 20주년을 기념하여」, 2008, 4-6면; 이병준, "약관규제법의 민법편입", 「소비자법과 민법」, 2010, 198-200면; 장경환, "우리나라 약관규제법의 의의와 성과", 경희법학 제41권 제2호, 2006, 248면. 이러한 입장은 독일의 다수설이기도 하다(Stoffels, Rn. 83; Leuschner, Gebotenheit und Grenzen der AGB-Kontrolle:

부 학자는 그 정당화 근거를 실질적 자기결정권 보호와 시장실패의 치유에서 찾으려고 하고 있으나,[116] 이는 일반적인 소비자보호 내지 약자보호에서는 타당할 수 있다. 그러나 약관법에 기한 내용통제를 정당화시키기에는 논거가 부족한 측면이 있다. 왜냐하면 소비자보호 내지 약자보호 원리에서 내용형성의 자유라는 사적자치에 기한 원리를 배제하고 가장 강력한 통제수단인 내용통제를 인정하는 것이기 때문이다. 이러한 측면에서 더 강한 근거제시가 있어야 한다.

약관에 대한 내용통제는 계약당사자 사이의 힘의 불균형이 존재하거나 사업자의 지배적 지위의 남용이 존재하면 언제나 적용될 수 있는 것이 아니다. 약관법은 약관으로 체결되는 계약에서 전형적으로 계약당사자 사이에 존재하는 구조적 힘의 불균형에 초점을 맞추고 있다. 즉, 약관을 사전에 마련한 사업자는 자신의 이익을 반영할 수 있으나, 약관을 제시받는 고객은 해당 계약에서 자신의 이익을 반영할 여지없이 약관을 받아들일 수밖에 없는 상황이라는 구조적 불균형이 존재한다. 이와 같은 구조적 불균형이 바로 계약에 대한 예외적인 내용통제를 정당화하고 있다. 즉, 약관법은 계약내용 형성과정에서 약관으로 계약이 체결되는 상황에서 발생하는 사업자와 고객 사이의 구조적 불균형을 시정하려는 목적을 가지고 있다.[117] 이러한 측면에서 보면 역학적 불균형은 힘의 불균형 내지 사업자의 지배적 지위를 통한 경제적 힘의 불균형에 있는 것이 아니라, 약관을 통하여 사전에 계약내용을 일방적으로 형성할 수 있는 구조적 지위에서 오는 차이에

Weshalb M&A-Verträge nicht der Inhaltskontrolle der §§ 305 ff. AGB unterliegen, AcP 207 (2007), 495; Staudinger/Coester, § 307 BGB Rn. 3; Ulmer/Fuchs, Vor § 307 BGB Rn. 27). 추가적인 독일 논의에 관한 소개로 정진명, “계약자유와 약관의 내용통제”, 소비자법연구 제5권 제2호, 2019, 71면 이하 참조.

116) 김진우, “약관의 내용통제의 정당화 사유”, 법학연구 제53권 제1호, 2012, 19면.

117) 우리 약관법처럼 목적 규정이 없는 독일법에서는 학설이 대립하고 있으나, 지배적 견해는 고객이 경제적·지적 약자의 지위의 있는지 여부와 상관없이 약관을 사용하는 사업자가 그의 지위를 남용하여 부당한 계약형성에 영향을 미치는 것을 방지하는 것에 있다고 한다(Ulmer/Fuchs, Vorbemerkungen zur Inhaltskontrolle Rn. 3; Stoffels, Rn. 83; Leuschner, AcP 207 (2007), 495; Staudinger/Coester, § 307 BGB Rn. 3).

있는 것이다.[118)]

3. 소 결

우리 약관법이 설정하고 있는 소비자보호라는 목적은, 약관법이 소비자법의 범주에 포함되는 이상 주된 목적이기는 하지만, 본 법의 입법취지를 정확하게 설명하고 있는 것은 아니다. "사업자가 거래상의 지위 남용을 하여 불공정한 내용을 작성하여 사용하는 것"의 의미는 힘의 불평등 내지 경제적 불평등으로 이해할 수 없다. 약관을 사용하여 체결하는 계약에서의 불평등은 해당 계약체결상황에 따른 불평등, 즉 약관을 제시하는 자는 자신의 이익을 충분히 반영함에도 불구하고 상대방에게는 이익반영의 기회를 부여하지 않고 있다는 측면에서 찾아야 한다.[119)]

그렇다고 한다면 약관법에 기한 내용통제의 목적은 당사자 사이의 실질적 형평을 찾는 것에 초점이 맞추어져 있다고 볼 수 없다. 여기서 실질적 형평이라고 함은 실질적인 계약정의를 말한다고 볼 수 있다. 예컨대 민법 제

118) 이와 같은 입장에 대하여 비판적인 입장에서는 다음과 같은 두 가지 문제점을 지적하고 있다(김진우, "약관의 내용통제의 정당화 사유", 법학연구 제53권 제1호, 2012, 11면). 즉, 해당 견해는 통신판매와 전자상거래와 같은 격지자 사이의 계약체결에서는 충분히 약관을 읽을 수 있을 뿐만 아니라, 제3자가 작성한 약관을 사업자가 제안하는 경우에는 아마도 이익의 균형이 어느 정도 잡혀 있을 것이라는 의미에서 고객이 사업자에 상황적 열위에 있지 않다고 보는 것으로 이해된다. 그러나 약관을 통한 계약체결에서 원칙적으로 고객이 약관의 내용을 숙지하지 않고 동의를 하는 경우가 대부분이고 그 내용을 제대로 읽더라도 이해할 수 있는 경우가 많지 않으며 기본적으로 읽더라도 자신의 이익을 반영할 수 있는 기회가 박탈되고 있다는 측면에서 기본적으로 상황적 열위는 언제나 전형적으로 존재한다고 볼 수 있다. 또한 제3자가 마련한 약관을 사업자가 제안하더라도 사업자는 자신의 이익이 반영된 약관을 선택할 수 있으나, 고객은 그러한 이익반영의 기회가 존재하지 않는다는 측면에서 상황적 불균형은 여기에서도 존재한다고 볼 수 있다. 따라서 이러한 비판은 타당한 지적이라고 보기에는 어렵고 약관을 통한 계약체결의 구조적 문제를 제대로 파악한 것이라고 생각되지 않는다.

119) 이와 달리 양자의 의미로 이해하려고 하는 입장으로 장경환, "우리나라 약관규제법의 의의와 성과", 경희법학 제41권 제2호, 2006, 203면.

104조가 정한 불공정한 불법행위에서는 대가와 반대급부의 불균형이 불공정성을 판단하는 잣대로 작용하고 이때 이러한 불공정을 판단할 수 있는 잣대가 법률에 의하여 주어져 있지 않기 때문에 법관은 그 잣대를 적극적으로 찾아서 제시해야 하는 입장에 있다. 이러한 측면에서 법관은 형평 내지 계약의 공정이라는 이름 아래에서 재량을 가지고 실체적으로 올바른 계약내용을 찾아서 제시하야 하는 역할이 부여되고 있다.

그에 반하여 약관법에서 광범위한 내용통제를 인정하고 있지만 그 정도에서 있어서 법관에게 부여하고 있는 역할은 낮다고 할 수 있다. 첫째, 주된 급부와 반대급부에서의 불균형이 아닌, 부수적 계약내용에 대하여 당사자 사이의 이익이 계약조항에 반영되어 있는지를 판단하는 것이다. 이러한 측면을 생각하면 이는 재량에 따른 형성적 판단이 아니라, 약관법에 규정되어 있는 내용통제 수단에 따른 판단을 의미할 수 있다. 즉, 이는 법률에 규정되어 있는 이익조정상황을 찾는 역할에 머물러야 한다는 것을 뜻한다. 둘째, 약관법은 제6조 이하에서 내용통제의 기준을 3단계로 제시하고 있다. 따라서 그 척도를 법률에 의하여 제시하려고 하는 모습을 갖추고 있다. 이러한 측면을 고려한다면 법관에게 이처럼 설정된 내용통제 기준을 제시하고 이러한 기준에 따라 법률을 적용하라는 임무를 부여한 것으로 볼 수 있다.

Ⅲ. 약관법의 성격

1. 약관규제를 위한 일반법

약관법은 약관규제에 관한 일반법이다.[120] 특별한 거래영역에 제한됨이 없이 약관을 계약을 체결하면서 계약의 내용으로 사용하면 적용된다. 특정한 거래분야의 약관에 대한 규정이 존재하는 경우에도 약관법이 적용되나, 해

---

120) 손지열, 「민법주해[XIII]」, 1999, 294면.

당 법률에서 약관법과의 관계에서 특별규정의 성격을 갖는다고 한다면 해당 법률규정이 우선 적용된다(제30조 제2항).

약관법은 **혼합법적 성격**을 갖는다. 제1장 총칙과 제2장 불공정약관조항에 관한 규정들은 모두 사법의 영역에 속한다. 그에 반하여 제3장 약관의 규제에 관한 부분은 행정법적 성격을 갖는다. 제4장은 약관분쟁 조정에 관한 것으로서 절차법에 해당한다. 마지막에 규정되어 있는 제6장은 형사벌 내지 행정벌에 관한 규정을 두고 있다. 따라서 약관법은 다른 관련 소비자법처럼 혼합법적 성격을 갖고 있다.

2. 사법규정의 강행규정성

약관법의 사법적 내용을 담고 있는 조항은 강행법규에 해당한다.[121] 즉, 당사자가 약관법과 다른 내용을 합의하거나 약관법의 적용을 받지 않겠다는 내용의 합의를 하더라도 해당 합의는 무효이다. 또한 "약관법 제…조는 적용하지 않는다"처럼 약관법의 일부를 적용하지 않는다는 합의 내용도 효력이 없다.

3. 행정법적 성격의 규정

제3장에 규정되어 있는 규정들은 행정법적 성격을 갖는다. 공정거래위원회는 약관거래에 관한 전반적인 감독권한을 가지고, 불공정약관조항을 사용하는 사업자에 대하여 시정명령 또는 시정권고 등을 발할 수 있으며 이를 위하여 관련 사실을 조사할 권한도 갖는다. 또한 표준약관에 대한 심사를 하기도 한다. 그리고 약관법을 위반한 다양한 행위에 대하여 과태료를 부과할 수 있다.

---

121) 손지열, 「민법주해[XII]」, 1999, 295면.

제2장

약관법의 적용범위

제1절 / 사항적 적용범위

참고문헌: 장경환, "보통거래약관의 개념—약관의 규제에 관한 법률 제2조를 중심으로", 법학연구 제3권, 1991; 김상철, "약관의 개념", 대법원판례해설 제31호, 1999; 이재현, "약관의 개념", 비교사법 제10권 제1호, 2003; 이병준, "약관의 개념에 관한 약관규제법 제2조의 규정취지와 의미 내용", 가천법학 제7권 제3호, 2014.

I. 약관의 개념조항과 사항적 적용범위

약관법 제2조에서는 약관의 개념을 다음과 같이 정의하고 있다. 즉, "약관"이란 그 명칭이나 형태 또는 범위에 상관없이 계약의 한쪽 당사자가 여러 명의 상대방과 계약을 체결하기 위하여 일정한 형식으로 미리 마련한 계약의 내용을 말한다고 정의하고 있다(제2조 제1호).

1. 약관 개념조항의 규범목적

약관의 개념조항은 적극적으로 약관이 인정되기 위한 개념요소를 규정하고 있다. 여기서 약관의 개별적인 개념요소를 해석함에 있어서 중요한 것은 약관법의 보호목적(제1조)이다. 즉, 사업자가 약관을 제안한 경우에는 사업자 자신만이 일방적으로 계약내용을 정하여 계약형성의 자유를 독점하고 있기 때문에, 이때 사업자에 의하여 계약내용이 부당하게 규율되는 일이 없도록 해석해야 한다. 이러한 점을 고려한다면, 약관법은 약관의 개념을 정의함에 있어서 고객의 보호를 위하여 약관법이 최대한 많이 적용될 수 있도록 의도적으로 넓게 정의한 것으로 이해해야 할 것이다.[1)]

---

1) Stoffels, Rn. 107.

약관의 정의 안에는, 또한 약관성을 판단함에 있어서 고려하지 않아도 되는 사정, 즉 명칭·형태·범위 등을 나열하고 있다. 이는 동법 제정 당시에 약관의 개념이 아직 정착되지 않았다는 점을 인식하고 외형만을 기준으로 보지 않아야 함을 명확히 하기 위하여 들어온 규정내용이라고 볼 수 있다. 약관법은 형식적 약관개념이 아니라 실질적 약관개념을 차용하였고, 점차 판례와 거래계에서도 이와 같은 정의규정에 따라 약관의 범위를 넓게 인정하고 있다. 따라서 현재의 입장에서 보았을 때 외형적 요소는 약관의 존재를 입증하는 것에 의미가 있을지는 모르지만, 약관의 개념을 정의할 때에는 필요하지 않은 것이라고 볼 수 있다.[2)]

2. 규정의 기능과 체계적 위치

약관법 제2조 제1호는 명시적으로는 정의규정에 해당하지만, 실질적으로는 약관법의 적용범위를 한정하는 역할을 한다.[3)] 즉, 약관 개념은 본 법의 물적 내지 사항적 적용범위를, 사업자와 고객 개념은 인적 적용범위를 정하고 있다. 따라서 사업자가 고객에게 제시한 약관에 대하여는 약관법의 편입, 해석 및 내용통제가 가해질 수 있다. 편입통제 및 내용통제에 관하여는 적용범위를 제한하는 특별규정이 있다. 제3조 제2항 단서의 경우 여객운송업, 전기·가스 및 수도사업, 우편업, 공중전화 서비스 제공 통신업에 관하여 편입통제에 대한 예외를 인정하고 있다. 또한 제15조에서는 국제적으로 통용되는 약관이나 그 밖에 특별한 사정이 있는 약관에 대하여 내용통제에 관한 예외를 인정하고 있다.

---

2) 이러한 설명으로 Ulmer/Habersack, § 305 Rn. 2.

3) 이은영, 「약관규제법」, 1994, 87면; 이재현, "약관의 개념", 비교사법 제10권 제1호, 2003, 331면; Ulmer/Habersack, § 305 Rn. 2a; Staudinger/Schlosser, § 305 Rn. 163; Wolf/Pfeiffer, § 310 Rn. 2.

3. 최근 외국입법의 경향

참고문헌: 김진우, "불공정조항의 내용통제에 관한 몇 가지 법적 문제점 – 유럽 및 독일계약법과의 비교를 중심으로", 외법논집 제36권 제1호, 2012; 김진우, "공통참조기준초안(DCFR)에 따른 계약의 내용통제", 법학논고 제38집, 2012; 노종천, "DCFR에서의 약관규제", 법학연구 제15집 제3호, 2012.

우리 약관법은 오직 약관만을 그 적용대상으로 한다. 그에 반하여 유럽연합 불공정조항지침(제3조 제1항)은 1회성 계약을 위한 계약조항에 대해서도 적용된다. 따라서 사전작성, 다수계약에서의 사용의도 및 일방적 제시라는 요건은 더 이상 필수적인 요건이 아니게 되었다. 오히려 필수적인 요소는 계약조항이 당사자 사이에 개별적으로 협상되지 않았고 그로 인하여 고객이 계약의 내용에 영향을 미칠 수 없었다는 점이다.

유럽연합 공통참조기준초안(DCFR)에서도 기본적으로 약관 및 개별적으로 협상되지 않은 계약조항(not individually negotiated contract terms)을 그 적용대상으로 한다. 약관은 상이한 당사자와의 다수의 거래를 위하여 작성된, 당사자 사이의 개별적으로 협상되지 아니한 거래조건을 말하고(제II.-1:109조), 당사자 사이에 일방에 의하여 제안된 계약조항의 내용에 대하여 상대방이 영향을 미칠 수 없었던 때에 해당 조항은 개별적으로 협상되지 않은 것으로 보고 있다(제II.-1:110조 제1항). 다만 약관은 B2B, B2C 및 C2C의 경우 모두 내용통제의 대상이 되나, 개별적으로 협상하지 않은 계약조항의 경우는 B2C 사이에 체결된 계약에서만 내용통제의 대상이 된다. 더 나아가 DCFR에서는 개별적인 판단을 위한 규정과 증명책임에 관한 규정을 추가로 두고 있다. 계약조항 사용자가 상대방에게 여러 개의 조항 중에서 선택할 수 있도록 하는 경우 상대방이 선택하였다는 이유만으로는 개별적으로 협상된 것으로 되지 않는다(제II.-1:110조 제2항). 그리고 계약이 개별적으로 협상되었다는 점에 관한 증명책임은 계약조항 사용자가 부담한다(제II.-1:110조 제3항). 그리고 B2C 사이에 체결된 계약에서는 사업자가 약관조항에 해당하지 않는 점, 즉 사업자가 제안한 조항이 개별적으로 협상된 것임을 증명해야 한다(제II.-1:110조 제4항). 나아가 B2C 사이에 체결된 계약에서 제3자가 작성한 계약조항은 소비자에 의하여 계약의 내용으로 편입되지 않은 때에는 사업자가 작성한 것으로 본다(제II.-1:110조 제5항).

이러한 규정 내용은 약관을 사업자가 제시할 필요가 없다는 점, 고객이 아니라 소비자를 대상으로 하는 경우에만 적용된다는 점에서 인적 적용범위에서 다르다. 그러나 더 나아가서 다수와의 계약체결을 목적으로 만들 필요가 없다는 점에서 약관이 아니고 하나의 계약체결을 위하여 사전에 마련한 조항도 이 규정의 적용범위에 포함될 수 있다는 측면에서 큰 차이점이 있다. 이러한 내용통제 법리의 확장은 약관법의 보호목적, 즉 일방적으로 작성되어 계약내용형성의 자유를 일방만이 누려서 실질적 계약자유를 상대방에게 보장하려는 목적을 생각한다면 매우 타당한 측면이 있으므로 입법론적으로 고려할 필요가 있다.

II. 약관의 개념요소

앞으로 살펴보게 될 약관의 개념 요소는 객관적으로 존재하면 된다. 따라서 계약상대방인 고객이 약관의 개념요소를 알고 있거나 그 성립을 인식하고 있을 필요가 없다.[4] 그러므로 다수 계약의 체결을 위하여 해당 조항이 사용되고 있다는 사정을 고객이 모르고 있더라도 약관으로 인정될 수 있다.

1. 계약의 내용

1) 계약내용에 관한 것일 것

참고문헌: 이병준, "키코판결과 약관규제법상의 쟁점", 외법논집 제38권 제2호, 2014.

약관은 '계약의 내용이 되는 것'이면 되고 그 내용에 대해서는 어떠한 제한도 없다.[5] 따라서 사업자와 고객 사이에 체결될 계약의 내용을 정하는 모든 사적 규율이 여기에 속한다. 통상 약관은 부수적 의무와 관련된 내용을 정하는 것이 대부분이지만, 급부·급부의 내용·반대급부도 약관으로 정할 수 있다.[6] 물론 급부 등은 일반적으로 합의를 통하여 정해지므로 이에 관하여 개별적인 합의가 이루어지는 것이 통상적이지만, 복잡한 계약의 경우 급부 등도 약관으로 사전에 마련하여 계약을 체결할 수 있다.

약관조항을 통하여 법률효과가 발생하여야 하지만, 반드시 직접적으로 계약상 권리와 의무를 대상으로 할 필요가 없다. 판례상으로는 통화옵션의 구조가 약관이 될 수 있는지가 문제되었다. 소위 키코판결에서 대법원은 통화옵션의 구조는 구체적 계약조건들이 결부됨으로써 계약의 내용으로 완결된다는 이유로 그 구조 자체만을 따로 약관에 해당한다고 볼 수 없다고 판단하였다.[7] 하지만 계약의 내용을 형성하는 이상 통화옵션의 구조도 약관으로 보아야 한다.[8]

---

4) Wolf/Pfeiffer, § 310 Rn. 23.

5) 독일법상으로는 "계약조건"이라는 용어를 사용하고 있으나, 우리 법상으로 특별히 다른 내용을 규정하려고 한 것은 아니고, 민법총칙에서 부관으로서의 "조건"이라는 용어를 사용하고 있으므로 이와 혼동을 피하기 위하여 "계약의 내용"이라는 용어를 사용하였다고 한다(소비자문제를 연구하는 시민의 모임, 「약관규제의 입법」, 1986, 26면; 장경환, "보통거래약관의 개념－약관의 규제에 관한 법률 제2조를 중심으로", 법학연구 제3권, 1991, 326면; 이재현, "약관의 개념", 비교사법 제10권 제1호, 2003, 336면).

6) 이은영, 「약관규제법」, 1994, 87면; Wolf/Pfeiffer, § 310 Rn. 19; BGH NJW 1990, 577.

7) 대법원 2013. 9. 26. 선고 2011다53683 전원합의체 판결; 대법원 2013. 11. 28. 선고 2013다23891 판결: "통화옵션계약의 구조, 즉 녹인과 녹아웃 조건, 레버지리 구조, 은행이 취득하는 콜옵션의 이론가를 기업이 취득하는 풋옵션의 이론가보다 크게 하여 그 차액을 수수료로서 수취하고 별도로 이를 지급받지 아니하는 구조 등은 다른 장외파생상품들의 경우와 마찬가지로 피고가 고객의 필요에 따라 그 구조나 조건을 적절히 변경하여 사용하기 편리하도록 표준화하여 미리 마련해 놓은 것으로서, 그 구조만으로는 거래당사자 사이에서 아무런 권리의무가 발생하지 아니하고 거기에 계약금액, 행사환율, 녹인·녹아웃 환율, 레버리지, 계약기간 등의 구체적 계약조건들이 결부됨으로써 비로소 전체 계약의 내용으로 완결되는 것이므로, 그 구조 자체만을 따로 약관에 해당한다고 볼 수 없다."

8) 이에 관하여 자세한 것은 이병준, "키코판결과 약관규제법상의 쟁점", 외법논집 제38권 제2호, 2014, 136면 이하.

단지 사실인정 또는 계약체결의 종류와 방법에 관한 조항 등 간접적으로 영향을 미치는 규정도 약관이 될 수 있다.[9)] 예컨대 계약체결확인서 또는 청약확인서도 체결된 계약을 선언적으로 동일하게 반복하는 것이든, 새로운 청약에 대한 승낙에 해당하든 아니면 이미 체결된 계약에 대한 보충이나 변경을 담고 있어 변경적인 효력을 갖는 것이든 상관없이 모두 약관으로 인정된다.[10)]

상품에 관한 설명, 광고, 정보 등은 많은 경우에 청약의 유인에 해당할 뿐 계약의 내용이 되지 않기 때문에 약관성이 인정되지 않는다. 그러나 상품에 관한 설명 중 급부의 내용에 관한 것을 담고 있다면, 이는 직접적으로 계약의 급부목적물에 관한 설명이므로 계약의 내용이 되는 경우가 있기 때문에 이러한 경우에는 약관성을 인정할 수 있다.[11)] 급부목적인 상품에 대하여 설명의무가 부과된 경우라도 해당 내용이 계약의 내용이 되는 이상 약관성을 인정해야 할 것이다.[12)]

2) 계약체결조항의 약관성

약관이 계약체결 前단계의 법률관계에 관한 규율내용을 담고 있다면, 이는 엄격히 말하면 계약의 내용은 아니다. 하지만 약관에서 흔히 계약 前단계의 법률문제를 다루는 경우가 많다. 따라서 약관에서 계약 前단계에 관한 규정을 두고 있다면 해당 규정을 약관으로 다룰 필요성이 존재한다. 이러한 측면에서 계약체결과 관련된 조항(소위 계약체결조항, Vertragsabschlussklausel)도 의문의 여지없이 약관성을 인정할 수 있다.[13)]

---

9) 장경환, "보통거래약관의 개념 – 약관의 규제에 관한 법률 제2조를 중심으로", 법학연구 제3권, 1991, 327면; 이재현, "약관의 개념", 비교사법 제10권 제1호, 2003, 335면; Wolf/Pfeiffer, § 310 Rn. 7.

10) 장경환, "보통거래약관의 개념 – 약관의 규제에 관한 법률 제2조를 중심으로", 법학연구 제3권, 1991, 327면.

11) Wolf/Pfeiffer, § 310 Rn. 7.

12) 장경환, "보통거래약관의 개념 – 약관의 규제에 관한 법률 제2조를 중심으로", 법학연구 제3권, 1991, 327면.

계약체결의 요건과 관련된 조항도 계약의 내용은 아니지만 약관성을 인정할 수 있으므로, 계약체결에 관한 민법 제527조 이하의 내용과 다른 내용을 고객에게 불리하게 규정하고 있다면 내용통제의 대상이 될 수 있다. 예컨대 인터넷 경매의 경우에 경매절차를 통하여 어느 시점에 경매가 완료되는지를 확정하기 위하여 어느 당사자의 의사표시가 청약이고 승낙인지에 관한 규정을 약관에 두고 있고 이 규정들은 약관법에 의한 내용통제의 대상이 된다.[14]

3) 계약의 종류와 내용

적용될 수 있는 계약의 종류에 관하여 약관법에서 별도로 정한 바가 없기 때문에 적용범위에서 명시적으로 배제하고 있는 영역(제15조 및 제30조)이 아니라면 모든 종류의 계약에 관하여 해당 규정내용의 약관성이 인정될 수 있다.

사법상의 계약을 정하는 내용의 약관이 약관법의 주요 적용대상이 된다. 쌍무계약·편무계약인지 여부, 주된 계약내용·부수적 계약내용에 관한 것인지의 여부는 묻지 않는다.[15] 또한 주된 계약인지, 아니면 그와 함께 체결된 부수적 계약인지도 중요하지 않다.[16] 더 나아가 예약 또는 기본적인 내용을 포괄적으로 정하는 기본계약(Rahmenvertrag)에 관한 것도 약관이 될 수 있다. 또한 공법상의 계약에 관한 내용도 약관이 될 수 있다.[17]

---

13) Stoffels, Rn. 111; Ulmer/Habersack, § 305 Rn. 163; Staudinger/Schlosser, § 305 Rn. 163; Wolf/Pfeiffer, § 310 Rn. 7.

14) 인터넷 경매에서 계약체결과 관련된 약관조항과 그 문제점에 관하여 자세한 것은 이기수·이병준·이대희, "인터넷 경매에서의 계약체결과 소비자보호", 아산재단 연구보고서 제96집, 2003, 67면 이하 참조.

15) 장경환, "보통거래약관의 개념 — 약관의 규제에 관한 법률 제2조를 중심으로", 법학연구 제3권, 1991, 328면; 이재현, "약관의 개념", 비교사법 제10권 제1호, 2003, 335면.

16) 장경환, "보통거래약관의 개념 — 약관의 규제에 관한 법률 제2조를 중심으로", 법학연구 제3권, 1991, 328면; Wolf/Pfeiffer, § 310 Rn. 9.

17) 장경환, "보통거래약관의 개념 — 약관의 규제에 관한 법률 제2조를 중심으로", 법학연구 제3권, 1991, 329면; Wolf/Pfeiffer, § 310 Rn. 9.

약관법은 주로 채권계약을 대상으로 만들어지긴 하였지만, 계약과 관련된 내용만 담고 있으면 약관으로 인정할 수 있다. 따라서 물권계약과 채권양도와 같은 처분행위적 성격을 갖는 계약, 더 나아가 소송법적 합의와 집행법적 내용에 관한 규정 등 소송행위와 관련된 계약도 모두 약관성이 인정될 수 있다.[18]

이처럼 약관법의 넓은 적용범위는 광범위하게 규정하고 있는 약관의 정의규정을 통하여 이끌어 낼 수 있을 뿐만 아니라, 좁은 영역에서 약관법의 적용을 배제하고 있는 제30조의 반대해석을 통하여도 도출할 수 있다.[19] 약관법상으로는 회사법과 근로기준법 분야에만 적용되지 않는다. 회사법이 제외되는 것은 단체법적인 규율을 배제하기 위함이기 때문에 사단법인과 협동조합의 정관도, 그 법적 성격을 계약 또는 법규로 보는지와 상관없이, 약관법의 적용범위에서 제외시켜야 한다.[20]

4) 계약(쌍방적 법률행위)

약관은 사업자와 고객 사이에 계약이 체결될 것을 전제로 계약의 내용을 정한 것이어야 한다. 따라서 약관은 이미 체결된 계약의 내용을 위하여 마련한 것이든, 앞으로 체결될 계약을 위하여 마련된 것이든 상관이 없다. 하지만 계약의 내용으로 하겠다는 사업자의 의사에 의하여 계약의 내용이 되어야 하므로 원칙적으로 **쌍방적 법률행위**인 계약을 전제로 만들어져야 한다.

계약의 내용이기 때문에 효력을 갖는 것이 아니라, **강행적 법률**의 성격을 갖기 때문에 적용되는 규정은 약관이 아니다. 따라서 일반적 구속력을 가지는 법률, 명령, 규칙, 조례 등에 근거하여 적용되는 규정들은 약관이 아니다.[21] 판례는 학교수업료 및 입학금에 관한 규칙 제6조는 교육법 제86조 제

18) Wolf/Pfeiffer,§ 310 BGB Rn. 9.

19) Ulmer/Habersack, § 305 Rn. 163.

20) Wolf/Pfeiffer, § 310 Rn. 10.

21) 장경환, “보통거래약관의 개념 – 약관의 규제에 관한 법률 제2조를 중심으로”, 법학연구

2항의 위임에 근거하여 국·공·사립의 각급 학교에서 징수한 수업료와 입학금의 반환 사유에 관하여 규정한 것으로 일반적 구속력을 가지는 법규명령으로 보아 약관이 아니라고 판단하였다.[22)]

약관이 행정관청의 인가를 받은 **인가약관**이라고 하여 약관의 성격이 없어지는 것은 아니다.[23)] 따라서 전기사업법에서 정부의 인가를 받도록 한 '전기공급규정' 중 면책조항의 효력이 문제된 사안에서 대법원은 이러한 공급규정은 다수의 수요자와 사이에 이루어지는 모든 전기공급계약에 적용되는 보통계약 약관으로서의 성질을 가진다고 보았다.[24)] 다만 행정관청이 다른 법률에 따라 약관을 인가한 경우에는 약관의 내용통제를 해당 인가기준으로 하여야 한다(제31조). 마찬가지로 국제적으로 통용되는 약관의 경우에도 약관의 성격이 소멸하는 것이 아니며, 단지 불공정성 판단기준을 별도로 고려해야 한다(제15조 참조).

급부 내지 반대급부의 내용이 공법상 규정을 통하여 결정되는 경우에는 약관법은 적용되지 않는다. 예컨대 의료법에 의한 의료비의 산정이 여기에 해당한다. 하지만 이 경우에도 급부 내지 반대급부의 확정과 관련된 한도에서만 약관으로서의 성격이 부정될 뿐이고, 그 밖에 당사자 사이에 존재하는 계약관계에 적용되는 규정은 사전에 마련된 계약내용으로서의 성질을 갖고 있는 한도에서는 약관으로 인정될 수 있다.

관습법을 기초로 한 규정내용은 해당 내용이 강행적 성격을 갖는 한도에서는 비록 계약의 내용으로 정해져 있더라도 약관으로 되는 것은 아니다.[25)] 그에 반하여 관습법이 임의규정의 성격을 갖고 있는 경우에는 물론 약관이

제3권, 1991, 328면; 이재현, "약관의 개념", 비교사법 제10권 제1호, 2003, 334면; Ulmer/Habersack, § 305 Rn. 9; Wolf/Pfeiffer, § 310 Rn. 8.

22) 대법원 1998. 1. 23. 선고 97다25613 판결.

23) 장경환, "보통거래약관의 개념 – 약관의 규제에 관한 법률 제2조를 중심으로", 법학연구 제3권, 1991, 328면; 이재현, "약관의 개념", 비교사법 제10권 제1호, 2003, 334면; Ulmer/Habersack, § 305 Rn. 10; Wolf/Pfeiffer, § 310 Rn. 8.

24) 대법원 2002. 4. 12. 선고 98다57099 판결.

25) Ulmer/Habersack, § 305 Rn. 11.

될 수 있다. 약관조항을 많이 사용하고 통용되고 있다고 하여 바로 관습법의 성격이 인정되는 것은 아니다. 그에 반하여 상관습을 기초로 한 약관조항은 약관의 범주에 포함된다.[26)]

5) 단독행위 및 준법률행위에 대한 적용가능성

참고문헌: 백경일 · 이병준, "개인정보 관련 약관 · 서식과 그 내용통제", 외법논집 제36권, 2012.

약관은 계약의 내용을 정하는 것이기 때문에 명문의 규정상 단독행위의 내용을 정하는 규정은 약관이 아니다.[27)] 그러나 실무상, 특히 계속적 계약관계를 맺고 있는 경우 사업자가 고객의 단독행위를 약관의 형태로 만드는 경우가 많이 있다. 이러한 경우에 해당 규정이 단독행위의 내용을 정하는 것이라도 약관법에 의한 통제가 필요한지가 문제된다. 이에 관하여 학설은 필요성을 긍정하는 견해가 주장되고 있지만,[28)] 아직 이에 관한 판례는 존재하지 않는다.

독일 판례의 경우 고객의 단독행위라도 그 내용을 사업자가 사전에 일방적으로 만들어서 계약의 내용을 형성하는 경우에는 약관법의 적용을 긍정하고 있다. 약관법은 어떠한 법적 형식을 취하고 있는지와 상관없이, 사업자가 일방적으로 내용형성의 권한을 이용하여 계약관계의 내용을 일방적으로 정한 경우에 그 보호목적을 발휘해야 하므로 단독행위에 대하여 약관법의 유추적용을 긍정하고 있다.[29)] 예컨대 은행과 고객 사이에 계속적인 예금계약관계를 맺고 있고 고객이 이러한 계약관계 안에서 계좌이체를 은

---

26) 약관성을 인정하는 견해로 장경환, "보통거래약관의 개념 — 약관의 규제에 관한 법률 제2조를 중심으로", 법학연구 제3권, 1991, 328면. 그에 반하여 상관습은 신의성실의 원칙에 부합하는 경우에만 효력을 가지기 때문에 약관법에 의한 내용통제가 불필요하다는 입장으로 Wolf/Pfeiffer, § 310 Rn. 8.

27) 손지열, 「민법주해[XII]」, 1999, 301면.

28) 장경환, "보통거래약관의 개념 — 약관의 규제에 관한 법률 제2조를 중심으로", 법학연구 제3권, 1991, 330면; 이재현, "약관의 개념", 비교사법 제10권 제1호, 2003, 335면.

29) Stoffels, Rn. 113; Wolf/Pfeiffer, § 310 Rn. 11.

행에 위탁하는 경우, 이러한 계좌이체위탁은 고객의 은행에 대한 일방적 의사표시를 통하여 이루어지는 단독행위이며 기존의 예금계약관계에서 정하고 있는 은행의 이체의무를 구체화하는 것이다. 따라서 계좌이체가 은행에서 사전에 마련한 서식에 의하여 이루어진다면 예금계약상 정해진 은행의 계좌이체의무와 직접적으로 연관성이 있으므로 계좌이체위탁이 단독행위라도 그 내용을 정하는 서식에 약관법을 유추적용할 수 있다고 한다.[30)]

법률적으로는 체결된 계약과 형식적으로 구분할 수 있지만, 해당 계약과 부수하여 동시에 이루어지는 고객의 일방적 의사표시를 사업자에 의하여 사전에 마련한 서식을 통하여 이루어지는 경우에도 약관법을 유추적용할 수 있다고 한다. 예컨대 예금계약을 체결한 은행 또는 협력사의 전화광고를 받겠다는 동의의 의사표시를 고객이, 은행이 마련한 서식을 통하여 하는 경우를 들 수 있다.[31)] 또한 고객이 하는 대리권 수여의 의사표시를 은행에서 사전에 마련한 서식에 의하여 하는 경우, 이는 계약이행과 관련하여 중요한 일방적 의사표시에 해당하므로 이러한 서식도 약관법에 의한 내용통제가 가능하다.[32)]

동일한 이유로 고객의 의사표시가 아니라, 준법률행위가 사업자가 사전에 마련한 형식에 의하여 이루어진 경우에도 약관법의 유추적용을 인정해야 할 것이다. 예컨대 의사에 의한 의료행위에 대한 환자의 동의에 관하여도 약관법이 유추적용될 수 있다.[33)] 또한 개인정보보호법에 기하여 개인정보의 수집 및 활용동의도 약관법의 적용대상이 된다.[34)]

약관법의 대상이 되는 것은 고객의 일방적 의사표시만이라는 점을 주의해야 한다. **사업자의 일방적 의사표시**, 예컨대 사업자가 한 수권행위에서 대리권을 제한하는 의사표시는 약관법의 적용대상이 아니다. 왜냐하면 이 경

---

30) BGH NJW 1986, 2428.
31) BGH NJW 1999, 1864.
32) BGH NJW 1987, 2011.
33) Gounalakis, NJW 1990, 752.
34) Wolf/Pfeiffer, § 310 Rn. 11; S. Schuster-Simon, NJW 1980, 1288.

우에 사업자는 타인의 것이 아닌 자신이 갖는 내용형성의 자유를 활용하는 것이기 때문이다.[35)]

6) 권고 내지 부탁

단순한 권고 내지 부탁은 법률효과의 발생을 목적으로 하는 의사표시가 아니고 계약의 내용을 형성하는 것도 아니므로 원칙적으로 약관의 성질을 갖지 않는다.[36)] 그러나 개념적으로 약관과의 구분이 명확한 것처럼 보이더라도 실제에 있어서 그 구분이 쉬운 것은 아니다. (구속력 있는) 계약내용과 (구속력 없는) 부탁, 권고 내지 사실적인 지시사항 사이의 구분의 문제는 기본적으로 법률행위와 호의행위의 구분에서와 동일하게 상대방인 고객의 시각에서 판단해야 한다. 따라서 사업자가 일방적 지시사항의 형태로 구성을 하였다고 하더라도 고객의 입장에서는 내용상 계약과 관련된 법률관계에 영향을 줄 수 있는 내용을 담고 있는 것으로 해석할 수 있다면 약관성이 인정될 수 있다.

독일 판례에서 문제된 사안은 슈퍼마켓에서 손가방검사와 관련된 지시내용이었다. 입구 쪽 안내표지판에 다음과 같은 문구가 게시되어 있었다. "안내와 가방수취: 친애하는 고객님! 시장에 들어가기 전에 가지고 계신 손가방을 안내 데스크에 맡겨 주실 것을 정중하게 부탁드립니다. 그렇지 않은 경우 계산대에서 가방검사를 시행하게 됨을 정중하게 알려 드립니다." 독일 연방법원은 두 번째 문장을 계약조건으로 보고 약관법에 의한 내용통제가 가능한 것으로 보았다.[37)] 그 이유에서 "이 조항내용의 문구상으로만 보았을 때에도 계산대에서 가방을 열어 달라고 하는 구속력 없는 부탁의 내용만을 담고 있는 것이 아니라, 시장 안으로 가방을 가지고 들어가면 가방검사를 수행할 것임을 필연적 결과로 담고 있다. 이러한 효과가 정중하게 표현되어 있고 이러한 지시사항의 제목으로 '안내'라고 표제가 달려 있

35) Stoffels, Rn. 115. 다른 입장으로 Beckmann, NJW 1996, 1379.

36) Ulmer/Habersack, § 305 Rn. 11a.

37) BGH NJW 1996, 2574.

어도, 평균적 고객의 입장에서 보았을 때에는 가방을 시장에 가지고 들어가면 원칙적으로 가방검사를 할 수 있는 권한을 유보하겠다는 의사를 표현한 것으로 받아들이게 된다. 따라서 고객은 자율적으로 가방을 맡기거나 계산대에서 검사를 수인하는 양자택일을 해야 한다. 그러므로 이 안내는 슈퍼마켓 측에서 앞으로 일어날지도 모르는 일에 대한 사실상의 지시내용을 넘어선다"고 판단하였다.

7) 내부적 지시사항 내지 지침

사업자의 내부적인 지시사항 또는 지침은 원칙적으로 고객을 위하여 존재하지 않고 밖으로 공포되지도 않는다. 이러한 내부적 규정들은 고객과의 계약관계를 정할 목적으로 갖지 않고 사실적인 행위를 조정하려고 할 뿐이다. 하지만 이러한 내부적 지침에도 고객과의 계약관계를 규율하려는 목적을 가지고 만들어진 경우가 많다. 그렇다면 이러한 내부적 지침도 명칭과 상관없이 약관성을 인정할 수 있을 것이다.[38] 예컨대 대법원은 보험회사가 금융감독원의 보험업감독규정에 따라 수당환수 관련 규정을 마련하여 다수의 보험설계사와 위촉계약을 체결함에 있어서 동 계약에 근거를 두고 그 계약의 내용이 되는 수당지급 및 환수의 기준으로 사용한 보험업지침상 수당환수 관련 규정은 보험회사가 보험영업 지침의 명칭으로 다수의 보험설계사와 위촉계약을 체결하기 위하여 서면의 형식으로 미리 마련한 것으로서 위촉계약의 내용이 되었다고 할 것이므로 약관에 해당한다고 보았다.[39]

판례상으로는 온라인게임 사업자가 정한 운영정책이 약관에 해당하느냐의 여부가 문제되었다. 운영정책의 경우 본래의 법적 성질을 기초로 해서 본다면 자체적인 내부규율 내지 준칙에 해당하기 때문에 반드시 약관에 해당하는 것은 아니다. 그러나 인터넷 서비스의 경우 사업자들은 서비스 내

38) 독일 판례에서는 이 문제를 약관을 우회하려는 탈법행위(독일 민법 제306조a)로 보아서 내용통제를 하고 있다(BGH NJW 2005, 1645). 이에 관하여 비판적인 입장으로 Wolf/Pfeiffer, § 310 Rn. 13.

39) 대법원 2013. 10. 11. 선고 2012 다 31468 판결.

지 콘텐츠 변경의 필요성이 잦기 때문에 어려운 약관개정 절차를 회피하기 위하여 운영정책에서 약관에 규정된 내용을 구체화하는 경우가 많다. 판례상 문제된 사안에서는 사업자가 처벌조항과 관련된 기본적인 근거규정은 약관에 두고 있었지만 구체적인 내용을 운영정책에 위임하여 규정하고 있었다. 이 경우 운영정책이 사업자의 자체적인 내부규율에 머무르지 않고 더 나아가서 고객과의 권리·의무를 구체화하는 내용을 담고 있기 때문에 약관성을 인정할 수 있다.[40)]

2. 다수의 계약을 위하여

1) "여러 명의 상대방"의 명문 규정의 이해

"여러 명의 상대방"이라는 요소는 개별적인 계약관계가 아닌 대량거래를 위하여 약관이 작성되어야 한다는 점을 분명히 하기 위하여 설정된 요건이다.[41)] 약관법의 경우 "여러 명의 상대방"이라는 표현을 사용하고 있으나, 독일법에서는 "다수의 계약을 위하여" 미리 마련한 계약조건만이 약관이 될 수 있다고 규정하고 있다. 엄격히 구분을 한다면 동일한 계약상대방과 다수계약을 체결한 경우에 독일법에서는 약관성이 인정됨에 반하여 우리법에서는 인정되지 않을 것이다. 하지만 본 요건이 설정된 것은 개별적 협상

---

40) 대법원 2010. 10. 28. 선고 2010다9153 판결: 인터넷 게임 서비스를 제공하는 사업자가 게임약관 및 통합서비스 약관에서 게임의 운영정책을 약관내용의 일부로 규정하고 따로 그 운영정책을 공지하고 있어 운영정책이 적법하게 약관의 일부가 되었으며 위 사업자가 개별 이용자의 게임 이용시 화면에 이용자 동의서를 띄워 놓는 방법으로 운영정책의 내용을 개별적으로 고지한 후 위 게임을 이용하도록 하였으므로 위 게임 이용자들은 그 동의서의 내용에 동의한 사실을 추단할 수 있으므로 운영정책이 편입된 위 게임약관에 동의한 것으로 보아야 한다. 이 판결에 대한 평석으로 이병준, "서비스이용자의 위반행위에 대한 제재와 불명확조항해석의 원칙", 「민사판례연구 제35권」, 2013, 359면 참조.

41) Ulmer/Habersack, § 305 Rn. 23. 다수의 계약이라는 요소는 불필요하고 사전에 작성된 경우이면 모두 내용통제의 대상으로 삼는 입법례가 있고 이와 유사하게 약관과 동일하게 취급하여야 한다는 입장으로 Kramer, Nicht ausgehandelter Individualervertrag, notariell beurkundeter Vertrag und AGB, ZHR 146, 1982, 110 ff.

없이 사업자에 의하여 일방적으로 계약내용이 결정되었다는 측면을 나타내기 위해서 요건으로 설정되었다는 점을 감안한다면 반드시 다른 고객뿐만 아니라, 동일한 고객과 여러 번의 계약을 체결한 경우도 약관성을 인정해야 할 것이다.[42] 이러한 측면에서 "여러 명의 상대방"이라는 요소는 **"여러 계약"**으로 이해해야 할 것이다.[43]

그리고 판단의 척도가 되는 것은 **개별적인 조항**이라는 점을 주의해야 한다.[44] 따라서 다른 내용의 조항들이 있는 하나의 계약서에 해당 계약조항이 사용되더라도 해당 조항이 동일하게 사업자가 체결하는 여러 계약에 사용된 경우에는 해당 개별조항을 약관으로 인정할 수 있다.

2) 다수 계약체결의 목적

약관성을 인정함에 있어서 다수 계약체결을 위한 목적을 가지고 해당 규정을 마련하였다는 측면이 중요하다.[45] 이러한 목적의 판단시점은 계약을 체결한 때이다.[46] 따라서 약관성을 인정함에 있어서 해당 규정을 실제로 다수 계약에 사용하였는지의 여부는 중요하지 않다. 이러한 측면에서 다수의 계약을 체결하기 위한 목적으로 사전에 마련된 것이면, 해당 규정을 첫 계약에서 사용하였더라도 약관으로 인정할 수 있다. 또한 추상적 내용통

---

42) 장경환, "보통거래약관의 개념－약관의 규제에 관한 법률 제2조를 중심으로", 법학연구 제3권, 1991, 319면; 김상철, "약관의 개념", 대법원판례해설 제31호, 1999, 278면; Wolf/Pfeiffer, § 310 Rn. 15.

43) 이러한 타당한 지적으로 이재현, "약관의 개념", 비교사법 제10권 제1호, 2003, 342면; 손지열, 「민법주해[XII]」, 1999, 301면.

44) 대법원 2000. 12. 22. 선고 99다4634 판결; 장경환, "고객이 수기한 내용의 약관성", 경희법학 제31권 제1호, 1996, 62면; BGH NJW 1998, 2601; Wolf/Pfeiffer, § 310 Rn. 15.

45) 장경환, "보통거래약관의 개념－약관의 규제에 관한 법률 제2조를 중심으로", 법학연구 제3권, 1991, 319면; 이재현, "약관의 개념", 비교사법 제10권 제1호, 2003, 338면; 김상철, "약관의 개념", 대법원판례해설 제31호, 1999, 278면; Stoffels, Rn. 127; Ulmer/Habersack, § 305 Rn. 23; Wolf/Pfeiffer, § 310 Rn. 15. 이에 반하여 실제로 사용될 것을 요구하는 견해로 Löwe/Trinkner, § 1 Rn. 8.

46) BGH NJW-RR 2002, 13; Wolf/Pfeiffer, § 310 Rn. 15.

제의 경우에는 아직 이용되지 않은 약관 초안도 내용통제의 대상이 될 수 있다.[47)]

목적은 다수 계약의 체결을 목적해야 한다. 따라서 불특정 다수를 향한 현상광고에 사용되었더라도 하나의 계약체결만을 목적으로 한다면 이 요건을 충족시키지 못한다.[48)]

당사자의 목적이 중요하므로 객관적으로 해당 규정이 여러 계약에 실제로 사용되었다고 하더라도 약관으로 인정되지 않을 수 있다. 그러나 여러 계약에 사용되었다는 객관적 사정은 다수의 계약을 체결하기 위한 목적으로 해당 규정을 만들었다는 사업자의 의사를 추정하게 하므로, 해당 규정이 약관으로 추정된다는 것이 독일 판례의 입장이다.[49)] 이때 연관된 모든 사정을 고려해서 판단해야 한다. 반대로 하나의 조항이 개별계약에서만 사용되기 위하여 마련되었다면 일단 약관으로서의 성질이 부정될 것이며, 그 후 해당 조항이 다른 계약에서도 사용되었다는 이유로 약관으로 바로 인정될 수 있는 것은 아니다.[50)]

3) 다수의 판단

약관으로서의 성질은, 불특정 다수의 계약을 체결하기 위하여 만든 경우는 물론, 한정된 수의 계약을 체결하기 위하여 만든 경우에도 인정된다.[51)] 따라서 처음부터 한정된 수의 계약을 체결할 목적으로 마련되었다는 사정만으로는 약관으로서의 성질이 부정되는 것은 아니다.[52)] 그리고 사업자가

---

47) 손지열, 「민법주해[XII]」, 1999, 301면.

48) Wolf/Pfeiffer, § 310 Rn. 15; BGH NJW 1997, 135.

49) BGH NJW 1997, 135; Ulmer/Habersack, § 305 Rn. 24a. 이러한 입장에 찬성하는 견해로 이재현, "약관의 개념", 비교사법 제10권 제1호, 2003, 339면.

50) BGH NJW 1997, 135.

51) 공정거래위원회 약관심사지침; 이재현, "약관의 개념", 비교사법 제10권 제1호, 2003, 343면; 손지열, 「민법주해[XII]」, 1999, 301면; Ulmer/Habersack, § 305 Rn. 25; Wolf/Pfeiffer, § 310 Rn. 16.

52) 장경환, "보통거래약관의 개념 – 약관의 규제에 관한 법률 제2조를 중심으로", 법학연구 제3권, 1991, 319면; Stoffels, Rn. 128. 이러한 측면에서 "소수의 특정계약을 위하여 작성된

체결하는 모든 계약 또는 동종의 계약에 해당 조항이 사용되어야 하는 것도 아니다.[53)]

다수의 판단과 관련하여 일률적으로 정할 수 없고 약관의 대량적·추상적 성격을 감안하여 약관이 규율하고자 하는 거래의 종류에 맞게 판단해야 한다는 견해가 있다.[54)] 독일에서는 구체적으로 몇 개의 계약부터 다수로 인정할 수 있는지에 관하여 학설상 대립이 있다.[55)] 판례[56)]와 다수설[57)]은 3개의 계약부터 다수를 인정할 수 있다고 본다. 이렇게 3개의 계약부터 약관성을 인정하는 이유는 이 숫자부터 사업자가 계약을 통일적으로 구성하여 개별적인 변경을 거절할 만한 이익이 인정될 수 있기 때문이라고 한다. 이렇게 본다면 구체적 거래 내지 계약유형과는 상관없이 3개의 계약부터 약관으로서의 성질을 일률적으로 인정할 여지가 있는 것이다.

3. 일정한 형식으로 미리 마련한

1) 미리 마련한

약관으로 인정되기 위해서는 사업자가 "미리 마련한" 계약의 내용이어야 한다.[58)] "미리 마련한"이라는 요건이 충족되기 위해서는 사업자가 제시한 계약내용이 구체적으로 해당 계약체결을 위하여 직접 작성된 것일 필요는

것"은 약관의 범주에 포함되지 않는다는 표현(이은영, 「약관규제법」, 1994, 89면; 김상철, "약관의 개념", 대법원판례해설 제31호, 1999, 278면)은 오해의 소지가 있다.

53) BGHZ 141, 18; Wolf/Pfeiffer, § 310 Rn. 16.

54) 이은영, 「약관규제법」, 1994, 89면.

55) 학설은 2개부터 20개까지 그 입장이 다양하게 주장되었다(이러한 논의와 참고문헌에 관하여 자세한 것은 이재현, "약관의 개념", 비교사법 제10권 제1호, 2003, 344면 참조).

56) BGH NJW 1998, 2287.

57) Ulmer/Habersack, § 305 Rn. 25a; Wolf/Pfeiffer, § 310 Rn. 16.

58) 독일법에 의하면 "미리 작성된" 계약조건만이 약관으로 인정되나, 당사자에 의하여 스스로 작성될 필요가 없다는 점에서 우리법상으로는 "미리 마련한"이라는 용어를 택하였다고 한다(소비자문제를 연구하는 시민의 모임, 「약관규제의 입법」, 1986, 26면; 이재현, "약관의 개념", 비교사법 제10권 제1호, 2003, 337면).

없고, 단지 시간적으로 계약체결 전에 다수 고객과 동일한 계약관계를 형성하기 위한 기초 내지 토대가 되기 위하여 완성된 것이기만 하면 된다.[59] "다수"라는 표지와 함께 이 개념요소는 바로 약관이 전형적으로 대량거래를 위하여 사용되고 있음을 나타내고 있다. 판례상으로도 다수의 계약을 체결하기 위한 목적이 아니라, 단지 특정인과의 계약체결을 목적으로 사용된 계약내용은 여기에 해당하지 않는다고 본 경우가 있다.[60]

약관이 사전에 마련되었다는 것은 사업자가 계약체결 시에 고객에게 제시하기 위하여 준비하여 두는 것을 의미한다.[61] 그렇기 때문에 약관이 누구에 의하여 작성되었는지는 중요하지 않다. 약관은 사업자가 직접 작성하거나 그의 부탁에 의하여 작성될 필요도 없고 어느 제3자에 의하여, 예컨대 사업자단체 내지 소비자단체에 의하여 작성될 수도 있다.[62]

2) 일정한 형식

약관으로 인정하기 위해서는 계약의 내용이 일정한 형식으로 마련되어야 한다. 이 요건은 외국의 입법이나 원래 초안에는 없었던 개념요소인데, 입법과정 중에 삽입된 것이라고 한다. 이와 관련하여 우리 학설은 일정한 형식이 일정한 서식 등 어떤 고정된 매체에 저장되어야 하는지와 관련하여

---

59) 장경환, "보통거래약관의 개념－약관의 규제에 관한 법률 제2조를 중심으로", 법학연구 제3권, 1991, 318면; BGH NJW 1996, 250; Münchkomm/Basedow, § 305 Rn. 13.

60) 대법원 1999. 7. 9. 선고 98다13754, 13761 판결: 본 판결에서는 건설회사가 상가 및 그 부지를 특정인에게만 매도하기로 하는 내용의 상가매매계약서상 매매잔금지급의무를 선이행의무로 규정한 계약서상의 조항이 문제되었다. 그런데 본 사안에서는 특정인인 원고회사에게만 매도하는 계약내용이고 다수계약을 위해 미리 정형화된 계약조건이 아니므로 약관이 아니라고 판단하였다. 그런데 이와 같은 조항이 다른 계약서에도 활용될 수 있다는 측면에서 약관성을 인정할 여지도 있었다는 차원에서 이재현, "약관의 개념", 비교사법 제10권 제1호, 2003, 338면 참조.

61) 장경환, "보통거래약관의 개념－약관의 규제에 관한 법률 제2조를 중심으로", 법학연구 제3권, 1991, 317면.

62) 이은영, 「약관규제법」, 1994, 88면; 김상철, "약관의 개념", 대법원판례해설 제31호, 1999, 278면; Stoffels, Rn. 121; Ulmer/Habersack, § 305 Rn. 21; Wolf/Pfeiffer, § 310 Rn. 14.

견해가 대립하고 있다. 다수 계약을 신속하고 확실하게 체결하기 위해서는 미리 마련한 계약내용이 고정된 틀을 갖추고 있어야 한다는 의미에서 일정한 형식은 고정된 매체에 저장되어야 한다는 것을 의미한다고 보는 견해가 있다.[63] 이에 반하여 약관성을 판단함에 있어서 중요하지 않은 사정 중에서 "형태"가 있다는 점을 지적하면서 고정된 매체에 저장되어 있을 필요가 없다고 하는 반대견해도 있다.[64]

기본적으로 양 견해 모두 인쇄, 복사, 수기 등을 통한 기록, 음성 혹은 화면을 통한 저장, 파일을 통한 입력 및 저장은 일정한 형식으로 마련된 것으로 본다. 문제는 이러한 고정된 매체에 저장됨이 없이 사업자가 머릿속에 갖고 있다가 해당 계약내용을 말로써 전달하는 경우에 "일정한 형식"이 갖추어진 것으로 볼 수 있는지의 여부이다. 그런데 사업자 측에서 기록된 바는 없지만 머리에 기억하고 있다가 고객에게 계약서에 받아쓰게 하는 경우에는 이를 통하여 기록이 남기 때문에 약관성을 문제없이 인정할 수 있을 것이다. 단지 구두로 미리 마련한 계약내용을 고객에게 전달하고 구두로 이에 동의하도록 하는 경우 또는 사업장이나 영업소 등에서 방송 등의 방법으로 계약내용을 구두로만 전달한 경우에 대하여만 견해가 대립하고 있는 것이다.

약관법의 입법목적을 생각해 본다면 계약내용을 미리 마련한 것이 서면의 형식으로 미리 준비하고 이를 계약을 체결할 때 제시하든, 사업자가 대리인들에게 특정한 표현을 외우게 하여 앞으로 체결하게 될 계약에서 이를 계약서면에 담든, 아니면 고객이 이를 구두로 전달받고 이를 승인하든 상관이 없다.[65] 즉, 계약내용을 미리 어떠한 형식으로 마련하고 이것이 계약

---

63)) 장경환, "보통거래약관의 개념 – 약관의 규제에 관한 법률 제2조를 중심으로", 법학연구 제3권, 1991, 317면: 어떠한 형태로든지 물리적 매개성이 요구된다. 같은 견해로 손지열, 「민법주해[XII]」, 1999, 300면.

64) 소비자문제를 연구하는 시민의 모임, 「약관규제의 입법」, 1986, 132면; 이재현, "약관의 개념", 비교사법 제10권 제1호, 2003, 340면.

65) BGH NJW 2001, 2636; Stoffels, Rn. 199; Wolf/Pfeiffer, § 310 Rn. 21.

에 어떠한 형식으로 편입되든 상관이 없는 것이다. 따라서 고정된 매체에 미리 마련되어 상대방이 자세히 검토하면 이해할 수 있을 정도의 외관을 갖추어야 한다는 견해는 타당하지 않다.

그렇다면 "일정한 형식"이라는 요소는 아무런 의미가 없는 것인가라는 의문이 남는다. 여기서 일정한 형식이라고 하면 일정한 형태를 말하는 것이 아니라, 해당 계약내용을 일정한 규정이나 절차라는 형식으로 마련하여야 한다는 것을 의미한다. 즉, 다수의 계약에서 사용하기 위하여 일정한 규정 내지 절차의 형식으로 마련하여야 한다는 의미로 해석해야 한다. 그렇다고 하여 사용된 문구가 모든 계약에서 동일해야 하는 것은 아니다. 중요한 것은 내용상 동일한 규율모델이 대량적으로 사용되었는지의 여부이고 언어적으로 동일한 내용이 사용되었는지의 여부는 아니기 때문이다. 그러므로 발생할 법률효과 측면에서 **내용상 동일성**이 존재하면 된다.

3) 보충규정 내지 선택규정의 약관성

참고문헌: 김남홍, "선택규정의 약관성과 근저당권설정비용 부담주체", 외법논집 제38권, 2014; 이병준, "선택규정의 약관성 ― 근저당권설정비용 반환소송과 관련하여", 안암법학 제42호, 2013; 장경환, "고객이 수기한 내용의 약관성", 경희법학 제31권 제1호, 1996.

사업자가 사용하는 서식에 보충 내지 선택사항이 있는 경우에 해당 규정을 약관으로 볼 수 있는지가 문제된다. 이러한 보충가능성 내지 선택가능성이 존재하는 경우, 고객이 해당 내용을 보충하거나 선택할 수 있어 개별약정이 존재할 가능성이 있기 때문이다.

(1) 보충규정의 약관성

계약체결을 위한 서식에서 관련된 중요내용을 담고 있다면 **비독자적인 보충**을 통하여 계약의 내용이 구체화될 뿐이며 실질적인 내용의 변화는 없기 때문에 해당 조항을 약관으로 보는 데에는 문제가 없을 것이다.[66] 예컨

66) BGH NJW 1996, 1676; Stoffels, Rn. 122.

대 성명을 기입하거나 계약목적물의 명칭을 기입하는 경우가 여기에 해당한다. 또한 계약기간 연장 옵션을 선택하여 그에 따라 주어진 연장된 계약기간을 계산하여 적어 넣은 것에 불과한 경우에도 비독자적 보충에 해당한다.[67]

조항의 중요내용, 예컨대 계약기간 등을 확정하는 내용을 담은 보충의 경우에는 달리 판단할 수 있다. 그러나 이때에도 사업자에 의하여 주어진 선택가능성 중에서만 고객이 선택하여 보충을 할 수 있는 경우에는 약관으로 인정될 수 있다.[68] 왜냐하면 사업자가 고객에게 불공정한 내용을 갖는 선택가능성 중에서만 선택할 수 있도록 보충을 유도한다면 이때에도 약관법에 의한 내용통제가 가능해야 하기 때문이다. 또한 서식에 인쇄된 계약기간과 다른 계약기간을 보충할 수 있도록 할 수 있는 가능성이 부여된 것만으로는 해당 규정의 약관성을 부정하기는 어려울 것이다.[69]

계약서식에 단지 빈칸만이 있고 사업자에 의하여 제시된 보충가능한 내용이 없는 상태에서 고객이 자신의 자유로운 결정에 의하여 **독자적인 보충**을 한 경우에는 약관이 존재하지 않는다.[70] 이때에는 사업자가 일방적으로 계약내용을 결정한 것이 존재하지 않기 때문이다. 그러나 이러한 경우에도 보충의 방식과 내용에 따라 많은 경우에 약관이 존재할 가능성이 크다는 점에 유의해야 한다. 예컨대 사업자가 계약서식을 통상적으로 또는 다수의 고객에게 동일한 내용으로 보충을 하도록 요구하거나, 보충해야 할 규정내용이 협상대상이 되지 못하는 경우에는 약관으로 인정될 것이다. 왜냐하면 이미 앞에서 살펴본 바처럼 약관이 존재하기 위해서는 계약서식에 기재되어 있을 필요는 없고 사업자에 의하여 미리 마련한 내용을 해당 직원이 머릿속에 기억하고 있다가 고객에게 해당 내용을 적도록 유도하는 경우에도 약관으로 인정되기 때문이다.

---

67) BGH NJW 2000, 1110.

68) Münchkomm/Basedow, § 305 Rn. 13; Stoffels, Rn. 123.

69) Stoffels, Rn. 124.

70) Stoffels, Rn. 125.

그에 반하여 독자성을 갖는 **단서조항**과 **삽입조항**은, 그것이 다수 거래를 위해 정형화된 것이 아닌 한 개별약정으로 인정될 수 있다.[71] 즉, 기본적인 약관서식에 단서를 추가하거나 규정내용을 개별적으로 삽입하는 경우에는 고객의 자유로운 의사결정에 의하여 이루어지는 경우가 많을 것이다. 하지만 이 경우에도 개별약정으로 인정되는 것은 해당 단서조항 내지 삽입조항이며 나머지 계약조항들을 약관으로 인정할 수 있다는 점에는 변함이 없다.

(2) 선택규정의 약관성

선택약관이라고 함은 사업자가 마련한 여러 선택가능성이 존재하는 약관조항을 말한다. 예컨대 은행이 고객에게 부동산담보 대출을 해 주는 계약을 체결하면서 가산금리 적용 등과 결부시켜 "근저당권설정비용의 부담에 관하여 항목별로 제시된 세 개 중 하나에 체크표시를 하는 방법으로 비용을 부담한다"는 취지의 조항이 포함된 대출거래약정서, 근저당권설정계약서 등을 사용하는 경우를 말한다. 그런데 이러한 선택가능성이 약관상 존재하는 것 자체만으로 바로 개별적 교섭을 통해 이루어진 개별약정이 존재하는 것으로 볼 수는 없다는 것이 판례와 다수설의 입장이다.[72] 왜냐하면 고객이 이미 마련한 하나의 가능성을 받아들이지 않더라도, 결국 선택되는 것은 이미 사전에 마련한 다른 선택가능성뿐이기 때문이다. 결국 고객이 선택하는 것도 사업자가 사전에 마련한 선택가능한 약관조항 중 하나인 것이다. 이러한 경우 당사자 사이에 실질적인 교섭 내지 고객의 계약내용에 대한 영향력 행사가 이루어진 것으로 볼 수는 없다.[73]

---

71) 장경환, "보통거래약관의 개념 – 약관의 규제에 관한 법률 제2조를 중심으로", 법학연구 제3권, 1991, 337면.

72) 대법원 2014. 6. 12. 선고 2013다214864 판결; 장경환, "보통거래약관의 개념 – 약관의 규제에 관한 법률 제2조를 중심으로", 법학연구 제3권, 1991, 336면; BGH NJW 2000, 1110; Ulmer/Habersack, § 305 Rn. 53.

73) Ulmer/Habersack, § 305 Rn. 53.

이와 달리 사업자가 고객에게 특정한 조항과 관련하여 선택과 협상할 수 있는 가능성을 열어 주고 그에 대한 반대급부를 선택할 수 있도록 하는 경우에는 고객의 선택에 의한 개별적 약정이 인정될 여지가 있다.[74] 예컨대 고객에게 사업자가 인수해야 할 책임위험의 정도를 결정하도록 하고 그에 상응하는 가격인상을 선택할 수 있도록 하는 경우이다. 사업자가 이러한 경우에 고객에게 계약과 관련된 전형적인 손해위험과 관련하여 진정한 선택가능성을 열어 준다면 비록 선택된 책임에 해당하는 가격이 사전에 정해진 것이라도 개별적인 약정을 인정할 수 있다.

또한 사업자가 제안한 내용과 고객 자신이 미리 마련한 계약조항 중 선택할 수 있다면 개별적 협상이 존재하는 것으로 볼 수 있는 여지가 있다.[75] 이와 유사하게 고객에게 사업자가 제시한 약관조항을 대신하여 법률에 규정된 내용을 선택할 수 있는 가능성이 주어진 경우에도 고객이 약관조항을 선택하였다면 개별적 협상을 인정하여 해당 조항의 약관성을 부정할 수 있다.[76] 다만 개별적인 협상을 인정하기 위해서는 고객이 약관조항을 대신하여 선택할 수 있는 법률규정의 내용을 알고 있고, 해당 법률규정을 선택하게 되면 계약내용이 완전하게 정해질 수 있어야 한다.

어느 조건을 선택하느냐에 따라 이자율이 달라지도록 하고 있기 때문에 약관으로서의 성질이 부정될 수 있는지가 문제될 수 있다. 그런데 "불리한 조건"을 선택하는 경우에 더 유리한 반대급부가 제공되고, 반대로 "유리한 조건"을 선택하는 경우에 더 불리한 반대급부를 고객이 선택할 수 있더라도 약관으로서의 성질은 인정될 수 있다.[77] 이 경우에도 해당 조건이 사전에 사업자에 의하여 마련된 것이라면 약관으로 인정될 수 있을 것이다.

---

74) BGH NJW 1991, 1679; Münchkomm/Basedow, § 305 Rn. 39.

75) 장경환, "보통거래약관의 개념 – 약관의 규제에 관한 법률 제2조를 중심으로", 법학연구 제3권, 1991, 336면.

76) 장경환, "보통거래약관의 개념 – 약관의 규제에 관한 법률 제2조를 중심으로", 법학연구 제3권, 1991, 336면.

77) Ulmer/Habersack, § 305 Rn. 54; Staudinger/Schlosser, § 305 Rn. 40.

※ **[근저당권설정비용반환사건]**에서 해당 판결의 하급심[78])에서 개별약정으로 인정한 논거를 살펴보면 (1) 선택규정을 두고 있기 때문에 그 자체로 고객과의 교섭을 당연히 예정하고 있고, (2) 금융기관을 이용하는 고객들이 이러한 약관조항에 표시된 인지세나 근저당권설정비용의 부담주체에 관하여 본인의 부담으로 할 것인지 금융기관의 부담으로 할 것인지를 그의 의사에 따라 선택할 수 있는 기회가 부여되어 있고, 은행 측도 고객들의 의사에 따라 대출조건을 변경하여 대출 계약을 체결할 것임을 예정하고 있다는 점, 즉 은행 측은 고객의 선택에 따라 대출금리 및 중도상환수수료율 등을 변동하여 운영하고 있다는 점을 들고 있다.[79])

하지만 선택가능성이 존재하는 것 자체만으로는 개별약정을 인정할 수 없다. 왜냐하면 이러한 선택가능성을 기초로 실질적인 교섭이 일어나야 하기 때문이다. 그런데 판례 사안에서는 고객은 어느 선택지를 선택하더라도 이미 사업자가 사전에 마련한 내용에 따라 선택하였을 뿐이다.[80]) 따라서 선택가능성이 존재한다는 이유만으로 개별적인 약정을 인정할 수는 없고 실질적인 교섭을 기초로 한 개별적인 약정이 존재해야 한다. 또한 고객이 어느 조건을 선택하느냐에 따라 대출금리 및 중도상환수수료율 등을 변동하여 운용하는 사정도 개별적인 합의를 인정함에 있어서 도움이 되지 못한다. 왜냐하면 이러한 대출금리 및 중도상환수수료율 등의 변동도 사업자에 의하여 사전에 마련된 것이라면 비록 부동문자로 쓰인 것이 아닐지라도 해당 약관성을 부정할 수는 없을 것이기 때문이다.

---

78) 서울중앙지방법원 2012. 12. 6. 선고 2011가합100645 판결; 서울중앙지방법원 2012. 12. 6. 선고 2012가합56189 판결.

79) 동일한 입장으로 고동원, 금융기관 대출 근저당권 설정비용 부담은 누가 – 고객부담, 법률신문 2013년 4월 8일. 이와 유사하게 선택가능성이 존재하여 이익조정의 가능성이 상존하는 이상 자율모형에 따른다고 하여 하등 문제 될 것이 없고, 개별약정으로 보아야 한다는 견해로 지원림, "(근)저당권 설정비용의 부담자", 고려법학 제66호, 2012, 150면.

80) 개별약정을 부정해야 한다는 견해로 한혜진, 금융기관 대출 근저당권 설정비용 부담은 누가 – 은행부담, 법률신문, 2013년 4월 8일.

4. 약관의 제안

약관은 사업자가 제안하여 계약의 내용으로 편입하려는 의도에서 사용되어야 한다. 약관의 정의에서는 사업자에 의한 제안 내지 제시가 요건으로 설정되어 있지 않지만, 목적규정(제1조)과 사업자 내지 고객의 정의규정(제2조 제2호 및 제3호)에는 약관을 사용 내지 제안하는 자가 사업자이고 제안을 받는 자가 고객으로 전제되어 있다.[81] 이처럼 사업자의 제안이라는 요건을 설정하는 것은, 약관법이 약관을 일방적으로 제안받는 고객을 보호하기 위한 목적을 실현하기 위해서이다.

이러한 이유로 약관을 제안하는 사업자를 보호하기 위한 목적으로 약관법이 적용되거나 사업자를 보호할 목적으로 내용통제가 이루어져서는 안 된다. 또한 약관조항 내용의 유·불리와 상관없이 약관을 제안하는 자만이 약관법상 사업자가 되는 것이다.

1) 구체적인 개별적 제안

"제안"이라는 요건을 통하여 약관법은 해당 규정내용을 사업자가 일방적으로 제시할 필요가 있다는 것을 명확히 하고 있다. 이처럼 일방적으로 제안하였다는 점에서, 입법자는 약관을 개별적 합의와는 법률적으로 다르게 취급해야 한다고 본 것이다. "제안"이라는 요건이 충족되기 위해서는 한 계약당사자가 사전에 마련한 계약내용을 앞으로 체결될 계약에 편입될 것을 요구하여야 한다. 다시 말하면 구체적으로 (일방적인) 편입제안을 해야 한다.[82]

---

81) 동일한 취지로 장경환, "보통거래약관의 개념 – 약관의 규제에 관한 법률 제2조를 중심으로", 법학연구 제3권, 1991, 321면; Wolf/Pfeiffer, § 310 Rn. 18.

82) Stoffels, Rn. 132. 동일한 취지로 이재현, 비교사법 제10권 제1호, 347면 이하. 독일의 학설 중에는 독일법상 "제시(stellen)"라는 요건을 계약조건의 일방적 강요, 편입에 대한 일정한 정도의 강제 내지 압력행사로 이해하는 견해가 있다(Wolf, NJW 1977, 1941). 즉, 사업자는 자기의 조건을 받아들이는 한도에서만 계약을 체결하려고 하기 때문이라고 한다. 그러나 약관을 제시하더라도 개별적 협상의 여지는 있으므로 사업자의 주도로 편의요구가 있으

약관을 제안한 자가 누구인지가 불명확한 경우에는 어떻게 판단해야 할지가 문제된다. 이와 관련하여 제안자가 불명확하지만 약관이 사용된 것이 분명하다면 약관법 제3조처럼 사업자와 고객의 지위를 전제로 한 규정의 적용을 배제한 채 약관의 해석과 내용통제에 관한 규정을 적용해야 한다는 견해가 있다.[83] 하지만 이 경우에도 제안 개념을 형식적으로 판단하지 않고 약관법의 보호목적을 기초로 **실질적인 판단을** 하면 사업자와 고객의 지위를 구분할 수 있는 경우가 존재한다. 따라서 구체적인 사안에서 약관을 사용할 것을 제시한 자만을 형식적으로 판단하여 약관을 제안한 사업자로 판단해서는 안 된다. 종합적인 사정을 기초로 판단하였을 때 계약당사자 중 누구에게 약관의 편입제안을 귀속시킬 수 있는지를 판단해야 할 것이다. 예컨대 공공기관처럼 시장지배적 지위를 가지고 있는 당사자가 자신이 만든 약관만을 기초로 계약을 체결하는 사정이 존재하는 경우에 최종적으로 누가 이 약관을 기초로 계약을 체결할 것을 제안하였는지는 중요하지 않다. 이러한 경우 계약상대방은 이와 같은 사정 내지 관행을 인식하고 다른 방법으로는 계약을 체결할 수 없음을 인식한 상태에서 계약체결을 원활하게 체결하기 위하여 처음부터 상대방의 약관을 기초로 청약을 하는 경우가 있을 수 있다. 이와 같이 약관의 편입을 제안하였다고 하더라도 이는 자유로운 의사결정에 의한 것이 아니라, 상대방이 자신의 약관을 통해서만 계약을 체결하려고 한다는 약관 사용자의 관행이 존재하기 때문이라고 보아야 한다. 따라서 이러한 경우 약관 편입이 이루어진 것은 약관 작성자의 시장지배적 지위가 실현된 것이라고 보아야 하므로 약관 편입 제안도 해당 시장지배적 지위를 가지고 있는 자에게 귀속시켜야 할 것이다. 이러한 경우에 시장지배적 지위를 가지고 있는 자가 직접 약관을 편입하려는 제안을 한 것은 아니지만, 시장지배적 지위를 기초로 한 관행이 해당 약관이 계약내용으로 편입된 것에 결정적인 요인이 된 것이므로 약관의 제안은 실질

면 되는 것으로 해석하는 것이 타당하다.
83) 손지열, 「민법주해[XII]」, 1999, 306면.

적으로 시장지배적 지위를 갖고 있는 자에 의하여 이루어진 것으로 보아야 한다. 이러한 사정을 종합적으로 고려하였을 때 시장지배적 지위를 갖고 있는 자를 약관법상 약관을 실질적으로 제안한 사업자로 볼 수 있으며, 직접 약관의 편입을 제안하지 않다고 하더라도 상관이 없다.[84)]

2) 제3자 제안

약관이 되는 계약내용은 계약당사자에 의하여 제안되어야 하지만, 반드시 계약당사자들에 의하여 작성될 필요는 없다.[85)] 계약내용이 제3자에 의하여 작성된 경우에는 계약당사자들 중 한 당사자가 작성된 계약내용을 계약으로 편입할 것을 제안하였는지가 중요한 판단요소가 된다.[86)] 따라서 사업자단체에서 마련한 표준약관을 A회사에서 구체적인 계약을 체결할 때 제안하게 되면 A회사가 약관법상 사업자가 된다. 마찬가지로 정부에서 인가하거나 작성한 표준약관, 이익단체에서 작성하여 마련한 표준약관 내지 표준계약서, 계약서식집에 있는 계약내용 등도 이처럼 약관이 제안되는 방식으로 약관이 될 수 있다.

아직 우리 판례상 문제가 되지는 않았지만 독일 판례상으로는 제3자가 제안한 경우에도 약관법상의 규제대상이 될 수 있는지가 문제되고 있다. 실무상으로 공인중개사, 공증인, 변호사와 같이 법률적 자문을 하는 자가 일정한 계약내용의 사용을 권장하여 체결된 경우가 문제된다. 왜냐하면 이들은 통상 가지고 있는 모범계약서 내지 표준계약서를 권장하여 계약체결을 돕는 경우가 많기 때문이다.

이처럼 자문을 하는 제3자가 중립적인 위치에서 약관의 사용을 제안하는 경우에는 그 제안을 어느 당사자에게 귀속시킬 수는 없을 것이다.[87)] 그에

84) BGH NJW 1997, 2043.

85) 이재현, "약관의 개념", 비교사법 제10권 제1호, 2003, 340면.

86) BGH NJW 1994, 2825; Stoffels, Rn. 134.

87) 장경환, "보통거래약관의 개념 – 약관의 규제에 관한 법률 제2조를 중심으로", 법학연구 제3권, 1991, 324면; 이재현, "약관의 개념", 비교사법 제10권 제1호, 2003, 352면; BGH

반하여 한 당사자의 부탁으로 다수 계약의 체결을 위하여 계약서식이 제3자에 의하여 만들어지거나, 제3자가 만들어 놓은 계약서식을 사용하는 경우에는 그 사용을 부탁한 당사자의 "제안"이 있는 것으로 볼 수 있다.[88] 예컨대 아파트 분양업체가 중개인에게 분양을 목적으로 계약서를 만들어 줄 것을 부탁하고 수분양자와의 계약에 해당 계약서식을 사용한 경우 분양업체가 직접 그 사용을 제안하지 않았더라도 실질적으로는 분양업체를 통하여 제안이 이루어진 것으로 볼 수 있으므로 분양업체가 약관을 제안한 것으로 보아야 한다.[89]

그 밖에 온라인 플랫폼 사업자가 중개자의 역할을 가지고 있는 경우에 관하여 자세한 것은 아래 제7장 제3절 참조.

3) 쌍방의 제안

양 당사자가 독립적인 위치에서 일반적으로 거래상 사용되는 약관을 제안한 경우에 약관법상 제안이 인정될 수 있는지에 관하여 견해가 대립하고 있다. 이러한 경우에 약관법상의 보호규정이 적용될 필요가 없다는 다수설의 입장이 타당하다.[90] 약관법이 적용되기 위해서는 제안하는 사업자와 제안받는 고객이라는 역할이 명백히 구분될 수 있어야 하나, 이러한 사안의 경우에는 어느 누구도 사업자 내지 고객의 지위를 인정할 수 없기 때문이다. 만약 시간적 순서에 따라 먼저 제안한 자를 사업자로 인정하게 되면 이는 너무 자의적일 것이다. 그리고 어느 당사자도 다른 상대방이 갖는 계약내용 형성의 자유를 침해하지 않기 때문에 약관법에 의한 보호가 필요가 없는 사안에 해당한다. 만약 보호가 필요한 예외적인 경우가 존재한다

NJW 1991, 843; Stoffels, Rn. 135.

88) BGH NJW 1993, 2160; Stoffels, Rn. 136.

89) BGH NJW 2002, 138.

90) 장경환, "보통거래약관의 개념 ― 약관의 규제에 관한 법률 제2조를 중심으로", 법학연구 제3권, 1991, 325면; 이재현, "약관의 개념", 비교사법 제10권 제1호, 2003, 352면; Stoffels, Rn. 144. 이에 반하여 Sonnenstein, NJW 1980, 1491.

면 이때에는 약관법의 규정을 유추적용하면 될 것이다.[91]

5. 중요하지 않은 외적 사정

약관의 정의규정은 명시적으로 약관의 개념 판단에 있어서 중요하지 않은 외적인 사정을 열거하고 있다. 즉, 약관의 존재여부는 외적인 사정인 명칭이나 형태 또는 범위에 상관없이 실질적으로 판단해야 한다는 것이다.[92] 정의규정 속에 이처럼 중요하지 않은 사정을 명시적으로 규정하고 있는 이유는 이러한 외적 사정을 기초로 판단해서는 안 된다는 점을 명확히 하기 위함이다.[93] 왜냐하면 약관이 인정되기 위한 개념요소가 모두 충족되면 이러한 외적 사정과는 상관없이 약관으로 인정될 수 있기 때문이다.

1) 명 칭

해당 규정내용이 계약의 내용이면 약관으로 인정할 수 있으므로 구체적으로 해당 규정의 명칭을 어떻게 부르든 상관이 없다. 실무상으로는 '규칙', '약정조항', '계약조항', '거래약정', '보통약관', '특별약관', '부가약관', '특약약관', '계약서', '규약', '지침' 등으로 불리고 있으나, 이러한 명칭은 중요하지 않고 실질적으로 약관에 해당하는지의 여부가 기준이 된다.[94] 회원가입 시에 일정 금액을 예탁하였다가 탈퇴 등의 경우에 그 예탁금을 반환받는 이른바 예탁금 회원제로 운영되는 골프클럽의 운영에 관한 회칙은 그 명칭과 상관없이 회원과 클럽을 운영하는 골프장 경영 회사 사이의 계약상 권리·의무관계에 관한 내용을 정하려고 하는 것이므로 약관에 해당한다.[95]

---

91) 이재현, "약관의 개념", 비교사법 제10권 제1호, 2003, 352면.
92) 손지열, 「민법주해[XII]」, 1999, 301면.
93) Stoffels, Rn. 145.
94) 장경환, "보통거래약관의 개념 – 약관의 규제에 관한 법률 제2조를 중심으로", 법학연구 제3권, 1991, 330면.
95) 대법원 1999. 4. 9. 선고 98다20714 판결; 대법원 2000. 3. 10. 선고 99다70884 판결.

2) 형 태

실무적으로 형태도 다양하게 나타난다. 통상 계약서와 함께 인쇄되어 제시되는 것이 보통이지만, 승차권, 입장권, 사업계획서나 사업안내서, 표지판 등에 인쇄되어 있는 것도 약관에 해당한다.[96] 또한 인쇄되지 않고 인터넷을 통하여 화면상 재현되더라도 상관이 없고 가독성 여부도 중요하지 않다. 또한 활자로 된 것은 물론 수기로 작성한 것, 구두로 전달되는 것, 전화로 전달되거나 녹음한 것을 재생하는 것 모두 약관에 해당할 수 있다.[97] 더 나아가 조문의 형태를 가질 필요도 없고 완전한 문장의 형태가 아니어도 된다.[98]

3) 범 위

약관을 통하여 규율되는 계약내용의 범위도 상관이 없다. 계약내용에 관한 전반적인 사항을 대상으로 약관을 만드는 것이 일반적이다. 그러나 "하자담보책임을 부담하지 않음", "매매대금을 지급할 때까지 소유권은 유보됨" 등의 내용을 담은 개별적인 하나의 조항 내지 문구도 약관이 될 수 있다.[99] 또한 호텔·여관·목욕탕에 게시되어 있는 "손님이 맡기지 않은 물건의 분실·도난에 대하여 책임지지 않습니다" 또는 "귀중품에 대하여는 책임지지 않습니다"라는 문구도 모두 약관에 해당한다.[100] 그리고 개별적으로 협상된 계약 전체에서 하나의 조항도 약관이 될 수 있다.[101]

---

96) 장경환, "보통거래약관의 개념—약관의 규제에 관한 법률 제2조를 중심으로", 법학연구 제3권, 1991, 331면; 손지열, 「민법주해[XII]」, 1999, 301면.

97) 이은영, 「약관규제법」, 1994, 90면.

98) 이은영, 「약관규제법」, 1994, 90면.

99) 장경환, "보통거래약관의 개념—약관의 규제에 관한 법률 제2조를 중심으로", 법학연구 제3권, 1991, 331면; Wolf/Pfeiffer, § 310 Rn. 20.

100) 이은영, 「약관규제법」, 1994, 90면.

101) BGH NJW 1997, 135; Wolf/Pfeiffer, § 310 Rn. 20.

Ⅲ. 약관과 개별약정

참고문헌: 김동훈, "개별교섭후 수정되지 않은 약관조항의 효력 – 대상판결: 대법원 2008. 7. 10. 선고 2008다1650 판결", 법학논총 제22권 제2호, 2010; 이병준, "선택규정의 약관성 – 근저당권설정비용 반환소송과 관련하여", 안암법학 제42호, 2013; 이재현, "개별약정 우선의 원칙", 법학연구 제15권 제1호, 2004.

당사자의 개별약정이 존재하는 경우에는 기본적으로 이 개별약정에 의하여 판단하게 된다. 왜냐하면 약관법은 당사자의 이러한 개별약정이 존재하지 않은 경우에 사업자가 사전에 마련한 약관을 통하여 당사자의 사적자치가 침해될 것을 염려하여 만든 법률이기 때문이다. 이처럼 개별약정을 인정하는 경우 약관법에 의한 내용통제는 일어나지 않고 민법의 일반규정에 의한 내용통제만이 문제된다.

1. 사례군의 구분

약관법에서는 개별약정이 어떻게 이루어졌는지에 따라 이러한 개별약정을 다르게 취급한다. 우리 약관법에서 명시적으로 규정하고 있는 것은 약관에서 정하고 있는 사항에 관하여 사업자와 고객이 약관의 내용과 다르게 합의한 사항이 있을 때에는 그 합의 사항은 약관보다 우선한다는 것이다. 이처럼 약관법 제4조에서는 약관조항이 존재하고 개별약정이 이와 상충하는 경우에는 약관의 해석원칙이 적용되어 개별약정이 우선 적용되는 것이다. 이와 달리 약관조항이 해당 내용을 전혀 규율하지 않아서 이루어지는 개별적 약정 및 약관조항이 존재하지만 당해 내용과 동일한 내용으로 이루어진 개별적 약정의 경우에 관하여는 우리 약관법이 침묵하고 있다. 그러나 이러한 경우 고객이 자유로운 자기결정에 의하여 내용을 형성하고 있기 때문에 약관법에 의한 보호가 필요하지 않다. 이에 따라 독일 민법의 경우 계약의 내용이 당사자 사이에 교섭에 의하여 개별약정으로 확정되었다면, 해당 계약내용은 아예 약관에 해당하지 않는다고 본다(독일 민법 제305조 제1항 제3문). 명문의 규정은 없지만 우리 학설[102]과 판례도 이러한 원칙을 받아들이고 있다.

첫째, 약관조항이 존재하지 않은 상태에서 개별적 약정이 존재하는 경우에 관한 판례가 있다. 대법원 2001. 11. 27. 선고 99다8353 판결에서는 약관법의 규제 대상인 약관이라 함은 그 명칭이나 형태 또는 범위를 불문하고 계약당사자가 다수의 상대방과 계약을 체결하기 위하여 일정한 형식에 의하여 미리 마련한 계약의 내용이 되는 것으로서 구체적인 계약에서의 개별적 합의는 그 형태에 관계없이 약관에 해당한다고 할 수 없다는 일반 법리를 판시하였다.[103] 이 부분을 보면 개별적 합의가 약관과 동일한지 여부를 불문하고 있으나, 구체적인 사안을 보면 약관조항 내용이 존재하지 않는 사안임을 알 수 있다. 즉, 어음거래약정서와 같이 일반적으로 약관을 포함하고 있는 정형적인 계약서 중 계약기간이나 거래금액 등에 관한 조항이라고 하더라도 그 존속기간과 거래금액을 보충하여 기재할 수 있는 란을 마련해 두어서 당사자의 구체적 합의에 의하여 그 내용이 결정될 것이 예정되어 있는 경우에는 이를 바로 무기한의 존속기간 및 무한도의 거래한도를 정한 약관에 해당한다고 볼 수는 없다고 하였다.

둘째, 약관조항이 존재하나 동일한 내용으로 개별 약정이 이루어진 경우에도 해당 규정은 약관이 아닌 것으로 보고 있다. 즉, 계약의 일방 당사자가 다수의 상대방과 계약을 체결하기 위해서 일정한 형식에 의하여 미리 계약서를 마련하여 두었다가 어느 한 상대방에게 이를 제시하여 계약을 체결하는 경우에도 그 상대방과 특정 조항에 관하여 개별적인 교섭(또는 협상)을 거침으로써 상대방이 자신의 이익을 조정할 기회를 가졌다면, 그 특정 조항은 약관의 규제에 관한 법률의 규율대상이 아닌 개별 약정이 된다고 보고 있다.[104]

이 중에서 후자의 경우, 즉 약관이 존재하지만 약관과 동일한 내용으로

---

102) 손지열, 「민법주해[XII]」, 1999, 302면.

103) 같은 취지의 판결로 대법원 2002. 10. 11. 선고 2002다39807 판결; 대법원 2008. 2. 1. 선고 2005다74863 판결; 대법원 2011. 2. 10. 선고 2009다81906 판결.

104) 대법원 2008. 7. 10. 선고, 2008다16950 판결.

합의한 경우에 관하여 결국은 당사자의 사적자치에 의한 결정이 있으므로 약관조항이 존재하기는 하지만, 그 내용이 당사자의 의사에 의하여 지지되고 있는 것이므로 개별약정으로 인정하는 것이다. 이 경우 기본적으로 약관조항이 존재한다는 측면에서는 제4조의 개별약정 우선의 원칙과 동일하다. 다른 점은 개별약정 우선의 원칙에서는 약관과 다른 내용의 개별약정이 있으나, 여기서는 개별적 교섭에 의한 개별약정의 내용이 약관조항과 동일하다는 점이다. 이러한 측면에서 개별 약정이 존재하는 경우 약관과 동일한 경우와 다른 경우를 구분하여 전자의 경우에는 개별약정이 존재하는 것이고 후자의 경우 약관조항이 존재하지만 다른 내용을 갖고 있는 개별적 약정이 존재하여 개별약정우선이라는 해석원칙에 따라 개별약정이 계약의 내용으로 정해진다는 점에서 구분할 수 있다. 그리고 구체적인 사안에서 전자의 경우에는 약관이 아예 존재하지 않게 되나, 후자의 경우에는 약관이 존재하나 약관의 해석상 개별적인 약정이 우선하여 계약의 내용을 결정하게 된다는 점에서 차이점이 있다.[105)]

2. 약관조항과 동일한 내용의 개별약정에 관한 판단기준

약관조항과 동일한 내용으로 당사자가 결정하더라도 당사자에 의한 자기결정이 있었다는 측면에서 개별약정으로 인정될 수 있기 위해서는 엄격한 요건이 설정되어야 한다. 우리 판례는 개별약정이 처음 문제된 사안에서는 변경가능성을 기준으로 삼았다.[106)] 해당 판결에서 개별적인 교섭이 있었다고 하기 위해서는 비록 그 교섭의 결과가 반드시 특정 조항의 내용을 변경하는 형태로 나타나야 하는 것은 아니라 하더라도, 적어도 계약의 상대방이 그 특정 조항을 미리 마련한 당사자와 사이에 거의 대등한 지위에서 해당 특정 조항에 대하여 충분한 검토와 고려를 한 뒤 영향력을 행사

105) 독일 판례(BGH NJW 1977, 624)와 학설(Münchkomm/Basedow, § 305 Rn. 37)은 개별약정을 인정하는 것은 약관성의 개념을 제한하는 역할을 하고 있는 것으로 보고 있다.
106) 대법원 2008. 7. 10. 선고 2008다16950 판결.

함으로써 그 내용을 변경할 가능성은 있어야 한다고 보았다. 그리고 구체적인 사건에서 임대차계약서에 기재된 배상금 조항과 관련하여 개별적인 교섭을 거침으로써 임차인인 피고가 자신의 이익을 조정할 기회를 가졌다고 할 수 없어 개별약정은 인정되지 않았고 해당 조항은 약관으로서의 성질을 보유하고 있는 것으로 판단하였다. 판례는 그 후 동일한 판시내용을 계속 반복하고 있으나,[107] 아직 개별약정을 기초로 약관성을 부정한 판례는 보이지 않는다.

이러한 판단에 대하여 양 당사자의 실질적인 교섭력을 기준으로 하는 것은 지나치며, 오히려 해당 조항이 교섭이나 협상의 대상이 됨으로써 고객이 구체적인 내용을 인지하고 개별적으로 수용하였다는 것으로 충분하다는 견해도 있다.[108] 약관규제의 실질적 근거는 '고객이 그 구체적인 내용을 검토하거나 확인할 충분한 기회를 가지지 못한 채 약관이 계약의 내용이 되는 것'이라는 점에서 약관에 의한 계약체결의 특성은 형식적인 계약서의 서명 뒤에 숨겨진 고객의 실질적인 인지가능성의 현저한 결여에 있는 것을 그 논거로 한다. 이러한 견해에 대하여 우선 약관법의 근거가 단지 약관조항의 내용을 고객이 인식하지 못한 점에 있다는 설명은 너무 약관법의 존재를 좁게 보는 것이다. 오히려 고객이 약관의 내용을 인식하더라도 그 내용에 관여할 가능성이 배제되어 있다는 측면에서 약관법의 실질적인 근거를 찾아야 할 것이다. 이러한 점 때문에 판례에서 변경가능성을 요건으로 삼고 있는 것이라고 이해해야 한다. 또한 판례에서 "거의 대등한 지위"를 요구하고 있더라도 이는 양 당사자의 실질적인 교섭력을 요구하는 것은 아니며, 해당 사안에서 관련된 규정내용에 대하여 실질적으로 영향을 미칠

---

107) 대법원 2009. 11. 12. 선고 2009다42635 판결; 대법원 2010. 9. 9. 선고 2009다105383 판결.

108) 김동훈, "개별교섭후 수정되지 않은 약관조항의 효력 – 대상판결: 대법원 2008. 7. 10. 선고 2008다1650 판결", 법학논총 제22권 제2호, 2010, 461면 이하 참조. 이와 유사하게 약관조항의 내용을 개별적·구체적으로 설명하고 타방이 이를 양해하였다면 협상 내지 교섭을 인정해야 한다는 견해로 손지열, 「민법주해[XII]」, 1999, 302면.

수 있어야 한다는 측면을 강조한 것이라고 생각된다. 더 나아가 개별 약정이 인정되기 위해서는 자유로운 교섭의 기회를 가져야 하고 수정할 수 있는 가능성이 존재한 상태에서 계약당사자들 사이에 의사소통이 이루어져야 할 뿐만 아니라, 개별 약정이 실제로 이루어져야 한다. 따라서 단지 고객이 인지한 후 해당 내용을 수용한 것만으로는 충분하지 않고 판례처럼 엄격한 요건을 요구하는 것이 타당하다고 생각된다.

3. 개별적 교섭이라는 요건

구체적인 교섭을 인정하기 위해서는 교섭이 구체적인 계약조항과 관련되어야 하고 이러한 한도에서는 미리 마련한 내용이더라도 해당 계약조항에 약관으로 인정되지 않을 수 있다. 그리고 교섭을 통하여 고객이 계약내용에 대하여 영향을 미칠 수 있어야 하기 때문에 원칙적으로 계약체결시점에 이러한 요건이 충족되어야 한다. 독일 판례에서는 교섭이라는 요건이 충족되기 위해서는 "사업자가 법률규정의 내용을 변경하거나 보충하는 약관조항의 내용을 내용상 변경할 수 있는 가능성을 열어 두어야 하고 계약상대방에게 자신의 이익을 반영할 수 있는 계약형성의 자유를 보장하기 위하여 계약조건의 내용을 변경할 수 있는 현실적인 가능성이 존재해야 한다"고 판시하고 있다.[109] 이러한 독일 판례의 입장은 우리 판례와 실질적으로 동일한 내용이라고 할 수 있다. 따라서 독일 판례의 입장을 자세히 분석하는 것은 우리 해석론에 있어서 많은 도움이 될 수 있으므로 이에 대하여 자세히 살펴보겠다.

개별적인 교섭을 인정함에 있어서 개별적인 조건에 대한 상세한 설명과 법률효과에 대한 충분한 고지만으로는 충분하지 않다고 본다. 오히려 사전에 마련한 약관조항을 제시함으로써 사업자는 자신이 마련한 조건을 유지하려고 하는 의사를 표시한 것으로 해석된다. 이러한 객관적인 정황을

---

109) 계속된 독일 판례의 입장, 특히 BGH NJW 2005, 2544 참조.

제거하기 위하여 사업자는 계약상대방이 적극적으로 계약조건에 개입하는 것을 인정한다는 의사를 표명해야 한다. 사업자는 계약내용의 변경가능성을 인정해야 하고 계약체결 당시에 계약상대방은 이러한 사정을 알아야 한다.[110)]

또한 구체적인 조항에 대한 개별적인 협상이 이루어졌다는 확인서에 대하여 고객의 서명이 이루어지더라도 이러한 요건은 충족되지 않는 것으로 보고 있다.[111)] 마찬가지로 사업자가 서면을 통하여 변경가능성을 인정하는 것만으로는 요건충족이 인정되지 않는다.[112)] 그리고 독일 연방법원은 사업자에게 유리한 조항이 존재한 경우에는 이를 개별적 협상이 이루어지지 않은 간접증거로 인정하고 있다.[113)] 더 나아가 변경가능성은 해당 계약에 대하여 존재해야 하고 — 동일한 내용의 — 계약에 대하여 이전에 존재하였다는 사정만으로는 인정되지 않는다.[114)] 또한 변경가능성은 문제된 조항에 대하여 존재하여야 하며, 다른 조항에 대하여 변경이 있거나 변경가능성이 존재하는 것만으로는 충분하지 않다.[115)]

사업자는 고객에게 해당 조항을 변경할 수 있도록 해야 하며 내용상 문제된 조항에 영향을 미칠 수 있는 가능성을 열어 주어야 한다. 결국 사전에 마련된 문구를 그대로 받아들이더라도 개별약정으로서 인정될 수 있으며, 중요한 것은 양 계약당사자가 해당 계약내용을 계약내용 형성의 의사 안에 담았으면 된다. 그에 반하여 고객이 시간절약이나 합리적 절차 또는 받아들일 수 있는 다른 의견이 없다는 이유에서 해당 내용을 그대로 받아들인

---

110) BGH NJW 1977, 625. 이러한 내용을 따르는 판결로 BGHZ 104, 236; BGH NJW 1977, 625 f.

111) BGH NJW 1977, 625 f.

112) BGHZ 98, 28; BGH NJW 1987, 2011.

113) BGH NJW 1981, 2343.

114) BGH NJW 1979, 368 f. 이에 대한 비판적인 입장으로 Müller/Griebeler/Pfeil, BB 2009, 2658.

115) BGH NJW 1982, 2309. 동일한 입장으로 김동훈, "개별교섭후 수정되지 않은 약관조항의 효력 — 대상판결: 대법원 2008. 7. 10. 선고 2008다1650 판결", 법학논총 제22권 제2호, 2010, 463면.

경우에는 개별 약정을 인정하기 힘들 것이다.[116] 사업자가 단지 약관조항을 명시하고 고객이 해당 내용을 개별적으로 인식한 후 계약의 청약에 대하여 승낙하는 것 자체만으로는 개별약정을 인정하기에는 부족하다.[117] 따라서 개별적인 약관조항을 사업자가 단지 읽어 주고 설명하는 것으로는 개별 약정을 인정할 수 없다.

이하의 관련 판례에서는 어떠한 조항에 대하여 구체적인 협상이 이루어졌다는 사정만으로 약관성을 부정할 수 있는지가 문제되었다. 사안을 구체적으로 살펴보면, 건축설계사와 건축회사 사이에 체결된 계약에서 건축협회에서 제정된 약관을 사용하였고, 또한 건축회사에게는 건축협회에서 제정한 약관의 내용이 잘 알려져 있었으며 협상과정에서 소멸시효기간에 관하여 자세한 설명이 이루어졌다. 그리고 건축회사는 짧은 소멸시효 기간이 필요하다는 사정을 인식하였다. 그럼에도 불구하고 독일연방법원은 이 사안에서 개별적 교섭을 인정하지 않았다.[118] 자세한 설명 후 내용의 변경 없이 제시된 약관이 사용된 경우 개별적 합의가 인정되기 위해서는 아주 특별한 사정이 존재해야 한다는 것이다. 약관의 내용이 고객에게 잘 알려져 있고 계약내용에 관한 자세한 설명이 이루어져 고객의 의사와 일치하였다는 점만으로는 개별적 협상을 인정하기는 어렵다고 보았다. 이러한 경우 고객은 "계약체결 당시에는 더 좋아 보이는 조건을 인정하고 해당 계약조건의 적용을 받기로 한 것"에 불과하다는 것이다.[119]

4. 내용의 변경 없는 상태에서 개별적인 교섭을 인정하는 것이 가능한가?

약관조항이 존재하는 상태에서 개별적 약정을 인정함으로써 약관의 존

---

116) 독일 판례의 입장: BGH NJW 2003, 1805; BGH NJW 2000, 1110.

117) 독일의 통설(Ulmer/Habersack, § 305 Rn. 49)과 판례(BGH NJW 1988, 2465)의 입장.

118) BGH NJW-RR 1987, 144.

119) BGH NJW-RR 1987, 145.

재를 부정하기 위해서는 (1) 약관의 내용을 보충하는 개별약정을 하거나, (2) 동일한 내용의 개별약정을 해야 한다. 약관의 내용을 보충하는 개별약정을 하는 경우 기본적으로 보충하는 내용 자체가 개별약정을 인정할 수 있는 근거가 될 수 있다는 점에서 그 인정가능성이 매우 크다고 할 수 있다. 그런데 약관조항과 동일한 개별약정을 구체적인 사안에서 인정하는 것은 그리 쉬운 일이 아니다.

우리나라에서는 약관조항과 동일한 내용의 개별약정을 인정하여 약관성을 부정한 판결은 현재 존재하지 않는다. 독일의 경우도 아주 예외적인 1992년의 판결 이외에는 현재 존재하지 않는다. 즉, 판례에서 형성된 개별약정의 존재가능성에 관한 추상적 이론이 존재하기는 하지만 구체적인 사안에서 인정된 예는 결국 없다는 것이다. 그 이유를 살펴보면 현재 독일 연방법원에서 설정한 개별약정 인정 요건을 살펴보면 쉽게 이해가 된다. 즉, 사업자는 (1) 법률규정의 내용과 다른 약관조항으로 변경하려는 의사를 가지고 있고, (2) 이러한 의사를 상대방인 고객에게 알리고, (3) 그 변경하고자 하는 규정의 내용을 고객에게 알리면서 그와 함께 (4) 규정내용과 그에 따른 효과를 자세히 설명하고, 경우에 따라서는 이해하였는지를 확인해야 하고, 동시에 (5) 고객으로부터 약관조항의 내용을 변경하지 않고 이에 합의한다는 의사표시를 명시적으로 받아야 한다. 그리고 이러한 사정을 모두 사업자가 증명해야 한다.

여기서 특히 문제가 되는 점은 사업자가 변경가능성을 인정해야 하는데, 결국은 변경되지 않았음에도 불구하고 이러한 변경가능성이 있었음을 어떻게 증명해야 하는지의 여부가 관건인 것이다. 결국 이러한 사실의 증명은 거의 불가능에 가깝다고 보아야 한다.[120] 왜냐하면 이러한 증명의 필요성을 인지한 상태에서 사업자가 계약체결 단계에서 모든 증거자료를 준비해 두지는 않을 것이기 때문이다. 사후적으로 이러한 증거자료를 구체적으

---

120) Miethaner, ABG oder Individualvereinbarung — die gesetzliche Schlüsselstelle "im Einzelnen ausgehandelt", NJW 2010, 3126.

로 확보하는 것은 사실상 불가능에 가까울 것이다.

이러한 차원에서 약관조항의 내용과 동일한 개별적인 약정을 인정하기 위해서는 그 요건을 완화해야 한다는 학설이 나온 것으로 보인다. 하지만 기본원칙을 생각한다면 약관조항이 존재하면 이를 약관으로 인정해야 하는 것이 대원칙이고, 이를 부정하는 개별적 약정을 인정하는 것은 큰 예외라고 할 것이다. 이러한 측면에서 개별적 약정을 인정하는 것에는 조심스러운 태도를 견지하는 것이 타당하다. 특히 그 증명책임을 사업자에게 부담시키는 한 예외적 사정을 쉽게 인정하지 않은 독일 판례의 입장은 타당한 것이며, 우리 판례도 이러한 견지에서 동일한 입장을 취해야 한다고 본다. 결국 약관조항과 동일한 내용의 개별약정은 이론적으로 가능하지만, 실제로는 가능하지 않을 것이고 또한 이를 사업자가 증명하는 것은 불가능에 가깝다고 보아야 한다. 이와 같은 이유에서 약관조항 내용과 동일한 개별약정을 인정한 판례가 없는 것은 어떻게 보면 당연한 결과일 수 있다.

Ⅳ. 약관에 대한 증명책임

약관과 관련하여 증명책임이 문제되는 사항은 약관의 존재, 사업자에 의한 약관의 제안 그리고 개별약정의 존재에 의한 약관성의 부정 등과 관련된다. 이에 관하여 명문의 규정이 없는 한 증명책임에 관한 일반원칙에 의하여 이러한 문제들이 결정된다.

1. 약관의 존재에 대한 증명책임

약관의 존재에 관한 증명책임은 기본적으로 소송에서 약관법의 적용을 주장하는 자, 즉 고객에게 있다.[121] 그러나 계약이 작성된 내용 또는 형태로

121) 이은영, 「약관규제법」, 1994, 90면; 손지열, 「민법주해[XII]」, 1999, 302면; 장경환, "보통거래

보았을 때 경험칙상 다수 계약체결을 위하여 만들어진 것으로 보이고 전문적인 시장참가자에 의하여 제안되었다면 일응 약관이 존재하는 것으로 사실상 추정된다.[122] 예컨대 어떤 규정내용이 여러 번 인쇄되거나 복사된 경우 다수 계약체결을 위한 목적이 존재하면 약관이 존재하는 것이 사실상 추정된다. 이 경우에는 사업자가 반증을 통하여 이러한 추정을 번복해야 한다.[123] 그러나 예외적으로 표준계약서가 사용되었는데, 이를 어느 계약당사자가 제안하였는지가 명백하지 않는 경우에는 약관성의 추정이 일어나지 않는다.[124]

고객이 해당 규정의 약관성을 주장하고 사업자가 근본적으로 이를 다투지 않은 경우에도 증명된 것으로 볼 수 있다.[125] 그에 반하여 약관의 성립요건 중의 한 개 또는 여러 개가 충족되지 않았다는 주장 및 증명책임은 사업자에게 있다.[126]

2. 약관의 제안에 대한 증명책임

계약상대방이 사업자로서 약관을 제안하였거나 제안하려는 목적을 가지고 있었다는 점에 대하여는 고객이 증명책임을 부담한다.[127] 그러나 상대방이 동일한 약관으로 다수 계약을 체결하였다는 사정이 존재한다면, 해당 계약체결을 위하여 그 약관을 제안하였다는 점이 사실상 추정된다.

약관의 개념—약관의 규제에 관한 법률 제2조를 중심으로", 법학연구 제3권, 1991, 339면; Ulmer/Habersack, § 305 Rn. 60; Stoffels, Rn. 150.

122) BGH NJW 1992, 2162.

123) 손지열, 「민법주해[XII]」, 1999, 302면.

124) Ulmer/Habersack, § 305 Rn. 61.

125) BGH WM 1996, 2027.

126) 이은영, 「약관규제법」, 1994, 91면.

127) 장경환, "보통거래약관의 개념—약관의 규제에 관한 법률 제2조를 중심으로", 법학연구 제3권, 1991, 339면.

3. 개별약정에 관한 증명책임

약관과 그 제안이 존재하는 것으로 확정되었다면, 개별약정이 존재한다는 것을 증명해야 하는 책임은 약관법이 적용되어 내용통제가 되는 것을 막으려는 사업자에게 있다.[128] 개별약정의 존재와 관련하여 약관의 문구에 변경이 가해졌는지의 여부를 구분해서 살펴보아야 한다.

사전에 마련된 문구가 사후적으로 변경된 경우에는 변경된 부분에 대하여 개별적 협상이 이루어졌고 개별적 약정이 존재한다는 간접증거가 존재한다고 볼 수 있다.[129] 그에 반하여 사전에 마련된 문구가 변경됨이 없이 약정이 이루어진 경우에 사업자는 별도의 협상 후 개별적 약정이 이루어졌는지의 여부 및 그 범위에 관하여 모두 증명책임을 부담한다.

V. 사항적 적용범위의 예외

참고문헌: 이병준, "약관규제법에 관한 입법평가", 입법평가연구 제11호, 2017.

약관법의 적용범위는 크게 보면 편입단계만을 면제해 주는 규정, 내용통제단계에서 구체적 내용통제조항을 배제하는 규정 및 약관법 전체의 적용을 배제하는 규정을 개별적으로 두고 있다. 편입단계에서 여객운송업, 전기·가스 및 수도사업, 우편업, 공중전화 서비스 제공 통신업 등에 대하여 명시의무를 면제하여 주고 있다(제3조 제2항 단서). 또한 내용통제와 관련하여서는 국제적으로 통용되는 약관이나 그 밖에 특별한 사정이 있는 약관으로서 대통령령으로 정하는 경우에는 제7조 내지 제14조까지의 규정을 적용하는 것을 조항별·업종별로 제한할 수 있다(제15조). 이에 따라 국제적으로

---

128) 대법원 2014. 6. 12. 선고 2013다214864 판결; 손지열, 「민법주해[XIII]」, 1999, 302면; 장경환, "보통거래약관의 개념－약관의 규제에 관한 법률 제2조를 중심으로", 법학연구 제3권, 1991, 339면; BGH NJW 1982, 1035; Stoffels, Rn. 151.

129) Ulmer/Habersack, § 305 Rn. 63; Münchkomm/Basedow, § 305 Rn. 45.

통용되는 운송업, 국제적으로 통용되는 금융업 및 보험업, 무역보험법에 따른 무역보험에 대하여는 구체적인 내용통제규정이 아닌, 일반적 내용통제 규정을 통하여 불공정성을 판단하도록 규정하고 있다. 앞의 두 적용제외규정은 해당 내용을 설명하는 곳에서 더 자세히 살펴보기로 하고 이하에서는 약관법 전체를 배제하는 적용제외 규정에 관하여 구체적으로 살펴보기로 한다.

1. 규정과 논의의 개관

약관법 제30조 제1항은 "약관이 「상법」 제3편, 「근로기준법」 또는 그 밖에 대통령령으로 정하는 비영리사업의 분야에 속하는 계약에 관한 것일 경우에는 이 법을 적용하지 아니한다"라고 규정하고 있다. 또한 법률에서는 기타 대통령령이 정하는 비영리사업의 약관에 대해서도 적용되지 아니하는 것으로 규정하고 있으나, 실제 시행령에는 비영리사업에 관한 규정이 없다. 약관법의 적용범위를 규정하고 있는 제30조는 제정 당시부터 존재하였다. 개정은 단 한 차례 이루어져 1992년도 개정 때 "사업자와 사업자 간의 거래에 이용되는 약관으로서 독점규제 및 공정거래에 관한 법률의 적용을 받는 약관에 대하여 제17조 내지 제29조의 규정을 적용하지 아니한다"는 제2항의 규정이 삭제되었다. 그 밖에는 규정 내용은 변함없이 그대로 유지되고 있다.

2. 적용제외 영역

제30조 제1항에 정해진 거래분야에 대하여 약관법이 적용되지 않는 적용제외규정을 두고 있는 것은 해당 거래분야에서 이미 공정성 보장을 위한 특수한 규정들이 많이 존재하여 충분한 보호가 이루어지고 있으며, 거래의 성질상 약관법이 적용되는 것이 적당하지 않은 경우가 있기 때문이다.[130] 본 규정은 이러한 취지에서 3개의 분야를 제한적으로 열거하고 있다. 즉,

상법 제3편 회사법 분야, 근로기준법 그리고 대통령령으로 정하는 비영리 사업분야이다.

1) 상법 제3편 회사법 분야의 적용제외

약관법은 명문의 규정을 통하여 상법 제3편인 회사법을 약관법의 적용영역에서 제외하고 있다. 하지만 이 규정을 통하여 회사법이 적용되는 어떠한 계약에서의 약관이 약관법을 통한 보호를 받지 못하는지에 관하여 명확한 내용을 담고 있지 못하다.

우리 학설은 '회사법 분야의 약관'으로 이해하여 이러한 분야에 대하여는 예외 없이 적용영역에서 배제되는 것으로 이해하고 있는 것으로 보인다.[131] 즉, 회사의 설립, 주식의 모집, 회사의 운영, 신주청약, 사채모집 등에 관한 계약에서 약관으로 볼 수 있는 규정을 통하여 계약을 체결하는 경우 이는 단체법적 영역에 해당하는 계약이고 회사의 자율성이 강조되므로 약관법을 통한 내용통제가 적절하지 않다고 한다. 그 이유로는 약관법의 규정은 주로 채권법적 교환계약을 예상해서 마련된 것이므로 대체로 이익단체계약 또는 합동행위에는 약관법을 통한 보호가 적합하지 않기 때문이라고 한다. 특히 단체의 정관과 같이 당사자가 단체의 구성원으로서 그 내용을 변경할 수 있는 가능성이 열려 있는 경우에는 일방적으로 제시되는 약관의 성질과 이러한 단체의 정관은 그 성질을 달리하는 것이므로 약관법에 기한 내용통제가 불필요한 것이라고 볼 수 있다. 이러한 단체 내지 법인에서 사용하는 정관에는 그 법적 성질을 어떻게 보느냐와 상관없이 약관법에 기한 내용통제가 불필요한 것으로 볼 수 있다. 그러나 일찍부터 문헌에서 회사법 영역의 계약이라고 하더라도 주식양도 거래약관처럼 개인적 거래의 성격이 강한 경우에는 약관법이 적용될 필요가 있다는 견해가 주장되었다.[132]

---

130) 손지열, 「민법주해[XII]」, 1999, 429면.
131) 장경환, "우리나라 약관규제법의 의의와 성과", 경희법학 제41권 제2호, 2006, 260면 이하.
132) 손지열, 「민법주해[XII]」, 1999, 430면.

본 규정을 통하여 회사법이 적용되는 모든 계약에서 사용되는 약관에 대하여 약관법을 통한 보호를 배제해야 하는지는 의문이다. 독일에서도 기본적으로 민법상 조합, 합명회사, 합자회사, 유한회사, 주식회사, 주식합자회사, 협동조합 등과 관련된 계약, 정관은 회사법 영역에 해당하는 계약으로 약관법의 규정이 적용될 수 없다고 보고 있다. 이처럼 서로 인적관계가 있거나 거래상 관계가 있는 자들 사이에 개별적으로 합의된 계약조건에 근거하고 있고, 여러 법률의 강행규정을 통해 부당한 규정을 담을 수 있는 위험이 존재하지 않는 경우에 대하여는 약관법에 의한 내용통제 필요성이 존재하는 것으로 보고 있다. 그러나 독일에서도 회사나 사단 설립 후 참가를 위해 대중에 공개를 한 경우에는 설립자로부터 추후의 참가자들에게 부당하게 권리가 제한되는 경우가 존재하므로 약관법상 규정의 적용을 배제하면 안 되는 계약들이 존재하는 것으로 보고 있다.[133] 즉, 단체법의 경우에는 단체법적 원리에 의하여 정관 등이 만들어지고 다수결의 원리에 따라 정관이 작성되므로 모든 구성원들이 해당 내용에 자신의 의견을 반영할 수 있는 방법이 있어서 일방적으로 내용이 제안되는 것이 아니라는 측면에서 약관법이 적용될 필요가 없을 것이다. 하지만 경우에 따라서는 형식적으로 단체법이 적용되는 정관 등이 있더라도 해당 구체적인 거래실정상 구성원들의 의결권이 사실상 행사되지 않거나 배제되어 있는 때에는 약관법이 적용될 수 있는 경우가 있다. 이러한 측면에서 본 규정과 관련하여 약관법의 적용이 필요하지 않은 영역을 명확히 특정하는 것이 필요한 것으로 보인다. 다시 말하면 본 규정에서 단순히 '상법 제3편에 해당하는 계약'이라고 하는 표현은 너무 광범위하며 약관법에 의한 보호필요성이 없는 계약유형으로 적절한 한계를 설정하는 것이 입법적으로 필요하다고 생각되며, 개정이 이루어지기 전까지는 이를 목적론적으로 축소해석하여 적용되는 계약영역을 좁게 볼 필요가 있다.

---

133) Münchkomm/Basedow, § 310 Rn. 86-92.

2) 근로기준법 분야의 적용제외

참고문헌: 박지순, 「일반 사법상의 근로자보호제도에 관한 연구(I)」, 한국노총 중앙연구원, 2004; 한인상, "독일민법상 보통거래약관에 관한 내용통제와 근로계약의 형성", 광운비교법학 제5호, 2004.

약관법은 또한 근로기준법을 명문의 규정으로 그 적용영역에서 제외하고 있다. 우리 학설은 이를 노동법 분야로 확대하여 이해하고 있고, 이러한 노동법 분야에서는 노동자가 이미 이러한 법률을 통하여 두터운 보호를 받을 뿐만 아니라, 단체협약의 체결을 통하여 자신의 이익을 관철할 수 있으므로 약관법에 의하여 특별히 노동자를 더 보호할 이유가 없다고 본다.[134)]

독일에서도 노동법 영역에서의 계약이 약관법의 적용범위에서 배제되어 있었다(독일 구약관법 제23조 제1항). 노동법 영역에서 근로자는 약한 계약당사자로서 부당한 계약조건으로부터 각종 강행규정 및 노동3권에 기한 집단적 방법에 의한 근로조건의 형성을 통하여 충분한 보호를 받을 수 있는 것으로 보았기 때문이다.[135)] 그런데 독일법에서는 입법의 변화가 이 분야와 관련하여 있었다.[136)] 즉, 적용제외가 되는 분야를 단체협약, 사업장협정 등으로 제한하였다. 이러한 영역에는 기본적으로 앞에서 살펴본 바와 같이 단체교섭에 의한 집단적 방식으로 근로조건이 정해지고, 계약의 편입 없이도 당연히 근로계약에 적용되며 강행적 법률규정에 의하여 근로계약의 내용이 적절하게 내용통제를 받고 있는 측면을 반영하여 약관법의 적용을 배제한 것이다. 그러나 그 밖의 근로계약에 대하여는 약관법이 적용되는 것으로 개정하였다. 왜냐하면 근로계약에 대하여는 강행규정 및 단체협약을 통한 근로자보호가 있더라도 약관법에 의한 내용통제가 부분적으로 긍정적인 기능을 할 수 있다고 보았기 때문이다. 즉, 사용자가 일방적으로 작성

---

134) 장경환, "우리나라 약관규제법의 의의와 성과", 경희법학 제41권 제2호, 2006, 261면.

135) BT-Drs. 7/3919, S. 41.

136) 이에 관하여 박종희, "보통거래약관의 민법에의 통합", 「독일 채권법의 현대화」, 2002, 159면 이하; 박지순, 「일반 사법상의 근로자보호제도에 관한 연구(I)」, 2004, 381면 이하 참조.

하고 제시한 근로조건에 대한 사법적 통제가 필요한 경우가 존재하고 법원마다 약관법의 적용여부에 대하여 다르게 판단하였기 때문에 법적 안전성을 기할 필요가 있었다. 약관법에 관한 규정을 근로계약에 적용하되 노동법상 인정되는 특수성을 고려해야 한다는 일정한 제한을 두고 있다.

약관법에서 형식적으로 모든 근로계약에 대하여 약관법이 적용이 안 되는 것으로 규정하고 있다 보니, 대법원에서 약관법에 의한 보호가 필요한 계약에 대하여 약관법의 적용을 부정한 판례가 있다.

※ **[근로계약 관할법원 사건]**에서 신용카드회사와 신용카드 연체관리를 위하여 이른바 채권관리사 사이에 위임계약서를 작성하고 채권관리사들이 신용카드 연체회원관리, 연체대금회수 및 이에 부수한 용역을 제공하고 이에 대하여 수수료를 지급하는 내용의 위임계약이 체결된 사안에서 채권관리사가 퇴사한 후 자신들이 근로기준법상 근로자에 해당하므로 퇴직금을 지급받아야 한다고 주장하였다. 그런데 위 위임계약서 제11조(관할법원)는 "갑과 을 간의 본 계약과 관련된 분쟁이 발생할 경우 관할법원은 갑의 소재지를 관할하는 법원으로 한다"는 규정이 있었다. 퇴직금의 지급을 구하는 소를 광주지방법원에 제기한 후 본 관할법원 조항에 근거하여 서울중앙지방법으로 이송하는 결정이 내려지자, 약관법 제14조의 적용을 주장하여 해당 규정은 "고객에 대하여 부당하게 불리한 재판관할의 합의조항"에 해당하여 무효라고 주장하였다.

이에 대하여 대법원에서는 자신들이 회사에 소속되었던 근로자라고 주장하면서 근로기준법상의 근로계약임을 전제로 하는 것이므로 만약 이러한 주장이 인정될 경우에는 본 사건의 계약에 대하여 약관법이 적용될 수 없다고 보았다. 즉, "사업자가 다수의 상대방과 사이에 일정한 형식에 의하여 미리 마련한 계약서에 따라 체결한 계약이 근로기준법상의 근로계약에 해당될 경우에는 사업자의 소재지를 관할하는 법원을 관할법원으로 하는 내용의 재판관할 합의조항을 약관법에 의하여 무효라고 판단할 수 없다고 판시하였다.[137)]

하지만 본 사안에서 드러나듯이 관할법원 조항처럼 근로기준법상 강행 규정의 대상이 되지 않거나 단체협약의 대상이 되지도 않은 조항이 근로계약에 존재하는 것이다. 이러한 조항이 다수의 근로자와 계약을 체결하기 위하여 마련한 약관에 있다면 약관법에 의한 보호가 필요한 것으로 생각된다. 따라서 우리 실무에서 근로계약에 대하여서도 약관법에 의한 내용통제가 필요한 사안이 존재한다고 볼 수 있다. 그러므로 이를 제한하는 법개정이 이루어지기 전까지는 이 규정의 적용범위를 제한하는 해석이 요구된다고 하겠다.

3) 대통령령이 정하는 비영리사업의 분야에 속하는 계약의 적용제외

이 분야에 대한 적용제외는 약관법 제정 때부터 있었으나, 그 적용제외 이유가 명확히 나타나 있지 않다. 또한 대통령령으로 해당 사업분야가 위임되어 있으나, 한 번도 제외되는 사업분야가 구체적으로 규정된 적이 없다. 그러다 보니 소송에서 해당 적용제외 규정의 적용을 주장하였으나, 명시적인 배제사업분야가 정해져 있지 않다는 이유로 약관법의 적용제외를 인정하지 않았다.[138] 이처럼 특별한 제외 근거를 찾지 못하고 구체적으로 적용될 수 있는 사업영역을 특정하지 못한다면 소송상 이를 주장하는 혼란을 방지하기 위하여 이 적용제외사유를 삭제하는 것이 타당해 보인다.

4) 친족법·상속법 분야에 속하는 계약의 적용제외

명문의 규정은 없지만 독일법에 따라 친족법과 상속법 분야도 약관법

---

137) 대법원 2010. 1. 19. 자 2009마1640 결정.

138) 대법원에서 「산업입지 및 개발에 관한 법률」에 따른 공장용지 분양계약에 관한 약관에 대하여 시행령상 비영리사업의 분야에 관하여 규정하지 않고 있다며 동법의 적용이 배제된다고 할 수 없다고 판시하였다(대법원 1996. 7. 30. 선고 95다16011 판결). 또한 하급심 판결로 토익시험을 주관하는 사업자가 비영리법인임을 이유로 시험 관련 약관에 대한 동법의 적용의 배제를 주장하는 데 대하여 대체되는 비영리사업의 분야에 관하여 규정하고 있지 않으므로 해당 토익시험 계약이 비영리사업의 분야에 속한다고 하더라도 적용이 배제된다하고 할 수 없다고 보았다(서울지방법원 2003. 5. 2. 선고 2002가합 62628 판결).

의 적용범위에서 제외해야 한다는 견해가 있다.[139] 혼인계약과 상속계약 등 이 분야의 계약은 대량적으로 체결되는 계약이 아니고, 계약자유가 이미 일정한 부분 제한되어 있으며 대체로 개별약정을 통하여 체결되기 때문에 약관법을 통한 보호논리가 개입할 여지가 없다는 것을 그 이유로 한다. 실제로 이 분야의 계약은 대량적으로 체결되지 않기 때문에 실제 약관으로 규정되는 경우는 거의 없을 것으로 생각된다. 하지만 명확화를 위하여 이 영역을 명시적으로 제외시키는 것이 타당하다고 생각된다.

139) 장경환, "우리나라 약관규제법의 의의와 성과", 경희법학 제41권 제2호, 2006, 261면.

제2절 / 약관법의 인적 적용범위

I. 규정의 기능과 그 내용

약관의 개념정의처럼 사업자와 고객에 관한 정의규정(제2조 제2호 및 제3호)도 실질적으로 약관법의 인적 적용범위를 한정하는 역할을 한다. 약관법에 따르면 사업자는 계약의 한쪽 당사자로서 상대 당사자에게 약관을 계약의 내용으로 제안하는 자를 말하며, 고객은 계약의 한쪽 당사자로서 사업자로부터 약관을 계약의 내용으로 제안받는 자를 말한다. 즉, 약관법상 적용되는 인적 적용범위는 기본적으로 계약의 당사자를 기준으로 하고 있다. 그런데 약관법의 경우 약관을 계약의 내용으로 할 것을 일방적으로 제안하고 이를 제안받는 자가 존재하고 이러한 관계를 규율할 것을 그 목적으로 하므로 약관을 제안하는 자를 "사업자" 그리고 제안 받는 자를 "고객"이라고 정하고 있는 것이다. 하지만 여기서 "제안"이라는 용어는 사실적인 의미를 갖는 것이 아니라, 규범적인 의미를 갖는다. 즉, 실제로 제안을 통하여 계약을 체결하는 자가 아니라, 약관의 제안을 통하여 체결되는 계약으로 유리한 지위에 서게 되는 자가 사업자가 되는 것이고 제안을 통하여 일방적으로 약관을 통한 규율을 받는 자, 즉 수동적인 지위에 있는 자가 고객이 되는 것이다.[140)]

140) 이은영, 「약관규제법」, 1994, 110면 이하.

약관법이 기존의 다른 소비자 관련 법률과 다른 점은 사업자가 영리목적을 갖고 있지 않아도 사업자성이 인정된다는 점이고, 고객의 경우도 소비자와는 달리 소비목적을 갖고 있지 않아도 고객으로서 인정된다는 점이다. 따라서 사업자와 고객 개념은 모두 약관을 제안하고 제시받은 사실적 관점만을 기준으로 정하고 있다고 할 수 있다.

Ⅱ. 계약의 당사자로서 사업자와 고객 개념

사업자는 약관을 능동적으로 제안하는 자를 말한다. 독점규제법 제2조 제1호는 특정 업종의 사업을 하는 자만을 사업자로 정의하나, 본조에는 그러한 제한이 없다. 약관을 제안하는 위치에 있기만 하면 되므로 반드시 상인일 필요도 없다.[141] 그리고 현실적으로 약관을 제안하지 않더라도 약관을 마련하여 제안을 준비하고 있는 자도 사업자로 보아야 한다.

고객은 약관을 수동적으로 사업자로부터 제안을 받은 자를 말한다. 이때 소비자일 필요는 없으며, 상인도 고객이 될 수 있다.[142] 제안을 받은 이상 계약체결 이전이라도 고객으로 본다.

Ⅲ. 대리인이 계약을 체결하는 경우

사업자와 고객은 기본적으로 계약당사자를 의미하므로 직접적으로 약

---

141) 손지열, 「민법주해[XII]」, 1999, 302면.

142) 약관법이 제1조에서 소비자보호를 주된 입법목적으로 함을 선언하고 있다는 이유로 사업자와 소비자가 아닌 당사자 사이의 거래관계에 대해서 원칙적으로 적용되지 않는다는 견해가 있다. 이 견해는 더 나아가서 약관법이 소비자보호라는 사회 정책적 목적에서 입법되었지만, 기본적으로는 불공정한 거래를 방지·규제하여 거래질서를 확립하는 데 있는 것이므로 사업자와 계약을 체결하는 자가 소비자의 지위에 있지 않더라도 약관법을 유추적용할 수 있다고 한다(김형배, "보통거래약관에 의한 계약", 고시연구 제20권 제2호, 1993,

관을 제안하거나 제안받는 자와 계약에 따른 효력의 귀속 주체가 일치하지 않을 수 있다. 예컨대 대리인이 계약을 체결하는 경우에는 대리인이 계약을 체결할 때 약관을 제안하지만, 기본적으로 대리인이 체결한 약관을 통하여 계약관계가 규율되는 본인이 계약의 당사자가 되는 것이므로 본인이 약관법상의 사업자인 것이다.[143)]

이러한 사고의 법적 근거는 민법 제114조이다. 제114조는 법률행위의 대리와 관련되는 것이므로 약관을 제안하는 행위의 법적 성질이 의사표시가 아닌 이상 제114조가 직접 적용될 수는 없다. 하지만 제114조의 규범목적이 자기 자신을 위하여 행위를 하도록 허락하고 자신의 이익을 위하여 행위를 한 자의 행위에 대하여 책임을 부담해야 한다는 점에 있다는 측면을 생각하면, 본 규정은 법률행위뿐만 아니라, 제안과 같은 사실행위에 대하여도 유추적용할 수 있을 것이다. 이러한 측면에서 대리인은 아니지만, 사업자의 위임하에서 또는 이익을 위하여 사실적으로 행위하는 자의 행위도 기본적으로 위 규정의 유추적용을 통하여 사업자에게 그로 인한 법률효과를 귀속시킬 수 있다.

IV. 제3자를 위한 계약에서 제3자인 수익자는 고객인가?

제3자를 위한 계약에서 수익자인 제3자는 계약당사자는 아니다. 다만 수익의 의사표시를 통하여 계약상의 권리를 행사할 수 있는 지위에 있는 자이다. 따라서 제3자를 위한 계약에서 제3자는 계약의 당사자가 아니고 약관을 제안받는 자의 위치에도 있지 않으므로 약관법상 고객에 해당하지 않는다.

이에 따라 주택분양보증계약에 대하여 수분양자의 이익을 위하여 약관

65면). 하지만 이러한 해석은 명문의 규정에 반하는 해석으로 보이며 상인의 경우에도 약관법을 직접 적용할 수 있다.

143) Wolf/Pfeiffer, § 305 Rn. 26.

법이 적용될 수 있는지가 문제된 사안에서 대법원은, 주택분양보증계약이 주택법에 따라 주택건설을 하는 사업주체가 파산 등의 사유로 분양계약을 이행할 수 없게 되는 경우 대한주택보증 주식회사가 당해 주택의 이행 또는 수분양자가 납부한 계약금 및 중도금의 환급에 대하여 이행책임을 부담하기로 하는 조건부 제3자를 위한 계약이므로, 주택분양보증계약의 당사자는 사업주체와 대한주택보증 주식회사이고, 수분양자들은 위와 같은 조건이 성취되면 대한주택보증 주식회사에 수익의 의사표시(보증채무의 이행 청구)를 하여 급부를 수령하는 수익자에 불과할 뿐 약관법상의 고객에 해당하지 않는다고 판단하였다.[144] 그러나 고객이 아니어도 이와 같은 수익자를 위하여 약관법이 적용될 수 있는지의 문제는 다른 문제이다. 이에 대하여 자세한 것은 아래 제7장 제1절 참조.

144) 대법원 2011. 4. 28. 선고 2010다106337 판결.

제3절 / 국제거래에 대한 약관법의 적용

참고문헌: 김인호, "소비자계약 및 그 분쟁해결조항에 대한 소비자보호의 범위와 한계", 국제거래법연구 제29권 제2호, 2020; 석광현, 국제거래와 약관의규제에관한법률의 적용, 「국제사법연구 제9호」, 2003; 석광현, "해외직접구매에서 발생하는 분쟁과 소비자의 보호: 국제사법, 중재법과 약관규제법을 중심으로", 서울대학교 법학 제57권 제3호, 2016; 이병준, "글로벌 인터넷 서비스의 법적 환경과 서비스 구성 가능성", 가천법학 제5권 제1호, 2012; 이헌묵, "국제사법 제27조에 의해 보호되는 소비자계약의 범위와 수동적 소비자가 되기 위한 요건의 국제거래와 약관규제법 분석", 소비자문제연구 제49권 제2호, 2018.

I. 쟁점의 제시

국제거래, 전자상거래 내지 인터넷 서비스의 발전으로 인하여 이제는 국내거래 내지 국내서비스 이용에만 머물지 않고 국제적인 전자상거래와 국제적인 서비스를 이용하는 것이 거래생활 내지 소비생활에서 일상화되어 가고 있다. 예컨대 Amazon과 같은 해외 직구 플랫폼에서 상품을 구매하고 배송받는다.[145] 또한 우리는 매일 Facebook과 같은 소셜미디어에서 사회적 관계를 맺는 활동을 하고[146] 해외에 여행을 갈 때에는 Booking.com와 같은 숙박 플랫폼에 가서 묵을 수 있는 호텔을 예약한다.[147]

이러한 경우 서비스를 제공하는 해외사업자들이 사업 내지 서비스를 운영하는 법적인 환경이 다르므로 각국의 사업자가 제시하는 약관의 내용과 형태부터 다른 경우가 있다. 즉, 많은 경우에 한국 소비자 내지 이용자를 대

---

145) 이와 연관된 약관법상의 쟁점에 관하여 석광현, "해외직접구매에서 발생하는 분쟁과 소비자의 보호: 국제사법, 중재법과 약관규제법을 중심으로", 서울대학교 법학 제57권 제3호, 2016, 73면 이하 참조.

146) 이와 연관된 약관법상의 쟁점에 관하여 이병준, "해외 소셜 네트워크 서비스이용약관의 약관규제법에 의한 내용통제 가능성: Facebook 게시물이용약관의 유효성을 중심으로", 소비자문제연구 제41호, 2012, 185면 이하 참조.

147) 자세한 내용은 제7장 제3절 참조.

상으로 하는 해외사업자의 경우 해당 국가의 언어로 되어 있는 약관을 한국어로 번역하여 사용하고 있기 때문에 그 표현이 어색할 뿐만 아니라, 우리나라 사업자들이 사용하는 약관의 형식과 내용면에서 다른 경우가 많이 있다.[148] 또한 약관법 자체가 없는 나라의 서비스에서는 사업자들 자신에게 유리한 규정 내용을 모두 담고 있어서 그 불공정성 정도가 심한 경우도 쉽게 발견할 수 있다. 이러한 경우 한국 고객 내지 소비자가 외국 사업자들이 사용하고 있는 약관에 의하여 피해를 보고 있다면, 그 불공정성을 이유로 한국의 약관법에 의하여 해당 약관조항의 무효를 주장할 수 있는지가 문제된다. 더 나아가서 우리 공정거래위원회가 외국의 사업자들이 사용하고 있는 약관에 대하여 약관법에 의한 시정조치 등을 내릴 수 있는지도 문제된다.

약관법이 적용될 수 있는가를 검토함에 있어서 우선 당사자 사이에 체결된 계약관계에서 어느 나라 법을 준거법으로 당사자들이 결정하였는지를 일단 살펴보아야 하고, 이러한 경우에 비록 준거법이 외국법으로 결정되었더라도 해당 계약이 소비자계약에 해당하여 국제사법상 특별규정에 의하여 소비자법이 적용될 수 있는지의 여부가 그 다음으로 문제된다.

이 문제들은 모두 해당 사건이 제기된 법정지의 국가에 적용되는 국제사법에 의하여 결정될 것이다. 즉, 한국 법원에서는 한국 국제사법에 의하여 그리고 독일 법원에서는 독일 국제사법에 의하여 적용될 준거법이 결정될 것이다. 본 절에서는 한국이 법정지라는 전제하에서 한국의 국제사법이 적용되는 경우를 기초로 해서 약관법의 적용가능성에 관하여 살펴보려고 한다.

통상 외국 사업자의 약관에 포함된 사업자의 영업소 소재지법을 준거법으로 하는 준거법 조항과 분쟁은 그 영업소가 있는 국가의 법원에서만 해결하기로 하는 전속적 국제재판관할합의조항이나 중재로 해결하기로 하는 중재조항에 의하여 분쟁을 해결하게 된다. 이 경우 소비자보호를 어떻게 적절하게 도모할 것인지도 중요한 문제이나, 이 문제는 이미 최근의 논문

---

148) 이전의 구글 이용약관 http://www.google.vg/intl/ko/policies/terms/archive/20070416/. 최근 구글도 2012. 3. 부로 약관을 개정 하고 규정내용을 많이 개선하였다.

을 통하여 충분히 논의되었으므로 본 절에서는 다루지 않기로 한다.[149)]

국제협약이 비준되어 국내법이 된 경우에는 국제사법 규정에 우선하게 되므로 일단 비준된 국제협약이 존재하는지를 검토하는 것이 순서이다. 여기서 문제될 수 있는 것은 우리나라도 가입하고 있는 국제물품 매매계약에 관한 UN협약(CISG, 유엔매매법)이다. 유엔매매법과 관련한 쟁점도 매우 중요하지만 본 절에서는 이 문제도 자세히 다루지 않으려고 한다.[150)]

Ⅱ. 약관거래에서 국제사법에 의한 고객보호

국제거래에서 사업자는 약관을 사용하여 자신에게 유리한 계약내용을 관철하려고 할 뿐만 아니라, 자신에게 유리한 법을 적용하려고 한다. 이는 사업자의 영업소재지가 있는 국가의 법이 될 것이다. 국제사법에 의하여 인정되고 있는 당사자 자치의 원칙을 무제한 적용한다면 소비자는 자신이 알고 있는 국내 소비자법에 의한 보호를 박탈당하게 된다. 소비자법의 하나인 약관법도 이와 같은 상황에 놓여 있다. 이하에서는 국제사법에서 고객 내지 소비자를 어느 한도에서 보호하고 있는지에 관하여 살펴보려고 한다.

1. 채권계약에서의 준거법 결정

1) 준거법의 선택

국제사법은 채권계약에 관하여 당사자 자치의 원칙을 채용하여 당사자

149) 이에 관하여 자세한 것은 김인호, "소비자계약 및 그 분쟁해결조항에 대한 소비자보호의 범위와 한계", 국제거래법연구 제29권 제2호, 2020, 37면 이하 참조.

150) 이에 관하여 자세한 것은 최흥섭, "유엔국제매매법(CISG)에서 약관에 관한 문제", 법조 제55권 제1호, 2006, 104면 이하; 김진우, "CISG에서의 약관의 편입통제", 경희법학 제46권 제2호, 2011, 91면 이하; 오석웅, "CISG에 있어서 약관의 편입과 준거법조항의 성립 및 유효성의 준거법", 법학연구 제20권 제3호, 2020, 633면 이하 참조.

가 명시적 또는 묵시적으로 선택한 법에 의하도록 규정하고 있다(국제사법 제45조 제1항 본문).[151] 채권관계의 당사자들이 준거법 선택을 할 때 준거법과 어떠한 관련성이 존재하지 않더라도 자유롭게 해당 준거법에 의하여 당사자의 법률관계를 규율할 것을 선택할 수 있다. 일반적으로 이러한 묵시적인 준거법 합의로 추정되는 것은 법정지에 관한 합의이다. 이러한 경우에는 법정지법의 실체법이 준거법인 것으로 인정된다.[152] 국제사법에 의하면 당사자들은 계약의 성립 및 효력의 준거법 자체를 자유롭게 선택할 수 있다. 그리고 일정한 요건이 충족된다면 약관에 의하여 이러한 준거법 선택도 물론 가능하다.[153]

2) 객관적 연결점

당사자가 명시적으로 준거법을 선택하지 않았거나 준거법 선택의 합의가 무효인 경우 계약에 적용될 법률은 객관적 연결점을 통하여 결정된다. 국제사법은 소비자계약의 경우 특정한 요건이 충족될 때 소비자의 일상거소지법에 의하도록 규정하고 있으며(국제사법 제47조 제2항), 근로계약의 경우 근로자가 일상적으로 노무를 제공하는 국가의 법에 의하며, 근로자가 일상적으로 어느 한 국가 안에서 노무를 제공하지 아니하는 경우에는 사용자가 근로자를 고용한 영업소가 있는 국가의 법에 의하도록 규정하고 있다(국제사법 제48조 제2항).

그리고 위의 특별 연결점의 적용이 없는 경우에는 계약관계에 보충적 연결점으로 "가장 밀접한 관련이 있는 국가"의 법이 적용된다(국제사법 제46조 제1항). 그런데 국제사법은 해당 계약관계에 가장 특징이 되는 "이행 또는 급부"를 기초로 하여 가장 밀접한 관련이 있는 국가를 추정하는 규정을 두고 있어 해석의 어려움을 덜어주고 있다(국제사법 제46조 제2항).

---

151) 본 규정의 의미에 관하여 자세한 것은 장준혁, "흑연전극봉 카르텔 사건에서의 저촉법적 논점의 검토", 「국제사법연구 제8호」, 2003, 109면 이하 참조.

152) BGH WM 1969, 1141.

153) 구체적인 유효요건에 관하여 자세한 것은 아래 II. 참조.

3) 적용되는 계약 관련 법규정의 범위와 약관법

당사자들의 준거법 선택 또는 객관적 연결점으로 적용될 법질서가 결정이 되면 원칙적으로 계약관계에 대하여 해당 법질서의 법률규정만이 적용된다. 결정된 준거법은 계약의 성립 및 유효성(국제사법 제49조 제1항), 채권양도와 채무인수(국제사법 제54조), 법률행위 방식(국제사법 제31조 제1항)이나 대리(국제사법 제32조 제1항)에 적용되므로 계약관계에 모든 부분에 대하여 적용된다. 만약 한국법이 준거법으로 선택된 경우 약관법도 계약관계에 적용되는 법률로써 적용되므로 국내 고객은 약관법을 통한 보호를 받게 된다.

외국의 사업자로부터 상품을 구매하거나 서비스를 제공받는 국내 고객은 이러한 국제적 계약관계에서 주로 외국법의 적용을 받는다. 이에 따라 불리한 계약조항이 존재하는 경우에는 국내 고객은 적용 가능한 외국법에 따른 보호를 받게 된다. 그리고 예컨대 유럽연합법 내지 유럽연합회원국의 법을 준거법으로 선택한 경우에는 유럽연합의 불공정조항 지침이 있고 이러한 지침을 국내법으로 반영한 회원국 법률이 있기 때문에 약관법과 유사한 수준의 보호를 받을 수 있다.[154] 그에 반하여 미국법을 준거법으로 선택한 경우에는 약관법과 같은 법률이 미국법에는 없고 비양심법리에 따른 판례법상의 일반원칙에 따른 내용통제가 가해지므로 우리 약관법이 적용되었을 때보다는 더 적은 보호를 받을 가능성이 크다.

기업 사이에서 이루어지는 동산의 국제매매계약에 대하여 문제된 국가가 협약에 가입한 경우에는 유엔매매법(CISG)이 적용된다는 사실을 잊는 경우가 많다. 우리나라와 함께 미국, 모든 유럽연합의 회원국, 많은 수의 동유럽, 아프리카 국가들이 이 협약에 가입하고 있다. 유엔매매법의 적용이 배제되어 있지 않은 이상 원칙적으로 유엔매매법은 국내 매매규정을 배제

---

154) 유럽연합의 약관과 관련된 입법동향에 관하여 기본적 내용의 개관은 이병준, 「현대시민사회와 소비자계약법」, 2013, 589면 이하 참조. 그 밖에 최근 동향과 관련하여 최난설헌, "불공정조항지침 관련 최근 EU 판례 동향 및 시사점", 선진상사법률연구 제74호, 2016, 35면 이하 참조.

하고 우선하여 적용된다는 점에 유의해야 한다(CISG 제6조).

2. 약관법 보호규정의 특별연결점

국제사법은 약관법상 보호규정들이 적용될 수 있는 추가적인 특별연결점을 규정하고 있다. 이를 통하여 국내 고객은 약관법에 의한 보호를 받을 여지가 있다.

1) 소비자계약에 관한 특별규정

국제사법 제47조는 「계약채무의 준거법에 관한 1980년 유럽공동체협약」(Convention on the Law Applicable to Contractual Obligations, "로마협약")[155] 제5조를 본받아, 소비자계약에 관한 특칙규정을 두어 당사자자치의 원칙을 제한하고(제1항), 객관적 준거법의 결정 및 계약의 방식에 관하여도 일반원칙을 수정하여 소비자의 일상거소지법에 의하도록 하였다(제2항 및 제3항). 당사자 자치에 의한 준거법결정만을 인정한다면 교섭력이 강한 자 내지 사회경제적 강자 위주로 준거법을 정하는 경향을 가질 소지가 있기 때문에 소비자보호를 위하여 특별규정을 둔 것이다.[156]

국제사법 제47조 제1항에서는 당사자가 준거법을 선택하더라도 일정한 소비자계약의 경우 소비자의 일상거소가 있는 국가의 강행규정에 의하여 소비자에게 부여되는 보호를 박탈할 수 없다고 규정하고 있다. 이에 따라 제47조 제1항을 통하여 소비자의 일상거소지 국가의 소비자법이 준거법보다 소비자에게 유리한 경우에 적용된다.

국제사법 제47조가 일반원칙에 대한 특칙에 해당하기 때문에 그 적용범위를 좁고 엄격하게 해석해야 한다는 견해가 있다.[157] 이에 따라 이 견해는

155) 로마협약에 관하여는 석광현, 「국제사법과 국제소송 1」, 2001, 53면 이하 참조.

156) 석광현, "국제계약법", 「국제사법연구 제4호」, 1999, 313면.

157) 김인호, "소비자계약 및 그 분쟁해결조항에 대한 소비자보호의 범위와 한계", 국제거래법연구 제29권 제2호, 2020, 38면 이하 참조.

소비자계약으로 인정될 수 있는 범주를 되도록 좁게 인정하려고 한다. 물론 예외조항의 해석에 있어서 그 의미를 좁게 해석해야 한다는 원칙이 존재하고 이에 따라 해석이 필요한 경우에는 이와 같은 해석론을 적용해야 한다. 그러나 국제사법 제47조의 규정은 소비자보호라는 목적이 있으므로 이러한 측면에서 이와 같은 목적에 부합하는 해석이 필요하다고 생각되므로 국제사법 제47조를 예외조항으로 보아 좁게 해석할 필요는 없고 소비자보호라는 입법목적이 충분히 반영될 수 있도록 해석하는 것이 타당하다고 생각된다.

(1) 요건

(가) 소비자계약의 체결

국제사법 제47조 제1항은 그 요건으로 소비자계약일 것, 즉 소비자가 직업 또는 영업활동 외의 목적으로 체결하는 계약일 것을 요건으로 하고 있다. 소비자기본법 등 소비자 관련 법률들에서는 기본적으로 소비 목적이라는 적극적인 용어 정의를 하고 있음에 반하여, 국제사법 제74조 제1항은 로마협약의 영향을 받아 직업 또는 영업활동 외의 목적이라는 소극적인 형태로 소비자계약을 정의하고 있다.[158]

① 소비자 개념의 정의에 따른 적용범위

국제사법 제47조에서는 "당사자" 또는 "소비자의 상대방"이라는 표현을 사용하고 있어서 명시하고 있지 않지만, 소비자계약에서 소비자의 상대방은 사업자이다. 사업자는 직업 또는 영업 활동을 목적으로 행위하는 자이

158) 소비자기본법을 포함한 대부분의 소비자법률들은 소비자를 "소비생활을 위하여 사용하거나 이용하는 자"로 보고 있어서 소비자개념을 소비하는 주체라는 역할을 기초로 하여 바라보고 있을 뿐만 아니라(역할관련적 소비자모델), 그 개념을 적극적으로 구성하고 있다. 그런데 국제사법에서는 소비자계약을 소비자가 직업 또는 영업활동 외의 목적으로 체결하는 계약이라고 하여, 유럽계약법에서 사용하고 있는 소비자개념을 받아들이고 있다(이에 관하여 자세한 것은 이병준, "유럽계약법에서의 소비자와 사업자", 외법논집 제23집, 2006, 1면 이하 참조).

다. 따라서 소비자계약은 사업자와 소비자 사이에 체결된 계약을 의미한다(B2C). 그에 반하여 소비자 사이의 계약(C2C) 내지 개인들 사이의 계약(P2P)은 포함되지 않는다.[159)] 독일에서는 더 나아가 소비자가 사업자에게 급부를 제공하는 계약(C2B)에도 본 규정의 적용범위를 넓혀서 적용하자는 논의가 있다.[160)] 조문의 형식적인 문언에 의하면 이와 같은 계약이 배제된 것은 아니나, 강행법규에 의하여 보호를 받는 소비자계약에 대하여만 적용되는 것으로 보아야 하고 소비자의 보호 필요성도 결여된 것으로 보이므로 적용을 부정하는 것이 타당하고 생각된다.

② 근로자가 체결한 계약의 적용가능성

소비자가 계약을 체결하는 목적은 소비자의 사적인 생활영역에 있어야 한다. 국제사법은 직업 또는 영업활동 외의 목적으로 체결되는 계약이라는 요건으로 표현하고 있다. 여기서 근로자가 작업복이나 공구를 구매하는 경우에 소비자계약에 포함되는지가 문제된다. 유럽연합의 경우에 다른 소비자 관련 법률에서 독자적인 직업 목적을 가지고 있는 경우가 사업자이고 독자적인 직업 목적을 가지고 있지 않는 자를 소비자로 보기 때문에 근로자는 독자적이지 않은 직업목적을 가진 자로서 소비자로 보고 있다. 따라서 국제사법의 해석에서 "독자적인"이라는 요건의 제한이 없더라도 당연히 근로자는 소비자의 범주에 포함된 것으로 보고 있다.[161)] 우리나라의 경우 소비자 관련 법률에서 소비 목적을 소비자의 기본적인 요건으로 하기 때문

---

159) MüKoBGB/Martiny, Rom I-VO Art. 6 Rn. 14; Staudinger, in: Ferrari, IntVertragsR Rn. 16; Rauscher/Heiderhoff, Rn. 19.

160) 적용을 긍정하는 견해로 für Sachse, Der Verbrauchervertrag im internationalen Privat- und Prozessrecht, 2006, S. 176ff.; BeckOGK/Rühl, Rn. 56; Staudinger, in: Ferrari, IntVertragsR Rn. 17; BeckOK BGB/Spickhoff, Rn. 20; PWW/Remien, Rn. 9. 적용을 부정하는 견해로 Mankowski IPRax 2006, 101 (106); Kluth, Die Grenzen des kollisionsrechtlichen Verbraucherschutzes, 2009, S. 266.

161) MüKoBGB/Martiny, Rom I-VO Art. 6 Rn. 15; Staudinger, in: Ferrari, IntVertragsR Rn. 14; Staudinger/Magnus, 2016, Rn. 44.

에 근로자를 소비자로 보기에는 어렵다. 그에 반하여 국제사법 제47조의 소비자계약 개념정의상으로는 "독자적인" 직업 또는 영업활동일 것을 요구하지 않기 때문에 직업적 목적을 가지는 근로자는 소비자의 범주에서 제외하게 된다.[162] 물론 근로자가 사업자와 체결한 근로계약에 대하여 국제사법 제48조에 관한 특별규정이 별도로 규정이 없으므로 이와 같은 논쟁이 실익이 없다고 볼 수 있으나, 앞의 예에서 든 매매계약에는 제47조에 의한 보호를 근로자가 받을 수 있는지가 문제될 수 있다. 현행 국제사법의 문구로 보았을 때에는 논란의 여지가 있을 것이다. 그러나 현재 소비자 관련 법률에서 근로자는 소비자가 아닌 것으로 해석되므로 근로자 보호를 위하여 실제 우리나라의 근로자는 국제사법 제47조에 따라 보호를 받지 못하게 되므로 국제사법 제47조상 근로자가 소비자인지의 논의는 큰 실익이 없다. 그런데 근로자가 사업자와 계약을 체결하는 경우에도 정보비대칭 하에 놓여 있다는 점을 감안하면 소비자로 보호를 받을 필요가 있다. 이러한 측면에서 소비자 관련 법률과 국제사법에서 소비자 개념을 소극적으로 구성하고 소비자를 "독자적인 직업 내지 영업활동 외의 목적으로 계약을 체결"하는 자로 명확히 개념 정의하는 것이 입법론적으로 타당하다고 생각된다.

③ 혼합목적의 계약의 경우

소비자가 직업 내지 영업활동의 목적으로 부분적인 계약을 체결한 경우에도 소비자계약을 인정할 수 있는지가 문제된다. 예컨대 인쇄용지를 20박스 주문하는 계약을 온라인으로 체결하였는데, 10박스는 사적인 목적으로 집에서 사용하고 10박스는 영리목적으로 사업장에서 사용하는 경우이다. 이와 관련하여 부분적으로만 소비성이 인정되는 **혼합목적**의 경우에는 다수

162) 이와 같은 명시적인 요건이 없음에도 불구하고 근로자의 사업자성을 부정하는 견해로 김인호, "소비자계약 및 그 분쟁해결조항에 대한 소비자보호의 범위와 한계", 국제거래법연구 제29권 제2호, 2020, 38면.

설은 중요한 계약목적을 기초로 판단하고 있다.[163] 유럽연합의 사법재판소(EuGH)는 이를 예외인 현상으로 보고 법정지와 관련한 규정의 해석에 있어서 상당히 좁게 소비자계약을 인정하였다.[164] 이에 의하면 원칙적으로 혼합목적을 갖는 경우에는 소비자사건이 아니고 직업 내지 영업 목적이 부수적이서 전체적인 행위의 관련성 측면에서 보았을 때 직업 내지 영업 목적이 아주 미미한 역할만 하는 경우에만 예외적으로 소비자사건으로 보아야 한다는 것이다. 학계에서는 이와 같은 해석이 본조의 해석에 대하여 동일한 방식으로 적용될 수 있는지에 관하여 의문을 제기하고 있다.[165] 우리 학설 중에는 이중의 목적을 갖는 경우에는 사업성이 소비자성을 배제하게 되어 본조를 적용하지 않으려고 하는 견해도 있다.[166]

④ 계약목적의 판단기준

계약의 목적이 당사자의 의사와 같은 주관적 표지를 통하여 결정되어야 하는지, 아니면 인식가능한 계약의 목적과 같은 객관적 표지에 의하여 결정되어야 하는지가 문제된다. 국제사법 제47조의 문구상으로는 이 문제를 명시적으로 규정하고 있지 않다. 사적 또는 영업적 목적을 추구해야겠다고 하는 고객의 일반적인 주관적 의사는 외부에서 인식가능하지 않기 때문에 그 자체만을 기준으로 삼을 수 없다.[167]

계약의 양 당사자가 같이 계약의 목적을 정하는 경우에는 이러한 합의를 기준으로 해야 한다. 사적인 계약목적을 상대방인 사업자가 인식할 수 있다면, 이 경우에는 소비자계약으로 인정할 수 있다. 그런데 이와 같은 사정

---

163) Bruck/Möller/Dörner, Art. 6 Rn. 13; PWW/Remien, Rn. 5; Staudinger/Magnus, 2016, Rn. 47.

164) EuGH Slg. 2005, I-439 = NJW 2005, 653,.

165) 이와 같은 입장으로 MüKoBGB/Martiny, Rom I-VO Art. 6 Rn. 16.

166) 김인호, “소비자계약 및 그 분쟁해결조항에 대한 소비자보호의 범위와 한계”, 국제거래법연구 제29권 제2호, 2020, 40면.

167) MüKoBGB/Martiny, Rom I-VO Art. 6 Rn. 17; Soergel/v. Hoffmann EGBGB Art. 29 Rn. 14; E. Lorenz RIW 1987, 576.

이 존재하지 않은 경우에는 객관적 사정을 기초로 판단하지 않을 수 없다. 이때 소비자의 계약상대방인 사업자가 객관적으로 인식가능한 계약의 사정을 기초로 판단해야 하고,[168] 객관적 사정을 통하여 거래목적을 해석함에 있어서 거래관행과 당사자 이익을 기초로 해석해야 한다. 그런데 어떠한 목적이 있었는지에 관하여 의문이 있는 경우에는 소비자계약으로 해석해야 한다.[169]

⑤ 채권양도의 경우

소비자계약에서 발생하는 채권은 물론 양도가능하다. 그런데 만약 소비자계약에서 발생한 채권을 소비자가 사업자에게 양도한 경우에 소비자보호 목적으로 하는 본 규정이 적용될 수 있는지가 문제된다. 유럽연합의 사법재판소(EuGH)는 국제적 재판관할과 관련한 사건에서 보호필요성이 소멸하였다는 이유로 소비자보호 규정의 적용을 부정하였다.[170] 그런데 국제계약에 관한 준거법 결정에 있어서는 원칙적으로 계약체결시점이 중요한 결정기준이 된다. 준거법이 제47조에 의한 객관적 연결점을 통하여 결정되었다면 그 후 채권이 양도되더라도 이 기준에 의하여 준거법이 결정되어야 한다. 이를 사후적으로 변경할 이유가 존재하지 않는다.[171]

그런데 이와 같은 원칙에서 보더라도 이 문제가 의심의 여지없이 해결된 것은 아니다. 왜냐하면 소비자의 일상거소지법이 아니라 다른 준거법이 합의되고 국제사법 제47조에 따라 유리한 소비자의 일상거소지법이 적용되

---

168) 김인호, "소비자계약 및 그 분쟁해결조항에 대한 소비자보호의 범위와 한계", 국제거래법연구 제29권 제2호, 2020, 40면; MüKoBGB/Martiny, Rom I-VO Art. 6 Rn. 17; Palandt/Thorn, Rn. 5; Soergel/v. Hoffmann, EGBGB Art. 29 Rn. 4.

169) Rauscher/Heiderhoff, Rn. 26 참조. 증명책임에 관하여 자세한 것은 Mankowski, IPRax 2009, 474ff. 참조.

170) EuGH Slg. 2005, I-439 = NJW 2005, 653.

171) 김인호, "소비자계약 및 그 분쟁해결조항에 대한 소비자보호의 범위와 한계", 국제거래법연구 제29권 제2호, 2020, 39면; MüKoBGB/Martiny, Rom I-VO Art. 6 Rn. 18; Staudinger, in: Ferrari, IntVertragsR Rn. 15; Staudinger/Magnus, 2016, Rn. 49.

어야 하는 때 소비자로부터 채권을 양도받은 자가 사업자라서 소비자보호 필요성이 존재하지 않는다는 이유로 제47조가 적용되지 않는 것으로 보더라도 준거법의 변경이 일어나는 것은 아니기 때문이다.[172] 그러나 이 경우에도 이미 준거법의 결정이 일어났다면 그 결과를 변경하지 않을 것이라는 신뢰에 대한 보호를 위한 법적 안전성이 중요하므로 그래도 국제사법 제47조가 적용되는 것으로 해석하는 것이 타당하다.[173]

(나) 소비자의 일상거소지 국가와의 밀접한 관련성

그다음 요건으로 계약을 체결하는 사정이 소비자의 일상거소지 국가와 밀접한 관련성이 있어야 한다. 이러한 밀접한 관련성에 관하여는 국제사법 제42조 제1항에서 제1호 내지 제3호까지 3가지 경우를 열거하고 있다. 즉, 1) 소비자의 상대방이 계약체결에 앞서 그 국가에서 광고에 의한 거래의 권유 등 직업 또는 영업활동을 행하거나 그 국가 외의 지역에서 그 국가로 광고에 의한 거래의 권유 등 직업 또는 영업활동을 행하고, 소비자가 그 국가에서 계약체결에 필요한 행위를 한 경우, 2) 소비자의 상대방이 그 국가에서 소비자의 주문을 받은 경우 및 3) 소비자의 상대방이 소비자로 하여금 외국에 가서 주문을 하도록 유도한 경우이다.

① 제1호 요건에서의 '광고'

제1호가 충족되기 위해서는 사업자가 소비자의 일상거소지 국가에서 광고에 의한 거래의 권유 등 직업 또는 영업활동을 행하고 소비자가 일상거소지 국가에서 계약체결에 필요한 행위를 하였을 것이 요구된다. 입법자는 제1호의 대표적인 예로 외국 사업자가 국내 소비자를 상대로 통신판매를 하는 경우를 들고 있다.[174]

제1호에 따라 소비자의 일상거소지법이 준거법으로 결정되기 위해서는

172) 이러한 입장으로 Wilderspin, in: Lando/Magnus/Nowak-Stief, 2003, 111 (141).
173) MüKoBGB/Martiny, Rom I-VO Art. 6 Rn. 18; Staudinger, in: Ferrari, IntVertragsR Rn. 15.
174) 법무부, 「국제사법 해설」, 2002, 99면 주 54.

사업자가 소비자의 일상거소지 국가에서 광고에 의한 거래의 권유 등을 직업 또는 영업활동으로서 행하였어야 한다. 여기서 "광고"라 함은 거래를 증가시키기 위한 모든 상품 내지 서비스에 대한 표현을 의미하므로 형식적으로 매우 넓게 해석될 수 있다. 따라서 실무에서 행해지고 있는 모든 광고형태, 예컨대 전단지의 발송, 인쇄매체 내의 게재, TV광고 모두 여기에 해당한다. 이러한 사업자의 행위를 통하여 소비자가 계약체결에 대한 관심을 갖고 계약을 체결하게 된 계기가 되기만 하면 이 요건을 충족하는 것이다. 그렇기 때문에 "광고"는 물론 사업자가 직접 청약을 하는 경우도 당연히 여기에 포함된다. 사업자가 인터넷상으로 구축한 홈페이지에서 상품 내지 서비스에 대한 설명이 있고 그 홈페이지 상으로 주문이 가능하다면 제1호에서 말하는 "광고"에 해당하고, 아니면 적어도 그 밖의 직업 또는 영업활동에 해당 하는 것으로 충분히 해석할 수 있다.[175)]

② 특정 국가를 대상으로 하지 않은 사이트에 대한 적용가능성

그다음의 요건으로 이러한 사업자가 "계약 체결에 앞서" 이러한 광고행위 등을 했어야 한다.[176)] 논란의 대상이 되고 있는 것은 상품판매 내지 서비스 제공을 목적으로 하는 웹 사이트가 특정 국가를 대상으로 하지 않은 경우에도 본 규정에서 말하는 소비자국에서의 계약 체결이전의 광고행위로 볼 수 있느냐의 여부이다. 광고행위를 긍정하는 경우에는 인터넷에서 사업자가 하는 상품판매와 서비스제공에 대하여 한국 소비자에게는 언제나 한국법이 적용될 수 있고, 반대로 온라인 서비스를 하고 있는 우리나라

---

175) 사업자의 홈페이지가 청약인가 또는 청약의 유인인지에 관하여 학설이 대립하고 있으나, 본 규정상으로는 어느 경우나 적용이 가능하기 때문에 이러한 학설의 대립은 중요하지 않다.

176) 외국의 사업자가 특정 소비자 국가를 지목하여 인터넷 웹사이트 이외의 별도의 매체를 이용하여 온라인상의 홈페이지를 광고하는 경우는 큰 어려움 없이 여기에 해당한다고 볼 수 있을 것이다. TV광고 속에서 외국 사업자의 인터넷 주소가 나오거나 잡지에서 이러한 사이트에 관한 소개와 주소가 나오는 경우가 여기에 해당한다. 이 경우에는 계약 체결 전에 이러한 광고 행위가 있었다는 점에서는 의문이 없을 것이다.

사업자에게도 어느 나라의 소비자법이나 다 적용될 수 있다는 것을 의미한다.[177]

다수의 입장은 본 조 제1호를 적용함에 있어서 특정 국가의 소비자를 대상으로 하는지 여부는 중요하지 않다고 본다.[178] 현대 통신수단을 활용하여 전 세계를 대상으로 사업 활동을 하는 자는 세계의 모든 소비자를 대상으로 직접적으로 사업을 할 수 있다는 장점을 누리고 있는 만큼 그에 따른 불이익도 감수해야 한다고 보는 입장이다. 사업자는 모든 소비자와 계약을 체결하는 것이 강제되는 것이 아니기 때문에, 그럼에도 불구하고 그중에서 어떤 특정 소비자와 계약을 체결하였다면 그와 연관된 소비자보호의 문제를 고려해야 한다는 것이다.[179] 이에 대한 반대 견해는 인터넷상의 웹사이트가 의도적으로 소비자의 일상거소지 국가를 대상으로 하고 있는 경우에만 본 조 제1호의 광고행위를 인정할 수 있다고 한다.[180] 이 견해에 의하면 웹사이트의 운영자는 제한적 조치를 통하여 특정한 나라를 대상으로 하지 않거나, 특정한 나라만을 대상으로 한다는 점을 명확히 함으로써 본 조 제1호의 적용을 피할 수 있다고 한다.[181]

---

177) 실무적 중요성이 더욱 부각되는 것은 사업자가 아무리 특정 국가의 소비자를 대상으로 웹사이트를 구성하고 특정한 소비자를 대상으로 광고를 하지 않았더라도 상품 자체의 검색을 가능하게 하는 검색서비스가 증가함에 따라 다양한 국가의 소비자들이 우연히 해당 웹사이트에 연결되어 상품을 구매하거나 서비스를 이용하는 경우가 늘어나고 있다는 점이다.

178) Waldenberger, BB 1996, 2371; Kronke, RIW 1996, 988; Junker, RIW 1999, 815 f.; Martiny, ZEuP 1999, 259; Siehr, Internationales Privatrecht, S. 149; Staudinger/Magnus, Art. 29 EGBGB Rn. 71.

179) 이렇게 해석하지 않는다면 잠정적으로 모든 나라의 소비자를 대상으로 하는 사업자의 웹사이트가 사업자에 의하여 일방적·의도적으로 구성됨으로써 국제사법 제47조가 배제될 수 있다고 한다. 이러한 입장에 따르게 되면 한국 소비자가 인터넷상으로 물건을 주문하거나 서비스를 이용하면 사업자는 항상 한국 소비자법의 적용을 받게 된다는 것을 의미한다. 이때 사업자의 주소지가 어디인지 그리고 웹사이트를 어떻게 구성하는지는 상관이 없다.

180) Borges, ZIP 1999, 570;Pfeiffer, NJW 1997, 1214 그리고 NJW 1999, 3684 f.;Mehrings, CR 1998, 614;Gruber, DB 1999, 1438.

181) 이 견해에 있어서는 사업자가 설계한 웹사이트의 종류에 따라 어떠한 나라의 소비자를

다수의 견해는 인터넷 거래에 있어서 항상 소비자의 일상거소지법이 적용될 수 있다는 측면에서 소비자를 충분히 보호할 수 있는 해석이다. 그러나 반대견해가 지적하고 있는 바와 같이 이렇게 넓게 광고행위의 의미를 해석하는 것은 본 규정의 의미와 목적에 부합하지 않는다. 본조의 각 요건을 살펴보면 모두 사업자에 의하여 야기된 특정한 소비자국가의 시장과의 특별한 연관성이 전제되어 있다. 국제사법 제42조는 사업자가 광고행위 등을 통하여 특정한 시장에서 활동한 경우에 해당 국가의 법질서와 그에 따른 특별한 소비자보호규정들을 고려한 상태에서 사업을 수행해야 한다는 것을 전제로 하고 있다고 보아야 한다. 단지 온라인상으로 웹사이트를 개설하고 사업을 진행하고 있다고 하여 본조의 요건이 충족되었다고 볼 수 없다. 검색을 통하여 어느 사이트나 세계 어느 곳에서도 검색이 가능한 것은 사실이다. 그러나 이와 같은 상황은 (사업자가 그 밖에 다른 조치를 취하지 않는다면) 오프라인상에서 상점을 열어 영업을 하고 있는데, 우연히 다른 나라의 사람이 와서 거래를 하는 경우와 유사하게 평가하는 것이 타당할 것이다. 그렇지만 온라인상에서 외국 소비자에 의한 접근가능성이 크고 더 쉽다는 이유로 광고행위라는 다른 조치를 인정함에 있어서 오프라인상에서보다 더 어려운 요건을 설정해서는 안 된다. 하지만 명백하게 자신의 사업영역을 제한하고 자신의 모국어로 웹페이지를 제작한 사업자의 경우에는 다른 나라의 소비자법까지도 준수해야 한다고 강제해서는 안 될 것이다. 이러한 사업자는 자신의 사업위험을 정확히 조절하고 있는 자로 평가하여 자신이 조절한 위험 속에서만 사업을 펼칠 수 있도록 보장해야 할 것이다. 이렇게 제한된 영역에서 사업을 펼치려고 하는 중소 사업자에게 세계의 모든 법영역을 고려한 상태에서 사업을 펼칠 것을 요구해서는 안 된다. 이처럼 사업자가 제한된 영역에서 사업을 펼칠 수 있는 "사업모델"을 만들 수 있도록 보장하는 것은 정당할 뿐만 아니라, 소비자와 사업자 모두

대상으로 사업할 것을 기대할 수 있는지가 중요한 의미를 갖는다. 따라서 이 견해에 의하면 웹사이트 내지 광고를 통하여 특정한 지역의 소비자만을 대상으로 한다는 점을 명확히 한다면 한국 소비자법의 적용을 배제할 수 있다.

에게 이익이 되며 더 나아가서 전자상거래 발전에도 도움이 될 것이다.

③ 제2호와 제3호의 적용요건

제2호는 사업자가 소비자 일상거소지 국가에서 주문을 수령해야 한다. 따라서 사업자의 실체가 소비자의 일상거소지에 존재할 것을 요구하고 있으므로 한국에 있는 사업자의 영업소 또는 대리인이 한국 소비자로부터 주문을 받아야 한다. 그 대표적인 예로는 외국의 사업자가 한국으로 와서 박람회, 전시회 등에서 한국 소비자의 주문을 받는 경우라고 볼 수 있다. 인터넷을 통하여 외국 사업자가 한국 소비자의 주문을 받은 경우에는 주문을 어느 국가에서 받은 것인지를 반드시 용이하게 판단할 수 있는 것은 아니다.[182) 평균적 소비자의 시각에서 순수한 국내거래가 존재하는 것으로 보이는 경우 또는 사업자가 국내에 있는 서버를 사용하는 경우에는 소비자의 일상거소지 국가에서 소비자의 주문을 받은 때에 해당하여 제2호가 충족하는 것으로 보는 견해도 있다.[183) 그러나 실체가 존재하지 않고 단지 웹사이트에 접근할 수 있다는 이유만으로 제2호의 요건이 충족된 것으로 보기 어렵다는 것이 다수설이다.

제3호는 "소비자의 상대방이 소비자로 하여금 외국에 가서 주문을 하도록 유도한 경우"를 규정하고 있다. 입법자는 그 대표적인 경우로 외국으로의 쇼핑을 주선한 것으로 상정하고 있다.[184)

(2) 법률효과

국제사법 제47조 제1항에 의하면 당사자가 한 준거법 선택은 유효하고, 다만 보충적으로 특별연결점을 통하여 소비자의 일상거소가 있는 국가의 소비자보호 관련 규정이 적용될 수 있도록 하고 있다. 이러한 규정은 소비자보호를 목적으로 하는 강행규정을 말하고 대부분의 소비자법에서는 반

182) 석광현, 「2001년 개정 국제사법 해설」, 제2판, 2003, 182면.
183) Waldenberger, BB 1996, 2371; 이와 비슷한 견해로 Mehrings, CR 1998, 620.
184) 법무부, 「국제사법 해설」, 2002, 99면 주 54.

강행규정으로 규정하고 있으며 약관법상의 사법적 규정내용도 모두 이러한 성격의 강행규정에 해당한다. "소비자에게 부여되는 보호를 박탈할 수 없다"는 규정내용은 유리의 원칙(Gültigkeitsprinzip)을 규정한 것으로 해석된다. 계약관계에 적용되는 준거법보다 소비자 일상거소지의 소비자보호 관련 규정이 유리한 경우에만 적용된다.

(3) 약관거래에 관한 적용요건

국제사법 제47조 제1항은 동항의 요건을 구비하는 소비자계약의 경우에도 당사자 자치를 허용하되, 다만 소비자의 일상거소지 국가의 강행규정에 의하여 소비자에게 부여되는 보호를 박탈할 수 없다고 규정하고 있다. 당사자 자치를 허용한다는 의미는 당사자들이 지정한 준거법인 외국법이 적용되고 약관법은 적용되지 않는다는 것을 말한다. 여기서 '강행규정'이라 함은 당사자가 합의에 의하여 그 적용을 배제할 수 없는 단순한 강행규정을 말하는데, 약관법은 이에 해당하므로 준거법이 외국법이더라도 소비자의 일상거소지가 한국이라면, 약관법이 소비자에게 부여하는 보호는 박탈되지 않는다.

여기서 주의할 점은 외국법을 준거법으로 하여 체결된 모든 계약에 관하여 당연히 약관법을 적용할 수 있는 것은 아니라는 점이다. 왜냐하면 국제사법 제47조에서 소비자 보호를 위하여 준거법 지정과 관련하여 소비자계약에 대해서만 강행규정을 별도로 마련해 두고 있기 때문이다. 그런데 약관법의 주된 목적이 물론 소비자보호에 있기는 하지만, 그 보호대상을 고객으로 확대하고 있어 고객이 사업자인 경우에는 소비자계약이 아니라는 점을 고려할 필요가 있다. 즉, 약관을 사용하는 사업자가 소비자와 계약을 체결한 경우에만 국제사법 제47조가 고려될 수 있다는 점을 유념해야 한다. 이러한 한도에서 준거법이 외국법이면 원칙적으로 우리 약관법은 적용되지 않지만, 국제사법 제47조가 적용되는 소비자계약의 경우 약관법이 적용되는 업종의 약관이라면 준거법이 외국법이더라도 약관법의 보호를 할 수 있게 된다.

2) 법정지의 국제적 강행규정

국제사법 제20조에 따르면 입법목적에 비추어 준거법에 관계없이 해당 법률관계에 적용되어야 하는 대한민국의 강행규정은 이 법에 의하여 외국법이 준거법으로 지정되는 경우에도 이를 적용한다. 이와 같은 강행규정을 국제적 강행규정이라고 한다.

(1) 국제적 강행규정의 의의

국제적 강행규정(internationally mandatory rules)이라고 함은 당사자의 합의에 의하여 배제할 수 없는 강행규정 중에서 준거법 선택에 의하여 그 적용이 배제되지 않는 강행규정을 말한다. 국제적인 강행규정은 주로 공익을 보호하는 목적을 가지고 있음에 반하여 계약당사자들의 이익조정만을 목적으로 하는 규정은 국내적 강행규정이라고 한다.[185] 하지만 공익의 보호를 목적으로 하는 이상 해당 규정이 공법적 성질을 갖는지 아니면 사법적 성질을 갖는지는 중요하지 않다. 우리 학설은 대외무역법, 외국환거래법, 공정거래법, 문화재보호법 등을 들고 있다.

국제적 강행규정인지의 여부에 관한 판단에서 있어서 일반적으로 입법자가 국제적으로 강행규정성을 가진 것으로 해당 규정을 보려는 의사가 있는지가 중요한 판단기준으로 작용한다. 입법자가 명시적으로 국제적 적용에 대한 규정을 둔 경우에는 국제적 강행규정인 것이 분명하나, 이러한 명시적 규정을 두고 있는 경우는 많지 않다. 따라서 관련 규정의 입법목적 등을 기초로 하여 입법자가 해당 규정을 당사자의 준거법 선택에도 불구하고 반드시 적용하려는 의사를 가졌는지 여부가 판단기준이 된다. 이때 이러한 입법자의 적용의지를 판단하는 기준으로는 바로 공익을 보호목적으로 하고 있는지가 중요한 판단 요소로 작용하게 된다.[186] 이러한 공익에는 국가적 이익과 경제정책적인 이익이 포함되는 것으로 본다. 반면에 계약관계의

185) 석광현, 「국제사법 해설」, 2013, 141면.

186) 석광현, 「2001년 개정 국제사법 해설」, 제2판, 2003, 93면.

당사자들 사이의 대립하는 이익을 조정하는 것을 목적으로 하는 조항은 단순한 강행법규로 본다.

그러나 해당 법률 자체를 기준으로 판단하는 것이 아니라 법률의 개별적 조항별로 국제적 강행규정인지의 여부를 판단해야 한다. 더 나아가 법의 전체 입법목적을 명시적으로 규정하고 있는 경우는 있지만 개별적인 조항별로 해당 규정의 입법목적을 규정하고 있는 경우는 많지 않다. 이에 따라 해당 규정이 개별적인 사익의 보호를 넘어서 공익의 보호를 목적으로 하는 것인지의 여부를 판단하여 국제적 강행규정성을 갖는지를 판단하는 것이 쉬운 일은 아니다. 결국 해당 규정의 보호목적을 어떻게 볼 것인지에 관하여 규정에 따라서 견해가 많이 나뉘고 있다.

국제적 강행규정은 관련 법률규정 중에서 사법적 법률관계에 영향을 미치는 규정인 강행규정만을 대상으로 한다. 즉, 해당 계약을 무효로 하거나 당사자가 정한 구체적인 계약내용과 상관없이 해당 규정에 의하여 계약의 내용이 정해지는 경우이다. 더 나아가 단순한 강행규정이 아니라, 국제적 강행규정이 되기 위해서는 준거법이 외국법으로 결정되더라도 해당 규정의 적용이 배제되지 않아야 된다. 사법적 효력 없이 해당 행정법적 규정이 적용되는지 여부는 '국제행정법' 내지 '섭외 공법'의 문제로 별도로 취급된다.[187]

(2) 민법상의 일반규정의 국제적 강행규정성

사법적 규정이라는 이유만으로 국제적 강행규정의 성질을 갖지 않는다고 당연히 말할 수 없다. 즉, 사법적 강행규정도 국제적 강행규정이 될 수 있다. 그러나 국제적 강행규정으로 인정되기 위해서는 국내법적 사정으로 해당 규정의 적용이 필요하다는 것만으로는 안 된다.[188] 이를 넘어서 해당 규정이 공익의 보호를 목적으로 하여 준거법 합의에도 불구하고 적용될 필요성이 요구된다고 하겠다.

---

187) 석광현, 「국제사법 해설」, 2013, 140면 주 2.

188) MünchKomm/Martinz, Art. 9 Rom-I-VO Rn. 59.

이와 관련하여 많은 경우에 선량한 풍속에 관한 민법 제103조를 원용하여 준거법 선택이 외국법으로 된 경우에도 해당 계약의 효력을 부정하려고 하는 경우가 있다. 그러나 민법 제103조와 제2조와 같은 일반적 규정들이 국제적 강행규정에 속하지 않는다. 우리나라에서는 이와 관련한 논의를 찾을 수 없으나, 이러한 입장이 바로 현재 독일의 판례[189]와 다수설[190]이다. 민법 제103조와 제2조는 민법의 근본원리를 담고 있는 규정들임에는 분명하지만 원칙적으로 계약당사자들의 계약관계만을 그 대상으로 하는 사법의 근본원칙을 담고 있는 규정들이다. 원칙적으로 계약관계에 적용되어 계약의 불균형 내지 힘의 남용에 따른 계약의 효력문제는 해당 준거법의 계약규범에 따라 판단해야 하는 것이 맞다. 따라서 이 규정들은 한국법이 준거법으로서 계약관계에 적용될 때에만 효력을 갖는다. 반면에 외국의 강행규정들도 우리법상의 강행규정으로 볼 수는 없다.[191]

(3) 소비자계약법의 국제적 강행규정성

방문판매, 통신판매 등에서 철회권을 인정하고 있는 소비자법상의 반강행규정들이 국제적 강행규정에 해당하는지가 문제된다. 우리 학설은 통일되어 있지 않고 국제적 강행규정으로 볼 수 없다는 견해[192]와 입법자의 의

---

189) BGHZ 135, 124. 이에 반하여 국제적인 강행규정에 속한다는 하급심 판례로 LG Detmold NJW 1994, 3301; LG Berlin NJW-RR 1995, 754.

190) Staudinger/Magnus, Art. 9 Rom-I-VO Rn. 147; MünchKomm/Martinz, Art. 9 Rom-I-VO Rn. 60.

191) BGHZ 59, 85.

192) 사법연수원, 「국제사법과 국제민사소송」, 2013, 71면; 고형석, "해외구매계약에서의 소비자보호에 관한 연구", 민사법이론과 실무, 제18권 제1호, 2014, 113면. 고형석 교수는 전자상거래소비자보호법상의 규정들과 연관하여 국제적 강행규정이 아니라는 입장을 취하고 있는데, 그 논거는 적당하지 않은 것 같다. 왜냐하면 통신판매업자의 신고의무 등을 근거로 해당 법률의 규정들은 국제 전자상거래가 아닌 국내 전자상거래를 대상으로 하고만 있다고 보고 있기 때문이다. 그러나 전자상거래의 특성상 사업자가 국내에 있는 경우는 물론 해외에 있는 경우에도 전자상거래소비자보호법이 적용되어야 할 것이므로 국제 전자상거래가 대상에서 제외된다는 논리는 타당하지 않다. 특히 해당 법률의 규정 중에서 반강행규정들은 국제사법 제47조를 통하여 국제 전자상거래에 적용되고 있다.

도에 따라 국제적 강행규정으로 볼 수 있는 규정이 있다는 견해[193]가 주장되고 있다.

이에 관하여 독일의 다수설은 국제적 강행규정에 해당하지 않은 것으로 보고 있다.[194] 그 이유는 해당 규정들이 해당 소비자의 개인적 이익을 보호하는 것을 목적으로 하기 때문이다. 물론 유럽연합의 입법지침상으로는 철회권을 인정하는 규정들이 공통의 시장의 기능이라는 일반적 공공적 이익을 보호하는 목적을 가지고 있기는 하지만 이러한 목적이 국제적 강행규정으로 인정하기에는 충분하지 않은 것으로 보고 있다.[195] 또한 독일 연방법원(BGH)은 이 규정들이 국제적 강행규정에 해당하는지에 관하여 명시적으로 판단을 하지 않았지만, 소비자계약에 관한 규정(Art. 6 Rom I-VO)이 국제적 강행규정에 해당하는 침해규정보다 우선 적용된다는 입장을 취하였다.[196] 이에 따라 소비자계약에 관한 특별규정이 국제사법상으로 존재하므로 원칙적으로 해당 규정을 국제적 강행규정으로 보기에는 어렵다고 본다.[197]

우리 국제사법도 제47조에 관한 특별규정을 신설하였고 해당 규정에 의하여 소비자계약에 대하여 적용될 규정이 소비자계약에 정해지고 있다는 측면을 고려한다면, 소비자계약상의 반강행규정들을 국제적 강행규정으로 보기는 어렵다고 생각된다. 따라서 소비자의 보호를 위한 강행법규에 대하여 제47조와 제20조를 중첩 적용할 필요는 없고 전적으로 제47조에 기하여 판단해야 한다.

(4) 약관법의 국제적 강행규정성

약관법이 국제적 강행규정에 해당하는지에 관련하여서도 논란이 있다.

---

193) 석광현, 「국제사법 해설」, 2013, 325면.

194) Staudinger/Magnus, Art. 9 Rom-I-VO Rn. 90; Freitag, in: Reithmann/Martiny, Internationales Vertragsrecht, Rn. 515. 그에 반하여 해당한다는 견해로 HK-BGB/Staudinger, Art. 9 Rom-I-VO Rn. 6.

195) Staudinger/Magnus, Art. 9 Rom-I-VO Rn. 147.

196) BGHZ 123, 380.

197) 같은 입장으로 Freitag, in: Reithmann/Martiny, Internationales Vertragsrecht, Rn. 516.

우리 대법원에서는 약관규제법의 국제적 강행규정성을 부정하였으나,[198] 이러한 입장에 대하여 학계는 찬성하는 입장과 반대하는 입장으로 갈리고 있다. 국제적 강행규정성을 인정해야 한다는 견해에서는 적용범위에 관한 시행령 규정을 기초로 편입통제 및 내용통제에 관한 규정이 공익의 보호를 목적으로 하고 있다는 것을 그 논거로 하고 있다.[199] 첫째, 약관법 제15조에서 국제적으로 통용되는 약관으로서 대통령령으로 정하는 경우에 약관법의 적용을 배제할 수 있다고 규정하고 있고 해당 시행령 제3조에서 국제적으로 통용되는 약관을 구체적으로 열거하고 있다.[200] 이러한 규정에 기초해 입법자는 해당 규정이 적용되지 않는 경우 국제거래에 사용되는 약관에도 약관법이 적용될 것을 의도하였다고 해석할 수 있으므로 다른 사항들을 종합하여 고려할 때 약관법상의 규정들은 국제적 강행규정으로 볼 수 있다는 주장의 근거가 되기도 한다. 그러나 약관법이 국제거래에 대하여도 적용될 수 있다고 하여 해당 규정이 당연히 국제적 강행규정이라는 것의 전제가 될 수 있는 것은 아니라고 생각된다.[201]

둘째, 편입통제 및 내용통제 모두 소비자보호라는 목적을 넘어서 거래질

---

198) 대법원 2010. 8. 26 선고 2010다28185 판결.

199) 이헌묵, "국제적 강행규정의 판단기준", 인권과 정의 제442호, 2014, 99-100면.

200) 대법원 1999. 12. 10. 선고 98다9038 판결은 해당 규정에서 문언상 약관법 제7조-제14조의 적용만을 배제하고 있고, 편입통제에 관한 규정 및 내용통제에 관한 일반규정인 제6조는 적용이 배제되지 않는 것으로 하고 있지만, 대통령령으로 정하는 특정업종들의 약관에는 일반조항인 제6조가 적용되지 않는 것으로 보았다. 그 근거는 약관이 구체적으로 무효가 되는 경우들을 규정한 제7조-제14조에 대하여 약관이 일반적으로 무효가 되는 경우를 포괄적으로 규정하고 있는 제6조가 적용되게 되면 구체적 무효조항들의 적용을 배제하는 제15조의 규정 취지가 몰각되는 불합리한 결과를 가져오게 된다는 것이다. 그러나 이와 같은 해석은 명시적 문언에 반할 뿐만 아니라, 해당 규정의 취지에도 반하는 결과를 낳는다. 왜냐하면 구체적 내용통제 규정을 배제한 것은 국제적으로 통용되는 약관의 경우에는 내용통제를 하지 않겠다고 보는 것이 아니라, 우리 입법자가 상정한 구체적인 기준에 기한 내용통제를 하지 않겠다고 선언한 것에 불과하기 때문이다. 그렇다고 하여 일반적인 내용통제 기준에 기하여 해당 약관에 대하여 내용통제를 포기하겠다고 선언한 것은 아닌 것이다.

201) 같은 입장으로 석광현, "국제거래와 약관의 규제에 관한 법률의 적용", 「국제사법과 국제소송 제3권」, 2004, 161면 이하 참조.

서 확립이라는 공적 이익의 입법목적도 가지고 있으므로 국제적 강행규정이라고 본다. 그런데 약관법의 목적조항을 보면 기본적으로는 소비자보호라는 목적을 앞세우고 있으면서도 거래질서 확립이라는 목적을 부차적인 것으로 설정하고 있다(제1조 참조). 따라서 이러한 부차적인 목적을 기초로 해서 국제적 강행규정이라고 보는 것은 무리일 수 있다.

현재 독일의 다수설에 의하면 약관법상 사법적 법률효과를 갖는 규정들은 국제적 강행규정에 해당하지 않는다고 본다. 이렇게 보는 근거는 첫째, 약관법상의 소비자보호 관련 규정들은 주로 사적 이익을 보호하려는 것을 그 목적으로 하고 있기 때문에 공익을 반영하려고 하는 국제적 강행규정으로 어렵다는 것이다.[202] 둘째, 우리 국제사법 제47조에 해당하는 로마규칙 제6조라는 특별규정이 있는 이상 해당 규정을 통하여 소비자관련 규정의 적용여부를 전적으로 해결하려는 것이 입법자의 의사로 보아야 하기 때문에 국제적 강행규정에 관한 규정은 적용될 여지가 없다고 본다.[203] 즉, 소비자계약에 관하여 국제적 강행규정성을 부정한 논거가 다시 반복하여 약관법에 대하여 사용되고 있다.

다만 문제가 되는 것은 독일 약관규제에 관한 규정들도 사업자와 소비자 사이의 소비자계약뿐만 아니라, 사업자 사이의 계약에도 적용되므로 해당 계약에는 어떠한 논리가 적용되는지가 문제된다. 사업자 사이의 거래에 대하여는 고객에게 소비자성이 없기 때문에 소비자계약에 관한 로마규칙 제6조가 적용될 여지가 없다. 따라서 국제적 강행규정에 관한 규정의 적용여지가 발생하기는 한다. 그러나 사업자 사이의 거래에서는 국제적 강행규정에 관한 규정을 적용하려는 입법자의 의사가 존재한다고 볼 수 없다고 보는 것이 타당하다.[204]

---

202) Staudinger/Magnus, Art. 9 Rom I-VO Rn. 151; Müchkomm/Matiny, Art. 9 Rom I-VO Rn. 89; Beck OK-Spickhoff, Art. 9 Rom I-VO Rn. 25: Pfeiffer, NJW 2012, 1169; BGH NJW 2009, 3371.

203) Palandt/Thorn, Art. 9 Rom I-VO Rn. 8.

204) Wolf/Hau, IntGV Rn. 33.

Ⅲ. 약관에서 준거법 규정의 유효성

국제거래를 목적으로 체결되는 계약에서 흔히 특정한 나라의 법률이 해당 계약에 적용된다는 조항을 찾을 수 있다. 이러한 준거법을 선택하고 있는 조항은, 예컨대 "본 계약에는 한국법이 적용된다" 또는 "미국법이 적용된다"는 모습을 띤다. 많은 경우에 이러한 준거법 선택조항은 당사자들이 협상을 통하여 정하는 것이 아니라, 한 당사자가 체결하는 계약에 적용하기 위하여 만들어 놓은 조항을 일방적으로 사용함으로써 계약관계에 적용된다. 만약 한국법이 적용된다면 이러한 조항은 약관법 제2조 제1호에서 말하는 약관에 해당하게 된다. 이와 같은 준거법 선택조항이 원칙적으로 유효하다는 점에 대하여는 이견이 없다.[205] 이하에서는 준거법 선택조항이 약관법에 의하여 그 유효성이 문제될 수 있는지를 중심으로 살펴보려고 한다.

1. 국제사법상의 준거법 선택계약

준거법의 선택은 계약의 성질을 갖는다.[206] 즉, 준거법 선택은 명시적 또는 묵시적 준거법 선택계약(kollisionsrechtlicher Verweisungsvertrag)을 통하여 체결되며, 여기에는 저촉법상 적용되어야 할 법이 담겨 있다.[207] 준거법 선택계약을 통하여 당사자들은 강행규정을 포함하여 하나의 법체계 전체를 적용될 규범으로 합의한다. 이를 통하여 당사자들은 원칙적으로 사안에 객관적으로 적용될 수 있는 임의규정과 강행규정이 배제되고 선택된 법이 대신

205) 독일 구 약관법 제10조 제10호에서는 약관을 통하여 준거법을 선택하는 것에 특별히 인정할 만한 이익이 존재하지 않는다면, 해당 규정을 무효로 보는 규정이 있었다. 하지만 이 규정은 1986년의 국제사법 규정의 개정 때 완전히 삭제되었다. 왜냐하면 이 규정은 국제사법에 의하여 인정된 준거법 선택의 자유라는 대원칙과 조화되기 어려운 내용을 가지고 있었기 때문이다.

206) Basedow, RabelsZ 75 (2011), 52ff.; Kroll-Ludwigs, Die Rolle der Parteiautonomie im europäischen Kollisionsrecht, 2013, 148ff.

207) MüKoBGB/Martiny, Rom I-VO Art. 3 Rn. 15; BeckOGK/Wendland, Rn. 49.

적용된다는 점을 용인하게 된다.

준거법 선택의 합의는 매매계약과 같은 본계약과 이론상 엄격히 구분된다. 본계약과 준거법 선택계약은 각각 독립적으로 그 성립 여부 및 유효성을 검토해야 한다. 이때 논리적으로 준거법 선택계약이 우선하게 된다.

준거법 선택계약의 성립과 유효성은 원칙적으로 계약에 적용되는 법질서에 의하여 판단해야 한다. 영국법이 선택된 경우에는 그에 따라 준거법 선택계약의 성립 및 유효성은 영국법질서에 따라 판단된다. 이하에서는 한국법이 선택된 경우와 외국법이 선택된 경우를 나누어서 살펴보려고 한다.

2. 한국법이 선택된 경우

준거법 선택조항에 의하여 한국법이 계약에 적용될 준거법인 경우에는 한국의 약관법이 적용된다. 동산의 국제거래에 있어서는 유엔매매법을 고려해야 한다. 왜냐하면 유엔매매법에 약관의 편입에 관한 규정과 약관을 통한 준거법 선택에 관한 규정이 우선 적용되기 때문이다.[208)]

1) 약관의 편입

준거법 선택조항의 편입은 약관법 제3조에 의하여 판단된다.[209)] 따라서 약관법에 따라 약관의 존재를 명시하고 국내 판례이론에 따라 편입에 대한 동의를 받아야 준거법 조항을 계약의 내용으로 주장할 수 있다.

계약의 한 당사자가 한국에 주소지를 두고 있는 경우 한국법의 선택은 약관법 제6조 제2항 제2호에 말하는 의외조항에 해당하지 않는다.[210)] 따라서 한국에 주소지를 두고 있는 사업자가 외국 고객에 대한 판매조건에서 한국법이 적용됨을 규정하고 있는 경우 이 조항은 유효하다.[211)]

---

208) 이러한 입장으로 Staudinger/Magnus, Art. 14 CISG Rn. 40; Stoffels, Rn. 240.

209) 이에 관하여 자세한 것은 Rühl, Rechtswahlfreiheit und Rechtswahlklauseln in Allgemeinen Geschäftsbedingungen, S. 116-133.

210) Wolf/Hau, IntGV Rn. 23; Staudinger/Magnus, Art. Rom I-VO Rn. 176.

2) 약관의 유효성

준거법 선택조항이 유효하게 편입되어 한국법이 계약에 적용되는 경우에 약관법 제6조 이하에 따른 내용통제가 가능한지가 문제된다. 우리 학설에서는 내용통제가 당연히 이루어질 것을 전제로 논의가 진행되는 것으로 보인다.[212] 그에 반하여 독일에서 다수의 견해는 내용통제가 필요하지 않다는 입장이다.[213] 왜냐하면 약관을 통한 준거법 선택이 가능함은 이미 로마규칙 제3조 제1항을 통하여 규정이 되어 있기 때문이다. 준거법 선택조항에 대한 내용통제를 하게 된다면 이 협약에 대한 침해가 일어나게 된다는 것이다. 그에 반하여 준거법 선택조항에 대하여 내용통제가 가능하다고 보는 견해도 주장되고 있다.[214] 만약 이 견해에 따라 내용통제를 가해야 한다고 본다면 내용통제에 있어서 척도가 되는 기준이 무엇인지도 명확하지 않다. 견해에 따라서 한 계약당사자가 선택된 준거법 규정에 일상거소를 두고 있는 경우에 유효한 것으로 본다.[215] 그에 반하여 준거법 선택이 되지 않았을 때 적용되는 객관적 연결점에 따라 판단해야 한다고 보는 견해도 있다.[216]

---

211) 독일 사업자가 독일법이 외국 고객에 대하여 적용됨을 규정하고 있는 경우에 관한 독일의 하급심 판례로 LG Rottweil IPRax 1989, 46.

212) 심지어 현저하게 불합리하고 불공정한 준거법합의는 공서양속에 반하는 법률행위로 무효라고 볼 수 있다고 한다(석광현, "국제거래와 약관의규제에관한법률의 적용", 「국제사법연구 제9호」, 2003, 101면). 그러면서 소비자가 모든 사정에 비추어 전혀 예상할 수 없는 뜻밖의 법을 준거법으로 지정하는 조항을 예로 들고 있다. 그런데 원칙적으로 개별약관조항의 유효성을 판단함에 있어서는 약관법에 의한 내용통제 기준이 특별규정으로서 의미를 가지고 있기 때문에 민법 제103조는 문제가 되지 않는다. 아주 예외적인 경우에만 제103조가 문제가 되는 것인데 위에서 언급한 사정은 약관법에 따른 내용통제로도 충분히 가능한 것으로 보인다. 민법 제103조와 약관의 내용통제의 관계에 관하여 자세한 것은 이병준, "약관규제법에 기한 내용통제와 일반사법인 민법에 기한 내용통제", 「민사법의 실현과 지향」(윤용석 교수 정년기념논문집), 2019, 352면 이하 참조.

213) Wolf/Hau, IntGV Rn. 22; Rühl, Rechtswahlfreiheit und Rechtswahlklauseln in Allgemeinen Geschäftsbedingungen, S. 198-208; Mankowski, RIW 1993, 455 f.

214) Ulmer/H. Schmidt, Anh. § 310 Rn. 651.

215) Ulmer/H. Schmidt, Anh. § 310 Rn. 651.

216) Stoffels, Rn. 244.

그런데 최근에 유럽연합의 사법재판소(EuGH)에서 Amazon사건과 관련하여 새로운 법리를 설시함으로써 논의의 변화가 이루어지고 있다. 해당 사건에서 Amazon에서는 "UN협약을 배제한 채 룩셈부르크의 법률이 적용된다."라는 명확한 준거법조항을 두고 있었다. 사법재판소에서는 내용통제가 가능하다는 전제에서 사업자의 영업소재지가 있는 국가의 법을 선택하는 준거법조항은 사용된 문구 또는 조항과 관련된 특수한 사정을 기초로 해서 보았을 때[217] 소비자거래에서는 혼돈을 야기할 수 있어서 투명성 원칙을 위반하는 것으로 볼 수 있다고 판단하였다. 그 논거로 위 조항은 항상 선택된 준거법이 적용된다고 선언하고 있으나, 우리 국제사법 제47조에 해당하는 규정인 로마규칙 I 제6조 제2항에 의하면 경우에 따라서 소비자계약에 대하여는 소비자의 일상거소지법이 적용될 수 있으므로 이 사실은 나타나 있지 않다고 본 것이다. 사법재판소에 따르면 사업자는 소비자에게 해당 규정의 존재사실을 알려야 한다는 것이다.[218] 따라서 소비자거래에서 투명성 원칙을 준수하기 위해서는 국제사법 제47조 제1항에 규정된 내용을 알려야 한다.

이와 같은 사법재판소의 판결에 대하여 법률상 존재하지 않은 정보제공에 관한 책무를 부과하고 국제사법의 특수성을 충분히 고려하지 못하였다는 측면에서 비판이 존재한다.[219] 또한 사법재판소 판결의 의미를 과하게 해석하여 준거법조항의 무효를 쉽게 인정하게 되면 객관적 연결점에 의하여 준거법이 결정이 되는데(제47조 제2항), 이때에는 준거법선택이 무효가 됨에 따라 제47조 제1항에 의한 소비자보호가 불가능하게 된다는 문제가 발생하여 소비자보호에 역행하는 결과에 이를 수 있다[소위 보호패러독스(Schutzparadox)]는 점도 지적되고 있다.[220]

---

217) EuGH NJW 2016, 2727 Rn. 67.

218) EuGH NJW 2016, 2727 Rn. 69.

219) Mankowski, NJW 2016, 2705ff.; Pfeiffer, LMK 2017, 393442; Rieländer, RIW 2017, 28 (35ff.); Roth, IPRax 2017, 459ff.

220) Mankowski, NJW 2016, 2707.

이러한 점을 감안하였을 때 준거법조항의 불공정성을 인정하는 것이 반드시 소비자보호를 가져오지 않는다. 따라서 준거법조항의 불공정성을 인정함에 있어서는 주의를 요한다. 오히려 첫 번째 단계에서 준거법조항의 유효성을 긍정하고, 두 번째 단계에서 유리의 원칙을 적용하여 선택된 준거법의 적용이 불리한지를 따지는 것이 요구된다고 할 수 있다.[221] 즉, 국제사법에 의한 소비자보호 장치를 보장하는 방향으로 준거법조항의 유효성을 인정하는 것이 오히려 소비자보호에 더 부합한다.

3. 외국법이 선택된 경우

준거법 선택조항에 의하여 외국법이 계약에 적용될 준거법인 경우에는 외국의 약관법이 적용된다. 여기서도 동산의 국제거래에 있어서는 유엔매매법을 고려해야 한다. 왜냐하면 유엔매매법에 약관의 편입에 관한 규정과 약관을 통한 준거법 선택에 관한 규정이 우선 적용되기 때문이다.[222]

외국법이 계약에 적용될 준거법으로 선택된 경우 약관의 편입은 원칙적으로 해당 외국법질서에 의하여 판단되어야 한다. 준거법 선택조항에 대한 내용통제는 문제되지 않는다. 이는 한국법이 선택된 경우와 동일하므로 해당 내용을 참고하기 바란다.

4. 준거법 선택조항의 충돌

계약의 양 당사자 모두 약관을 제시하여 계약을 체결하였는데, 서로 다른 준거법을 선택하는 조항을 두고 있는 경우에 이를 어떻게 취급할 것인지가 문제된다. 약관의 충돌문제는 '약관의 충돌' 내지 '서식의 충돌' 문제로 주로 실질법 관점에서 이러한 경우 계약이 성립하는지 여부와 성립한다면 계약

---

221) MüKoBGB/Wurmnest, BGB § 307 Rn. 313.

222) 이러한 입장으로 Staudinger/Magnus, Art. 14 CISG Rn. 42; Stoffels, Rn. 245.

의 내용은 어떻게 결정되는지를 중심으로 논의가 진행되어 왔다. 실질법과 관련하여 약관의 충돌 문제를 해결하는 방안으로는 최초서식규칙(first shot rule), 최후서식규칙(last shot rule), 충돌배제규칙(knock-out rule) 등이 제시되고 있다.[223] 그런데 우리나라에서도 약관의 충돌 문제를 최근에 국제사법상의 쟁점을 중심으로 논하고 있는 문헌을 발견할 수 있다.[224]

독일의 다수설은 적용될 법질서에 따른 실질적 유효성 여부를 따지기 전에 이미 당사자의 약관에서 서로 충돌하는 내용의 준거법 선택을 하였다는 이유로 불합의를 인정한다. 그에 반하여 다른 견해는 우선 양 준거법 선택조항 자체를 각각 그 유효성에 따라 먼저 검토해야 하는 것으로 본다.[225] 양 조항의 유효성이 모두 각 법질서에 의하여 무효로 판단되는 경우에는 준거법 선택이 없는 것으로 본다. 그에 반하여 한 조항은 무효로 판단되고 한 조항은 유효로 판단되는 경우에는 유효한 조항에 따라 준거법이 결정된다. 모두 유효한 경우에는 양 규정의 내용이 충돌하므로 합의가 없으므로 준거법 선택이 없는 것으로 본다.

준거법 선택조항의 충돌문제도 기본적으로는 약관의 충돌문제와 다르지 않은 것으로 보인다. 따라서 의사해석의 문제로서 합의가 어느 한도에서 존재하는지를 판단해야 한다.[226] 그 다음으로 유효성의 문제를 따져야 할 것이다. 이러한 측면을 고려하면 다수의 견해가 타당한 것으로 보인다.

---

223) 이에 관하여 김성민, "서식의 충돌시 계약 내용의 확정", 민사법학 제73호, 2015 참조.

224) 김성민, "서식의 충돌의 국제사법상 쟁점", 국제사법연구 제23권 제1호, 2017, 122면 이하 참조.

225) Mankowski, RIW 2003, 4; Staudinger/Magnus, 2016, Rom I-VO Art. 3 Rn. 174; Sieg, RIW 1997, 817.

226) 동일한 취지로 김성민, "서식의 충돌의 국제사법상 쟁점", 국제사법연구 제23권 제1호, 2017, 133면.

제3장

약관의 편입

참고문헌: 김대규, "약관편입통제 조항의 기능성연구 — 소비자보호의 관점에서", 비교사법 제11권 제1호, 2004; 김진우, "약관의 편입통제", 동북아법연구 제8권 제3호, 2015; 이병준, "가상시장의 규칙인 인터넷경매이용약관의 편입과 그 규제", 법조 제51권 제9호, 2002; 이재현, "약관의 편입", 부동산법학 제10집, 2004; 정성헌, "디지털 시대에서의 약관편입 — 대법원 2013.2.15. 선고 2011다69053 판결을 대상으로", 고려법학 제81호, 2016; 최병규, "약관의 계약편입요건에 관한 연구", 경제법연구 제13권 제2호, 2014.

제1절 / 약관의 편입 요건과 효과

I. 총 설

1. 약관법 제3조의 내용과 목적

1) 약관법 제3조의 규정내용

약관법 제3조는 약관이 계약의 내용으로 되기 위한 요건을 정하고 있다. 제정 때부터 약관법은 약관이 계약의 내용이 되기 위해서는 사업자가 명시의무와 설명의무를 이행할 것을 요구하였다. 첫째, 약관의 명시의무로서 "사업자는 계약을 체결할 때에는 고객에게 약관의 내용을 계약의 종류에 따라 일반적으로 예상되는 방법으로 분명하게 밝히고, 고객이 요구할 경우 그 약관의 사본을 고객에게 내주어 고객이 약관의 내용을 알 수 있게 하여야 한다"(제3조 제2항). 둘째, 약관의 설명의무로서 "사업자는 약관에 정하여져 있는 중요한 내용을 고객이 이해할 수 있도록 설명하여야 한다"(제3조 제3항). 그리고 이러한 두 가지 책무(Obliegenheit)를 위반하여 계약을 체결한 경우에는 해당 약관을 계약의 내용으로 주장할 수 없도록 하였다(제3조 제4항).

그런데 2007년도 개정을 통하여 추가로 작성의무를 규정하였다. 그에 따르면 "사업자는 고객이 약관의 내용을 쉽게 알 수 있도록 한글로 작성하고, 표준화·체계화된 용어를 사용하며, 약관의 중요한 내용을 부호, 색채, 굵고 큰 문자 등으로 명확하게 표시하여 알아보기 쉽게 약관을 작성하여야 한다"(제3조 제1항). 다만 이러한 작성의무를 위반한 경우에 그 법률효과를 별도로 규정하고 있지 않아 위반의 법적 효력에 관하여는 학설이 대립하고 있다.

2) 판례를 통한 고객의 동의 요건

우리 판례는 계약설을 취하여 규정의 내용과 상관없이 약관이 계약의 내용으로 편입되기 위해서는 고객의 동의를 요구하고 있다. 약관법이 제정되기 전에 이미 이러한 입장을 취하고 있던 판례는 그 이후에도 순수 계약설의 입장에서 약관법에서 명시적으로 고객의 동의를 요구하고 있지 않음에도 불구하고 동의를 요구하고 있다. 약관법의 제정 후 동의의 필요 유무에 관하여 학설이 대립하였으나, 현재는 어느 정도 판례에 의하여 확립된 원칙이 인정되고 있는 것으로 보인다.

3) 약관법 제3조의 규정목적

약관의 편입에 관한 규정의 목적은 기본적으로 고객을 보호하기 위한 것이다. 즉, 일반 계약법에서보다 고객보호 수준을 더 높이려는 것이 기본적인 목적이다.

이러한 시각은 독일의 입법자도 가지고 있다.[1] 그에 따르면 약관의 사용을 계약법의 일반원칙에 따라 판단하여 양 계약당사자 의사표시의 일치를 요구한다고 하더라도 사업자가 약관을 명시하고 계약상대방에게 해당 약관의 편입 여부를 알리는 것이 필요하다. 약관의 명시를 통하여 약관의 존재를 고객이 알아야만, 고객은 계약에 동의할 때 동의의 의미를 명확하게 인식할 수 있다. 또한 드물기는 하지만, 경우에 따라서는 원하지 않거나 불공정한 약관내용에 대하여는 거부의 의사를 밝힐 수 있을 것이다.

우리 약관법은 독일 약관법과 달리 편입요건으로 중요한 계약내용에 대한 설명의무의 이행을 요구하고 있다. 이에 대한 입법자료를 살펴보면 설

---

1) BT-Drs. 7/3919, S. 17.

명의무에 관한 많은 논의 끝에 설명의무를 입법한 것으로 설명하고 있다. 하지만 그 반면에 약관 편입에 대하여 과도한 요건을 설정하게 되면 거래, 특히 대량거래의 특성을 가지고 있는 약관거래에 지장을 초래할 수 있음을 명확히 인식해야 한다.[2] 이러한 측면을 제3조의 해석에 있어도 당연히 고려해야 한다.[3] 따라서 편입요건에 과도한 요구를 하여 약관을 실무에서 활용하는 것을 방해하거나 약관이 갖는 긍정적인 기능을 방해하는 것은 피해야 하는 방향으로 전체적인 편입요건의 해석방향을 정하는 것이 타당하다.

2. 제3조와 일반 계약법과의 관계

약관이 계약으로 편입되는 과정은 일반 계약법을 기초로 한다. 즉, 원칙적으로 민법상 계약체결에 관한 규정을 전제로 한다. 따라서 약관이 편입되기 위해서는 당사자의 합의를 필요로 하며 법률행위 및 계약체결에 관한 민법의 규정이 원칙적으로 적용된다. 입법자가 의도하였던 것은 이러한 원칙적인 상황하에서 약관법에 의하여 고객보호를 위하여 일정한 수정을 가하려고 하였던 것이다.

첫째, 사업자는 약관법 제3조 제2항에 따라 약관이 편입되기 위해서는 고객에게 약관의 내용을 분명하게 밝혀야 한다. 이 규정을 통하여 고객의 편입에 대한 동의가 명시적이지 않더라도 구체적인 사정을 통하여 추단되는 것을 금지하고 있다.[4] 통상 법률행위 내지 계약의 해석에서는 거래관행 등을 기초로 해서 제반 사정을 통하여 의사표시의 내용을 해석하는 것이 가능하지만, 약관의 편입에서는 이러한 해석방법은 배제되는 것이다. 따라서 학설 중에서는 고객은 자신의 동의를 명시적으로 할 필요가 없고 묵시적으로 할 수도 있기 때문에,[5] 고객이 명시적으로 약관의 편입에 대하여 반대의

---

2) BT-Drs. 7/3919, S. 13 und 17.

3) Stoffels, Rn. 260.

4) Ulmer/Habersack, § 305 Rn. 119; Stoffels, Rn. 262.

5) Palandt/Heinrichs, § 305 Rn. 43; Bamberger/Roth-J.Becker, § 305 Rn. 66.

의사표시를 하지 않은 한 계약을 체결하거나 계약관계를 지속하는 것을 동의의 의사표시가 존재하는 것으로 볼 수 있다는 견해[6]는 약관법이 제정된 후에는 주장될 수 없는 것이다. 마찬가지로 약관법 제1조의 반대해석을 기초로 하여 당사자 사이에 경제적 힘의 차이가 존재하지 않기 때문에 사업자가 그 거래상 지위를 남용하여 불공정한 내용의 약관을 작성·통용할 우려가 없는 경우에는 사업자가 약관의 내용을 명시·설명하지 않더라도 상대방이 계약의 존재를 알고 있는 이상, 그 약관이 편입되어 구속력을 갖는다고 새겨야 한다는 견해[7]도 성립할 수 없는 것이다.

둘째, 약관법은 계약의 내용이 되기 위한 일반 민법상의 계약성립 요건보다 더 많은 요건을 요구하고 있다. 계약법상으로 계약당사자는 계약체결하기 전에 계약의 내용에 대하여 알지 못하더라도 해당 내용에 동의의 의사를 표시할 수 있다.[8] 그 이유가 해당 내용을 잘 알기 때문인지 아니면 해당 내용을 살펴보는 것이 귀찮거나 많은 노력을 들이는 것이 싫어서인지 아니면 더 나아가서 당사자에게 해당 내용을 인식할 수 있는 가능성이 부여되지 않아서인지 여부는 상관없다. 그런데 이 중에서 상대방이 약관의 내용을 인식할 수 있는 상태를 부여하지 않아서 모르는 것에 대하여는 약관법의 입법자가 도움을 주려고 한 것이다. 따라서 사업자는 상대방의 요구가 있는 경우에는 약관을 교부하여 그 내용을 알 수 있도록 하거나, 약관의 중요내용을 설명할 의무를 부여받고 있는 것이다.

3. 약관에 대한 통제에서 편입단계의 의의

약관법의 적용가능성이 사항적, 인적 그리고 국제적 요건상으로 충족되면 그다음 단계에서는 약관이 계약의 내용으로 편입되었는지 여부가 검

---

6) Bamberger/Roth-J.Becker, § 305 Rn. 4; Staudinger/Schlosser, § 305 Rn. 160.

7) 김형배, "보통거래약관에 의한 계약", 고시연구 제20권 제2호, 1993, 63면; 곽윤직, 「채권각론」, 제6판, 2005, 22면.

8) 손지열, 「민법주해[XII]」, 1999, 316면; 이은영, 「약관규제법」, 1994, 120면.

토된다. 이를 위해서는 우선 적극적인 편입요건인 약관법 제3조 제2항과 제3항의 명시의무와 설명의무의 이행여부가 검토되어야 한다. 그다음으로는 개별약정을 통하여 구체적인 약관조항이 편입에서 배제되는지를 검토해야 한다. 개별약정을 해석의 하나로 이해하는 견해도 있으나, 소극적 편입요건으로 이해하는 것이 타당하다. 약관법 제6조 이하에 따른 내용통제는 편입이 확정된 약관조항에 대하여만 가능하다. 논리적인 순서는 이와 같지만, 소송경제상의 이유로 구체적인 사건에서 편입을 검토하지 않고 내용통제단계로 넘어가는 것도 가능하다.[9)]

위에서 설명한 내용은 구체적인 사건을 전제로 한 구체적 내용통제에서만 타당한 내용이다. 그에 반하여 추상적 내용통제에서는 구체적인 계약관계가 전제되지 않기 때문에 계약의 편입이라는 것이 존재할 수 없다. 따라서 추상적 내용통제에서는 해석을 통한 약관의 내용 확정 후 바로 약관조항의 정당성을 심사하는 내용통제단계로 들어가게 된다.

일부 견해에서는 편입통제와 내용통제단계가 완전히 단절된 것이 아니고 약관조항의 의외성이나 불공정성을 함께 고려하여야 한다는 입장이 있다.[10)] 특히 설명의무는 내용통제와 중복되는 부분이 있다고 한다. 하지만 이러한 입장은 숨은 내용통제를 조장하므로 타당하지 않다(이에 관하여 자세한 것은 설명의무 부분 참조).

Ⅱ. 투명성 원칙과 작성의무

참고문헌: 김화, "약관에 있어서 투명성 원칙에 대한 고찰 — 독일법상의 논의와 우리 약관규제법에 있어서의 함의", 비교사법 제26권 제3호; 이병준, "의외조항 내지 기습조항의 법률적 취급", 민사법학 제73호, 2015; 장경환 · 최광준, "약관조항의 투명성의 원칙(上) — 독일에서의 논의와 우리 약관법에의 도입을 중심으로", 경희법학 제56권 제4호, 2021.

---

9) Ulmer/Habersack, § 305 Rn. 105; Stoffels, Rn. 264.
10) 김진환, "약관규제법과 전자약관의 계약편입", 법학연구 제10집, 2001, 54면.

독일과 유럽연합에서 형성된 투명성 원칙은 우리 문헌상으로 점차 소개되면서 하나의 확립된 원칙으로 자리 잡아가고 있다.[11]

1. 유럽연합과 독일법상의 투명성 원칙

투명성 원칙은 유럽연합과 독일법에서 발전한 원리이므로 이 원칙이 규정으로 입법화된 형성과정 및 그 규정의 의의를 먼저 살펴보기로 한다.

1) 투명성 원칙의 형성과정

투명성 원칙은 사업자에게 신의성실의 원칙에 따라 거래상대방인 고객의 권리와 의무를 가능한 한 명확하게 조망할 수 있도록 약관을 구성할 것을 요구하는 원칙을 말한다. 이러한 원칙은 독일에서 1980년대에 판례를 통하여 확립된 법리로서 불공정성 통제에 관한 일반조항에서 하나의 대원칙으로 받아들여졌다.[12] 유럽연합 차원에서 소비자계약에서의 불공정조항지침이 만들어지면서 이 원칙은 명문의 규정으로 자리를 잡게 되었다(입법지침 제5조 제1항, 제4조 제2항). 독일의 입법자는 이 원칙을 명문규정을 통하여 받아들이지 않더라도 충분히 일반원리로서 확립되어 있다고 보아서 입법적으로 반영하지 않았으나, 유럽사법재판소의 판결[13]에서 명확하고 분명하게 지침을 반영하라는 결정을 하여, 결국 독일 민법에서도 이를 규정내용으로 반영하였다. 현재 독일에서 투명성 원칙은 불공정성 내용통제에 관한 일반조항 내에서 "명료하지 않고 이해하기 힘든 조항은 불공정한 것

---

11) Transparenzgebot의 해석에 관하여도 아직 정립된 것이 없다. 명확성 규범(김대규, "독일 약관규제법의 민법전 편입 및 개정", 경쟁법연구 제8권, 2002, 613면), 명료성 원칙(김종귀·강창경, "약관의 명료화에 관한 연구", 한국소비자보호원, 1997, 16면)으로 번역되기도 하지만, 가장 직역에 가까운 번역은 투명성요청(양창수, "약관조항에 대한 내용통제", 「민법연구 제4권」, 1997, 345면)이라고 할 수 있다. 즉, 이 원칙은 사업자에게 약관을 투명하게 구성할 것을 요구하는 원칙을 말하므로 이를 투명성 원칙이라고 하기로 한다.

12) BGHZ 106, 42; BGHZ 106, 259; BGH NJW 1989, 222.

13) EuGH NJW 2001, 2244.

으로 볼 수 있다"라는 형태로 규정되었다(독일 민법 제307조 제1항 제2문). 또한 독일 민법에서는 통상 내용통제의 대상이 되지 않는 가격과 급부내용을 결정하는 조항에 대하여도 투명성 원칙이 적용됨을 명시적으로 선언하고 있다(제307조 제3항 제2문).

2) 투명성 원칙의 보호목적

투명성 원칙은 약관을 통하여 체결될 계약으로 인하여 발생하게 될 권리와 의무에 관하여 이해가능하면서 적절한 정보를 고객에게 제공하는 것을 그 목적으로 하고 있다. 그리고 이러한 투명성 확보는 2가지 측면 내지 관점에서 중요한 의미를 갖는다. 첫째, 계약의 체결단계에서 제공되어야 할 정보와 연관되고 둘째, 계약의 이행단계에서 필요한 정보와 연관된다고 한다.[14)]

투명성 원칙은 첫 번째 단계인 계약체결단계에서 명확하면서 이해가능한 형태로 고객에게 계약을 통하여 발생하게 될 권리와 의무에 대한 정보를 제공하도록 하여 고객이 제대로 된 정보를 가지고 판단할 수 있는 기초를 마련하는 것을 목적으로 한다. 이러한 계약체결단계에서의 투명성은 한편으로는 경쟁이 제대로 기능하여 시장의 원리가 제대로 작동할 수 있는 기초를 마련하는 한편 개별적인 고객의 이익을 보호하는 기능을 한다. 현실적으로 대다수의 고객이 투명성을 통하여 보장된 약관의 내용을 구체적으로 인식하지 않고 약관에 동의를 하더라도 투명성 원칙으로 인하여 사업자는 되도록 공정한 약관을 만들려고 할 것이다. 왜냐하면 약관조항이 불명확한 경우보다 명확하게 규정된 경우 약관으로 인하여 발생하게 되는 불이익이 더 잘 드러나게 되므로 시장에서는 보다 공정한 사업자와 계약을

---

14) 이처럼 계약체결단계와 이행단계에서의 투명성 원칙을 구분하여 보는 것이 독일의 일반적 시각으로 자리 잡아 가고 있다. 이러한 시각은 Koller를 통하여 제시되었으나(ders., in: FS Steindorff, 1990, S. 671 ff.), 현재는 다수의 견해가 따르고 있다(Ulmer/Fuchs, § 307 Rn. 326 ff.). 그에 반하여 투명성 원칙은 편입단계에서만 고려해야 하고 내용통제 단계에서 고려할 수 없다고 하는 견해도 존재한다(Westermann, in: FS Steindorff, 1990, S. 831 ff.)

체결하려는 계약조건의 경쟁이 일어나게 될 것이다. 또한 투명성의 확보를 통하여 자신의 권리에 관심을 가지는 고객은 명확히 규정되어 있는 약관을 살펴봄으로써 직접적으로 이익을 얻고 관심을 가지지 않는 고객이라도 간접적으로 사업자가 더욱 공정한 약관을 만들려고 하는 노력을 기울일 것이라는 측면에서 간접적으로 이익을 누리게 된다.

투명성 원칙이 추구하는 두 번째 단계는 계약의 이행단계와 연관된다. 이행단계에서는 투명성을 통하여 명확하지 않고 이해하기 힘든 조항으로 인하여 고객 자신이 갖는 권리와 의무를 제대로 인식하지 못하는 것을 방지하는 것에 그 목적이 있다. 투명성을 갖지 못한 조항으로 인하여 고객은 자신이 갖는 권리를 제대로 인식하지 못하여 그 권리를 행사하지 못하게 되는 사실상의 불이익을 입게 된다. 즉, 불명확하고 이해하기 힘든 조항으로 인하여 권리가 존재하는지, 어떠한 요건하에서 발생하는지를 고객이 제대로 알지 못하여 계약을 통하여 실제로 고객에게 보장된 권리를 고객이 제대로 행사하지 못할 위험성이 있는 것이다.

3) (형식적) 투명성의 결여와 (실질적) 불공정성의 관계

약관상의 규정이 형식적으로 투명성의 요건을 충족하지 못하였다는 이유로 실질적인 불공정성을 따지지 않고 바로 무효로 볼 수 있느냐 아니면 실질적인 불공정한 사유가 추가로 존재할 필요가 있느냐에 관하여 다툼이 있다. 독일에서 명문의 규정이 없었고 아직 판례상으로 투명성 원칙이 인정되고 있을 당시에는 투명성 원칙의 위반만으로는 충분하지 않고 해당 조항에 내용상의 불공정 요소가 추가로 필요하다는 것이 지배적 견해였다.[15] 그런데 입법이 된 이후에는 견해가 팽팽하게 대립하고 있다. 유럽연합의 입법지침 제5조 제1항과 독일의 입법과정에서 투명성 원칙의 위반이 있는 경우에는 바로 불공정한 것으로 보았다는 것[16]을 근거로 투명성 원칙에 기

15) BGHZ 140, 31; Benedict, NJW 2000, 190 f. 이에 반하여 투명성 원칙 위반은 바로 불공정성을 징표한다는 견해로 Köndgen, NJW 1989, 950.

16) BT-Drucks. 14/6040, S. 154.

한 통제는 독자적 통제수단에 해당하고, 그 위반 자체로 바로 불공정성 요소를 갖춘 것으로 볼 수 있기 때문에, 추가적으로 실질적 불공정성을 판단할 필요가 없다는 견해가 주장되고 있다.[17] 그에 따르면 투명성을 결여하고 있는 조항은 그 자체로, 즉 고객에게 내용상의 부당하게 불이익한 내용을 담고 있지 않더라도 무효로 보아야 한다는 것이다. 그에 반하여 한 조항의 불명확성 내지 이해불가능성으로 인하여 바로 불공정한 것으로 볼 것이 아니라, 불공정한 것으로 볼 수 있는 가능성을 만들어 주고 있는 것으로 볼 수 있다고 하는 견해가 있다.[18] 그 근거로 현재 투명성 원칙이 규정된 내용을 보면(독일 민법 제307조 제1항 제2문) "한 조항이 명확하지 않고 이해가 능하지 않게 규정되었다는 사유로 또한 부당한 불이익이 인정될 수 있다"고 규정되어 있기 때문에 실질적인 불공정성이 필요한 것으로 볼 수 있는 여지가 있다고 한다. 또한 독일의 입법과정에서 투명성 원칙은 약관법상의 의외성조항에 관한 규정처럼 불공정한 것으로 추정할 수 있는 사유로 규정하고 있었다가 현재의 규정내용으로 바꾼 것이라고 한다.

현재 독일 학계의 지배적 견해는 투명성 원칙에 위반하는 조항은 원칙적으로 고객에게 부당하게 불리한 조항으로 볼 수 있다고 한다.[19] 하지만 투명하지 않은 조항을 불공정한 것으로 추정하는 것으로 이해하는 견해[20]는 너무 과한 시각으로 취급되고 있다. 또한 입법과정과 현재의 규정 내용을 보더라도 이 견해는 타당하지 않다고 한다. 그에 따라 투명성 원칙이 보호하려고 하는 2단계에 따라 다음과 같이 구분을 해야 한다고 한다.[21] 첫째, 계약체결단계에서 투명성의 결여는 바로 고객의 제대로 된 시장참여를 침해하기 때문에 항상 부당한 불이익으로 평가되어야 한다고 한다. 둘째, 계약이행단계에서 투명성의 결여는 고객이 자신의 권리를 제대로 주장하지

17) BGH NJW 1998, 456; Heinrichs, NJW 1997, 1413.

18) Ulmer/Fuchs, § 307 Rn. 330.

19) Ulmer/Fuchs, § 307 Rn. 331; Staudinger/Coester, Rn. 174; Westphalen, NJW 2002, 17.

20) Stoffels, Rn. 564.

21) 이에 관하여 Ulmer/Fuchs, § 307 Rn. 332 ff. 참조.

못하거나 사업자의 의무를 제대로 인식하지 못하여 이를 주장하지 못할 가능성을 야기할 뿐이므로 이로 인하여 바로 부당한 불이익이 존재한다고 볼 수는 없다고 한다. 만약 해당 조항이 명확하지 않거나 이해하기 어렵다는 이유로 바로 불공정한 것으로 본다면 오히려 고객에게 유리한 조항도 무효로 만들 수 있다는 부당한 결과를 야기할 수 있다고 한다.

2. 약관법상 투명성 원칙과 작성의무

약관법도 투명성의 원칙을 최근에 부분적으로 받아들였다.[22] 즉, 편입에 관한 제3조에서 기존의 명시·설명의무에 추가하여 작성의무에 관한 규정 앞에 원칙을 선언하는 규정을 도입하였음은 앞에서 살펴보았다. 조문의 구체적 표현방식은 유럽과 독일에서 규정한 투명성 원칙과 다르지만, 입법목적과 규정 내용은 크게 다르지 않다고 생각된다.

1) 작성의무의 규정취지와 그 위반의 법률효과

약관의 작성의무는 약관법이 제정된 때부터 존재하였던 책무가 아니라, 2007년도의 법 개정을 통하여 신설된 책무이다. 그 당시 개정이유를 살펴보면 "대부분 약관이 한자 및 전문용어를 많이 사용하고 있어, 고객이 약관의 내용을 이해하기 어려우므로, 사업자로 하여금 고객이 약관의 내용을 쉽게 알 수 있도록 한글 및 표준화·체계화된 용어를 사용하고, 약관의 내용 중 중요내용을 부호·문자·색채 등으로 명확하게 표시하여 약관을 작성하도록 하려는 것"이라고 한다.[23] 그 후 2011년도 개정 때 사업자로 하여금 약관의 중요내용을 굵고 큰 문자로 표시하도록 하는 규정내용이 추가되어 현재의 형태로 조문이 완성되었다.[24]

---

22) 투명성원칙을 받아들인 것으로 보는 입장으로 성준호, "DCFR의 불공정조항 규정에 관한 고찰", 외법논집 제36권 제3호, 2012, 22면.

23) 법률 제8632호, 2007. 8. 3. 일부개정.

24) 법률 제10474호, 2011. 3. 29. 일부개정.

이 조문이 만들어진 것은 10년이 지났으나, 아직도 그 의미를 명확하고 자세히 분석한 문헌은 보이지 않는다. 특히 이 규정에 법률효과가 명시적으로 규정되어 있지 않아서 이를 단지 훈시 내지 선언적 규정으로 보는 견해[25]가 많기 때문이기도 한 것으로 보인다. 그런데 작성의무의 목적은 기본적으로 명문의 규정으로 밝히고 있듯이 "고객이 약관의 내용을 쉽게 알 수 있도록" 함에 있다. 최근에 이러한 목적을 독일 및 유럽연합에서 인정하고 있는 투명성의 원칙을 실현한 것으로 보고 본 조항의 의미를 새롭게 재조명하는 입장이 늘어나고 있다.[26]

투명성 원칙을 반영한 작성의무는 약관을 사용하고 있는 사업자의 기본적 의무에 해당하고 그 위반에 아무런 효과를 부여하지 않은 것은 타당하지 않다. 그런데 현재 명시적 규정을 통하여 편입을 부정하는 법률효과를 부여하고 있지 않으므로 약관의 편입 자체를 부정할 수는 없지만,[27] 간접적으로 불공정성 판단에서 이를 고려할 수 있을 것이다.[28] 이러한 요소는 제6조 제1항의 신의성실의 원칙 내지는 제6조 제2항 제2호의 의외성 조항을 통하여 실현될 수 있을 것이다.

그러면 본 규정이 투명성 원칙을 포괄적으로 규정한 일반조항인가라는

---

25) 송덕수, 「신민법강의」, 제15판, 2022, 1057면; 이춘원, "외국어로 된 약관의 규제에 대한 소고", 성균관법학 제21권 제3호, 2009, 297면. 특히 이호영, 「소비자보호법」, 제4판, 2018, 140면에서는 "법상 동 의무를 이행하였는지 여부를 판단할 수 있는 아무런 기준이 제시되지 않았을 뿐만 아니라 동 의무를 이행하지 않았음이 명백한 경우에도 법상 이에 대한 아무런 시정 또는 제재의 수단이 마련되지 않아서 사실상 선언적 규정에 지나지 않는다"고 한다.

26) 이병준, "의외조항 내지 기습조항의 법률적 취급", 민사법학 제73호, 2015, 251면. 동일하게 투명성 원칙을 받아들인 것으로 보는 견해로 성준호, "DCFR의 불공정조항 규정에 관한 고찰", 외법논집 제36권 제3호, 2012, 22면.

27) 하지만 이러한 견해로 성준호, "DCFR의 불공정조항 규정에 관한 고찰", 외법논집 제36권 제3호, 2012, 22면.

28) 이병준, "의외조항 내지 기습조항의 법률적 취급", 민사법학 제73호, 2015, 251면. 이와 유사하게 투명성 원칙 위반이 있는 경우 약관은 계약에 편입되지만, 불공정성을 시사하는 것으로 취급할 수 있다는 견해로 김진우, "금융거래에서의 약관에 대한 사법적 통제", 「민사판례연구 제37권」, 2015, 1094면 주 28.

의문이 제기될 수 있다. 현행 약관법 제3조 제1항은 이와 같은 포괄적 규정을 가지고 있지 않고 약관의 3가지 요건을 예시적으로 열거하고 있다. 또한 이처럼 제한적으로 열거하고 있는 것으로 보더라도 투명성 원칙을 실질적으로 실현하고 있는 규정이 약관의 다른 규정에도 존재하므로 굳이 이를 일반규정이라고 이해할 필요는 없을 것이다. 투명성 원칙은 앞으로 살펴보게 될 명시의무, 의외조항 등을 통하여서도 실현되고 있는 것이다.

2) 작성의무의 구체적 내용

작성의무의 목적은 기본적으로 명문의 규정으로 밝히고 있듯이, '고객이 약관의 내용을 쉽게 알 수 있도록' 함에 있다. 그리고 이러한 작성의무를 통하여 계약체결 단계에서 약관을 살펴보고 권리관계에 관한 사항을 고려하여 계약체결여부를 결정함에 있어서 기능할 뿐만 아니라, 그 후 계약의 이행단계 내지 분쟁발생 시에 약관의 구체적인 내용을 제대로 살펴서 권리관계를 정확하게 주장할 수 있도록 함에 그 목적이 있는 것이다. 이러한 목적을 실현하기 위하여 구체적으로 다음과 같은 요건이 명문화되어 있다. 첫째, 언어를 한글로 사용하여 작성해야 한다. 둘째, 용어는 표준화, 체계화된 용어를 사용해야 한다. 셋째, 작성형식과 관련하여 약관의 중요한 내용은 부호, 색채, 굵고 큰 글자 등을 활용하여 명확하게 표시하여 알아보기 쉽게 작성해야 한다.

(1) 언어

언어를 한글로 작성해야 한다는 것은 한국에서 한국 고객이 한국 사업자와 계약을 체결한다는 사정이 반영된 규정이라고 보아야 한다. 즉, 언어를 외국어로 작성하여 약관을 제시하는 경우에는 한국 고객은 그 내용을 이해하기 힘들다는 것을 전제로 하고 있다. 그런데 거래생활이 국제화된 현대생활에서는 한국 사업자가 외국 고객에게 약관을 제시할 수 있고 반대로 외국 사업자가 한국 고객에게 약관을 제시할 수도 있다. 이 문제를 본 규정이 포괄적으로 다루고 있지는 않다고 보아야 한다. 약관의 언어 문제를 언급한 문헌은 많지 않지만 정설은 계약체결에서 사용한 언어를 기준으로 약관을 제시하면 된다고 보고 있다.[29] 예컨대 한국에서 한국 사업자가 외국인과 계약을 체결하는 경우 한국어가 기본이 될 것이므로 외국인에게는 한글로 된 약관을 이해하는 데 큰 어려움이 있을 것이다. 그러나 외국인이 한국어로 계약을 체결하였다면 약관을 제시한 사업자는 원칙적으로 한국어로 된 약관을 제시하면 되지, 이를 번역하여 제시할 필요는 없을 것이다. 즉, 외국인과 계약을 체결하였다는 이유만으로 외국인인 고객을 보호해야 한다는 측면에서 번역본을 제시해야 한다는 결론에 이르러서는 안 된다. 이러한 경우 외국인이 한국어를 계약체결 용어로 사용한 이상 한국어를 계약의 전제가 되는 약관의 용어로 사용하는 것에 동의가 있는 상태에서 계약을 체결한 것으로 보아야 한다. 이 경우에 외국인인 고객은 필요하다면 직접 번역을 하거나 번역본을 스스로 구해야 할 것이고 외국인인 고객이 언어의 어려움으로 약관의 내용을 인식하지 못하였다고 하더라도 해당 약관은 구속력이 있는 것이다.[30]

그에 반하여 당사자가 외국어로 계약을 체결한 경우에는 해당 외국어가 원칙적으로 약관의 언어가 될 것이다. 따라서 반드시 한국어로 된 약관을 사용하는 것이 본 규정의 작성의무를 충족시키는 것으로 보아서는 안 되며 **계약체결에서 사용하는 언어**가 기준이 되어야 한다.[31]

(2) 용 어

작성의무를 이행하기 위해서 사업자는 표준화 및 체계화된 용어를 사용해야 한다. 본 규정은 약관의 문언에 사용된 용어와 관련된 규정이며, 약관

29) 이춘원, "외국어로 된 약관의 규제에 대한 소고", 성균관법학 제21권 제3호, 2009, 297면 이하 참조(그런데 이 문헌은 작성의무에서 언어의 문제는 선언적인 의미만을 가지므로 명시의무와 연관하여 인식가능성 요건하에서 이를 검토하고 있다).

30) 특히 번역서비스가 쉽게 이용될 수 있는 환경에 놓인 경우에 언어 문제는 많은 경우에 이미 극복될 수 있는 영역으로 볼 수 있는 가능성이 커지고 있다고 볼 수 있다.

31) 이러한 측면에서 본 규정의 내용은 개정필요성이 있다.

자체의 체계를 문제 삼고 있지 않다. 약관 자체의 체계에 따른 문제는 뒤에서 살펴볼 명시의무와 연관하여 검토해야 한다.

표준화된 용어를 사용해야 한다는 것은 일반적으로 표준어를 사용해야 함을 의미한다. 또한 체계화된 용어를 사용해야 한다는 것은 약관 자체에서 일정한 언어 체계를 갖추고 사용해야 한다는 것을 의미한다. 예컨대 약관 제2조에서 약관에서 사용되는 용어를 정의하고 있다면 이러한 정의에 합당하게 각 조항에서 해당 용어의 의미를 사용해야 함을 의미하는 것이다.

(3) 형 식

형식과 관련하여 부호, 색채, 굵고 큰 글자 등을 활용하여 명확하게 표시하여 알아보기 쉽게 작성해야 한다. 그런데 이러한 형식은 약관의 중요한 내용을 일반적인 내용과 명확히 구분하여 고객이 중요한 내용을 쉽게 찾을 수 있도록 하는 데 그 목적이 있다. 따라서 본 규정은 "약관의 중요한 내용"으로 한정하고 있어 전체 약관과 관련된 일반적 형식요건을 정한 것은 아니다. 약관 중 중요내용을 부호, 색채, 굵고 큰 글자 등의 방식을 활용하여 다른 일반적인 내용과 차별화되게 하여 그 내용을 쉽게 찾을 수 있도록 하라는 측면에 그 규정취지가 있다.

이와 관련하여 제3항의 중요한 내용에 대한 설명의무와 제1항의 중요한 내용에 관한 명확한 작성의무의 관계가 문제가 될 수 있다. 왜냐하면 약관의 중요한 내용을 설명한다면 왜 굳이 이를 다시 일반적인 내용과 구분하여 고객이 쉽게 찾을 수 있도록 작성해야 하는지를 문제 삼을 수 있을 것이기 때문이다. 즉, 중복적인 규정이 아닌가 하는 의문이 들 수도 있다. 하지만 양 규정은 그 목적을 달리하고 있다. 왜냐하면 제3항의 설명의무는 약관과 별도로 다른 형식을 통하여 이루어질 것을 요구하고 있다. 즉, 현장에서는 구두로, 인터넷에서는 Q&A, MP3파일 등을 통하여 설명의무의 이행이 이루어진다. 그에 반하여 제1항의 작성의무는 약관 자체의 형식과 연관된 것으로 약관 자체를 어떻게 작성할 것인지에 관한 것이다. 따라서 계약체결 시에는 사업자의 설명을 들은 후 고객이 궁금한 내용은 구체적으로 약관에서 찾아볼 때 이를 쉽게 찾아서 확인할 수 있는 기능을 하는 것이고, 설명의무가 불가능한 경우에도 이러한 작성의무의 부과를 통하여 중요한 내용을 고객에게 환기시키고 긴 약관 중에서 중요한 내용을 살펴볼 수 있도록 하는 기능을 하는 것이다. 또한 작성의무는 계약의 이행단계 내지 분쟁 발생 시에도 중요내용을 쉽게 확인할 수 있도록 하여 고객이 약관의 중요내용을 쉽게 찾아 자신의 권리행사를 함에 도움을 주고자 하는 데 그 목적이 있는 것이다.

아직 작성의무에 관하여 판례가 없고 학설도 이 부분에 관하여 특별한 논의가 없는 실정이다. 그런데 앞에서 살펴본 설명의무와 연관하여 약관의 중요부분이라는 동일한 요건이 설정되어 있다. 설명의무와 관련하여 판례는 '중요한 내용'은 사회통념에 비추어 고객이 계약체결의 여부나 대가를 결정하는 데 직접적인 영향을 미칠 수 있는 사항을 말하고, 약관조항 중에서 무엇이 중요한 내용에 해당하는지에 관하여는 일률적으로 말할 수 없으며, 구체적인 사건에서 개별적 사정을 고려하여 판단하여야 한다고 보고 있다.[32] 이처럼 판례가 중요한 내용을 계약체결 여부나 대가를 결정하는 데 직접적인 영향을 미칠 수 있는 사항으로 한정하고 있는 것은 두 가지 측면에서 타당하다고 할 수 있다. 즉, 설명의무는 계약체결 단계에서 요구되는 것이고 약관과는 별도로 이루어져야 한다는 측면을 고려한다면 그 범위를 엄격히 제한해야 할 것이다. 그에 따라 사업자에게 최소 필요한도의 중요한 내용에 대한 설명의무를 요구하는 것이 맞을 것이다. 그에 반하여 작성의무에서의 중요한 내용은 이처럼 계약체결 여부나 대가를 결정하는 데 직접적인 영향을 미칠 수 있는 사항에 한정할 필요는 없다. 왜냐하면 작성의무에서 중요한 내용에 대한 표시의무가 의미를 갖는 것은 오히려 계약이 체결된 다음에 계약의 이행단계와 분쟁이 발생하였을 때 고객이 중요한 내용을 쉽게 찾을 수 있는 데 그 기능이 있기 때문이다. 또한 설명의무에서처

32) 대법원 2013. 2. 15. 선고 2011다69053 판결; 대법원 2008. 12. 16.자 2007마1328 결정.

럼 사업자가 별도로 해야 하는 것이 아니라, 제공하는 약관 내에서 이루어지는 것이므로 사업자에게 많은 요구를 하더라도 상관이 없다. 따라서 여기서 중요한 내용은 고객이 계약의 체결단계에서 중요하게 고려해야 하는 내용과 계약의 이행단계와 분쟁해결단계에 있어서 중요할 수 있는 규정내용이라고 보아야 한다. 이러한 측면에서 작성의무에서의 중요한 내용은 설명의무에서 인정되는 중요한 내용과 일치하지 않고 그 범위는 그 내용을 포함하여 오히려 더 광범위하다고 할 수 있다.

Ⅲ. 약관 편입의 요건

1. 명시의무

1) 명시의무의 일반 요건

약관의 명시는 계약의 종류에 따라 일반으로 예상되는 방법으로 행해져야 한다. 이때 약관의 명시 및 게시는 '구체적이고 상세한' 방법으로 이루어져서,[33] 고객이 인식가능하도록 해야 한다.[34] 따라서 평균적인 능력을 가진 고객이 쉽게 약관의 존재를 인식할 수 있도록 명시해야 한다.[35] 약관의 명시를 통하여 사업자가 해당 약관을 기초로 하여 계약을 체결하려는 의도가 드러나야 한다.[36]

대면거래에서 약관의 명시는 보통 인쇄된 약관의 교부로 이루어진다.[37] 격지자 사이에 거래가 이루어지는 경우도 우편 또는 팩스 등의 방법으로 송부하는 것이 가장 확실한 방법이다. 그러나 예외적으로 사업자의 영업소

---

33) 대법원 1992. 3. 10. 선고 91다31853 판결.
34) 이은영, 「약관규제법」, 1994, 116면.
35) 이은영, 「약관규제법」, 1994, 116면; BGH NJW-RR 1987, 113 참조.
36) Köhler, MMR 1998, 290.
37) 약관의 일반적 명시방법에 관하여 자세한 것은 이은영, 「약관규제법」, 1994, 117면 참조.

에서 계약이 체결되는 경우에는 약관을 명시함이 없이 약관을 눈에 잘 띄는 장소에 약관을 게시하는 것으로 명시의무를 다한 것으로 보고 있다.[38]

2) 인터넷상에서의 명시의무의 이행

우선 약관을 웹사이트 초기화면의 일정부분에 링크를 설정함으로써 고객이 언제든지 이를 확인할 수 있도록 하는 경우에 명시의무를 다한 것인지가 문제된다. 이에 대하여 고객이 링크의 존재를 쉽게 알 수 있고 접속할 수 있는 형태로 화면이 구성되어 있는 경우에는 명시의무를 다한 것으로 볼 수 있다는 견해가 있다.[39] 이와 같은 웹사이트의 초기화면에 약관을 링크시켜 두는 것은 사업장에 약관을 게시하는 경우와 동일하다고 볼 수 있다. 그러나 게시의 방법은 명시의무의 인정취지가 몰각될 우려가 없는 한도에서 각 계약체결의 유형, 거래정황 등을 고려하여 아주 예외적인 경우에만 인정해야 한다.[40] 인터넷상에는 충분히 명시가 가능하기 때문에 이와 같이 약관의 게시만을 인정하는 예외적인 상황은 없는 것으로 보인다.[41] 그러므로 웹사이트의 초기화면에 약관을 게시하는 것만으로는 부족하고 계약체결화면에 전자약관에 대한 명시가 필요하다.

그러면 어느 정도로 명시해야 약관이 편입될 수 있는지가 문제된다. 통상 인터넷사이트에 가입할 때 계약체결절차의 일환으로 전자적 형태로 웹페이지에 약관에 동의하도록 하는 경우가 일반적이다. 이와 같이 웹사이트에 고객이 누구나 인식할 수 있을 정도로 눈에 띄게 약관을 명시하고 이용자가 마우스를 클릭하는 등의 방법으로 약관에 동의하는 경우에만 다음의 계약절차로 진행하도록 설정해 두었다면 명시의무를 다한 것으로 볼 수 있다[42] 이에 대하여 한 화면을 통하여 약관을 전부 확인할 수 없는 경우에는

---

38) 손지열, 「민법주해[XII]」, 1999, 317면.

39) 왕상한, 「전자상거래와 국제규범」, 2001, 161면.

40) 이상정 · 권대우, "약관의 규제에 관한 법률해설", 한국소비자보호원, 1987, 38면.

41) 정진명, "인터넷을 통한 거래의 계약법적 문제 — 인터넷통신계약을 중심으로", 비교사법 제6권 제1호, 1999, 301면; Mehrings, BB 1998, 2374.

최소한 인쇄가능성이 존재해야 한다는 지적이 있다.[43] 또한 인쇄가능성이 존재하더라도 인쇄비용이 소비자들에게 발생하고 프린터가 없는 경우에 인쇄가 불가능할 수 있다는 문제가 발생할 수 있다는 견해도 있다.[44]

우선 반드시 인쇄가능성이 존재해야 하는가에 관하여 의문이다. 왜냐하면 웹문서는 언제든지 다운로드 받거나 저장할 수 있기 때문에 전자약관도 고객 자신의 컴퓨터에 저장하여 특별한 비용을 들이지 않더라도 약관을 자세히 읽어 볼 수 있기 때문이다.[45] 물론 고객은 웹문서를 그 자체로 인쇄하거나 보기 편리하게 편집하여 문서로서도 읽어 볼 수 있는 가능성이 있다. 또한 고객은 인터넷을 통하여 계약을 체결하거나 회원가입을 하는 방식을 선택했다는 점에서 전자적 방식으로 제공되는 정보도 그 형태로 인정해야 할 것이다. 따라서 전자약관을 고객이 잘 인식할 수 있는 상태로 명시한다면 추가적인 요건 없이도 약관에 대한 명시의무가 충족된 것으로 볼 수 있다.[46]

---

42) 왕상한,「전자상거래와 국제규범」, 2001, 161면; 김동훈, "전자거래와 관련한 약관규제법의 정비방안", 디지털경제법제⑤ 전자거래 관련 법제정비방안, 2001, 56면; Köhler, MMR 1998, 291; Ernst, JuS 1997, 777.

43) 정진명, "인터넷을 통한 거래의 계약법적 문제 – 인터넷통신계약을 중심으로", 비교사법 제6권 제1호, 1999, 321면 주 96; Heinrichs, NJW 1999, 1598.

44) 이에 관하여 자세한 것은 Mehrings, BB 1998, 2378.

45) Löhnig, NJW 1997, 1689; Mehrings, BB 1998, 2378.

46) 일반적으로 학설이 약관의 인식가능성만을 기준으로 하고 있으나, 더 나아가서 약관인식의 기대가능성을 추가로 검토하려는 견해가 있다(Mehrings, BB 1998, 2378 f.). 이 견해에 따르면 거래규모가 적은 일상의 계약을 체결하는 경우에 고객들이 컴퓨터 화면을 통하여 인식할 수 있을 정도의 크기를 가진 약관만이 인식의 기대가능성이 있다고 한다. 약관조항이 너무 많은 경우에는 다운받거나 프린트하여 인식할 수 있는 가능성은 있지만, 거래규모가 너무 작기 때문에 고객이 이와 같은 방법으로 인식하리라는 것을 기대할 수 없다고 본다. 반면에 규모가 큰 거래에서는 고객이 이를 화면상으로만 확인하는 것보다는 다운받거나 프린트하여 보는 것이 권장되기 때문에 충분히 이와 같은 행위를 요구하는 것이 기대가능하다고 보고 있다. 그러나 이 견해에 따르면 우선 규모가 언제 작은 거래인지 언제 큰 거래인지를 확정하기 힘들고 해당 거래규모의 크기에 따라 어느 정도의 약관크기가 적당한지도 모호하다. 또한 컴퓨터상에서 계약체결을 원한 자라면 거래규모가 크든 작든 간에 컴퓨터 이용으로 발생하는 약관의 부담, 즉 다운받거나 프린트하는 것 정도는 감수

다음으로 계약체결절차상 약관에 명시적인 동의를 하도록 하는 절차가 없더라도 주문을 위해 화면상에서 약관에 대한 링크를 잘 보이게 하면 고객에 대하여 정당하게 명시한 것으로 보고 있다. 즉, 링크의 표시를 다른 내용에 비하여 큰 글꼴과 강조된 글꼴을 사용하거나, 별개의 색상을 사용하는 등의 방법으로 고객이 쉽게 인식할 수 있도록 한 경우에는 정당한 명시가 있다. 그렇지만 주문을 위한 화면에 링크를 설정해 두는 것 외에 "약관의 존재에 대한 인식과 약관에 대한 동의하에서 계약을 체결하려고 한다"와 같은 문구를 삽입하면 더욱더 확실한 명시방법이 될 것이다.

3) 사본교부의무

사본교부의무는 명시의무 및 설명의무와는 달리 약관의 편입과는 상관이 없고 계약체결을 할 때 또는 계약체결을 한 후 고객이 요구하면 약관을 교부해야 한다는 측면에서 정보제공의무에 해당한다고 볼 수 있다는 견해가 있다.[47] 그러나 약관법상 이와 같은 사본교부의무를 규정한 것은 사업자가 약관을 아예 교부하지 않거나 교부를 하더라도 바로 회수하는 경우가 많았기 때문에 이러한 폐단을 방지하기 위해서 고객이 약관의 교부를 요구한 경우에 강제적인 명시의 방법으로 명문의 규정을 둔 것이다.[48] 따라서 통상 명시방법을 갖추었더라도 고객이 약관의 교부를 요구하였다면 실제로 사업자가 약관을 교부해야지만, 약관의 편입을 주장할 수 있는 것이다. 현실거래에 있어서는 문서로 된 사본을 교부하는 것이 일반적이나, 인터넷상으로는 전자문서를 전자우편을 통하여 발송하거나 해당 인터넷 사이트에서 다운로드 할 수 있다는 사실을 지적하는 것으로 사본교부의무를 다하였다고 볼 수 있을 것이다.[49]

할 것을 기대가능하다고 보아야 한다(인식의 기대가능성을 표준으로 하지만 같은 견해로 Köhler, MMR 1998, 292).

47) 왕상한, 「전자상거래와 국제규범」, 2001, 161면 주 41.

48) 이은영, 「약관규제법」, 1994, 117면.

49) 같은 견해로 왕상한, 「전자상거래와 국제규범」, 2001, 161면 주 41.

2. 설명의무

참고문헌: 권영준, "약관 설명의무의 재조명", 사법 제53호, 2020; 이소은, "약관 중요내용의 설명의무와 그 면제사유에 관한 고찰 ― 대법원 2019. 5. 30. 선고 2016다276177 판결을 중심으로", 홍익법학 제20권 제3호, 2019.

1) 설명의무의 인정 근거

설명의무는 편입단계에서 우리 약관법에 특유하게 요구하고 있는 요건이다. 독일 약관법은 이러한 설명의무를 인정하지 않고 있다.

설명의무를 인정해야 하는 근거에 관하여 학설과 판례는 일치된 입장을 취하지 않은 것으로 보인다. 첫째 견해는 설명의무에 정보제공 기능과 불공정성 규제 기능을 부여하려는 입장이다. 여기에는 판례와 다수 학설이 찬성하는 입장으로서 설명의무에 숨은 내용통제기능까지 부여하려고 하는 입장이다. 이 입장에서는 설명의무에 약관내용에 대한 고객의 인식 가능성을 높일 뿐만 아니라, 간접적으로 약관의 불공정성을 통제하는 수단으로서의 기능을 부여한다.[50)] 그런데 설명의무를 통하여 정보를 고객에게 제공하더라도 고객의 인식 및 이해가능성이 반드시 높아지는 것이 아니므로 설명의무의 주된 기능은 불공정성 규제에 더 중점이 있는 것으로 보기도 한다.[51)] 이 견해에 의하면 약관 조항의 불공정성이 발견된 경우에 고객이 불공정한 내용을 다투기보다는 설명의무위반을 주장하기 쉬우므로 설명의무위반을 주장하여 불공정한 내용의 계약편입을 부정하면 된다고 본다. 특히 약관의 불공정성은 고객이 증명해야 하나, 설명의무의 이행은 사업자가 증명해야 하기 때문에 설명의무위반을 주장하는 것은 고객에게 더욱 유용하다고 한다. 실제 판례는 불공정성을 내용통제보다 설명의무위반을 인정한

50) 손지열, 「민법주해[XIII]」, 1999, 308면; 서희석, "약관규제와 계약법", 외법논집 제41권 제3호, 2017, 733면; 이소은, "약관 중요내용의 설명의무와 그 면제사유에 관한 고찰 ― 대법원 2019. 5. 30. 선고 2016다276177 판결을 중심으로", 홍익법학 제20권 제3호, 2019, 90면.

51) 이소은, "약관 중요내용의 설명의무와 그 면제사유에 관한 고찰 ― 대법원 2019. 5. 30. 선고 2016다276177 판결을 중심으로", 홍익법학 제20권 제3호, 2019, 91면.

사례가 훨씬 많은 것으로 보인다.[52]

둘째 견해는 설명의무의 기능은 주된 계약내용에 설명의무가 제한되어 있다는 측면을 고려하여 설명의무는 주된 급부의 내용 이외에 계약체결에 있어서 중요한 내용을 고객에게 설명하도록 함에 그 의미가 있다고 본다.

2) 설명의무의 내용과 대상

약관법은 설명의무를 약관에 편입하기 위하여 사업자가 이행해야 할 중요한 의무로 규정하고 있다. 그에 따르면 사업자는 약관에 정하여져 있는 '중요한 내용'을 고객이 이해할 수 있도록 설명해야 한다(제3조 제3항 본문). 이와 같은 설명의무를 추가로 부과하고 있는 것은 단순한 명시만으로는 고객이 약관의 주요내용을 읽지 않을 뿐만 아니라, 그 내용을 실제로 읽더라도 이해하지 못하는 경우가 많기 때문이다.[53] 그렇다고 하여 설명의무를 너무 확대하여서는 안 된다. 설명의무는 극히 제한적으로만 인정해야지 너무 많이 요구한다면 사업자에게 지나친 부담이 되기 때문이다.

판례에 의하면 설명의무의 대상으로서 중요한 내용이라고 함은 "객관적으로 보아 고객이 약관의 내용을 알았더라면 그 계약을 체결하지 않았으리라고 예상되는 내용" 내지 "계약체결 여부나 대가를 결정하는 데 직접적인 영향을 미칠 정도의 사항"을 말한다고 보고 있다. 학설도 이러한 설명방식에 찬성하고 있다.

3) 설명의무의 이행시기와 이행방식

설명의무는 계약체결 시에 이행되어야 한다. 학설과 판례는 설명의무의 이행방식에도 상당한 제한을 가하고 있다. 즉, 사업자가 구두로 고객에게 설명을 하는 것이 통상적인 이행방식이겠지만, 중요한 사항을 잘 볼 수 있게 정리하여 문서로 서명을 받는 방법도 설명의무의 이행방식으로 인정하

---

52) 이와 같은 지적으로 이소은, "약관 중요내용의 설명의무와 그 면제사유에 관한 고찰 – 대법원 2019. 5. 30. 선고 2016다276177 판결을 중심으로", 홍익법학 제20권 제3호, 2019, 90면.
53) 손지열, 「민법주해[XII]」, 1999, 319면.

고 있다.[54)]

4) 설명의무의 예외적 면제

다만 약관의 성질상 설명이 현저하게 곤란한 경우에는 설명의무가 면제된다(제3조 제3항 단서). 이에 따라 설명의무가 면제되는 경우는 자동판매기와 같은 무인시설, 은행, 백화점 등에서와 같이 사실상 설명이 불가능한 경우이다.[55)]

견해에 따라서는 인터넷상 약관을 설명하기는 현실적으로 곤란하기 때문에 설명의무가 면제된다는 견해가 있다.[56)] 그에 따르면 설명의무가 면제되는 만큼 전자약관의 내용은 일반적인 약관보다도 더욱 상세하고 평이하게 기술되어 있어야 할 뿐만 아니라, 전자약관 화면상에서도 중요한 내용은 다른 전자약관조항과는 고객이 쉽게 인식할 수 있는 방법으로 구별되게 표시하여야 한다고 보고 있다. 따라서 설명의무를 대신하여 약관의 명시의무를 엄격히 적용하고, 약관의 심사 또한 엄격히 할 것을 요구하고 있는 것이다.

그러나 설명의무가 면제되는 예외를 너무 쉽게 인정하면 설명의무를 통하여 고객을 보호하려고 했던 취지가 무너지기 때문에 엄격한 요건에서만 예외를 인정해야 한다. 일반적으로 약관의 중요부분을 설명하는 방법은 고객에게 구두로 하는 것이 원칙이다. 그러나 부득이한 경우에는 약관을 별도의 설명문에 의하여 설명하는 것도 가능함은 앞에서 살펴보았다. 다만 이때에는 구두에 의할 때보다 성실하고 정확하게 내용을 기술해야 한다. 이러한 입장에서 본다면 웹상으로 중요한 내용을 문서로서 자세하게 설명

---

54) 손지열, 「민법주해[XII]」, 1999, 320면. 이 견해에서는 설명을 서면으로 하고 고객이 이에 대하여 구체적·개별적 동의를 하였다면 이 부분은 약관이 아니라, 개별약정에 해당한다고 한다(주 15 참조). 그러나 개별약정이 인정되기 위해서는 고객에게 해당 내용을 이해할 수 있는 가능성만이 부여되어야 하는 것이 아니라, 그 내용을 수정할 수 있는 가능성이 부여되어야 하기 때문에 개별적인 동의가 이루어졌다는 사정만으로는 이를 개별약정으로 보기는 어렵다.

55) 손지열, 「민법주해[XII]」, 1999, 321면.

56) 왕상한, 「전자상거래와 국제규범」, 2001, 162면.

할 수 있고 더 나아가서 동영상이나 MP3파일 등으로도 설명의무를 이행할 수 있기 때문에 약관을 설명하기에 현저하게 곤란한 예외적인 상황이 있다고 볼 수는 없다.[57)]

3. 고객의 동의

계약설의 입장에서 약관의 편입은, 사업자가 제시한 약관이 계약내용으로서 효력을 갖는다는 점에 대한 고객의 동의를 의미한다.[58)] 이때 이와 같은 동의가 있다고 해서 약관내용에 대한 계약당사자들의 합의까지 이루어진 것은 아니다. 약관의 내용은 사업자가 사전에 일방적으로 정한 것이므로 고객은 약관의 편입에 대한 동의를 통하여 단지 약관이 계약내용으로 된다는 점에 찬성한 것뿐이다.

4. 증명책임

명시·설명에 대한 증명책임은 사업자가 부담한다.[59)]

5. 약관 변경의 경우

참고문헌: 김진우, "헬스클럽의 회비 임의변경조항에 관한 약관법적 문제 – 대상판결: 대법원 2019. 12. 27. 선고 2015다78857 판결", 서울법학 제28권 제3호, 2020; 이병준·안남신, "계속적 계약관계에서의 약관의 개정", 소비자문제연구 제34호, 2008; 한승수, "마일리지 제공기준의 변경과 약관의 설명의무 – 대법원 2019. 5. 30 선고 2016다276177 판결", 중앙법학 제23권 제1호, 2021.

---

57) 김윤명·신재호·김형렬·유대종, 「사이버스페이스법」, 2001, 144면. 같은 입장으로 단계별로 설명의 방법을 제시하는 견해로 김동훈, 전자거래와 관련한 약관규제법의 정비방안, 62면: 그에 따르면 1) 전자약관의 제시단계에서 그 중요한 사항은 다른 조항들과 구별하기 위해 다른 색상이나 폰트, 밑줄 등을 사용하는 것, 2) 새창띄우기, 애니메이션, 나레이션 등을 혼합하여 사용하여 청각적인 효과도 아울러 활용하는 방안, 3) 질문·답변 형식과 선택형식을 이용하여 인터넷의 강점인 상호작용기능을 활용할 것, 4) 설명과정이 회원등록 절차의 일부분이 되도록 구성한다.

58) Bamberger/Roth-J.Becker, § 305 Rn. 42.

59) 김형배, "보통거래약관에 의한 계약", 고시연구 제20권 제2호, 1993, 63면.

1) 약관의 변경과 당사자 동의의 원칙

변경된 약관이 고객에게 효력을 갖기 위해서는 계약을 체결할 때와 동일하게 고객의 동의를 얻어야 한다(약관의 일방적 변경금지의 원칙). 따라서 고객의 동의를 얻지 못하면 변경된 약관은 고객에게 적용되지 못하는 것이 원칙이다. 하지만 모든 개정에 대하여 동의를 받아야 한다면 사업자에게 과도한 부담을 안겨 주므로 공정거래위원회에서는 변경된 내용이 고객에게 불리하거나 중요한 내용인지의 여부에 따라 나눈다. 즉, 변경된 내용이 고객에게 불리하지 않거나 중요한 내용이 아닌 경우에는 단지 공지하는 것만으로도 유효한 것으로 보아 동의의 원칙에 대한 예외를 인정한다. 하지만 약관의 변경사항이 고객에게 불리하거나 중요한 내용인 경우에 일방적으로 사업자가 약관을 변경하고 그 내용을 사후에 공지하는 것만으로 약관변경의 효력을 인정하는 조항은 고객에게 부당하게 불리한 약관조항으로 약관법 제6조 제2항 제1호에 해당하여 무효라고 판단하였다. 따라서 약관을 개정할 경우 일반적인 내용은 최소 7일, 고객에게 불리하게 변경되거나 중요한 내용인 경우에는 최소 30일 전에 고지 또는 전자메일로 통보하고, 고객이 개정에 동의하지 않은 경우 계약을 해지할 수 있도록 해야 한다고 보고 있다.[60)]

또한 판례는 변경된 약관에 고객의 명시적 동의를 얻지 않더라도 동의를 추단할 수 있는 사실이 있는 경우에도 동의가 있는 것으로 보았다. 즉, "인터넷 게임 서비스를 제공하는 사업자가 게임약관 및 통합서비스 약관에서 게임의 운영정책을 약관내용의 일부로 규정하고 따로 그 운영정책을 공지하고 있어 운영정책이 적법하게 약관의 일부가 되었으며, 위 사업자가 개별 이용자의 게임 이용 시 화면에 이용자 동의서를 띄워 놓는 방법으로 운영정책의 내용을 개별적으로 고지한 후 위 게임을 이용하도록 하였으므로, 위 게임 이용자들은 그 동의서의 내용에 동의한 사실을 추단할 수 있으므로 운

---

60) 공정거래위원회 2009. 11. 20.자 보도자료(온라인게임 상위 10개 사업자의 불공정약관 시정조치) 참조.

영정책이 편입된 위 게임약관에 동의한 것으로 보아야 한다"고 보았다.[61)]

고객의 동의가 있더라도 개정된 약관의 내용 중 고객에게 불리한 조항은 소급효가 없다. 만약 약관을 개정하는 경우에는 동의를 거부하고 기존 약관의 적용을 받을 것인지 아니면 계약을 해지할 것인지를 선택할 수 있는 권리를 고객에게 부여하여야 한다.[62)]

2) 의제조항의 문제점

통상 약관에 "약관을 개정하는 경우에 개정된 약관의 적용일자 및 개정사유를 공지하고 일정한 기간동안 고객의 이의제기가 없으면 개정된 약관에 승낙한 것으로 본다"는 의제조항을 두는 경우가 있다. 이에 따르면 약관이 개정되더라도 고객들은 개별통지를 받지 않고 개정된 약관이 효력을 갖게 된다.

기본적으로 이와 같은 의제조항을 담은 약관조항은 약관법 제12조 제1호에 해당하여 무효가 될 가능성이 크다. 약관의 변경 시 고객의 동의가 있어야만, 개정된 약관이 기존의 고객에게 적용될 수 있는데, 의제조항은 고객의 동의 없이도 적용되는 것으로 규정하고 있기 때문이다. 즉, 약관에 의하여 일정한 작위 또는 부작위가 있는 때 고객의 의사가 표명되거나 표명되지 아니한 것으로 보는 조항은 의사표시의 의제조항이기 때문에 원칙적으로 금지된다(제12조 제1호). 다만 단서에서 규정하고 있는 예외적인 사항이 적용된다면 유효할 수 있다. 이를 위해서는 1) 고객에게 상당한 기한 내에 의사표시를 하지 아니하면 의사표시가 표명되거나 표명되지 아니한 것으로 본다는 뜻을 명확하게 따로 고지하거나, 2) 부득이하게 이러한 사실을 고지하지 못했어야 한다. 여기서 말하는 "고지"는 의사표시의 의제를 필요로 하는 경우에 별도로 해야 하며 계약체결 시 교부된 약관에 기재되어 있는 의제고지는 안 된다.[63)] 고지가 불가능한 경우는 불특정 다수를 상대로

---

61) 대법원 2010. 10. 28. 선고 2010다9153 판결.

62) 이은영, 「약관규제법」, 1994, 66면 및 340면 이하.

63) 이은영, 「약관규제법」, 1994, 66면.

하는 거래, 상대방의 연락처를 알 수 없거나 주소변동 등으로 연락이 되지 않는 경우 등을 말한다.[64)]

우선 고지를 고객에게 하지 못할 사유는 존재하지 않는다고 보아야 한다. 회원가입 시 얻은 전자우편주소를 통하여 고객에게 전자우편서비스를 이용하여 각 고객에게 해당 내용을 쉽게 고지할 수 있기 때문이다. 또한 제14조 제2항에서 약관 개정내용과 그 사유를 공시하는 것만으로는 1)의 요건이 충족되지 못한다. 1)의 요건이 충족되기 위해서는 고객에게 별도의 통지를 통하여(즉, 초기화면에 공시하는 것만으로 안 됨) 변경된 약관에 거부의 의사표시를 하지 않는 이상 동의한 것으로 본다는 내용을 전달해야 한다. 이때 본질적인 내용의 변경이 있다면 종전의 약관을 선택할 수 있는 길을 열어두어야 한다. 또한 고객의 선택권을 돕기 위해서 일정한 설명의무가 사업자에게 부과된다고 보아야 한다.[65)]

Ⅳ. 약관 불편입의 효과

사업자가 약관의 명시·설명의무를 위반하여 계약을 체결할 때에는 당해 약관을 계약의 내용으로 주장할 수 없다(제3조 제4항). 따라서 약관의 내용이 계약으로 편입되지 않은 법률효과가 발생하는 것이 아니라, 사업자가 해당 약관을 계약의 내용으로 주장할 수 없는 것이므로 고객이 이를 계약의 내용으로 받아들일 경우에는 계약의 내용이 될 수 있다는 것을 의미한다. 이러한 측면에서 명시·설명의무를 이행한 경우에 계약의 구성부분이 된다는 독일 약관법과 그 입법태도를 달리한다고 한다.[66)]

64) 손지열, 「민법주해[XII]」, 1999, 392면.
65) 정종휴, "인터넷에 의한 여·수신계약과 은행거래약관", 비교사법 제7권 제2호, 2000, 44면.
66) 권오승, "한국의 약관규제", 경쟁법연구 제8권, 2016, 574면.

제2절 / 개별약정 우선의 원칙

참고문헌: 장덕조, "설명의무위반으로 인한 계약편입배제와 개별약정 우선의 원칙", 사법 제37호, 2016; 최병규, "약관규제법상 개별약정 우선의 원칙에 관한 연구", 경제법연구 제10권 제1호, 2011.

약관에서 정하고 있는 사항에 관하여 당사자와 고객이 약관의 내용과 다르게 합의한 사항이 있을 때에는 당해 합의사항은 약관에 우선한다(제4조).

I. 규정의 취지

본 규정은 약관에서 정하고 있는 사항과 사업자와 고객이 다르게 합의한 사항이 있을 때 이들 관계에 관하여 규정하고 있다. 본 규정에 의하여 이들 내용이 서로 충돌하는 경우에 당사자들이 개별적으로 합의한 사항이 약관의 내용보다 우선하게 된다. 이에 따라 약관과 다른 개별적인 합의가 있으면 해당 관련 약관조항은 그 구체적인 개별계약에 대하여 후순위로 밀리게 되어 고려의 대상에서 배제된다.

본조에 규정된 "개별약정 우선의 원칙"은 약관이 제도적 측면에서 당사자들에 의하여 개별적으로 합의된 내용을 보충하거나 보완하는 기능을 갖고 있다는 점을 생각하면 쉽게 이해된다. 약관의 이러한 기능으로 말미암아 약관은 당사자들이 개별적으로 합의한 내용을 뛰어넘어서 우선할 수 없는 것이다. 이처럼 "개별약정 우선의 원칙"은 개별적인 합의와 일반적인 합의 사이에 내용상 충돌이 있는 경우에 개별약정만이 효력을 갖고 약관상 규정이 후퇴함을 선언하고 있는 것이다(기능적 순위).[67] 본 규정은 새로운 내용을 도입한 것이 아니라, 기존에 학설과 판례[68]에 의하여 인정되었던 것을 명문화한 것으로서 이 원칙을 명시적으로 선언하였다는 점에서 의미가 있다.

비교법적인 차원에서 개별약정 우선의 원칙은 독일의 구 약관법(AGB-Gesetz) 제4조에 규정되어 있었으나, 채권법개정으로 현재는 독일 민법전(BGB) 제305조b에 동일하게 규정되어 있다.[69] 또한 유엔 상거래법 위원회(UNIDROIT)에서 제정한 "국제상사계약 원칙(PICC)"에도 동일한 원칙을 선언하고 있다.[70]

II. 체계적 지위

본조의 체계적 지위가 학설상 명확하게 정립되지 않은 것으로 보인다. 왜냐하면 학설은 개별적 약관이 우선하는 경우에 이와 충돌하는 약관내용의 효력에 관하여 다양한 입장을 갖고 있기 때문이다. 즉, 개별약정이 우선하는 경우에 이와 충돌하는 약관내용을 무효로 보는 견해,[71] 약관내용의 편입을 부정하는 견해,[72] 당사자 사이의 특별한 정함이 없는 한 단지 내용상 충돌하는 한도에서 약관내용이 후순위로 있게 된다는 견해로 나뉘고 있다.[73]

---

67) HK-BGB/Schulte-Nölke, § 305b Rn. 2.

68) 대법원 1985. 11. 26. 선고 84다카2543 판결: 보험약관에서도 당사자 간에 명시적으로 달리 약정한 경우에는 약관의 구속력이 배제된다.

69) § 305b BGB [Vorrang der Individualabrede] Individuelle Vertragsabreden haben Vorrang vor Allgemeinen Geschäftsbedingungen.

70) PICC Article 2.21 (Conflict between standard contract terms and non-standard terms) In case of conflict between a standard term and a term which is not a standard term the latter prevails.

71) 이러한 견해로 김동훈, "개별교섭후 수정되지 않은 약관조항의 효력", 법학논총 제22권 제2호, 2010, 451면; Zoller, JZ 1991, 850, 854.

72) 이러한 견해로 공정거래위원회, 「약관규제의 실제 : 약관규제법 시행 20주년을 기념하여」, 2008, 38면; Wolf/Lindacher, § 305b BGB Rn. 2.

73) 이러한 견해로 이은영, 「약관규제법」, 1994, 109면: "개별약정우선의 원칙은 계약의 해석

이에 관한 자세한 내용은 제2장 제1절 Ⅳ. 참조.

원칙에 관한 것이므로, 약관의 조항을 무효로 하는 것이 아니라 약관조항이 개별약정보다 후순위로 적용된다는 「당사자 채용합의의 범위」 및 「약관의 편입범위」를 정하는 것이다. 이와 같은 견해로 Ulmer/Ulmer, § 305b BGB Rn. 1; Soergel/Stein, § 4 AGBG Rn. 15.

제3절 / 특수문제: 서면요식조항

참고문헌: 이병준, “약관에 규정되어 있는 서면요식조항의 효력”, 재산법연구 제36권 제4호, 2020.

I. 서면요식조항에 관한 논의필요성

약관법 제4조에 규정되어 있는 개별약정 우선의 원칙은 해당 개별약정이 어떠한 형식으로 이루어졌는지와 관계없이 인정된다. 즉, 개별약정은 사업자가 작성한 약관과 별도로 구두로 이루어질 수도 있고 서면 형식으로 이루어질 수도 있으며 양자가 결합한 형태로 이루어질 수도 있다. 사적자치의 원칙의 한 세부 내용으로서 방식의 자유가 인정되고 있는 이상,[74] 다양한 형태로 개별약정이 이루어지더라도 그 효력이 인정되는 것이 원칙이다.

이렇듯 약관을 사용하는 사업자는, 다양한 형태의 개별약정이 존재하기 때문에 약관의 규정과 다른 내용의 합의가 이루어졌다는 고객의 주장과 직면하게 된다. 특히 사업자가 계약을 직접 체결하는 것이 아니라, 대리인 또는 계약을 체결하기 위한 권한을 수여한 직원 등 다른 자에 의하여 계약체결이 이루어지는 경우에 이러한 상황이 더 자주 발생한다. 사업자는 자신이 예정한 약관 내용이 아니라, 개별약정의 내용으로 계약의 효력을 인정해야 한다면 곤란을 겪을 수 있다. 왜냐하면 사업자가 약관을 마련하는 주된 이유 중의 하나는 약관을 통하여 많은 고객과 동일한 내용의 계약을 체결함으로써 통일적 사업모델을 만드는 것이기 때문이다. 또한 개별약정이

74) 방식의 자유에 관하여 자세한 것은 이은영, 「민법총칙」, 제5판, 2009, 347면 이하 참조.

인정되면 자신이 예정하지 않거나 원하지 않은 계약의 내용도 이행해야 할 수도 있다.

이러한 연유로 사업자는 약관의 내용과 다른 개별약정의 효력을 인정하지 않거나 그 효력을 제한하려는 내용을 약관에 담으려고 한다. 특히 개별약정이 주로 구두로 체결되므로 구두에 의한 개별약정을 금지하는 조항을 약관에 담으려고 한다. 이러한 구두에 의한 개별약정을 제한하는 조항을 서면조항[75] 내지 서면요식조항(Schriftformklausel)이라고 한다.[76]

이러한 서면요식조항은 실무에서 많이 사용되고 있다. 그러나 서면요식조항의 효력이 약관법에 기하여 인정될 수 있는지에 관하여 아직 학계에 많은 논의가 이루어진 것은 아니다. 다만 약관법 교과서에서 서면요식조항의 효력과 개별약정 우선의 원칙의 관계에 관하여 언급하고 있다. 그리고 영미법상의 구두증거배제의 원칙[77]과 연관하여 서면요식조항의 한 형태인

---

75) 이와 같은 문헌으로 손지열, 「민법주해[XII]」, 1999, 324면.

76) 나중에 더 자세히 서술하겠지만, 서면요식조항은 요식규정의 특수한 형태라고 볼 수 있다. 즉, 법률에서 서면에서 요식행위로서 요구하는 것이 아니라, 당사자의 약정을 통하여 서면으로 계약의 내용확정을 위하여 요구하면서 서면으로 체결되지 않은 계약상 합의의 효력을 부정하는 조항을 말한다. 따라서 본 절에서는 효력을 부정한다는 측면을 강조하기 위하여 기존의 서면조항이라는 표현을 대신하여 서면요식조항이라는 용어를 사용하기로 한다.

77) 구두증거배제의 원칙(parol evidence rule)이라고 함은 당사자 사이에 최종적으로 완성된 계약서가 존재하는 경우, 해당 계약 성립 이전에 당사자가 행한 서면 또는 구두증거와 계약 성립과 동시에 행한 구두증거는 해당 계약내용을 변경, 추가 또는 배제하기 위한 증거로서 채택될 수 없다는 원칙을 말한다. 이 원칙은 영미법계에서 배심원들이 신뢰할 만한 계약에 관한 서면증거를 무시하는 것을 방지하기 위하여 발전된 것으로서 하나의 실체법적 계약법상의 법리로 이해되고 있다(이에 관하여 자세한 것은 윤남순, "미국 계약법상 구두증거배제의 법칙", 「지식사회와 기업법」(이기수 교수 화갑기념논문집), 2005; 정형진, "영미법상 구두증거배제원칙", 경영법률 제17집 제1호, 2006; 김선국, "구두증거배제의 원칙—그 적용상의 문제와 현대적 의미에 관하여", 경영법률 제16집 제2호, 2006; 김영주, "미국 통일상법전상의 구두증거배제법칙과 계약의 해석", 비교사법 제23권 제2호, 2016; 이소은, "미국법상 구두증거배제의 원칙에 관한 연구—처분문서의 증명력 법리와의 비교를 중심으로", 비교사법 제23권 제1호, 2016 참조). 구두증거배제의 원칙은 일방 당사자가 계약서의 문언과 정면으로 배치되는 약정 내용을 주장하는 경우 그에 관한 구두증거 및 외부증거의 제출을 제한하고 그와 같은 약정을 인정하지 않음에 반하여, 우리 판례가 인정하고 있는 처분문서의 증명력 법리는 이와 같은 증거의 제출 자체

완결조항에 관하여 부분적으로 논의된 적이 있다.[78] 그러나 실무에서 영미법의 영향 등으로 서면요식조항을 점차 많이 활용하면서 약관법에 기한 서면요식조항의 효력에 대하여 논의할 필요성은 점차 커지고 있다.[79]

Ⅱ. 입법 불비에 따른 이론정립의 필요성

우리 약관법에는 서면요식조항의 유효성 문제를 직접적으로 다루고 있는 명문의 규정이 없다.[80] 참고로 독일에도 서면요식조항에 관하여 명문의 규정이 없으나, 입법과정에서 관련 조항을 두려는 논의가 있었다. 정부안에서는, 계약상 합의가 서면으로 작성된 경우에만 유효하거나, 약관을 사용하고 있는 사업자가 내용에 관하여 서면으로 확인을 한 경우에만 유효하

는 허용한다는 측면에서 다르다고 한다.

78) 최영홍, "완결조항에 관한 소고", 상사법연구 제28권 제1호, 2009.

79) 본 주제에 특별히 관심을 가지게 된 계기는 온라인광고분쟁조정위원회 전체 회의에서 한국인터넷광고재단이 발표한 내용 때문이다(손봉현, "온라인광고 대행사 부당약관 사례 분석", 「온라인광고분쟁조정위원회 발표자료집」, 2019). 해당 발표에서 계약 교섭단계와 관련된 부당약관 유형의 하나로 "본 계약 및 약관에 명시되지 않은 특약 사항은 대행사에게 주장하지 못하며, 대행사는 이로 인한 일체의 법률상 책임을 지지 않는다", "본 계약서 외에 구두상이나 별도의 이면계약은 유효하지 않습니다"라는 조항들이 제시되었다. 해당 발표에서 이러한 조항은 텔레마케팅 방식의 영업관행을 고려할 때 영업사원과 구두 특약의 유효성을 인정할 필요가 있다면서 이러한 조항은 개별약정 우선의 원칙을 규정한 약관법 제4조에 위반된다고 보았다. 다만 해당 발표에서 개별약정의 존재에 대한 입증문제가 있음을 지적하면서 소액사건에서 원고가 제출한 증거만으로는 개별약정을 인정하기 어렵다는 사견이 제시되었다.

80) 이와 관련하여 약관법 제12조 제2호에서 고객의 의사표시의 형식이나 요건에 대하여 부당하게 엄격한 제한을 두는 조항을 무효로 규정하고 있다. 이와 유사하게 독일 민법 제309조 제13호에서는 약관사용자 또는 제3자에 대하여 행하여지는 통지나 의사표시에 서면방식보다 엄격한 방식이나 특별한 도달요건을 결부시킨 조항이 무효임을 규정하고 있다. 그런데 약관법 제12조 제2호 및 독일 민법 제309조 제13호는 고객이 행하는 일방적 의사표시에 한정하여 적용되는 것으로 보아야 한다. 따라서 본 조항은 계약상의 합의에는 적용되지 않는다(Staudinger/Coester-Waltjen, § 309 Nr. 13 Rn. 2).

다고 하는 내용을 담고 있었다.[81] 그 반면에 기민당/기사당의 안에서는 명시적으로 구두약정을 금지하는 약관조항을 유효한 것으로 보고 이러한 내용의 약관조항을 허용하려고 하였다.[82] 입법과정에서 양 안 모두 채택되지 않았다. 정부안인 원천적 무효 입장은 서면요식조항이 거래관계의 명확성에 기여할 수 있고, 중요한 계약내용의 경우에는 서면으로 계약내용을 작성하는 것이 증명을 용이하게 할 수 있다는 측면에서, 고객의 이익에도 부합할 수 있다는 이유로 거부되었다. 또한 기민당/기사당의 안에 따라 서면요식조항의 효력을 법률상 명시적으로 인정하게 되면, 사업자가 서면요식조항을 내세워서 고객의 이익을 부당하게 침해하려고 하는 경우, 판례에서 그 효력을 부정하기 어려워질 수 있다는 측면에서 거부되었다. 결국 독일에서는 입법자가 서면요식조항의 유효성 문제를 학설과 판례에 맡긴 것으로 보고 있다.[83]

우리 약관법에 서면요식조항의 유효성에 관한 명문의 규정이 없는 한, 독일과 마찬가지로 약관법에 의한 일반조항에 의하여 서면요식조항의 유효성을 검토해야 한다. 우리나라에서는 서면요식조항의 유효성이 주로 약관법 제4조의 개별약정 우선의 원칙에 연관하여 논의되고 있다. 즉, 서면요식조항이 개별약정 우선의 원칙을 배제하는 효력을 갖는다는 측면에서만 논의되고 있다. 독일에서는 서면요식조항의 유효성과 관련하여 개별약정 우선의 원칙과 연관하여 논의가 되고 있는 한편, 추가적으로 서면요식조항이 고객에게 부당하게 불리한 조항으로서 무효가 아닌지도 논의되고 있다.

독일에서 추가로 약관의 내용통제에 관한 쟁점을 논의하는 이유는 서면요식조항이 단체소송에서 문제가 되고 있기 때문이다. 단체소송의 경우 구체적인 계약관계와 연관되지 않고 약관의 내용통제만이 문제되므로 개별약정은 문제되지 않는다. 그렇지만 기본적으로 개별약정이 유효하게 존재한다는 것을 전제로 해당 쟁점이 검토되고 있다. 이 부분은 해당 내용을 살

81) § 9 N. 17 RegE, BT-Drs. 7/3919, 20.

82) § 3 Abs. 2 CDU/CSU-Entwurf, BT-Drs. 7/3200, 10.

83) MünchKomm/Basedow, § 305b Rn. 13; Ulmer/Schmidt, (41) Schriftformklauseln Rn. 4.

펴보면서 더 자세히 논의하겠다.

Ⅲ. 서면요식조항의 구체적 유형과 그 내용

서면요식조항이 유효한지 여부와 개별적인 구두의 합의가 가능한지의 문제는 이론적으로 쉽게 해결할 수 있는 쟁점이 아니다. 왜냐하면 서면요식조항의 유효성을 판단하기 위해서는 앞에서 살펴본 바와 같이 개별약정 우선의 원칙에 관한 제4조는 물론 약관에 기한 내용통제에 관한 약관법 제6조 제1항을 동시에 검토해야 하기 때문이다.

서면요식조항의 유효성에 관하여 많은 연구와 판례가 집적된 독일에서도 상당 기간 이에 관하여 논란이 지속되었다.[84] 왜냐하면 독일에서는 다양한 유형의 서면요식조항이 합의되어 유형별로 그 유효성에 관한 판단이 필요하였을 뿐만 아니라, 입법과정에서도 서면요식조항의 긍정적 의미가 부각되면서 서면요식조항이 유효할 수 있다는 시각이 존재하였기 때문이다. 즉, 서면요식조항은 사업자와 고객 사이의 법률관계 명확성에 기여할 수 있다는 측면도 있고 체약대리인이 부당하게 자신의 권한을 넘어서 약관 내용과 다르게 고객과 합의하는 것을 방지할 수 있는 긍정적 효력을 가질 수 있다. 반면에 계약당사자들이 구두로 개별적인 합의를 할 수 있다는 사법의 대원칙을 침해할 수 있는 가능성은 언제나 존재한다. 따라서 서면요식조항의 구체적인 내용과 당사자들이 체결한 사정을 기초로 서면요식조항의 효력을 판단하는 것이 타당하다. 이러한 측면에서 서면요식조항을 유형별로 구분하고 그 유형에 따라 구체적인 내용을 먼저 확정하는 것이 요구된다.[85]

---

84) Ulmer/Schäfer, § 305b Rn. 29.

85) 이때 서면요식조항의 구체적인 내용의 확정은 약관의 해석을 통하여 이루어진다(Stoffels, Rn. 349).

1. 서면요식조항의 유형

독일에서는 서면요식조항의 유형을 단순한 서면요식조항(einfache Schriftformklausel), 특수한 서면요식조항(qualifizierte Schriftformklausel) 및 확인조항의 형태를 갖는 특수한 서면요식조항(qualifizierte Schriftformklausel in Form einer Bestätigungsklausel)으로 나누고 있다.[86]

1) 단순한 서면요식조항

단순한 서면요식조항은 기본적으로 합의가 서면을 통하여 이루어질 것을 요구하면서 개별적인 구두에 의한 부수적 합의의 효력을 부정하는 조항을 의미한다. 서면요식조항은 구두에 의한 합의가 서면형식을 갖추지 않았다면 요식성이 결여되었다는 이유로 구두에 의한 합의의 효력을 부정하는 내용을 담고 있다. 이처럼 사적자치의 원칙상 당사자들은 서면이 이루어진 경우에만 합의가 효력을 갖는다고 합의를 볼 수 있다.[87]

단순한 서면요식조항은, 예컨대 "구두합의가 효력을 갖기 위해서는 서면으로 체결해야 한다"라는 내용을 갖는다. 이와 같은 조항은, 합의가 서면의 형식으로만 효력을 발생한다는 측면에서 **창설적 효력**(konstituve Wirkung)을 갖는다.

그에 반하여 계약상의 조항이, (증명의 이유로) 이미 효력을 발생하고 있는 구두에 의한 합의를 서면으로 작성할 것을 요구하는 경우가 있다. 이 조항은 창설적 효력을 갖지 않고 단지 선언적 의미만을 갖는 서면요식조항에 해당한다.[88] 이 경우에 서면으로 이루어지지 않은 계약내용의 변경은 해당 약정이 구두로 이루어졌다는 이유로 무효로 되는 것이 아니다. 이러한 약정은 유효하며 상대방은 이 조항을 기초로 사후적으로 해당 약정의 내용

---

86) Ulmer/Schäfer, § 305b Rn. 30; Staudinger/Schlosser, § 305b Rn. 39; Stoffels, Rn. 349. 이에 관하여 자세한 것은 Bloching, NJW 2009, 3394 참조.

87) Münchkomm/Einsele, § 127 Rn. 4.

88) Münchkomm/Einsele, § 127 Rn. 4.

을 서면으로 작성할 것을 요구할 수 있는 청구권을 갖는다.[89)] 이처럼 그 효력을 부인하지 않는다는 점에서 창설적 효력을 갖는 서면요식조항과 근본적으로 다르다.

따라서 서면요식조항이 선언적 효력만 갖는지 아니면 창설적 효력을 갖는지 여부는 매우 중요한 문제이다. 그런데 이는 기본적으로 당사자가 한 의사표시의 해석을 통하여 확정해야 한다. 이때 당사자의 의사가 명확하게 도출될 수 없는 경우에는 선언적 효력만 갖는 것으로 해석해야 한다.[90)] 선언적 서면요식조항은 약관법 측면에서 볼 때 문제가 없는 조항이므로, 앞으로는 주로 그 유효성이 문제되는 창설적 효력만 갖는 서면요식조항에 대하여만 살펴보려고 한다.

독일 민법 제125조 제2문에서는 당사자 사이의 약정에 의하여 서면을 요구한 경우에는 서면의 요건을 충족하지 않으면 '의심이 있는 경우'에 무효라는 법률효과가 발생한다고 규정하고 있다. 그러나 독일 판례는 '의심이 있는 경우'라는 요건을 엄격하게 해석하여 사실상 이에 해당하는 적용영역이 존재하지 않는다.[91)] 당사자들이 누리는 계약자유의 원칙을 사전에 미리 포기할 수 없다는 것이 논거이다. 계약당사자들이 이미 정한 계약내용을 구두로 변경하는 것으로 합의하였다면, 그 합의대로 효력이 발생하는 것도 의욕하였다고 보는 것이 자연스럽다는 것이다. 그 결과 합의에는 당사자들이 서면요식조항이 더 이상 효력이 없어야 한다는 점에 합의를 보았다는 내용이 함축되어 있다.[92)] 이와 같은 서면요식조항의 효력을 부정하는 것은 형식 없이도 가능하며 묵시적으로도 이루어질 수 있기 때문이다.[93)] 결국 창설적 효력을 갖는 서면요식조항도 개별계약에서는 구두에

---

89) Münchkomm/Einsele, § 125 Rn. 69.

90) Bloching, NJW 2009, 3394.

91) BGH NJW 1976, 395. 이와 같은 입장에 대하여 비판적인 견해로 Münchkomm/Einsele, § 125 Rn. 70.

92) Staudinger/Schlosser, § 305b Rn. 40.

93) Soergel/Hefermehl, § 125 Rn. 32.

의한 개별약정으로 계약내용을 변경하는 것을 원칙적으로 막지 못한다.[94)]

2) 특수한 서면요식조항

특수한 서면요식조항에서는 특별한 요건을 충족시키는 서면에 의해서만 개별적인 합의내용이 효력을 갖는 것으로 규정하고 있다. 따라서 서면요건 이외에도 다른 요건이 유효요건으로 추가된다. 예컨대 특수한 서면요식조항은 "본 계약내용의 변경과 보충은 구두상 합의가 이루어졌다고 하더라도 서면으로 작성되고 양 당사자의 서명이 있는 경우에만 유효하다"라는 내용을 갖는다.

특수한 서면요식조항의 경우 약관을 사용한 사업자의 서면에 의한 확인 또는 사업자에 의하여 대리권을 수여받은 대리인의 개별적인 서면에 의한 합의를 요구하는 조항도 많이 사용된다. 확인조항의 형태를 갖는 특수한 서면요식조항의 경우에는 "부수적 합의는 명시적인 서면에 의한 확인을 통해서만 가능하다"라는 내용을 갖는다. 특별한 서면요식조항이 있는 경우 대리권을 수여받았으나, 계약서 내지 약관과 다른 내용을 개별적으로 합의를 할 수 있는 대리권이 없는 경우 이 대리인이 한 개별적 합의는 그 효력이 부정된다. 따라서 이와 같은 내용의 서면요식조항의 경우에는 서면으로 개별약정이 이루어질 것을 요구하는 내용에 추가하여 대리인의 대리권을 제한하는 내용을 가지게 된다. 따라서 특수한 서면요식조항의 경우에도 단순한 서면요식조항과 마찬가지로 구두에 의한 개별약정을 막는 효력은 없으나, 대리인의 대리권을 제한하는 내용에서는 그 유효성이 별도로 검토되어야 한다.

2. 서면요식조항과 구별해야 하는 조항

서면요식조항과 구별해야 할 조항으로는 완결조항(Vollständigkeitsklauseln,

---

94) Lingemann/Gotham, NJW 2009, 269.

merger clauses)이 있다.[95] 완결조항이라고 함은 계약서면을 통하여 정해진 사항만 최종적인 계약내용으로 인정하는 조항을 말한다. 완결조항은, 예컨대 "그 밖의 합의는 존재하지 않으며 구두에 의한 추가적인 독립한 합의는 없다"는 형태를 갖는다. 완결조항의 경우에는 단지 작성된 서면 이외에 추가적인 서면 또는 구두합의가 없다는 사실을 소극적으로 밝히기만 하는 것뿐이다. 따라서 개별약정 우선의 원칙에 관한 제4조와의 관계에서는 문제될 것이 없고 약관법에 기한 내용통제만이 문제된다.[96]

서면요식조항과 구별해야 할 약관조항으로는 그 밖에 고객이 사업자 또는 제3자에 대하여 하거나 사업자가 고객에게 하는 의사표시 내지 통지를 일정한 형식에 의하여서만 이루어지도록 요구하는 조항이다. 독일에서는 이 경우 서면요건을 인정하고, 단지 더 강화된 형식요건을 금지하고 있다(독일 민법 제309조 제13호).[97] 물론 고객이 통상 형식 없이 유효하게 행사할 수 있는 의사표시에 대하여 서면요건을 정하는 조항이 항상 유효한 것은 아니며, 경우에 따라서는 부당하게 불리한 내용을 가질 수 있다.

3. 서면요식조항의 목적과 기능

모든 유형의 서면요식조항은 기본적으로 개별적인 합의내용이나 추가적인 내용에 관한 확약 등의 효력을 부정하기 위한 목적을 갖는다. 이를 위하여 서면이라는 강화된 요건하에서만 효력을 갖도록 하는 것이다.[98]

이미 앞에서 살펴본 바와 같이 서면요식조항은 계약내용에 대한 불명확성을 제거하고 약관으로 체결된 계약에 통일성을 보장하는 기능을 한다.

---

95) Stoffels, Rn. 350.

96) Ulmer/Schäfer, § 305b Rn. 30.

97) 독일 민법 제309조 [평가유보 없이 금지되는 조항] 법률규정과 다른 약정이 허용되는 경우라도, 다음 각 호의 약관조항은 무효이다. 13. (통지와 의사표시의 방식) 약관을 사용하는 사업자 또는 제3자에 대하여 행해지는 통지나 의사표시에 서면방식보다 더 엄격한 방식이나 특별한 도달요건을 요구하는 조항.

98) Ulmer/Schäfer, § 305b Rn. 30.

특히 약관을 사용한 사업자의 입장에서는 자신이 서면으로 한 동의내용의 효력을 인정하고 계약체결을 위하여 투입된 직원, 모집인 등이 개별적으로 한 계약과 연관된 주요 의사표시의 효력을 부정하는 기능을 한다. 이때 서면요식조항은 개별적으로 이루어진 계약체결 당사자가 한 의사표시, 추가적 합의 내지 보장 내용으로부터 구속되지 않을 목적을 갖는다. 따라서 이러한 내용을 담고 있는 서면요식조항은 사업자를 위하여 고객과 구체적으로 계약을 체결하는 당사자의 대리권을 제한하는 역할을 한다. 이때 대리권은 약관의 내용대로 계약내용이 변경되지 않은 상태로 추가적인 개별적 약정 없이 체결할 수 있는 것으로 제한된다. 그런데 이 경우 약관의 내용을 유심히 살펴보지 않은 계약상대방인 고객은 개별적으로 이루어진 합의내용이 유효하다고 신뢰한 상태에서 계약을 체결할 위험성이 존재한다. 이때 이러한 신뢰와 서면요식조항에 따라 개별적인 합의의 효력이 부정되는 법률효과가 충돌하게 된다.

4. 서면요식조항의 효력 검토순서

다양한 유형의 서면요식조항을 법률적으로 정확히 평가하기 위해서 기본적으로 제6조 이하에 따른 내용통제와 개별약정 우선의 원칙을 규정한 제4조와의 관계를 엄격히 구분해야 한다. 그런데 약관에서 서면요식조항이 규정되어 있어 개별약정이 서면이라는 형식을 통해서만 이루어질 수 있는지의 문제는 기본적으로 서면요식조항이 유효한 것을 전제로 한다. 따라서 서면요식조항은 계약내용으로 편입되고 약관법에 의한 내용통제에 따라 무효가 아니어야 한다.[99] 그에 반하여 서면요식조항이 그 자체로 무효인 것으로 판명되더라도 대리인의 대리권을 제한하는 효력을 부분적으로 가질 수 있음은 주의해야 한다.

통상적 이해에서 보면 약관의 유효성 검토는 약관의 편입, 해석을 통한

99) Ulmer/Schäfer, § 305b Rn. 31.

내용의 확정 그리고 내용통제단계를 거치게 된다. 따라서 편입 내지 해석단계에 해당하는 개별약정우선의 원칙이 내용통제 단계보다 먼저 검토해야 하는 것으로 생각할 수 있다.[100] 그러나 논리적으로 본다면 약관법에 기한 제6조 이하의 내용통제는 개별약정 우선의 원칙을 규정한 제4조에 우선한다. 그 이유는 다음과 같다. 제4조가 적용되기 위해서는 기본적으로 약관과 개별약정의 내용이 상이해야 한다. 그런데 이와 같은 충돌이 일어나기 위해서는 해당 약관의 규정내용이 내용통제 단계를 통과하여 유효한 규정으로 각각 판단되어야 한다.[101] 즉, 약관과 개별약정 모두 유효한 상태에서 상호 내용이 충돌한 때에 양자의 우선순위를 정하는 것이 제4조인 것이다.

이러한 시각은 독일에서 약관의 추상적 내용통제만이 문제되는 단체소송에서 중요한 의미를 갖는 것으로 보고 있다. 왜냐하면 단체소송에서는 개별약정 우선의 원칙은 문제되지 않기 때문이다. 우리나라의 경우에는 추상적 내용통제가 공정거래위원회를 통하여 이루어지므로 여기서도 문제가 될 수 있다.[102] 그러나 개별약정 우선의 원칙을 규정한 제4조의 내용을 배제하기 위한 내용으로 약관이 규정되어 있는 경우에는 이미 해당 약관은 그 자체로 내용통제로 인하여 무효가 되므로 이 사유만으로 단체소송의 대상이 될 수 있다.

또한 추상적 내용통제가 일어나는 단체소송과는 달리 개별적 사안을 대상으로 하는 소송에서는, 당사자들이 적용될 수 있다고 판단한 사유를 먼저 주장할 수 있으므로 앞에서 언급한 논리적 순서는 중요하지 않다.[103] 개

---

100) 약관의 내용과 다른 개별약정의 존재만을 기준으로 판단하려는 입장(손지열, 「민법주해 [XIII]」, 1999, 323면)은 이와 같은 견해를 바탕으로 하고 있는 것으로 보인다.

101) BGH NJW 1984, 48 f.; Ulmer/Schäfer, § 305b Rn. 2a. 이와 다른 견해로 Soergel/Stein, § 4 AGBG Rn. 4.

102) 예컨대 공정거래위원회 시정권고 제2009-084호[사건번호 2009약관4240 - 사건명 : 케이비부동산신탁(주)의 부천중동더스테이트상가(더스테이트몰) 매매계약서상 불공정약관 조항에 대한 건] 참조.

103) Ulmer/Schäfer, § 305b Rn. 2a; Staudinger/Schlosser, § 305b Rn. 2; Wolf/Lindacher, § 305a Rn. 4.

별소송에서는 한 조항의 무효를 제4조 또는 제6조 이하의 규정을 기초로 모두 근거지울 수 있으므로 논리적 순서는 중요한 의미를 갖지 않는다.

Ⅳ. 서면요식조항과 개별약정 우선의 원칙과의 관계

1. 원칙: 개별약정 우선의 원칙의 적용

1) 학설과 판례의 입장

개별약정 우선의 원칙과 관련하여서는 개별적인 구두약정이 항상 이러한 구두약정의 효력을 부정하는 서면요식조항에 우선한다.[104] 즉, 서면요식조항이 어떠한 내용을 갖든 서면요식조항에서 요구하는 구체적 형식이 무엇인지 상관없이 개별약정은 항상 우선한다. 그리고 개별약정 우선의 원칙은 고객이 소비자인 경우는 물론 사업자인 경우에도 언제나 적용된다.[105]

이에 따라 서면요식조항은 기본적으로 개별약정 우선의 원칙을 부정하기 때문에 무효라고 본다.[106] 즉, 서면요식조항은 개별약정 우선의 원칙을 무용하게 만드는 결과를 초래할 수 있다는 점, 사적자치의 원칙상 당사자들의 의사에 의하여 서변요식조항의 효력을 언제나 부정할 수 있다는 점, 구두로 약정을 한 사업자가 서면요식조항을 내세워서 개별약정의 효력을 부정하는 것은 권리남용이 될 수 있다는 점을 그 논거로 제시할 수 있다.

독일 연방법원 판례를 보면 이 쟁점이 주로 단체소송에서 문제되었기 때문에 약관법에 기한 내용통제가 문제되었다. 그럼에도 불구하고 독일 연방

---

104) 손지열, 「민법주해[XII]」, 1999, 324면; 이은영, 「약관규제법」, 1994, 129면. 이러한 견해는 독일 학설과 판례의 지배적 입장이다(Münchkomm/Basedow, § 305b Rn. 13; Ulmer/Schäfer, § 305b Rn. 33; Ulmer/Schmidt, (41) Schriftformklauseln Rn. 4; Stoffels, Rn. 351; Wolf/ Lindacher/Hauf, § 305b Rn. 33; BGH NJW 2006, 138; BGH, NJW-RR 1995, 180).

105) BGH NJW-RR 1995, 179.

106) 이은영, 「약관규제법」, 1994, 129면.

법원은 개별약정 우선의 원칙으로 인하여 개별적으로 이루어진 합의가 서면요식조항에도 불구하고 효력이 부인되지 않는다고 명확히 선언하였다. 독일 연방법원은 계약당사자들이 구두로 합의된 내용이 서면요식조항에도 불구하고 효력을 가진다는 의사를 명확히 표시함으로써 이러한 서면요식조항의 효력을 부인할 수 있다고 보았다.[107] 그리고 약관의 내용통제를 통하여 유효한 조항에 대하여도 개별약정이 우선한다.[108]

이러한 이론적 명확성과 달리 실무적으로는 개별적인 구두 약정이 있었는지 여부를 증명하는 것 자체가 어려울 수 있다. 그러나 서면요식조항으로 인해 구두의 합의에 관하여 당사자 사이에 다툼이 있는 경우, 입증책임이 전환되는 효과를 가지고 오는 것은 물론 아니다.[109]

2) 구체적 검토

앞에서 언급한 바와 같이 개별약정 우선의 원칙이 적용되기 위해서는 유효한 약관조항과 개별약정의 내용이 충돌해야 한다.[110] 그런데 개별약정 우선의 원칙은 내용통제 단계를 통과한 서면요식조항에도 항상 적용된다.[111] 이는 서면요식조항이 어느 유형에 속하는지, 그 내용이 어떠한지 여부와 상관없이 인정된다. 따라서 서면요식조항을 어느 사유에 의하여 효력이 부정되는지와 상관없이 항상 무효라는 효과가 귀속된다.

하지만 구체적으로 어느 사유에 기하여 해당 서면요식조항이 무효가 되는지를 이론적으로 밝히는 것은 의미가 있다. 따라서 계약이 체결되는 구체적인 사정을 기초로 제4조의 적용가능성을 살펴보면 다음과 같다. (1) 서면요식조항이 계약체결 후 개별약정이 체결되는 것을 금지하기 위한 목적을 갖는다면, 해당 조항은 이미 내용통제 단계에서 무효로 선언될 것이므

---

107) BGH NJW 1985, 322.
108) BGH NJW 2006, 138 f.; Stoffels, Rn. 351.
109) 이은영, 「약관규제법」, 1994, 130면.
110) 손지열, 「민법주해[XII]」, 1999, 323면.
111) Ulmer/Schäfer, § 305b Rn. 33: Stoffels, Rn. 352.

로 제4조가 적용될 가능성은 아예 처음부터 없다. 예외적으로 대리권의 제한을 목적으로 하는 경우에는 서면요식조항이 그 한도에서는 효력을 가질 수 있으나, 이 경우에도 대리인의 대리권이 제한되어 있는 경우라면 대리행위의 효력이 본인인 사업자에게 미치지 않으므로 제4조에서 요구하는 충돌의 문제가 발생하지 않는다. (2) 그에 반하여 계약체결 시에 구두로 개별약정이 이루어졌다면, 약관에 규정된 서면요식조항과 개별약정에 내재되어 있는 서면에 대한 포기 의사가 동시에 존재하여 충돌하게 된다. 즉, 개별약정과 서면요식조항이 동시에 이루어지는 경우에는 충돌이 존재하여 제4조에 따라 우선순위가 정해져야 하는 문제가 발생한다.[112)]

이미 앞에서 언급한 바와 같이 개별약정을 한 대리인에게 개별약정을 할 수 있는 대리권이 존재하지 않는 경우에는 개별약정 자체가 효력을 갖지 않으므로 제4조가 요구하는 충돌상황이 발생하지 않는다. 그런데 사업자 본인이 직접 계약을 체결하면서 개별약정을 하였다면 서면요식조항이 있다는 이유로 개별약정의 효력을 부정할 수는 없다. 대리권의 제한이 없는 대리인의 경우에도 동일하게 보아야 할 것이다. 그에 비하여 약관을 통하여 유효하게 대리권이 제한되거나 배제된 대리인을 통하여 개별약정이 이루어진 경우, 이러한 개별약정은 원칙적으로 효력을 갖지 않고 예외적으로 표현대리의 요건을 충족하면 본인에 대하여 효력을 갖는다.[113)]

2. 예외: 체결하는 대리인의 대리권을 제한하는 경우

그런데 서면요식조항이 존재하더라도 언제나 개별적인 구두약정에 의하여 그 효력이 부인될 수 있다는 원칙에 중요한 예외가 있다. 앞에서 살펴본 바와 같이 개별적인 구두약정이 서면요식조항에 우선하기 위해서는 개별적 구두약정이 유효해야 한다. 그런데 서면요식조항에서 사업자를 대신하여

112) Ulmer/Schäfer, § 305b Rn. 33.

113) Ulmer/Schäfer, § 305b Rn. 34.

계약을 체결하는 자의 대리권을 동시에 제한하는 경우에는 예외적으로 그 한도에서 효력을 가질 수 있음을 이미 살펴보았다. 이러한 특별한 서면요식조항에 담긴 대리권 제한이 유효하다면, 해당 대리인의 대리권이 제한되어 해당 개별적 합의내용이 본인인 사업자에 대하여 효력이 없을 수 있다.

그런데 대리권 제한이 약관에 규정되어 있다고 하여 이러한 대리권 제한이 언제나 유효하다고 볼 수는 없을 것이다. 일단 대리권이 제한되고 있다는 사실을 계약체결 상대방인 고객이 명백히 인식할 수 있어야 한다. 이러한 요건이 충족되기 위해서는 원칙적으로 서명란 근처에 강조되어 있는 형태로 본인인 사업자에 의하여 확인된 경우에만 대리인을 통하여 약관과 다르거나 이를 보충하는 개별약정이 효력이 있다는 내용이 명시되어야 한다.[114] 그러나 이러한 내용이 약관 안에 한 조항으로 되어 있고 뒷면에 작은 글씨로 기술되어 있다면 충분하지 않다.[115] 이에 더하여 서면요식조항으로부터 대리권에 제한이 이루어진다는 사실을 고객이 쉽게 해석할 수 있는 투명성을 갖추어야 한다. 물론 이러한 대리권 제한을 대리인에 관한 조항처럼 추가적으로 별도의 다른 조항으로 규정하지 않고 서면요식조항에 함께 규정할 수도 있다. 예컨대 "체약대리인이 추가적인 내용을 보장한 경우에는 서면에 의한 경우에만 보장내용이 효력이 있습니다. 구두로 합의한 내용이 유효하기 위해서는 본사의 서면에 의한 확인이 필요합니다."라는 형태를 취할 수 있다. 이러한 약관조항은 이미 앞에서 살펴본 바와 같이 특수한 서면요식조항으로서 (1) 약관과 다른 내용의 합의를 금지하는 내용을 담고 있는 한편, (2) 약관과 다른 내용을 추가로 합의할 수 없도록 대리인의 대리권을 제한하며, (3) 사업자에 의한 확인이 있는 경우에만 해당 구두합의가 효력이 있다는 확인조항의 내용을 가질 수 있다.

만약 이와 같은 대리권 제한 조항이 유효하다면, 구두합의의 대리권이 제한되기 때문에 사업자에 의하여 투입된 체약대리인이 고객과 한 구두약정

114) Münchkomm/Basedow, § 305b Rn. 17; Wolf/Lindacher, § 305b Rn. 40; Ulmer/Schäfer, § 305b Rn. 35.

115) Ulmer/Schäfer, § 305b Rn. 35.

은 사업자에 대하여 원칙적으로 효력이 없다.[116] 물론 구체적인 사정에 따라 고객이 대리권의 범위 내에 있다고 정당하게 신뢰한 경우에는 제126조의 표현대리규정에 의하여 사업자에 대해 구두약정이 효력을 가질 수도 있다. 이 경우 신뢰에 대한 정당한 이유가 있다는 점의 증명책임은 대리행위의 유효를 주장하는 고객에게 있다.[117]

그에 반하여 사업자가 자신의 고객과 직접 계약을 체결하는 경우 약관의 내용과 다른 구두약정은 당연히 서면요식조항의 효력을 부정하게 된다.[118] 또한 일반적·포괄적 대리권을 갖는 사업자의 대리인과 한 개별적인 구두약정의 경우에도 동일하게 보아야 할 것이다.[119]

앞에서 설명한 내용에 따라 구두약정에 대한 대리권이 유효하게 제한되는 경우라 하더라도 계약체결의 구체적인 사정에 따라 사업자인 본인에게 계약체결상의 과실로 인한 책임이 발생할 여지가 있다.[120] 또한 구체적인 사정에 따라서는 사기에 의한 의사표시(민법 제110조)가 문제될 수 있는 여지도 있다. 그리고 만약 서면요식조항에도 불구하고 구두의 개별약정이 유효한 경우에 사업자에게 철회권을 부여하는 조항을 둔 경우 이러한 조항은 불공정한 내용을 담고 있을 뿐만 아니라, 의외조항이 될 가능성이 크다.

V. 서면요식조항의 내용통제

앞에서 살펴본 바와 같이 서면요식조항의 내용통제가 문제된 경우는 추

116) Münchkomm/Basedow, § 305b Rn. 17.

117) 대법원 1968. 6. 18. 선고 68다694 판결.

118) BGH NJW 1983, 1853 참조. Ulmer/Schäfer, § 305b Rn. 34; Wolf/Lindacher, § 305b Rn. 33.

119) Münchkomm/Basedow, § 305b Rn. 17.

120) Ulmer/Schäfer, § 305b Rn. 36; Wolf/Lindacher, § 305b 36. 이 경우 불법행위설을 취하고 있는 판례와 학설에 의하면 민법 제756조에 기한 사용자책임만이 문제될 수 있으나, 채무불이행설을 취하는 입장에서는 피용자가 아닌 대리인의 행위에 대하여도 제391조에 기하여 책임이 발생할 여지가 있다.

상적 내용통제가 이루어지는 법원을 통한 단체소송 또는 공정거래위원회를 통한 약관심사에서이다.

1. 우리나라에서의 논의

공정거래위원회의 심결례를 살펴보면 "이 계약서에 기술되지 아니한 사항의 구두약정은 무효"라는 단순한 서면요식조항에 대하여 약관법 제6조 제1항, 제2항 제1호에 따라 무효로 보고 있다.[121] "당사자는 약관과는 별도로 계약내용에 대하여 개별적인 합의를 할 수 있으며, 이러한 개별약정은 약관에 우선한다 할 것이다. 약관법에서도 약관에서 정하고 있는 사항에 관하여 사업자와 고객이 계약의 내용과 다르게 합의한 사항이 있을 때에는 당해 합의사항은 계약에 우선한다고 하여 개별약정우선의 원칙을 정하고 있다. 이러한 개별약정은 서면뿐만 아니라 구두에 의하여도 가능하다 할 것인데 해당 약관조항은 구두약정은 무효라고 하여 구두로 한 개별약정의 우선적 효력을 일체 부정하고 있다. 이에 따라 사업자가 계약체결시에 수분양자에게 구두로 약속을 하여 놓고 후에 서면에 의하지 아니하였음을 이유로 그 효력을 부인할 수 있게 되어 수분양자의 이익을 부당하게 침해할 수 있다"는 것이다.

2. 독일에서의 논의

1) 독일의 판례이론

앞에서 살펴본 바와 같이 서면요식조항이 약관법 제6조에 기하여 항상 무효가 되는 것은 아니다. 서면요식조항의 효력은 해당 조항의 구체적인 내용과 그 적용범위에 따라 결정이 된다. 독일 판례는 기본적으로 서면요

121) 공정거래위원회 시정권고 제2009-084호[사건번호 2009약관4240 - 사건명 : 케이비부동산신탁(주)의 부천중동더스테이트상가(더스테이트몰) 매매계약서상 불공정약관조항에 대한 건].

식조항이 계약체결 전 또는 계약체결 시의 구두약정을 금지하기 위한 목적을 가졌는지 아니면 계약체결 후의 구두약정을 금지하기 위한 목적을 가졌는지에 따라 그 유효성 여부를 달리 판단하고 있다.[122)]

(1) 계약체결 후 구두약정을 금지하기 위한 목적을 가진 경우

독일 판례에 의하면 서면요식조항이 계약체결 후에 이루어진 개별적인 구두약정을 금지하기 위하여 마련되어 구두약정이 일반원칙에 반하여 효력이 없다는 인상을 고객에게 주는 경우에는 해당 조항은 무효이다.[123)]

이미 살펴본 바와 같이 서면요식조항에도 불구하고 당사자 사이의 구두로 합의한 개별약정이 효력을 갖는다는 의사가 명백히 이루어진 경우에는 해당 서면요식조항은 효력이 없게 되기 때문이다. 그런데 사업자가 이러한 일반원칙에 반하는 서면요식조항을 규정하여 고객에게 마치 일반원칙과 달리 서면에 의한 약정만이 효력을 갖는다는 인상을 준다면 이는 신의성실의 원칙에 반하여 고객에게 부당하게 불리한 조항으로 볼 수 있다.

(2) 계약체결 전 또는 계약체결 시 구두약정을 금지하기 위한 목적을 가진 경우

그에 반하여 독일 판례에 의하면 계약체결 전 또는 계약체결 시에 구두로 하는 약정을 금지하는 것을 목적으로 한 서면요식조항은 그 유효성이 인정될 여지가 있다. 예컨대 배달날짜와 시간을 서면으로 정한 경우에만 효력이 있다는 내용의 서면요식조항이 있는 사안에서 배달시기와 관련하여 당사자가 개별약정을 하면서 별도의 기재를 할 수 있도록 빈칸을 잘 보이는 곳에 마련한 경우, 이러한 조항은 고객에게 부당하게 불리한 조항으로 볼 수 없어 그 효력을 인정해야 한다는 독일 연방법원 판결이 있다.[124)] 이처럼

122) Münchkomm/Basedow, § 305b Rn. 14 f.

123) BGHZ 145, 206 = NJW 2001, 293; BGH NJW-RR 1997, 1513; NJW 1995, 1489 sub II 2a; 1985, 322; 1986, 1810.

124) BGH NJW 1982, 333.

계약체결 시, 고객이 보는 앞에서 계약서면에 배달날짜와 시간을 서면으로 확정한 경우에만 효력이 있다는 내용을 기초로 계약을 체결한다면 이와 다른 구두약정을 허용하지 않는다는 조항은 고객의 이익을 부당하게 해치지 않는 것으로 보는 것이다.

2) 의외조항으로 이론구성하려는 견해

구두에 의한 계약협상과 약관의 명시가 사실상 동시에 일어나는 경우, 즉 면전에서 협상을 한 후 사전에 마련한 계약서식에 서명한 경우 서면요식조항은 의외조항에 해당한다고 보는 견해도 있다.[125] 구두에 의한 개별약정과 서면요식조항은 모순되기 때문에 개별적인 사례에서의 구체적인 사정에 따라 판단해야겠지만 통상적으로 서면요식조항은 의외성을 갖는다고 한다.[126] 따라서 개별약정이 이러한 서면요식조항에 우선하는지를 아예 고려할 필요성이 없다고 본다. 이와 같은 결과는 고객이 특히 소비자인 경우에 인정되어야 한다고 본다.[127] 그에 반하여 상인 사이의 거래에서는 서면요식조항이 많이 사용되고 있다는 점을 감안하여 의외성은 일반적으로 인정하기 힘들다고 한다.[128]

3. 논의의 평가와 우리 약관법

많은 경우에 구두약정을 하였고 이러한 약정에 효력을 부여하려는 의사가 당사자 사이에 존재하였다면 서면요식조항은 의외성을 가질 것이다. 그렇다고 서면요식조항을 항상 의외조항으로 보는 것은 타당할 수 없다. 왜냐하면 이는 구체적인 사정하에서 개별적으로 판단해야 하기 때문이다. 따라서 독일 판례와 지배적 학설의 논의대로 계약체결 후의 개별약정을 금지

---

125) Staudinger/Schlosser, § 305b Rn. 41.

126) 이러한 입장에 반대하는 견해로 Ulmer/Schäfer, § 305b Rn. 31; Wolf/Damann, § 305b Rn. 12.

127) Staudinger/Schlosser, § 305b Rn. 43.

128) Staudinger/Schlosser, § 305b Rn. 44.

할 것인지 아니면 계약체결 전 내지 동시에 이루어지는 개별약정을 금지할 목적이 있는지를 나눌 필요가 있다.

계약체결 후의 개별약정을 금지하기 위한 조항은 당사자들이 언제나 형식 없이 구두에 의한 약정을 할 수 있다는 사적자치에 따른 일반원칙을 침해한다는 측면에서 불공정한 내용을 담고 있다고 볼 수 있다. 그에 반하여 당사자들이 계약체결 전 내지 계약체결과 동시에 하는 개별약정을 금지하는 목적을 갖는 서면요식조항의 경우에는 다를 수 있다. 왜냐하면 이때 이 조항은 최종적인 합의 속에 포함된 약정내용이 될 수 있기 때문이다. 다만 이러한 최종적 합의의 의미를 갖기 위해서는 서면요식조항의 내용이 단순히 약관 속에 한 조항의 형태로 되어 있으면 안 되고 고객에게 명확하고 분명하게 명시되어 고객의 인식하에서 약관에 대한 동의가 이루어져야 한다.

VI. 특수한 서면요식조항의 유효성

1. 이중서면요식조항의 유효성

1) 이중서면요식조항의 의의와 일반적 효과

이중서면요식조항(doppelte Schriftformklausel)이라고 함은 일반적인 내용에 대하여 서면을 요구하는 것뿐만 아니라, 해당 서면요식조항의 효력을 무효로 하기 위해서 추가적인 서면의 합의를 요구하는 내용을 담고 있는 약관 조항을 말한다. 약관 이외에 구두에 의한 합의가 효력을 갖기 위해서는 2개의 서면이 요구되기 때문에 이중서면요식조항이라고 한다. 상가임대차와 관련된 개별소송에서 독일 연방법원은 내용통제 가능성을 열어 두고 개별약정 우선의 원칙에 관한 규정을 통하여 임차목적물의 이용범위와 관련된 개별적인 구두약정의 우선을 인정하였다.[129] 즉, 이전 판례입장[130]과 달리

129) BGH NJW 2017, 1017 Rn. 16.

이중서면요식조항이 있더라도 이는 개별적인 구두약정을 막는 역할을 하지 못한다고 보고 있다.[131)]

2) 근로계약에 대한 예외적 인정

우선 근로계약에서 이중서면요식조항이 예외적으로 효력을 가질 수 있는지의 문제를 구체적으로 살펴보기 전에 독일법과 우리법의 차이에 대하여 간단히 언급하려고 한다. 왜냐하면 우리나라와 달리 독일에서는 2002년도 채권법개정으로 약관법을 민법으로 편입하면서 근로계약에 대하여 약관법을 적용하는 법개정을 단행하였기 때문이다. 그 결과 독일에서는 근로계약이 약관으로 체결된 경우 약관법에 기한 내용통제는 물론 개별약정 우선의 원칙에 관한 규정도 적용된다. 물론 이 규정들은 '노동법상의 특수성을 고려하여 적절히' 적용되어야 한다(독일 민법 제310조 제4항)[132)]는 제한을 받는다.[133)] 그런데 독일에서는 노동법의 영역에서 예외적으로 사업자가 이중서면요식조항을 사용할 정당한 이해관계가 존재할 수 있다고 인정되고 있다.[134)] 즉, 이중서면요식조항은 근로관계의 내용이 노동관행을 통하여 변경되는 것을 방지하기 위하여 사용되고 있다.

노동관행이라고 함은 계약상 의무는 없으나, 사업자에 의하여 유보 없이 반복적으로 이루어지는 특정한 행위를 통하여 근로자에게 반복적으로 급부의 이행 또는 대가의 지급이 이루어지는 경우 이를 기대할 수 있는 것을 말한다. 이처럼 노동관행은 보통 경영 내에서 동일한 행태 내지 급부가 사

---

130) BGHZ 66, 3778 = NJW 1976, 1395; BGH NJW-RR 1991, 1290.

131) Staudinger/Schlosser, § 305b Rn. 40; Soergel/Hefemehl, § 125 Rn. 33.

132) 제310조 [적용범위] 제4항 이 장은 상속법, 친족법 및 회사법의 영역에서의 계약, 그리고 단체협약, 취업규칙 및 복무규정에 적용되지 않는다. 근로계약에 적용함에 있어서는 노동법에서 인정되는 특수성을 적절하게 고려해야 한다; 제305조 제2항과 제3항은 적용하지 않는다. 단체협약, 취업규칙 및 복무규정은 제307조 제3항의 의미에서 법률규정과 동일하다.

133) 우리 약관법의 근로계약에 대한 확장 필요성에 관하여 자세한 것은 이병준, "약관규제법에 관한 입법평가", 입법평가연구 제11호, 2017, 221면 이하 참조.

134) Münchkomm/Basedow, § 305b Rn. 16.

실적으로 여러 차례 아무런 유보 없이 반복되는 경우에 인정된다.[135] 이러한 노동관행을 통하여 통상적으로 지급되었던 급부를 계속적으로 지급해야 하는 계약상의 청구권이 발생한다. 예컨대 성탄절과 같은 명절마다 특별한 유보 없이 일정한 금액이 지급되었다면 이러한 노동관행으로 인하여 앞으로 해당 금액을 명절에 지급해야 하는 계약상의 의무가 발생한다.[136] 이러한 노동관행도 계약상의 내용을 변경하는 효력을 갖기 때문에 서면요식조항과 충돌하게 된다. 따라서 사업자는 서면요식조항을 통하여 유효하게 노동관행의 발생을 막을 수 있는지가 문제된 것이다. 서면요식조항은 사업자에 의한 유보 의사를 표시한 것으로 이해하고 있다. 이러한 유보의 의사가 정확히 서면요식조항을 통하여 표시되었다면 그 한도에서 서면요식조항은 유효성을 가질 수 있다고 독일 판례는 인정한 것이다.[137] 이는 노동법적 쟁점에 해당하므로 본 절에서는 더 이상 검토하지 않기로 한다.

2. 완결조항의 유효성

완결조항 내지 완전합의조항이라고 함은 계약서면에 들어 있는 것만 계약의 최종적인 내용으로 인정한다는 의미의 조항을 말한다. 즉, 최종적인 서면계약에 당사자들이 완결조항을 둠으로써 교섭과정 중에 이루어진 구두합의나 서면합의 등을 모두 없애고 최종 서면계약의 내용만 계약의 내용으로 인정하려는 경우에 완결조항을 사용한다.[138] 우리법상으로는 이러한

135) 김형배, 「노동법」, 제27판, 2021, 98면. 우리 판례는 "기업 내부에 존재하는 특정 관행이 근로계약의 내용을 이루고 있다고 하기 위해서는 그러한 관행이 기업 사회에서 일반적으로 근로관계를 규율하는 규범적인 사실로서 명확히 승인되거나 기업의 구성원에 의하여 일반적으로 아무도 이의를 제기하지 아니한 채 당연한 것으로 받아들여져서 기업 내에서 사실상의 제도로서 확립되어 있다고 할 수 있을 정도의 규범의식에 의하여 지지되고 있을 것"을 요구하고 있다(대법원 2014. 2. 27. 선고 2011다109531 판결).

136) BAG NJW 1996, 758.

137) 이에 관하여 자세한 것은 Münchkomm/Basedow, § 305b Rn. 16.

138) 최흥섭, "유엔국제물품매매법(CISG)상의 계약성립 규정과 그 보충가능성에 관한 검토—국제상사계약원칙(PICC) 및 계약법원칙(PECL)과의 비교를 통해", 재산법연구 제26권

완결조항에 대하여도 명문의 규정이 없으나, 유럽계약법원칙에서는 이에 관한 명문의 규정을 두어 개별적인 합의에 의한 경우와 약관에 의한 경우로 나누어서 규정하고 있다. 개별적인 합의로 완결조항을 둔 경우에는 이전의 구두합의나 서면합의 등을 가지고 서면계약의 수정이나 변경의 가능성을 아예 인정하지 않는 반면, 약관에 완결조항을 둔 경우에는 완결조항에 추정적 효력만 부여함으로써 반증의 가능성을 열어 두고 있다.[139)]

독일 판례에서는 이러한 완결조항은 원칙적으로는 불공정하지 않은 것으로 본다. 왜냐하면 이 조항은 원래 계약문서에 대하여 인정되고 있는 완전성과 진정성의 추정이라는 법률효과를 확인하는 의미만을 가지기 때문이다.[140)] 일반적인 증명책임의 원칙상 서면과 다른 개별약정이 존재한다는 사실에 대한 증명책임은 이를 주장하는 고객에 있는 것이다. 즉, 완결조항에 의하여 새로운 법률효과가 발생하는 것이 아니라 이미 존재하는 원칙을 다시 반복하고 있는 것뿐이다. 이러한 측면에서 완결조항은 독자적인 의미가 없는 것으로 본다.[141)]

우리법상으로 완결조항은 판례에서 인정하는 처분문서의 증명력 법리와 연관하여 고려되어야 한다. 판례는 처분문서에 다른 증거들에 비하여 강한 증명력을 인정하여 처분문서의 기재내용을 부정할 만한 분명하고도 수긍할 수 있는 반증이 있는 경우에만 처분문서의 증명력을 배척한다.[142)] 그렇

제3호, 2010, 76면.

139) PECL 제2:105조(완결조항) (1) 서면에 의한 계약의 모든 내용을 담고 있음을 표명하는 개별적으로 합의된 조항(완결조항)을 포함하는 경우에는, 서면에 포함되지 아니한 사전의 언명, 약속 또는 합의는 계약의 일부가 되지 아니한다. (2) 완결조항이 개별적으로 합의되지 아니한 때에는, 이는 당사자들이 그들이 사전의 언명, 약속 또는 합의가 계약의 일부가 되지 아니할 것을 의도하였음을 추정하게 하는 효력만을 가진다. 이 규정은 배제되거나 제한될 수 없다. (3) 당사자들의 사전의 언명은 계약의 해석을 위하여 이용될 수 있다. 이 규정은 개별적으로 합의된 조항에 의하는 외에는 배제되거나 제한될 수 없다. (4) 당사자는 상대방이 그의 언명이나 행태를 합리적으로 믿은 한도에서 그 언명이나 행태로 인하여 완결조항의 원용이 금지될 수 있다.

140) BGH NJW 1985, 630; 1985, 2329; 2000, 207 f.; Staudinger/Schlosser, § 305b Rn. 51.

141) Ulmer/Schäfer, § 305b Rn. 39; Ulmer/Schäfer, § 305b Rn. 39.

지만 처분문서의 기재 내용이 예문에 불과하여 당사자의 합의내용을 반영하지 못한다고 인정되는 경우에는 처분문서의 기재내용을 배척하기도 하였다. 또한 판례는 처분문서의 증명력 법리를 기초로 처분문서의 내용과 모순되는 증거의 제출을 제한하지 않는다.[143] 따라서 처분문서의 기재내용을 부정할 만한 분명하고 수긍할 수 있는 반증이 있는 경우, 법원은 이를 증거로 처분문서의 증명력을 배제할 수 있다.[144] 앞에서 이미 언급한 바와 같이 완결조항은 단지 서면으로 작성된 것 이외에는 다른 합의내용이 없다는 소극적인 사실을 확인하는 기능만을 한다. 또한 서면으로 작성된 것에 처분문서의 증명력 법리를 강화하는 효과도 없다. 따라서 완결조항은 우리법상으로도 개별약정 우선의 원칙과 충돌하지는 않는다고 생각된다.

하지만 완결조항이 더 넓게 구성되어 추가적인 내용을 갖고 있는 경우에는 불공정할 여지도 있다. 예컨대 문구가 단지 존재하는 완전성과 진정성의 추정이라는 법률효과를 확인하는 것을 넘어서 평균적 고객의 시각에서 보았을 때 구두에 의한 개별약정의 존재를 주장하는 것을 막는 경우, 특히 계약문서의 내용이 반증불가능하다는 인상을 준다면 불공정성이 인정될 수 있는 여지도 있다고 본다.[145]

142) 대법원 2005. 8. 25. 선고 2004다45165 판결; 대법원 2005. 8. 25. 선고 2004다45158 판결.
143) 대법원 1992. 2. 11. 선고 91다21954 판결; 대법원 1997. 11. 28. 선고 97다36231 판결.
144) 대법원 1994. 2. 8. 선고 93다57117 판결; 대법원 1990. 3. 23. 선고 89다카16505 판결.
145) MünchKomm/Basedow, § 305b Rn. 16.

제4장

약관의 해석

참고문헌: 김진우, "약관의 해석에 관한 일고찰 — 객관적 해석과 작성자 불이익의 원칙의 유럽법과의 비교를 통한 검토", 재산법연구 제28권 제3호, 2011; 김진혜, "약관해석에 적용되는 객관적 해석원칙과 불명확조항 해석원칙 — 대법원 2017. 12. 13. 선고 2015다33441 판결에 대한 평석", 소비자법연구 제5권 제2호, 2019; 박설아, "약관에서 불명확조항의 해석 — '고객 유리의 해석 원칙'을 중심으로", 법조 제64권 제11호, 2015; 박창희, "약관해석에 관한 일고찰", 전북법학논집 제1집, 2000; 이은영, "보통거래약관의 해석원칙", 「사법연구 1: 계약법의 특수문제」, 삼영사, 1983; 이재현, "약관해석의 원칙", 사회과학연구 제21집, 2003.

제1절 / 총 설

1. 해석의 목적

사업자가 명시·설명의무 등 약관의 편입요건을 충족하게 되면 약관을 계약의 내용으로 주장할 수 있게 된다. 약관은 당사자의 권리의무에 관하여 자세하게 규제하는 것을 목적으로 하는 완성된 규정체계를 갖고 있는 것이 일반적이라고 할 수 있다. 그럼에도 불구하고 약관에서 사용하고 있는 표현들이 항상 명백하여 일정한 의미로 해석될 수 있는 것이 아니라, 입장에 따라서 그 내용에 관하여 다양한 해석이 가능한 경우가 있다. 이에 따라 약관의 내용을 확정하는 해석단계가 필요하게 된다.

약관의 법적 성질을 법규로 보는 규범설에 따르면 통상의 법률규정의 해석원칙이 적용될 것이나, 계약설을 취하는 이상 원칙적으로는 계약의 해석원칙이 적용될 수 있을 것이다.[1] 그러면 이러한 경우에 법률행위 내지 계약의 일반해석원칙에만 따를 것인지 아니면 약관법의 특수법리가 존재하는지가 문제된다.

약관이 신의성실의 원칙에 따라 공정하게 해석해야 한다거나 모든 고객에게 동일하게 통일적으로 해석되어야 한다는 객관적 해석의 원칙은 민법

---

1) 이러한 설명으로 이은영, "보통거래약관의 해석원칙", 「사법연구 1: 계약법의 특수문제」, 1983, 54면.

의 일반원칙에서 크게 벗어나지 않으며, 일반적인 계약해석 원칙에 해당한다고 볼 수 있다. 고객보호와 연관된 해석원칙은 약관의 의미가 명백하지 않은 경우에 약관의 해석을 고객에게 유리한 쪽으로 해석해야 한다는 원칙 규정이다. 그 반대로 약관법에는 규정되어 있지 않지만, 고객의 보호를 위하여 판례는 엄격해석의 원칙을 약관해석에 적용하고 있다. 즉, 법률에 규정되어 있는 사업자의 책임을 배제·제한하거나 고객의 권리를 제한하는 약관조항은 엄격하게 해석해야 한다는 것이다.

법률행위의 해석은 결국 법률행위의 내용을 확정하는 단계이고 민법의 일반원칙에 부합하는 해석원리는 계약내용의 확정과 연관이 있는 반면에, 고객보호를 목적으로 하는 약관법상의 해석원칙은 형식적으로 계약내용의 확정단계에 해당하지만 실질적으로는 내용통제를 할 수 있는 준비단계에 해당하다고 볼 수 있다. 또한 문제된 약관이 사후적으로 필요한 내용을 완벽하게 담고 있지 못하여 내용의 보충이 필요한 경우가 있다. 이러한 경우에는 약관의 보충적 해석을 통하여 법률적으로 척도가 되는 내용을 확정해야 한다.

2. 약관의 해석단계와 내용통제단계의 구분

약관의 해석단계는 내용통제단계와 엄격히 구분해야 한다. 법논리적으로 생각해 보더라도 그 내용이 명확히 확정된 것만을 법률적으로 평가할 수 있다. 즉, 약관의 해석은 내용통제를 하기 위한 준비단계로서 그에 우선되어야 한다. 해석을 통하여 확정된 것을 대상으로 비로소 당사자들이 사적자치에 의하여 확정한 내용이 법률적으로 효력을 가질 수 있는지 검토될 수 있는 것이다.

우리 입법자는 약관법 제6조 이하에서 개방된 내지 **공개된 내용통제**(offene Inhaltskontrolle)를 하도록 규정하였다. 이는 약관이 불공정성을 이유로 무효라고 판단되기 위해서는 제6조 이하의 규정을 근거로 밝혀야 한다는 것을 의미한다. 이러한 명제와 배치되는 것은 **숨은 내용통제**(verdeckte

Inhaltskontrolle)로서 내용통제의 근거를 밝히지 않고 그 전단계에서 실제로 내용통제를 하는 것을 말한다. 약관의 해석과 관련하여 우리 판례는 약관법이 제정되기 전부터 약관의 규정을 수정해석하여 왔다. 즉, 불공정해 보이는 약관조항을 축소 내지 수정해석하여 유효한 것으로 보는 해석이 수정해석이다. 이를 통하여 불공정할 수 있는 사안들은 약관의 적용범위 안에 놓일 수 없도록 해당 규정을 해석한 것이다. 하지만 약관법이 제정된 이상 이러한 수정해석은 더 이상 필요하지 않게 되었다. 왜냐하면 해당 규정을 내용통제단계에서 무효로 선언하면 되는 것이기 때문이다. 이러한 측면에서 약관의 해석은 그 본래의 임무인 약관의 내용을 확정하는 임무로 돌아가야 한다. 하지만 우리 판례는 아직도 수정해석을 통하여 해석제도에 부여되어 있지 않은 임무, 즉 실질적으로 내용통제를 하는 임무를 부여하고 있다. 이를 통하여 판례는 약관의 해석을 통하여 당사자들이 약관조항을 통하여 규정하려고 "의도"하였던 것을 확정하는 것이 아니라, 법질서에서 "허용"하는 내용으로 확정하고 있는 것이다. 판례가 하는 수정해석은 학계에서 많은 비판을 받고 있으나, 아직도 유지하고 있다.

3. 약관법의 규정내용

약관법제정위원회 원안에서는 약관의 해석원칙으로 1) 신의성실의 원칙, 객관적 해석의 원칙, 2) 개별약정 우선의 원칙, 3) 불명확조항 해석의 원칙, 4) 면책조항 제한해석의 원칙, 5) 작성자불리의 원칙 등으로 나열한 다음[2)]이 중에서 반드시 법률규정으로 선언할 필요한 원칙으로 2) 제4조에, 1)과 3)은 제5조에 규정하였다.[3)]

약관법 제5조는 약관의 해석이라는 표제 아래 제1항에서 "약관은 신의성실의 원칙에 따라 공정하게 해석되어야 하며 고객에 따라 다르게 해석되어

2) 이재현, "약관해석의 원칙", 사회과학연구 제21집, 2003, 24면
3) 이재현, "약관해석의 원칙", 사회과학연구 제21집, 2003, 24면.

서는 아니 된다"라고 하여 신의성실의 원칙에 따른 해석과 객관적 해석을 규정하고, 제2항에서 "약관의 뜻이 명백하지 아니한 경우에는 고객에게 유리하게 해석되어야 한다"고 하여 불명확조항 해석의 원칙을 규정한다. 이 규정은 약관의 특성을 고려하여 약관에 고유한 해석원칙을 정한 것이라고 볼 수 있다.[4)]

독일의 구 약관법에서는 법 제정 전의 판례와 학설의 논의를 반영하여 제5조에서 "약관의 해석은 작성자의 불이익으로 한다"라고 규정하여 불명확조항 해석의 원칙을 선언하였다. 그 후 독일 민법에서는 제305조c 제1항에 동일한 내용으로 규정하였다.

---

4) 이재현, "약관해석의 원칙", 사회과학연구 제21집, 2003, 24면.

제2절 / 객관적 해석원칙

I. 해석에 관한 약관법의 규정

1. 법률의 규정내용

약관법은 제5조에서 약관의 해석원칙을 규정하고 있다. 그에 따르면 제1항에서 "약관은 신의성실의 원칙에 따라 공정하게 해석되어야 하며 고객에 따라 다르게 해석되어서는 아니 된다"고 규정하고 있다. 이를 우리 학설은 해석원리로서 신의성실의 원칙과 객관적 해석원칙을 입법화한 것이라고 보고 있다. 그리고 이러한 객관적 해석원칙의 하부원칙으로서 "고객에 따라 다르게 해석해서는 아니 된다"라는 문구는 통일적 해석 내지 획일적 해석을 구현한 것으로 본다. 이러한 객관적·통일적 해석원칙은 제2항의 작성자 불이익원칙과 함께 일반적 계약해석과는 다른 약관의 독특한 해석원칙이라고 할 수 있다.[5)]

신의성실의 원칙에 따라 공정하게 해석되어야 한다는 신의성실의 원칙은 약관이 계약의 성질을 가지는 이상 계약해석의 원리를 규정한 것이다. 따라서 이 해석원칙은 계약의 해석원리를 약관의 해석에도 인정한 것으로

5) 손지열, 「민법주해[XII]」, 1999, 328면; 서희석, "공정위의 표준약관 직권제정 및 사용권장과 그 전제로서의 약관조항의 불공정성 판단: 추상적 내용통제와 구체적 내용통제의 관계", 판례연구 제24집, 부산판례연구회, 2013, 491면.

보아야 한다.[6] 이러한 측면에서 약관을 계약의 내용을 형성하는 것으로 이해하는 계약설을 취하는 이상 이 해석원칙은 약관의 특유한 해석원칙은 아니다.[7]

객관적 해석의 원칙은 약관법이 명문의 규정으로 인정한 것은 아니나, 신의성실의 원칙의 파생원칙으로서 당연히 인정되는 것으로 보거나,[8] 신의성실에 따른 공정한 해석을 곧 객관적 해석원칙으로 이해하기도 한다.[9] 하지만 최소한 이러한 객관적 해석은 그 파생원칙으로서 통일적 해석원칙을 규정함으로써[10] 입법화된 것으로 볼 수 있다. 즉, "약관은 … 고객에 따라 다르게 해석되어서는 아니 된다"고 규정하여 고객에 따른 개별적·구체적 상황을 약관의 해석에 있어서 고려할 수 없도록 하고 있다.[11] 이는 계약의 해석과는 다른 약관의 독특한 해석원리를 입법화한 것으로 보는 것이 일반적 견해이다.

2. 구체적 사정의 고려에 대한 학설의 입장

만약 이러한 원칙을 엄격히 적용한다면 모든 약관은 법률처럼 고객에 따라 다르게 해석되면 안 되므로 고객과 체결하는 구체적 사정과 상관없이 동일하게 해석되어야 한다. 따라서 약관을 해석함에 있어서 계약체결 시에 존재하였던 당사자의 개별적·구체적 사정을 해석에서 고려할 수 없음은 물론 (이러한 구체적 사정의 한 내용으로서) 당사자의 주관적 의도를 또한 고려할 수 없다. 따라서 통상 계약의 해석에서 인정되는 주관적 의사에 따

6) 이 규정을 계약해석에 관한 독일 민법 제157조에 상응하는 일반원칙을 규정한 것으로 본다(소비자문제를 연구하는 시민의 모임, 「약관규제의 입법」, 1986, 34면 이하; 이재현, "약관의 해석", 민사법이론과 실무 제8권 제2호, 2004, 140면).

7) 이재현, "약관의 해석", 민사법이론과 실무 제8권 제2호, 2004, 140면.

8) 손지열, 「민법주해[XII]」, 1999, 331면.

9) 이은영, 「약관규제법」, 1994, 147면.

10) 이은영, 「약관규제법」, 1994, 143면.

11) 이재현, "약관의 해석", 민사법이론과 실무 제8권 제2호, 2004, 145면.

른 주관적 해석 내지 자연적 해석은 약관의 해석에서는 인정될 여지가 없게 된다.[12)]

그런데 최근에 우리 학설은 약관해석의 독특한 원리로서의 객관적 해석을 부정하고 약관해석을 일반적 계약해석과 동일하게 보아야 한다는 주장이 제기되고 있다.[13)] 이에 따라 일반적 계약해석과 동일하게 당사자의 주관적 의사가 일치하면 약관과 다른 주관적 의사가 우선하여 계약의 내용을 결정하고, 그렇지 않은 경우에 계약 상대방인 고객의 입장에서 이해가능한 내용으로 계약내용이 정해진다고 한다. 이는 결국 계약의 해석원칙에서 인정되는 자연적·규범적 해석을 그대로 동일하게 적용하는 것이다. 그 결과 객관적 해석을 함에 있어서도 계약체결시의 구체적 사정도 고려될 수 있다고 한다.

이처럼 이러한 학설에 따라 개별적 구체적 사정 내지 당사자의 주관적 의도를 기초로 약관을 해석하게 된다면 "고객에 따라 다르게 해석되어서는 안 된다"는 법률규정에 반하는 결과가 된다. 이러한 해석이 입법론으로는 몰라도 해석론으로 타당한지에 관한 의문이 제기될 수 있다.[14)] 그런데 제4조에서 규정하고 있는 개별약정 우선의 원칙에 따르면 모든 고객에 적용되는 계약관계는 동일하지 않다. 왜냐하면 개별약정을 인정하게 된다면 개별적인 약정에 따라 그 한도에서는 계약관계가 형성되기 때문에 해당 부분의 약관은 적용될 수 없고 약관을 기초로 한 계약관계는 통일적이지 않게 된다. 그러면 객관적·획일적 해석과 개별약정의 관계는 어떻게 이해해야 할지의 의문도 자연스럽게 등장하게 된다.

---

12) 박창희, "약관해석에 관한 일고찰", 전북법학논집 제1집, 2000, 218면.

13) 김진우, "약관의 해석에 관한 일고찰 — 객관적 해석과 작성자 불이익의 원칙의 유럽법과의 비교를 통한 검토", 재산법연구 제28권 제3호, 2011, 185면 이하; 최준규, "보험계약의 해석과 작성자불이익 원칙 — 최근 대법원 판례들을 중심으로", BFL 제48호, 2011, 40면; 박설아, "약관의 해석에 관한 연구", 서울대학교 법학과 박사학위논문, 2016, 183-184면; 권영준, "자살과 재해사망보험금 지급에 관한 보험약관의 해석", 재산법연구 제32권 제3호, 2013, 207-208면.

14) 이러한 의문 제기로 이미 이병준, "모순 있는 보험약관조항의 해석과 불명확조항 해석원칙의 적용", 선진상사법률연구 통권 제74호, 2016, 20-24면.

II. 객관적·통일적 해석원칙의 입법유래와 우리 약관법의 입장

1. 독일 판례법의 유래

객관적 해석원칙은 독일의 판례이론에서 유래한다. 독일의 구 약관법과 이를 채권법개정 때 편입한 독일 민법은 우리 약관법처럼 객관적 해석원칙을 명문의 규정으로 인정하지 않고 있다. 이 원칙을 처음 선언한 독일 제국법원 판례 이래로 객관적·통일적 해석원칙은 현재 독일 판례와 다수설이 취하고 있는 입장이다.[15)]

제국법원의 첫 판결[16)]에서 객관적 해석원칙을 취한 이유는 현재 우리가 이 해석원칙을 바라보는 것과는 달랐다. 해당 판결에서 객관적 해석원칙을 취하게 된 것은 소송법적 이유에 있었다. 즉, 약관해석의 문제를 이유로 상고를 가능하게 하기 위해서 객관적 해석을 인정한 것이다. 제국법원에 의하면 "보험계약자에게는 일반적 규범으로서 다양한 계약관계에 동일한 의미로 적용되는 약관조항의 효력이 적용된다는 사실이 알려져 있다." 따라서 "특별한 개별약정이 이루어지지 않은 한 약관조항의 해석에 있어서 개별적인 사안에서 확인될 수 있는 계약의사를 반영할 여지가 없게 된다. 오히려 물어야 할 것은 해당 약관조항이 일반적으로 어떠한 의미를 가질 것인지의 여부이다." 제국법원에 의하면 약관의 해석을 통하여 그 결과 필연적으로 보험계약규정의 일반적·객관적 의미를 확정해야 한다는 결론에 이른다.

오늘날의 관점에서 보았을 때 이러한 제국법원이 제시한 근거는 최소한 2가지 측면에서 문제가 있다. 첫째, 제국법원은 객관적 해석원칙의 근거를 약관의 규범적 성질로부터 도출하고 있으나, 현재 규범설을 포기한 이

15) 독일의 판례와 학설의 입장에 관하여 자세한 것은 아래 III. 2. 참조.
16) RGZ 81, 119.

상 이는 논거가 될 수 없다. 즉, 계약설의 입장에서 이에 맞는 논거를 찾아야 할 것이다. 둘째, 약관해석에 대한 상고를 가능하기 위하여 객관적 해석원칙이 요구되지도 않는다.[17] 왜냐하면 법률행위의 해석문제 자체가 이미 법률문제에 해당하여 상고의 대상이 될 수 있고[18] 약관의 해석도 그에 따라 당연히 상고의 대상이 된다고 보기 때문이다.[19]

2. L. Raiser의 계약설 입장에 따른 설명

오늘날 이해되고 있는 객관적 해석원칙의 의미는 L. Raiser에 의하여 명확히 설명되고 있다. 그의 명저 "Das Recht der Allgemeinen Geschäftsbedingungen"에서 기본적으로 약관의 해석에서 신의성실의 원칙이라는 일반원칙이 다른 계약의 해석에서와 마찬가지로 적용되지만 이러한 일반원칙을 객관적 해석을 통하여 구체화하고 있다.[20]

"법리적으로 보았을 때 약관은 법률행위에 의한 산물이다. 약관은 계약당사자의 개별계약에 의하여 효력을 가지게 되며 이러한 계약당사자 사이의 약관해석이

---

17) 그에 반하여 객관적 해석이 독일에서 약관해석의 상고가능성을 정당화하는 근거가 된다고 설명하는 우리 문헌으로 김진우, "약관의 해석에 관한 일고찰—객관적 해석과 작성자 불이익의 원칙의 유럽법과의 비교를 통한 검토", 재산법연구 제28권 제3호, 2011, 198-200면 참조.

18) 곽윤직 · 김재형, 「민법총칙」, 제9판, 2013, 304면; 대법원 전원합의체 판결 2001. 3. 15. 선고 99다48948 판결.

19) 이은영, 「약관규제법」, 1994, 160면. 그에 반하여 Hellwege의 교수자격 논문(Allegemeine Geschäftsbedigungen, einseitig gestellte Vertragsbediungen und die allgemeine Rechtsgeschäftlehre, 2010, S. 523)에서는 '약관의 해석에서 개별적인 사례의 구체적인 사정은 고려되지 않고 객관적 해석을 인정하는 견해를 취한다면 상고가능성이 당연히 인정되지만, 그에 반하여 개별적인 사례의 구체적인 사정이 존재하지 않은 경우에만 객관적 해석이 가능하다고 하는 견해를 취한다면 이러한 경우에만 약관해석에 대한 상고가능성이 인정될 수 있다고 한다'. 그러면서 Hellewege도 후자의 견해를 지지한다. 즉, 구체적 계약체결 상황에서 당사자의 주관적 의사를 확인하는 자연적 해석은 상고의 대상이 되지 않는다고 한다.

20) L. Raiser, S. 251 f.

문제되는 것이다. 이에 … 의사표시 해석원칙이 … 적용된다. 따라서 이러한 해석의 목적은 계약당사자에게 척도가 되는 의사표시의 내용을 확정하는 것이다. 하지만 약관에서는 통상의 계약해석과는 달리 그 본질상 일회적으로 계약상대방에 초점을 맞춘 것이 아니니다. 사업자가 모든 고객과의 법률관계를 위하여 일반적 질서로서 객관화하여 약관은 사전에 마련한다는 측면에서 그 특수성이 있다. 약관은 일반적인 계약에서의 의사표시처럼 특정한 상대방을 향하는 것이 아니라, 사업자의 사정에 따라 고객의 범위에서는 차이가 있지만, 전체 고객을 대상으로 한다. 고객은 계약체결시에 이렇게 마련한 약관을 제시받는다. 이는 해석에서 중요한 결과를 낳는다.

개별계약이 성립하게 된 구체적 사정, 계약당사자의 의도와 의사는 약관의 해석에 있어서 고려되지 않는다. 계약당사자들은 약관과 다른 내용을 합의할 수 있다. 개별약정은 … 약관에 우선한다. 당사자들, 특히 고객에게 요구되는 모든 사정을 반영할 수 있도록 개별약정을 인정하기 위한 요건의 충족은 그리 엄격하지 않다. 하지만 이러한 개별약정이 발견되지 않은 경우에는 개별적인 요소를 약관을 해석함에 있어서 배제된다. 약관의 의미는 그 대상으로 하는 고객에게 동일한 것이다."

이와 같은 L. Raiser의 설명은 현재 독일과 우리나라의 다수설의 입장으로 이어지고 있으며 그 내용을 압축적으로 잘 설명하고 있다. 앞의 제국법원 판결과 달리 L. Raiser는 명확히 계약설을 취하고 있다. 즉, 약관은 법률행위 내지 계약의 산물로 보는 것이다. 그러면서 약관의 해석에는 원칙적으로 계약의 해석에 관한 원칙이 적용된다는 점을 밝히고 있다. 즉, 해석의 목적은 계약내용을 확정하는 것에 있다는 것이다. 그런데 약관의 특수성에 기초하여 약관 해석의 독특한 해석원리를 도출하고 있다. 약관은 개별적인 고객을 위하여 마련된 것이 아니라, 사업자가 약관을 사용하는 해당 거래영역의 모든 고객을 위하여 만든 것이므로 이러한 사업자의 이익을 반영해야 한다는 것이다. 그 결과 약관의 해석에서 당사자의 계약체결 시 구체적 사정과 의도를 고려할 수 없다는 객관적 해석원칙을 도출하고 있다. 이를 통하여 달성하는 것은 약관의 의미를 모든 고객에게 동일하게 통일적으로 해석할 수 있다는 것이다.

하지만 약관을 통하여 체결되는 계약 전체를 보았을 때 약관을 통하여 그 내용이 정해지는 것뿐만 아니라 개별약정을 통하여 규율이 된다. 따라서 아무리 약관 내용이 동일하게 해석되더라도 개별약정을 통하여 당사자의 구체적인 사정을 반영할 수 있도록 하고 있다. 따라서 체결된 전체 계약의 관점에서는 약관의 내용은 동일하게 해석될지라도 개별약정에 따라 구체적인 고객별로 계약의 내용은 다르게 정할 수 있는 여지가 있는 것이다. 그런데 중요한 점은 이러한 고객별로 구체적인 사정을 반영하기 위한 개별약정을 인정함에 있어서 고객의 모든 사정을 반영할 수 있도록 엄격한 요건을 설정해서는 안 된다는 것이다. 이는 매우 중요한 의미를 갖는다. 왜냐하면 이를 통하여 많은 고객의 구체적 사정과 의도가 반영될 수 있기 때문이다.[21]

3. 우리 약관법의 입장

우리 약관법의 내용을 살펴보면 바로 이러한 L. Raiser의 설명대로 규정하고 있다. 즉, 해석원칙으로서 신의성실의 원칙을 제5조 제1항에서 천명하는 한편, 그 구체화로 객관적 해석원칙을 반영한 통일적 해석을 규정하고 있다. 또한 약관해석에 앞서서 개별약정을 계약관계 내에서 고려할 수 있도록 제4조에서 규정하고 있는 것이다. 따라서 우리 약관법은 L. Raiser의 설명대로 이해하면 큰 어려움 없이 해당 규정 내용이 이해된다.

약관법을 입안하였던 소비자 문제를 연구하는 시민의 모임에서는 다음과 같이 서술하고 있다.[22] 명문의 규정이 없는 객관적 해석에 대하여는 별다른 설명 없이 **『'약관은 모든 고객에게 동일하게 해석하여야 한다'**는 부분은 종

21) 이에 관하여 자세한 것은 아래 Ⅲ. 1. 참조.

22) 소비자문제를 연구하는 시민의 모임, 「약관규제의 입법」, 1986, 34면.

래 약관의 해석원칙인 개개의 고객에 따라 각각 다르게 해석되어서는 안 되고 모든 고객에게 통일적으로 해석되어야 한다는 통일적 해석의 원칙을 입법화한 것이다. 이는 약관이 개별약정과는 달리 다수인에게 통용되는 것이므로 약관조항을 약관작성자의 주관적 목적에 따르기 보다는 문언에 따라 객관적으로 해석되어야 한다는 객관적 해석원칙의 파생원칙이다. 그리고 모든 고객에게 동일하게 해석됨으로써 사업자가 고객에 따라 차별적으로 해석하는 것을 막을 수 있다. 그러나 합리적인 이유가 있는 경우 고객 그룹에 따라 다르게 해석할 수 있다는 예외까지 금하는 것은 아니다.』고 입법이유를 밝히고 있다. 입법이유에서도 명확히 앞에서 살펴본 L. Raiser에 따른 독일의 다수설과 판례이론을 입법적으로 받아들인 것이다. 그러면서 우리 입법자는 객관적·통일적 해석의 입법이유를 사업자의 주관적 의도에 따라 약관을 해석하는 것을 방지하고 사업자가 고객에 따라 다르게 차별적으로 해석하는 것을 막을 수 있다는 점에서 찾고 있다. 즉, L. Raiser가 근거로 든 약관의 합리화 기능에 추가하여 사업자가 약관해석을 자의적으로 할 가능성을 차단하기 위한 목적을 그 근거로 제시하고 있다. 그런데 이러한 입법이유가 통일적 해석의 근거로 타당한지는 의문이다. 왜냐하면 사업자의 자의적 해석으로부터 고객의 보호는 이미 약관을 신의성실의 원칙에 따라 해석함으로써 충분히 달성될 수 있기 때문이다.[23]

그리고 개별약정과 관련된 제4조의 입법이유[24]에서는 『약관보다는 개별적인 합의(즉, 개별약정)가 더욱 당사자의 의사에 가까우므로, 개별약정이 약관보다 우선하여 계약내용을 구성하도록 하는 것이 당연하다. … 당사자(또는 그의 피용자)가 고객에게 계약의 내용과는 다른 설명을 해주어 고객이 그것을 믿고 계약한 경우에도 그러한 설명은 개별약정이 되어 당사자를 구속한다.』고 밝히고 있다. 여기서 주목해야 할 것은 두 가지라고 생각된다. 첫째는 개별약정, 즉 당사자

---

23) 손지열, 「민법주해[XII]」, 1999, 330면에서 신의성실의 원칙에 따른 공정한 해석의 내용으로 약관해석에 있어서 사업자와 고객 쌍방당사자의 정당한 이익이 고려되며 형평을 이루어야 한다고 설명하고 있다.

24) 소비자문제를 연구하는 시민의 모임, 「약관규제의 입법」, 1986, 33면.

들이 구체적으로 한 합의내용이 우선 계약의 내용을 결정하고 약관은 부차적인 의미만을 갖는다고 하는 것이다. 두 번째는 입법이유에서 개별약정의 인정범위를 통상적인 의미보다 넓게 이해하여, 사업자 또는 그 피용자가 고객에게 약관의 내용과는 다른 설명을 하여 고객이 이를 믿고 계약을 체결한 경우에도 개별약정을 인정하고 있다는 것이다. 이러한 내용이 판례에 의하여 반영되고 있음은 나중에 더 자세히 살펴보겠다.[25)]

4. 약관법 제정 후 학설과 판례

약관법 제정 후 대표적 학자들은 약관법의 입법취지에 맞추어 객관적·통일적 해석을 약관의 독특한 해석원리로 이해하고 있다.

약관법 제정 위원 중의 한 분이셨던 이은영 교수는 객관적 해석과 관련하여 그 교과서에서 "약관은 그 조항이 하나하나 객관적으로 그 문언에 제한되어 해석되어야 한다"고 서술하고 있다.[26)] "이때 원칙적으로 당사자의 주관적 의사나 의도와는 무관하게 해석되어야 하며, 조항의 문구를 벗어난 사정을 고려해서는 안 된다"고 한다. 그 이유로 "약관은 당사자의 협의 없이 이미 계약체결 전에 만들어져 있는 것이기 때문에, 보통의 계약에서 당사자의 협상을 전제로 한 계약해석원칙은 약관해석에 적용될 수 없다"고 하면서 독일 판례와 학설을 그 근거로 제시한다. 그런데 이와 같이 객관적으로 해석하고 당사자의 개별적 상황이나 의도를 고려하지 않는 것은 "약관의 객관적 해석원칙은 해석과정의 중간단계에 불과"하기 때문인 것으로 본다. 즉, "개별적 상황이나 당사자의 의도는 결국 개별약정의 범주에 들어가게 되며, 약관의 해석에 있어서도 개별약정우선의 원칙이 지배하기 때문"이라고 한다.[27)]

또한 손지열 판사는 약관의 해석도 계약해석 방법에 의한다는 것을 원칙

25) 아래 V. 2. 참조.

26) 이은영, 「약관규제법」, 1994, 152면.

27) 이은영, 「약관규제법」, 1994, 153면.

으로 인정하면서,[28] 객관적 해석원칙에서는 "구체적·개별적 당사자의 이해관계가 아니라 그 거래에 전형적으로 관여하는 집단의 총체적 이해관계를 고려의 대상으로 해야 한다"[29]고 하여 전통적 방식으로 객관적 해석원칙을 서술하고 있다. 그 논리적 귀결로 "당사자의 의사와 이해관계를 제1의 기준으로 삼는 일반 계약해석과는 다르다"고 한다.[30] 그러면서도 "통일적 해석은 약관 자체의 해석에 관한 것이고, 당사자 사이에 약관과 다른 개별약정이 있는 경우에는 개별약정이 우선하는 결과 각 거래별로 법률관계가 달라질 수 있다"고 한다.[31]

우리 판례도 위 학설과 크게 다르지 않게 판시를 하고 있다. 즉, "약관의 내용은 개개 계약체결자의 의사나 구체적인 사정을 고려함이 없이 평균적 고객의 이해가능성을 기준으로 하여 객관적·획일적으로 해석"하여야 한다고 판시하고 있다.[32]

Ⅲ. 약관의 해석이 계약의 해석과 동일하다는 학설(특수성 부정설)의 내용

1. 우리나라에서의 논의

약관의 법적 성질이 계약이라는 입장에서 약관의 해석은 계약의 해석과 본질적으로 다를 수 없다는 입장이 점차 많은 지지를 얻고 있다. 이 견해는 기본적으로 계약의 해석에서 주장되고 있는 자연적 해석과 규범적 해석원리를 약관해석에 동일하게 적용하고 있다.[33] 우선 약관 이외에 별도

---

28) 손지열, 「민법주해[XII]」, 1999, 327면.
29) 손지열, 「민법주해[XII]」, 1999, 331면.
30) 손지열, 「민법주해[XII]」, 1999, 331면.
31) 손지열, 「민법주해[XII]」, 1999, 333면.
32) 대법원 2009. 5. 28. 선고 2008다81633 판결 등 다수 판결.

의 합의가 존재하거나 약관조항을 해석함에 있어 통상의 이해와 다른 내용으로 해석하는 데 의사의 합치가 있다면 이때에는 자연적 해석원리에 따라 그 합의내용이 당연히 우선한다고 한다. 그러면서 개별약정에 관한 약관법 제4조의 규정은 이러한 당연한 결과를 입법한 것이라고 본다. 그리고 더 나아가 개별약정의 인정범위를 넓혀서 평균적 고객의 이해가능성과 다른 개별 고객의 의사가 존재하고 그러한 의사를 약관작성자에게 귀속시킬 수 있는 정당한 사유가 존재한다면, 즉 사업자의 귀책사유로 고객이 평균적 고객의 이해와 다른 이해를 한 경우에는 이때에도 구체적인 고객의 의사에 따라 해석할 수 있다고 한다. 이 또한 자연적 해석원칙의 한 내용이 될 수 있다는 것이다.[34] 그리고 이러한 개별적 사정이 존재하지 않거나 고객의 개별적 의사가 확인되지 않는다면 객관적 해석원칙에 따라 약관의 내용은 평균적 고객의 이해가능성을 기준으로 해석된다고 한다.

이와 유사하게 약관의 해석도 통상의 계약해석처럼 당사자의 주관적 의사가 일치하면 그에 따르고, 주관적 의사가 일치하지 않으면 객관적 해석원칙이 적용된다고 보는 입장도 있다. 여기서 객관적 해석원칙은 구체적 사정을 고려하면 안 된다는 의미를 갖고 있는 것은 아니고, 원칙적으로 약관해석에서 구체적 사정이 존재하지 않기 때문에 이를 고려하지 않는다는 것을 의미한다고 한다. 이러한 주장을 펼치면서 다음과 같은 논거를 사용하고 있다.[35] 첫째, 비교법적으로 객관적 해석원칙은 지지를 받지 못하고 있으며 그 유래가 있는 독일에서도 논란이 되고 있다. 둘째, 객관적 해석은 약관의 성질을 규범으로 보던 때에 탄생한 것이고 계약설을 취하고 있는

---

33) 최준규, "보험계약의 해석과 작성자불이익 원칙 – 최근 대법원 판례들을 중심으로", BFL 제48호, 2011, 40면 이하.

34) 다만 고객과 직접 대면하는 직원에게 계약체결대리권이 없는 경우가 많은 점, 약관사용자가 고객의 개별적 사정을 일일이 확인하기 곤란한 점, 대량거래의 합리화를 도모해야 하는 약관사용자의 입장 등을 고려할 때, 정당한 사유가 인정되기는 쉽지 않을 것이라고 한다.

35) 김진우, "약관의 해석에 관한 일고찰 – 객관적 해석과 작성자 불이익의 원칙의 유럽법과의 비교를 통한 검토", 재산법연구 제28권 제3호, 2011, 185면.

현재에도 마치 약관을 규범과 유사한 것으로 보는 시각이 전제되어 있다고 비판한다. 셋째, 객관적 해석이 지향하는 획일적 해석이 너무 형식적·도식적이어서 그 결과도 타당하지 않다고 한다. 즉, 약관사용자가 계약교섭을 할 때 구체적인 상대방에게 어느 계약조항의 용어를 통상적 의미와는 다른 의미로 사용된다는 인상을 야기한 경우, 약관사용자가 계약체결 전 또는 계약체결 시에 구체적인 상대방이 어느 계약조항의 용어 등을 객관적 의미와 다르게 이해한다는 점을 안 경우에는 당사자들의 공통적 이해가 존재하는 것으로 보아서 이를 구체적인 사정으로 해석에서 고려해야 한다는 것이다. 따라서 넷째, 이러한 사정은 개별약정을 인정하지 않더라도 해석의 결과로 인정할 수 있어야 한다고 주장한다. 이러한 주장은 독일의 학설상 논란을 바탕으로 한 것이므로 독일의 논의상황을 살펴보고 이러한 주장의 타당성에 관하여 살펴보려고 한다.

2. 독일에서의 논의

1) 객관적 해석 긍정설

명문의 규정이 없는 독일에서도 약관의 객관적 해석원칙을 인정하고 있으며 그에 따라 계약체결의 구체적인 사정과 계약체결자의 구체적인 의사를 고려하는 것을 금지하고 있다. 객관적 해석의 원칙에 의하면 소송당사자의 구체적인 관계와 개별적 분쟁사안의 우연적 요소는 모두 고려되지 않는다. 이에 따라 약관에서의 객관적 해석원칙은 통일적 해석원칙이라는 의미를 갖는 것으로 이해되고 있다.[36] 그럼에도 불구하고 객관적·통일적 해

---

36) 독일 판례에 따르면 심한 장애를 가지고 있는 딸의 아버지가 여행주최자의 손해배상조항 해석에 있어서 자신이 항상 딸을 돌보아야 하는 특수한 사정이 있다는 사실은 고려할 수 없다고 한다(BGHZ 77, 118). 또한 국내에서 사업을 하고 있는 사업자의 약관을 외국인이 고객이더라도 이성적인 내국인인 고객이 통상적인 사정하에서 이해할 수 있었던 내용을 기초로 해야 하지, 고객이 외국인이라는 구체적인 사실은 고려될 수 없다고 한다(BGH NJW 1960, 1661).

석원칙은 약관을 객관적 의미와 다르게 계약당사자들이 구체적인 사정을 고려하는 것을 금지하지 않는다. 이는 독일 판례와 통설의 입장이다.[37] 당사자들의 주관적 의사에 따른 해석은 약관조항에 우선하는 개별약정으로 본다.[38] 이 견해가 예로 들고 있는 사례는 (예외적인 상황이지만) 은행과 관련된 전문적인 식견을 가지고 있는 전문은행가가 (그 자체로는 불명확성을 가지고 있는) 약관조항을 동일한 의미로 이해한 경우이다. 이때 해당 약관조항은 "주관적"으로 고객의 이해가능성을 기초로 하여 해석된 것이 아니라, 구체적인 사정하에서 개별적인 약정이 있기 때문에 약관의 객관적 의미에 대하여 우선한다고 본다. 이러한 구분은 실무적으로 중요한 의미를 갖는다. 왜냐하면 약관의 객관적 해석과 다른 의미를 부여하기 위해서는 고객의 특별한 지식이 중요한 것이 아니라 당사자 사이에 개별약정을 인정할 만한 사정이 존재해야 하기 때문이다.[39]

이와 달리 개별약정을 인정할 만한 사정이 없는 경우에도 당사자의 일치하는 주관적 의사를 해석에서 고려할 수 있다는 견해도 있다.[40] 즉, 이 견해는 그 근거를 개별약정을 인정하고 있는 조항을 기초로 하여 도출하고 있기는 하다. 이 견해에 따르면 개별적인 구체적인 사정은 해당 약관조항의 주관적 의사가 일치하는지 여부를 판단함에 도움이 되는 한도에서 고려될 수 있다고 한다.

2) 객관적 해석 부정설

그에 반하여 약관법상 인정되는 독특한 원리로서의 객관적 해석은 인정될 수 없다고 하는 견해도 유력하게 주장되고 있다.[41] 즉, 이 견해는 계약

---

37) BGH NJW 2002, 2103; MüKoBGB/Basedow, § 305c Rn. 26.

38) BGHZ 113, 259 = NJW 1991, 1606; MüKoBGB/Basedow BGB, § 305c Rn. 26; Schmidt-Salzer, AGB, 2. Aufl. 1977, Rn. E 30—E 32.

39) 이를 명확하게 지적하는 것으로 Raiser, S. 260.

40) Ulmer/Schäfer, § 305c Rn. 84.

41) Wolf/Lindacher/Hau, § 305c Rn. 105 f.; Lindacher FS Horn, 2006, S. 83 [86]; Staudinger/Schlosser, 305c Rn. 126 ff.; Fikentscher/Heinemann, Schuldrecht, 10. Aufl. 2006, § 25 Rn.

과 동일한 원리에 의하여 해석이 이루어져야 하나, 다만 해석대상의 특수성이 고려되어야 한다고 본다. 이러한 특수한 사정에는 통상적으로는 고려될 수 있는 개별적 사정이 약관에서는 원칙적으로 존재하지 않는다고 한다. 그런데 이러한 구체적 사정이 예외적으로 존재하는 경우에는 이러한 사정은 해석함에 있어서 고려될 수 있다고 한다.[42] 그리고 이러한 특수한 사정에는 당사자들이 객관적 의미내용과 다르게 약관에 의미를 부여한 경우도 속한다. 이러한 사정이 존재하여 해석에 의하여 고려되는 경우에는 개별약정 내지 우리 약관법 제4조에 해당하는 독일 민법 제305조b를 근거로 할 필요가 없다고 한다. 하지만 이 견해에서도 해석의 척도는 개별적인 고객의 이해가능성이 아니라, 해당 계약유형의 평균적 고객의 이해가능성이다.[43]

3) 학설의 차이점

양 견해의 차이점은 방법론적인 출발점을 어디에 두느냐에 있다. 독일에서는 객관적 해석에 관한 명문의 규정이 없으므로 방법론상 약관해석의 특유한 원리로 객관적 해석원칙을 설정할 필요가 없다는 견해가 설득력이 있다고 할 수 있다.[44] 약관은 계약의 내용을 형성하는 규정인 이상 법규 내지 법규와 유사한 것이 아니며, 행정관청의 인가를 받더라도 규범적 성질을 갖는 것이 아니다. 따라서 객관적 해석원칙을 통하여 약관을 법규와 유사한 방법으로 해석하는 것은 타당하지 않다고 한다.

또한 불공정조항지침을 통하여 개정된 내용도 고려되어야 한다. 독일에서는 이러한 입법지침에 따라 소비자계약인 경우에는 개별약정에 대하여도 내용통제가 가능하다. 그런데 개별약정의 경우에는 내용통제를 함에 있어서 구체적 사정을 고려하도록 하고 있다(지침 제4조 제1항[45]). 독일의 입법

181; Dammann, FS Wolf, 2011, 11 [19 ff., 25]; Hellwege, S. 520 ff.

42) Wolf/Lindacher/Hau, § 305c Rn. 111; Staudinger/Schlosser, § 305c Rn. 130.

43) Wolf/Lindacher/Hau, § 305c Rn. 112; Staudinger/Schlosser, § 305c Rn. 128

44) Lindacher FS Horn, 2006, S. 85; Hellwege, S. 522.

자도 이를 독일 민법 제310조 제3항 제3호에 받아들였다. 이에 따라 구체적 사정을 내용통제뿐만 아니라, 해석에서도 고려할 수 있다는 입장[46]과 개별약정의 경우에 인정되는 예외적 규정이라고 이해하는 입장[47]이 대립하고 있는 것이다. 또한 독일 민법상으로는 개별약정과 약관조항의 해석, 소비자에 대한 약관과 소비자가 아닌 자에 대한 약관으로 구분할 수 있는데, 이를 통일적인 시각에서 해석원칙을 설정하는 것이 타당하다는 입장이 존재하는 것이다.

또한 약관조항의 객관적 내용과 다른 당사자 사이의 주관적 이해를 반영하기 위하여 (의제적인) 개별약정을 인정할 필요가 없이 바로 해석으로 고려하는 것이 타당하다고 한다. 이를 통하여 약관을 사용하는 사업자 또는 사업자를 위하여 행위하는 대리인의 의사표시를 이 견해에 따르면 해석에서 바로 고려할 수 있다고 한다.

3. 소 결

객관적·통일적 해석을 설정한 우리 입법자와 그 후 학설과 판례가 독일의 학설과 판례에 영향을 받은 것은 사실이지만, 최근에 약관의 해석을 계약의 해석과 동일하게 보아야 한다는 우리나라의 학설 내용도 부분적으로는 유럽의 입법적 변화에 따른 독일의 학설 내용에 영향을 받은 것으로 보인다. 그런데 우리 약관법은 그 실체법적 내용, 특히 해석 및 내용통제에 관

---

45) Article 4.

1. Without prejudice to Article 7, the unfairness of a contractual term shall be assessed, taking into account the nature of the goods or services for which the contract was concluded and by referring, at the time of conclusion of the contract, to all the circumstances attending the conclusion of the contract and to all the other terms of the contract or of another contract on which it is dependent.

46) MüKoBGB/Basedow, § 305c Rn. 23; Staudinger/Schlosser, § 305c Rn. 130; 더 좁게 해석하는 견해로 Wolf/Pfeiffer, RL Art. 4 Rn. 6; Bamberger/Roth/Schmidt, § 305c Rn. 40.

47) Dammann, FS Wolf, S. 20 f.

하여는 제정된 이후 그 내용상으로는 아무런 변화 없이 계속 유지되고 있다. 그에 반하여 유럽연합, 특히 독일에서는 약관법이 민법 내용으로 편입된 한편 입법지침의 제정으로 많은 수정이 가해졌다. 독일의 학설 변화는 이러한 입법내용의 변화에 기인한 것이고 현재 독일 민법에 규정되어 있는 약관조항 내용으로는 충분히 일어날 수 있는 견해대립이라고 생각된다. 하지만 이러한 입법상의 변화가 없는 우리 약관법상으로 독일에서의 논의가 수용가능한지는 다시 한번 검토가 필요하다고 생각된다.

Ⅳ. 약관법에 따른 약관으로 체결된 계약내용의 확정

약관의 해석에 있어서 학설을 제대로 이해하기 위해서는 기본적으로 해석의 목적이 약관으로 체결된 전체 계약내용을 확정함에 있다는 점을 우선 상기할 필요가 있다. 즉, 약관으로 체결된 전체 계약내용을 정함에 있어서 해석에 따른 각종 해석방법을 사용하는 것이다. 그런데 여기서 주의할 점은 약관으로 체결된 계약에서 전체 계약의 내용을 결정하는 것은 약관뿐만 아니라, 당사자들이 개별적으로 합의한 내용도 있다는 점이다. 즉, 약관으로 체결된 계약의 내용은 당사자들이 개별적으로 합의한 내용과 약관 등을 기초로 결정되는 것이다.

1. 약관은 개별적인 해석의 대상인가 아니면 계약해석에서 고려될 수 있는 하나의 요소인가?

첫 번째 단계에서 일단 생각할 것은 개별적으로 합의한 내용과 약관의 내용을 별도의 단계에서 확정할 것인지 아니면 같은 단계에서 확정할 것인지를 생각해 보아야 한다. 즉, 계약의 해석에서 중요한 것은 당사자의 의사를 확인하여 계약의 내용을 결정하는 것이므로 약관을 계약의 해석에 있어서 이를 찾는 하나의 고려요소로만 둘 것인지, 아니면 별도의 개별적인 해석

대상으로 둘 것인지를 먼저 고민해 볼 수 있다. 이를 다른 말로 표현한다면 약관은 계약해석의 요소인가 아니면 개별적인 해석의 대상인가라는 질문이 될 것이다.

약관이 아닌 통상의 계약서를 통하여 체결하여 계약의 해석이 이루어지는 과정을 생각해 보면 이 쟁점은 다음과 같이 해결될 것이다. 당사자 사이에 주관적 의사의 일치가 있으면 계약서의 내용을 살펴보지 않고 바로 일치하는 당사자의 주관적 의사를 기초로 하여 계약의 내용을 확정할 것이다.[48] 물론 이때 계약서는 이러한 의사를 확인하는 참고 자료로 활용될 수는 있을 것이다. 따라서 통상의 계약에 있어서 계약서는 당사자의 의사를 확인하는 하나의 요소인 것이다. 즉, 당사자가 말로 한 내용, 작성한 계약서, 계약체결 시의 거래관행 등 계약해석의 다양한 요소 중의 하나로 계약서가 작용할 것이다.[49]

약관을 통하여 체결한 계약에서도 약관은 전체 계약의 내용을 확인하는 요소에 불과하다고 생각할 수도 있다. 이것이 유력설의 입장인 것이다. 하지만 약관으로 체결된 계약의 경우 별도의 단계로 약관 자체의 해석 문제를 구분해야 한다. 물론 약관으로 체결된 계약의 해석, 즉 약관으로 체결된 계약의 내용확정이 궁극적인 목적이긴 하지만 그 과정에서 약관 자체의 해석문제가 별도로 존재하는 것이다.[50]

---

48) 예컨대 지원림 교수는 해석이란 1차적으로 당사자의 내심의 효과의사, 즉 진의가 무엇인지를 밝히는 것이라고 한다(지원림, 「민법강의」, 제20판, 2023, 212면). 그에 반하여 법률행위 해석의 목적은 당사자의 숨은 진의 또는 내심적 효과의사를 찾아서 밝히는 것이 아니며, 표시행위가 가지는 의미를 밝히는 것이라고 설명하는 견해도 있다(곽윤직·김재형, 「민법총칙」, 제9판, 2013, 295면). 판례도 당사자가 그 표시행위에 부여한 객관적 의미를 명백하게 확정하는 것이 법률행위의 해석이라고 한다(대법원 1988. 9. 27. 선고 86다카2375·2376 판결).

49) 우리 판례는 "당사자가 표시한 문언에 의하여 그 객관적인 의미가 명확하게 드러나지 않는 경우에 그 문언의 형식과 내용 그 법률행위가 이루어진 동기 및 경위, 당사자가 그 법률행위에 의하여 달성하려는 목적과 진정한 의사, 거래의 관행 등을 종합적으로 고려하여 사회정의와 형평의 이념에 맞도록 논리와 경험의 법칙, 그리고 사회일반의 상식과 거래의 통념에 따라 합리적으로 해석하여야 한다"고 하고 있다(대법원 2001. 3. 23. 선고 2000다40858 판결).

이처럼 약관을 단지 약관으로 체결한 계약의 해석에서 그 내용을 찾을 수 있는 하나의 요소에 불과한 것이 아니라, 별도의 해석의 대상으로 삼은 이유는 약관법의 내용통제와 관련된다. 왜냐하면 계약의 내용을 결정하는 요소 중에서 당사자가 개별적으로 한 약정은 약관법에 의한 내용통제의 대상이 안 되고 약관만이 내용통제의 대상이 되기 때문이다.[51] 따라서 약관법의 시각에서는 내용통제의 대상이 되는 부분과 내용통제의 대상이 되지 않은 부분을 엄격히 구분하기 위하여 개별약정과 약관을 구분하고 있는 것이다.

[약관으로 체결된 전체 계약의 내용형성]		
개별적으로 합의한 내용	+	약관의 내용

결국 약관으로 체결된 계약에서는 개별적으로 합의한 내용에 대한 해석과 약관의 내용에 대한 해석이 개별적으로 이루어진다. 이를 통하여 각각의 개별적인 내용으로 확정된 부분을 상호 비교하여 개별적으로 합의한 내용이 정하는 내용이 우선하게 되고 개별적으로 합의한 내용과 약관의 내용이 충돌하게 되면 약관법 제4조의 개별약정 우선의 원칙에 따라 개별약정의 내용이 약관에 우선하게 된다.

이와 같은 방식으로 약관으로 체결된 계약의 내용을 결정하는 이유는 바로 약관법에 내재되어 있는 내용통제 원리, 개별약정 우선의 원칙을 규정하고 약관법 제4조와 약관의 해석원리를 규정하고 있는 약관법 제5조의 규정을 통하여 우리 입법자가 내정하고 있는 것이기 때문이다. 이러한 해석방식은 약관법의 경우에는 명문의 규정을 통하여 정하고 있는 것이다.

---

50) 이러한 입장에서 '약관 그 자체'의 해석과 '약관에 의한 계약'의 문제를 구별해야 한다는 견해로 이은영, "보통거래약관의 해석원칙", 「사법연구 1: 계약법의 특수문제」, 1983, 55면.

51) 개별약정의 경우 약관법이 적용되지 않는다는 입장으로 장덕조, "설명의무위반으로 인한 계약편입배제와 개별약정우선의 원칙", 사법 37호, 2016, 184면; 대법원 2000. 12. 22. 선고 99다4634 판결.

2. 개별약정과 약관의 해석이 개별적으로 이루어지는 경우에 동일한 해석원리가 적용되는가? 아니면 다른 해석원리가 적용되는 것인가?

그러면 여기서 주된 관심사의 대상이 되는 쟁점인 개별약정의 해석과 약관의 해석에 대하여는 동일한 해석원리가 적용되는지의 여부에 대하여 살펴보려고 한다. 앞에서 살펴본 바대로 약관법이 개별약정과 약관을 개별적·독립적으로 해석할 것을 요구하고 있다면 각각 어떠한 해석원리가 적용될 것인지가 문제되는 것이다. 다른 말로 말하면 약관의 해석에서도 당사자의 주관적 의사 내지 구체적 사정을 고려할 수 있는지를 살펴보아야 한다.

일단 개별약정이나 약관 모두 계약의 내용이 되는 것에 있어서는 동일하고 약관이 계약의 성질을 갖는다는 점에서 보면 일단 모두 계약의 해석원리가 작용된다는 것이 출발점일 것이다. 개별약정에 대하여는 달리 정함이 없으므로 계약의 일반적 해석원리가 그대로 적용되어 자연적 해석과 규범적 해석에 따라 그 내용을 확정하면 될 것이다. 따라서 당사자의 주관적 의사가 일치하면 일치하는 의사대로 그 내용이 확정되고 일치하지 않은 경우에는 객관적 해석에 따라 표시행위에 부여한 객관적 의미내용대로 그 내용이 확정될 것이다. 그리고 여기서는 당연히 계약체결 시 당사자의 구체적인 사정 등도 해석에서 고려될 것이다.

그에 반하여 약관의 경우에는 계약의 해석원칙이 그대로 적용될 수 있는가? 그렇지 않다. 왜냐하면 바로 약관법 제5조에서 약관해석의 특수한 원리를 규정하고 있기 때문이다. 우리 약관법의 경우는 유럽연합이나 독일의 입법자와 달리 약관을 해석해야 할 원리를 명문의 규정을 통하여 정하고 있다는 점이 결정적으로 다르다. 즉, 객관적 해석원리의 구체적인 내용으로서 개별적·구체적 사정을 고려할 수 없다는 해석원리를 명문의 규정으로 정한 것이다. 객관적·통일적 해석을 통하여 고객의 구체적 사정에 따라 약관의 내용을 달리 해석할 수 없도록 한 것은 약관을 사용한 사업자의 이익을 반영한 것이다. 사업자는 약관을 사용함으로써 하나의 계약내용을 통하여 수많은 고객을 상대할 수 있는 하나의 시스템을 만들고 싶은 것이다. 이러한 사업자의 이익을 반영하여 계약과는 다른 약관의 독특한 원리가 형성된 것이다.[52)]

3. 유럽연합에서의 논의변화의 이유

그러면 유럽연합 내지 독일에서 약관의 해석에 대하여 계약의 해석과 동일한 해석원리가 적용될 수 있다는 최근의 견해들이 나오는 이유는 무엇일까? 이는 최근 입법의 변화와 연관된다. 현재 유럽연합에서는 소비자계약의 경우 사업자가 사전에 마련한 계약의 내용이기만 하면 내용통제의 대상이 되기 때문에 약관뿐만 아니라 개별약정도 내용통제의 대상이 될 수 있다고 말한다. 따라서 유럽연합의 차원에서는 개별약정과 약관을 명확히 구분할 필요성이 처음부터 없다. 또한 유럽연합의 입법지침을 수용한 독일의 경우도 이러한 영향하에 놓이기 때문에 논의의 변화가 일어나고 있는 것이다. 즉, 약관에 대하여 특수한 해석원리만 규정한 내용만 있다가 독일 민법에 편입되는 한편, 소비자계약의 경우에는 유럽연합의 영향을 받아서 사전에 마련된 계약조항에 대하여도 내용통제가 가능하게 된 것이다. 따라서 독일의 경우에는 계약의 해석, 사전에 마련한 조항의 해석 그리고 약관 자체의 해석을 별도의 원리로 살펴볼 동인이 사라지고 있는 것이다.

일부 견해에서 비교법 논거로 사용하고 있는 유럽연합의 불공정조항지침 제4조 제1항은 기본적으로 불공정성 판단과 연관된 것이다. 그에 의하면 "계약조항의 불공정성은 계약의 대상인 물품 또는 용역의 성질을 고려하여 계약체결 시에 수반된 모든 사정 및 해당 계약의 다른 조항 또는 그 계

---

52) 이러한 입장으로 예컨대 Ulmer/Schäfer, § 305c Rn. 69. 여기에 추가하여 법적 안전성을 가져올 수 있는 것도 사업자에게 이득이 될 수 있다고 보는 입장도 있다. 즉, 약관을 마련하는 사업자의 입장에서는 약관을 작성할 당시에 그 약관의 해석방향을 객관적으로 정할 수 있다면 구체적·개별적 사정을 기초로 한 해석을 할 때보다 재판에서 약관이 어떠한 방향으로 해석될 수 있을지를 더 잘 예측할 수 있다고 한다.

약이 의거하고 있는 다른 계약의 모든 조항에 의거하여 판단해야 한다"고 규정하고 있다. 그런데 이 조항을 근거로 이 견해는 내용통제에 있어서 개별적 사안의 구체적 사정이 고려되어야 한다면 해석단계에서도 동일하게 구체적 사정이 고려될 것이라고 한다. 하지만 이러한 지적은 타당하지 않다. 첫째, 해당 지침은 소비자계약인 경우 약관이 아니라, 사전에 협상되지 않은 개별적인 조항의 불공정성을 판단하는 것을 내용으로 하므로 약관에 사용되는 객관적 해석원칙이 원천적으로 차단되어 있다. 따라서 반대로 이야기하면 개별적인 조항의 경우에는 당연히 그 해석에 있어서 구체적인 개별적 사정이 고려될 수 있지만 약관의 경우에는 다르게 해석된다고 볼 수 있다. 둘째, 내용통제에 있어서 개별적 사안이 구체적으로 고려될 수 있다고 하여 바로 해석단계에서도 구체적 사정이 고려될 수 있는 것은 아니다. 이러한 논리에 반대하는 견해가 독일에서 주장되고 있으므로 이러한 결론은 속단할 것이 아니다.

4. 소 결

결국 우리 약관법은 약관으로 체결한 계약내용을 확정하는 해석에 있어서 이를 개별약정과 약관으로 나누고 약관에 대하여는 독특한 해석원리를 규정하고 있는 것이다. 따라서 약관의 해석에서도 계약의 해석원리를 그대로 인정해야 한다는 우리 학설은 약관법의 입법의도와 규정내용을 무시한 견해라고 보인다.

특히 외국의 입법례를 근거로 입론하는 것은 타당하지 않다. 왜냐하면 유럽연합의 경우에는 개별약정과 약관으로 나누는 규정을 두지 않은 입법례가 많고, 개별약정에 대하여도 내용통제를 하는 것이 소비자계약에서 유럽연합 입법지침의 경우 원칙이므로 굳이 개별약정과 약관을 구분할 필요가 없는 것이다. 또한 약관의 해석에 관하여 독특한 해석원칙을 명문의 규정으로 인정하지 않은 이상 개별약정과 약관에 대하여 같은 원리를 적용할 것인지 아니면 다른 원리를 적용할 것인지는 학설에 맡겨진 것이다. 따라서 현재 유럽, 특히 약관법의 모태가 된 독일에서 이와 연관된 학설상의 대립이 있는 것은 충분한 이유가 있는 것이다. 즉, 약관과 관련된 독일 민법상 법률규정의 변화를 기초로 하고 있는 것이다. 이러한 변화가 없는 우리 약관법상 이를 주장하는 것은 법률적 근거가 없는 논의이며 오히려 약관법의 규정내용에 정면으로 반하는 해석인 것이다.

V. 약관법상 당사자의 주관적 의사와 구체적 사정의 반영방법

그러면 약관의 독특한 해석원리로서 객관적 해석에서 계약체결 시에 구체적인 당사자의 사정을 고려할 수 없다는 명제 자체가 타당성을 갖는지를 여기서 살펴보려고 한다. 이와 같은 명제가 명문의 규정으로 정해져 있지만 그 타당성이 결여되어 있다면 이는 개정의 대상이 될 수 있기 때문이다. 이와 관련하여 타당한 비판으로 생각될 수 있는 것은 약관의 해석에서 당사자의 주관적 의사와 구체적 사정을 고려하지 않으면 구체적인 고객의 보호에 합당한 해석결과를 가져오지 못한다는 비판이다. 이는 실질적인 고객보호와 연관된 비판의 내용이라고 할 수 있다. 이는 결국 당사자의 주관적 의사와 구체적 사정을 개별약정을 통하여 충분히 반영하는 것과 연관된다.

1. 개별약정의 의미

약관법상 개별약정이라는 명칭만 보면 명시적으로 사업자와 고객 사이의 개별적인 합의가 있는 것으로 생각하기 쉽다. 하지만 개별약정은 독일법상 Individualabrede의 번역으로서 사업자가 다수 고객을 위하여 마련한 약관과는 달리 개별적으로 협상을 통하여 정하여진 계약조건으로 이해하면 된다.[53] 따라서 사업자와 고객 사이에 이루어진 협상 내지 계약체결을 바탕으로 하여 구체적으로 이루어진 합의를 통하여 정해진 계약조건인 것이다.

대부분의 약관을 기초로 체결되는 계약이 그 대량적인 성질을 기초로 해서 보면 이러한 개별적으로 인정되는 범위는 넓지 않을 것이다. 통상 개별약정은 계약이 성립하기 위하여 필요한 본질적 요소, 매매계약의 경우에는 매매목적물과 가격에만 존재하고 그 밖의 내용은 약관을 통하여 결정될 것이다. 그리고 전자상거래를 통하여 체결되는 계약을 보면 이러한 부분도 대부분 클릭을 통하여 결정되기 때문에 실질적인 협상이나, 구체적 사정을 반영할 수 있는 부분은 거의 없다. 그러나 보험계약체결에서처럼 그 계약의 내용이 복잡하고 보험회사에게 다양한 설명의무가 부과되고 있는 사업영역에서는 개별약정을 인정할 여지가 많다. 결국 많은 사례에서는 아니지만 개별약정을 통하여 당사자의 주관적 의사와 구체적 사정을 반영할 사례들이 존재한다. 그러면 학설이 비판하는 것처럼 우리 판례에서 인정되고 있는 개별약정 사례들이 당사자의 주관적 의사와 구체적 사정을 제대로 인정하지 않는지를 살펴보려고 한다.

2. 판례상 개별약정이 인정된 사례

판례상 인정된 개별약정 사례를 살펴보면 사업자가 개별약정을 주장하는 경우와 고객이 개별약정을 주장하는 경우에 그 인정요건과 인정사례가 많이 다르다. 따라서 이를 나누어서 살펴보겠다.

1) 사업자가 주장하는 개별약정의 경우

사업자가 약관과 다른 내용의 개별약정을 주장하는 경우에는 엄격한 요건이 설정되어 있다. 왜냐하면 약관을 작성하거나 제시한 자가 바로 사업

---

53) Ulmer/Schäfer, § 305b Rn. 10; 손지열, "일반거래약관과 예문해석", 「민사판례연구 제3권」, 1981, 53면; 장덕조, "설명의무위반으로 인한 계약편입배제와 개별약정우선의 원칙", 사법 37호, 2016, 183면.

자이기 때문에 사업자의 의사는 기본적으로 약관과 동일할 것이라는 추정이 이루어진다. 따라서 사업자가 약관의 내용과 다른 내용의 개별약정을 주장하여 인정받기 위해서는 고객에게 실질적인 협상가능성을 부여하여 개별약정이 이루어질 것을 요구하는 한편,[54] 사업자에게 이에 대한 증명책임을 부과하고 있다.[55]

2) 고객이 주장하는 개별약정의 경우

그에 반하여 고객이 개별약정을 주장하는 경우에는 사업자에게 요구하는 엄격한 요건이 적용되지 않는다. 우리 판례에서 인정된 사례를 살펴보면 사업자가 약관과 다른 설명을 하여 고객이 이러한 설명을 신뢰하여 계약을 체결한 경우이다. 보험대리점 내지 보험외판원 등 보험모집인이 보험약관의 내용과 달리 설명을 했고 보험계약자는 보험모집인의 설명을 믿고 계약을 체결하게 되는 것이 분쟁의 발단이 되는 경우가 일반적이다. 보험계약자가 보험사고 발생 시 보험모집인의 설명 내용에 따라 보험금을 청구하더라도 보험자는 보험약관의 내용에 따라 설명 내용과 다른 액수의 보험금을 지급하게 되고 보험계약자는 보험약관의 내용과 달리 설명한 내용에 따라 보험금지급을 주장하면서 소를 제기하게 된다.

[보험약관개정 미고지 사건][56]

1980년 6월경 원고는 보험업자인 피고 회사와 자동차안전보험 보통 보험약관에 기하여 보험계약을 체결하였다. 피고 회사는 재무부장관의 인가를 받아 위 보통보험약관을 같은 해 말에 폐지하고 1981. 1. 1부터 그에 대신하여 자동차대인배

---

54) 대법원 2000. 12. 22. 선고 99다4634 판결.

55) 누가 개별약정을 주장하느냐에 따라 이를 주장하는 자가 증명책임을 부담한다는 입장으로 장덕조, "설명의무위반으로 인한 계약편입배제와 개별약정우선의 원칙", 사법 37호, 2016, 191면; 김주호, "금융기관의 이율변경에 관하여 정한 약관조항에 대한 개별약정우선의 원칙", 판례연구 13집, 2002, 27면.

56) 대법원 1985. 11. 26. 선고 84다카2543 판결.

상정액보험약관을 만들었다. 원고는 1981년 6월경 피고 회사와 개정된 보험약관에 기하여 보험계약을 체결하였다. 그런데 원고가 보험계약을 체결할 때에 피고회사 산하 대리점 직원인 甲이 개정된 보험약관의 내용을 원고에게 알려주지 아니하고 종래의 안전보험약관이 정액보험으로 명칭만 바뀌었을 뿐이라고 말하였으므로 원고는 그 말을 믿고 종전의 안전보험약관과 같은 내용의 보험금을 지급받을 생각으로 이 사건 보험계약을 체결하였다. 그 후 피보험자동차의 사고가 발생하여 개정된 약관의 내용대로 보험금이 지급되었다. 원고는 피고 회사 측으로부터 개정된 정액보험약관을 고지받은 바도 없고 오직 甲의 말을 믿고 종전의 안전보험약관에 따른 보험계약을 체결할 생각으로 보험계약을 체결하였으므로 피고는 종전의 약관에 따라 보험금을 지급할 의무가 있다고 주장하였다.

본 사건은 약관법 제정 전의 판례로서 아직 약관의 성질이 법규적 성질을 가지고 있는 것으로 볼 것인지 아니면 계약적 성질을 가지고 있는 것으로 볼 것인지 정립되지 않을 때였다. 이에 따라 원심판결[57]에서는 규범설에 따라 보험약관의 내용은 법규적 성질을 가지므로 보험계약자는 그 약관의 내용을 의욕하는지 여부에 상관없이 계약체결과 동시에 구속된다고 보았다. 따라서 계약체결 당시 계약당사자의 일방이 그 약관의 전부나 일부를 몰랐다 하더라도 이 구속으로부터 면한다고는 볼 수 없다고 판단하였다. 즉, 원고가 피고 회사 측으로부터 개정된 보험약관의 내용을 고지받지 못하여 이를 알지 못하였다 하더라도 그 약관에 따른 계약의 효력을 부정할 수 없는 것이라고 판단하였다. 그러나 대법원은 "원심이 확정한 바와 같이 6개월이라는 단기간을 보험기간으로 정한 보험계약을 체결한 후 그 보험기간만료 시마다 보험계약을 갱신하여 체결해 오는 계속적 계약관계에 있어서, 그 중간에 보통보험약관의 내용이 개정된 경우에 보험업자의 대리점직원이 보험계약자에게 개정된 약관내용을 단순히 알리지 않은 것에 그친 것이 아니라 나아가 적극적으로 그 개정이 명칭의 변경에 불과하고 그 약관

57) 서울고등법원 1984. 10. 19. 선고 84나787 판결.

내용에는 변경이 없음을 강조하기 때문에 보험계약자도 기왕에 가입한 구약관과 같은 내용의 보험계약을 갱신하여 체결할 의사를 표시함으로써 계약이 성립된 것이라면, 이는 당사자 사이에 명시적으로 구약관에 따르기로 약정한 경우와 같이 보는 것이 타당하므로 개정된 약관의 구속력은 발생할 여지가 없다고 보아야 할 것이다."라고 판단하였다. 당사자 사이의 구체적인 계약체결과정에서 보험회사 측의 잘못된 설명으로 인하여 고객이 잘못된 생각을 가지고 계약을 체결한 경우 잘못 생각한 내용대로 계약이 체결된 것으로 보아야 한다는 판결이다. 특히 본 사안에서 이러한 약관이 계약의 내용으로 편입되는지와 관련하여 대법원은 보험회사 측의 잘못된 설명으로 인해 구약관이 적용되는 것으로 당사자의 개별적 합의가 이루어진 것이라고 판단하였다.

[잘못 설명된 보험약관 사건][58)]

원고는 1987년 6월경 피고 보험회사와 자동차종합보험계약을 체결하였다. 원고는 보험기간 내인 1987년 7월경 자동차를 운전하던 중 교통사고로 인하여 안면부다발성열창 등의 상해를 입어 치료를 받았고, 그 결과로 치료비를 지출하였다.

원·피고 사이의 보험계약을 체결하게 된 경위는 다음과 같다. 당시 피고회사의 대리점을 하는 甲이 원고를 방문하여 피고회사의 자동차종합보험에 가입할 것을 권유하면서 자손사고로 인한 부상의 경우에는 금 3,000,000원의 한도 내에서 실제 부담한 치료비 전액이 보험금으로 지급된다고 설명하였다. 이에 따라 원고가 피고회사를 대리한 甲과 보험계약을 체결하였으나, 그 당시 원고는 甲으로부터 보험증권을 교부받거나 보험약관의 구체적 내용에 관한 고지를 받은 사실이 없었다.

원고는 설명받은 보험계약내용에 따라 보험금 3,000,000원의 지급을 구하였고, 이에 대하여 피고는 원고의 상해는 약관에서 인정되는 금액에 한하여 보험금지급의무가 있다고 항변하였다.

---

58) 대법원 1989. 3. 28. 선고 88다4645 판결. 이에 대한 평석으로 손지열, "보험외판원의 잘못된 설명과 개별약정의 성립", 「민사판례연구 제12권」, 1990, 237면 이하 참조.

1심법원[59]은 금 900,000원의 범위에서만 원고청구를 인용하고 나머지 원고청구를 기각하였다. 그러나 항소법원[60]은 "피고가 주장하는 자동차종합보험보통약관은 이른바 일반거래약관의 일종으로서 계약당사자가 이를 계약의 내용으로 하기로 하는 명시적 내지 묵시적 합의가 있는 경우에만 적용된다"고 보고 "보험보통약관과 다른 내용으로 보험계약을 설명하고 이에 따라 계약이 체결된 경우에는 그때 설명된 내용이 보험계약의 내용이 되고 그와 배치되는 보통약관의 적용은 배제된다고 보아야 할 것"이라고 판단하여 원고의 청구를 전부 인용하였다.

대법원은 "보통보험약관이 계약당사자에 대하여 구속력을 갖는 것은 그 자체가 법규범 또는 법규범적 성질을 가진 약관이기 때문이 아니라 보험계약당사자 사이에서 계약내용에 포함시키기로 합의하였기 때문이라고 볼 것인바, 일반적으로 당사자 사이에서 보통보험약관을 계약내용에 포함시킨 보험계약서가 작성된 경우에는 계약자가 그 보험약관의 내용을 알지 못하는 경우에도 그 약관의 구속력을 배제할 수 없는 것이 원칙이나 다만 당사자 사이에서 명시적으로 약관의 내용과 달리 약정한 경우에는 위 약관의 구속력은 배제된다고 보아야 한다는 것이 당원의 판례이다(대법원 1985. 11. 26. 선고 84다카2543 판결 참조)"라는 기존의 원칙을 확인한 후, 원심판결을 인용하였다. 대법원에서 아직 약관법이 제정되기 전에 인정되었던 법리를 사용하고 있기는 하지만 당사자 사이에 명시적으로 약관과 달리 약정한 경우의 사례로 보험모집인이 약관의 내용과 다른 설명을 하고 이를 신뢰한 채 계약이 체결된 경우에는 설명된 내용이 계약의 내용이 된다고 본 것이다. 즉, 본 판결에서도 구체적 계약체결과정에서 약관의 내용이 잘못 설명된 구체적 사정이 반영되어 약관과 다른 개별적 합의로 인정된 것이다. 그 후 이러한 판결의 법리는 다른 사건에서도 동일하게 이어지고 있다.[61]

---

59) 서울지법 남부지원 1988. 4. 9. 선고 87가소21529 판결.

60) 서울민사지법 1988. 9. 21. 선고 88나15347 판결.

61) 대법원 1991. 9. 10. 선고 91다20432 판결. 이에 대한 평석으로 김택주, "보험모집인의 설명과 개별약정의 성립", 상사판례연구 제5집, 1992, 100면 이하 참조

3) 학설의 태도

판례의 발전에서 알 수 있는 바와 같이 약관의 성질에 관하여 규범설[62]과 계약설이 대립하고 있을 당시에 개별약정의 인정가능성에 관하여 대립이 있었다. 하지만 계약설을 취하고 약관법 제4조에서 개별약정우선의 원칙을 규정한 이상 잘못된 설명으로 계약을 체결하면 이와 배치되는 약관은 배제되고 잘못된 설명이 계약의 내용이 된다고 본다.[63] 특히 보험계약에서 이와 같은 판례가 이어지는 것은 보험모집에 있어서 보험회사나 보험모집인 등이 보험계약자에게 약관의 내용을 제대로 설명하여 주지 아니하였거나 과대선전에 의하여 보험계약이 이루어진 때에 보험약관의 구속력이 없음을 밝힌 것으로 불완전보험모집에 경종을 울려 주었다는 점에서 긍정적인 평가를 내릴 수 있다고 한다.[64] 보험영업의 경우 고객의 실질적인 접촉

---

62) 규범설의 입장에서 개별약정을 인정할 수 없다는 주장이 있었다(이러한 견해로 양승규, "내용설명이 다른 보통보험약관의 효력", 보험학회지 제34권, 1989, 11-14면; 정호열, "약관과 다른 보험모집인의 설명과 보험자의 책임", 보험법연구 제1권, 1995, 32-33면). 즉, 1) 보험제도는 단체적 성질을 가지므로, 보험자는 보험계약을 체결함에 있어서 각 보험계약자를 균등하게 대우하여야 하므로 어떤 특정한 보험계약자에게 특별한 이익을 제공하는 약정을 할 수 없다는 것이다. 또한 보험업법에서도 보험계약자 또는 피보험자에 대하여 특별한 이익의 제공을 약속하거나 보험료 할인 또는 수수료 기타 특별한 이익을 제공하는 행위를 금지하고 있는데(구보험업법 제156조 제1항 제4호; 현행 보험업법 제98조 제2호), 이는 보험계약자를 공평하게 다루어야 하는 것을 나타내므로 보험자와 보험계약자 사이의 개별약정을 통해 보험약관의 내용을 변경하여 보험계약을 체결할 수 없다는 것이다. 2) 보험모집인은 보험사업자에게 종속되어 보험계약의 체결을 중개하는 자이므로(구보험업법 제2조 제3항), 보험모집인이 보험자를 대리하여 보험계약을 체결할 수 있다는 것을 전제로 하지 않고는 보험모집인의 잘못된 설명내용이 곧 보험계약의 내용으로 되고 보통보험약관의 관련조항의 적용이 배제된다고 볼 수 없다는 것이다. 3) 잘못 설명을 한 경우라 하더라도 상해보험의 경우 상해의 등급에 따라 지급하는 것이 성질상 마땅하다는 것이다.

63) 손지열, "보험외판원의 잘못된 설명과 개별약정의 성립", 「민사판례연구 제12권」, 1990, 242-243면.

64) 이기수, "보통보험약관의 효력", 사법행정 제346호, 1989, 64면. 보험모집인은 보험계약체결권을 가지고 있지 않는다는 비판에 대해서는 물론 보험 분야의 단체성과 개별성의 조화가 필요하지만 오늘날 보험의 특수성을 강조하는 주장은 국제적으로 쇠퇴하고 있을뿐만 아니라 보험약관 또한 일반 약관과 마찬가지로 당사자의 인지가능성 여부를 기준으로 계약의 편입여부를 따지고 개별약정도 허용하는 것이 바람직하다는 주장이 있다(이러한 주

점이 보험모집인인 경우가 대부분임에도 보험회사의 체약대리권이 없는 보험모집인의 설명이 잘못된 경우 이를 꼼꼼히 읽어 해석하지 않은 고객에게 모든 위험을 부담시키는 것은 보험제도 자체의 불신을 초래하는 점을 고려할 때, 보험모집인의 사용을 통하여 이익을 얻는 결과로 인한 위험은 보험회사의 영역에서 발생하므로 보험회사가 이를 부담하는 것이 소비자 보호 차원에서 합당하다고 한다.[65)]

3. 소 결

지금까지 살펴본 바대로 판례는 개별약정 안에서 보호하여 구체적 사정과 당사자 의사를 고려하고 있다. 이는 객관적·획일적 해석을 주장하는 학설에서 구체적 사정과 당사자의 구체적 의사는 개별약정을 통하여 고려되어야 한다는 입장과 일맥상통하는 것이다. 그리고 계약의 해석을 약관의 해석에 적용해야 하는 견해에서 우려하는 것처럼 약관을 통하여 체결된 계약에서 당사자의 주관적 의사와 구체적 사정이 무시되는 것이 아니라 개별약정을 통하여 충분히 판례에서 고려되고 있다. 이러한 측면에서 현재 약관법 및 이를 근거로 객관적·통일적 해석을 하고 있는 학설의 내용을 특별히 변화시킬 요인은 존재하지 않은 것으로 평가된다.

장으로 최병규, 약관규제법상 개별약정 우선의 원칙에 관한 연구, 경제법연구 제1권 1호, 2011, 222면). 이 견해는 보험설계사의 경우 계약체결권이 없으므로 이들의 행위에 대하여는 설명해 준 내용대로 주장하는 것은 무리여서 오히려 보험업법 제102조의 사용자배상책임으로 문제를 해결하는 것이 최근 경향이나, 사용자책임은 계약책임과 구별되므로 약관의 법적 성질로서 의사설과 고객의 인지가능성을 우선시하여 설명해 준 내용대로 계약의 내용을 주장하는 것이 가능하다고 한다.

65) 김남홍, "약관에 의한 계약에서 개별약정우선의 원칙에 관한 연구", 한국외국어대학교 법학과 석사학위논문, 2014, 46-47면. 보험모집인의 법적 지위에 비추어 그 설명내용이 개별약정으로 보험계약의 내용으로 인정함에 있어서는 대리의 기본구조에 반하기 때문에 의문을 표하면서, 오히려 보험자에 대한 다른 책임이론인 표현대리, 사용자책임, 계약체결상의 과실책임 등을 통하여 소비자보호 문제를 해결하는 것을 주장하는 입장(김택주, "보험모집인의 설명과 개별약정의 성립", 상사판례연구 제5집, 1992, 113-116면)이 존재한다.

제3절 / 불명확조항 해석원칙

참고문헌: 유시동, "불명확준칙 및 제한적 해석원칙에 의한 약관규제", 재산법연구 제16권 제1호, 1999; 이병준, "서비스이용자의 위반행위에 대한 제재와 불명확조항해석의 원칙", 「민사판례연구 제35권」, 2013.

I. 의의와 규정취지

불명확조항해석의 원칙(Unklarheitenregel)은 약관법 제5조 제2항에 명시적으로 규정되어 있는 보충적 해석원칙에 해당한다.[66] 즉, 앞에서 살펴본 객관적 해석의 원칙에 의하여 약관의 내용을 확정하였으나, 불명확하여 의문점이 남는 경우에 적용되는 원칙이다.

이 해석원칙은 명확하게 해석되지 않는 약관조항이 있는 경우, 작성자에게 불리하게(ambiguitas conrtra proferentem) 해석하여야 한다는 것을 말한다. 이 원칙은 일방적으로 계약내용을 형성할 수 있는 위치에 있는 자는 고객이 그 내용을 쉽게 이해할 수 있도록 명확한 조항을 만들어야 한다는 사고를 기초로 하고 있다. 이러한 의미에서 이 원칙을 작성자 불이익의 원칙이라고도 한다.

이때 한 조항이 명확하지 않다는 의미를 크게 두 가지 방향으로 생각할 수 있다. 즉, 조항의 내용이 불명확하여 그로부터 어떠한 규정내용도 도출할 수 없는 경우와 여러 가지 해석 가능한 규정내용을 도출할 수 있는 경우를 생각할 수 있다. 첫 번째 경우처럼 불명확성으로 인하여 아무런 의미 있는 규정내용을 도출할 수 없다면 그 자체로 그 규정은 효력을 갖지 못한다.

---

66) 이은영, 「약관규제법」, 1994, 155면.

두 번째 경우처럼 규정이 불명확하지만 그 불명확성으로 인하여 여러 가지 해석이 가능한 경우에도 원칙적으로 그 규정도 무효가 될 것이다. 하지만 본 해석원칙에 의하여 그러한 여러 가지 해석 중에서 하나의 해석방법이 고객에게는 유리하고 작성자에게 불리하다면 고객에게 유리한 쪽으로 해석을 할 수 있도록 하여 해당 규정이 유효한 규정으로 해석된다.

불명확조항해석의 원칙을 담고 있는 약관법 제5조 제2항은 고객을 보호하기 위한 규정이므로 반강행적 성격을 갖는 규정이다. 따라서 이 규정을 배제하거나 반대로 불명확한 경우 사업자에게 유리하게 해석하도록 하는 규정은 무효이다.[67]

Ⅱ. 불명확조항해석의 원칙의 적용요건

불명확조항해석의 원칙이 적용되기 위해서는 첫째, 약관조항의 해석에 있어서 실제로 불명확성 내지 의문이 존재하여야 한다. 즉, 객관적 해석원칙에 의하더라도 해당 조항의 문구와 표준적인 고객의 시각에서 두 가지 이상의 해석이 가능해야 한다. 따라서 조항의 의미에 관하여 당사자들 사이에 다툼이 있더라도 법적으로 명확한 경우는 이에 해당하는 불명확성이 존재하지 않는다.

※ **[아이템현금거래사건]**에서 계정의 영구이용정지조치를 취하기 위해서는 운영정책 제9조 제3호 제1호 단서에서 정하고 있는 '최초 1회 적발'이라는 규정 내용을 원심인 서울고등법원에서는 최초 1회 적발이라고 하더라도 해당 계정으로 명시하고 있고, 2회 이상 현금거래행위를 할 경우 사실상 계정의 영구이용제한이 가능하다고 명시하고 있어, 2회 이상 현금거래행위를 할 경우 사실상 계정의 영구압류가 가능하다. 따라서 피고가 위 규정을 근

---

67) BGH NJW 1999, 1866 f.; Stoffels, Rn. 369; Wolf/Lindacher, § 305c Rn. 124.

거로 계정에 대한 영구이용정지조치를 이행한 것을 정당한 것으로 판단하였다.[68] 즉, 원심은 최초 1회 적발이라고 하더라도 해당 계정으로 과거 현금거래를 한 사실이 추가 확인되는 경우 계정의 영구이용제한이 가능한 것으로 해석하였다. 그런데 해당 사안에서는 최초 1회 적발의 경우 이미 3회 현금거래사실이 있음을 이미 확인하고 있었다.

그에 반하여 대법원에서는 이 규정을 기초로 현금거래 행위에 적용하여 영구이용정지조치를 취하기 위해서는 '최초 1회 적발'이라는 요건과 '해당 계정으로 과거 현금거래행위를 한 사실의 추가 확인'이라는 요건이 모두 충족되어야 하는데, '최초 1회 적발'의 의미는 문언상 현금거래행위의 횟수와 상관없이 이용자의 현금거래행위에 대한 '첫 번째 적발'을 의미하고, '해당 계정으로 과거 현금거래행위를 한 사실의 추가 확인'의 의미는 피고가 이용자의 현금거래행위에 대하여 '첫 번째 적발' 후 그에 따른 제재조치를 하기 전에 다른 현금거래행위가 있는지 확인하는 과정에서 '추가로 새로운 현금거래행위를 확인하는 경우'를 의미한다고 해석될 여지가 충분히 있으며, 나아가 피고가 이 사건 운영정책 제9조 제3항 제2호를 이 사건 현금거래행위에 적용하여 영구이용정지조치를 취하기 위해서도 이용자의 현금거래행위가 2회 '있는' 경우가 아니라 이용자의 현금거래행위가 2회 '적발'된 경우에 해당되어야 한다고 해석될 여지가 충분히 있다고 할 것이므로, 피고로서는 이 사건 이용약관의 일부인 이 사건 운영정책 제9조 제3항 제1호 단서 또는 같은 항 제2호에 근거하여 이 사건 현금거래행위를 이유로 영구이용정지조치를 취할 수 없다고 판단하였다.[69] 즉, 대법원에서는 객관적 해석을 기초로 본 규정을 해석하면 불명확한 것으로 판단할 수 있다는 것이다.

둘째, 불명확성이 존재하지만 고객에게 유리한 의미로 해석되는 방법이

68) 서울고등법원 2009. 9. 4. 선고 2009나28235 판결.
69) 대법원 2011. 8. 25. 선고 2009다79644 판결.

한 가지는 존재하여야 한다. 그런데 여러 가지 해석가능성이 존재하지만, 어느 해석방법이 고객에게 유리한 것인지를 명확히 확정지을 수 없을 때에는 불명확조항해석의 원칙이 적용되지 않고 바로 약관의 내용통제에 관한 제6조 이하의 규정이 적용된다.[70)]

여기서 조항의 불명확성은 단순히 이론적이거나 추상적으로 존재하는 것만으로는 부족하다. 즉, 고객의 평균적인 이해가능성을 기초로 볼 때 조항에 대한 의문이 실질적으로 존재해야 한다. 그렇기 때문에 불명확성이 존재하더라도 본 해석원칙이 적용되지 않을 수도 있다.

또한 조항의 내용에 관한 적절성에 관한 의문이 있을지라도 불명확한 조항이 존재하는 것은 아니다. 이 경우 적절성에 관한 판단은 전적으로 내용통제에 관한 약관법 제6조 이하의 규정을 통하여 판단되어야 한다. 불명확조항해석의 원칙도 해석원리에 해당하기 때문에 내용통제에 앞서서 적용되어야 함은 물론이다. 즉, 불명확조항해석의 원칙은 내용통제의 대상이 되는 약관의 내용을 확정하는 것이다. 실무에서는 해석과 내용통제를 명확히 구분하지 않고 이를 밀접하게 연관 짓는 경우가 많으나, 해석은 내용통제와 엄격히 구분하여 이루어져야 한다. 따라서 해석을 할 때에는 원칙적으로 해당 조문이 부당하다는 관점이 들어와서는 안 된다. 하지만 어느 해석방법도 내용통제에 의하여 무효로 판단될 수 있는 경우라면 어느 해석이 고객에게 유리한지 불리한지의 여부를 판단할 필요가 없을 것이다. 이러한 차원에서는 예외적으로 내용통제 부분이 해석단계에서 함께 고려될 수 있다(이 문제는 아래에서 더 자세히 살펴보기로 한다).

약관 내에서 조항들이 상호 모순되고 일반적 해석원칙에 의하여 이러한 모순이 제거되지 않으면 원칙적으로 고객에게 불리하게 작용하고 있는 규정이 불명확한 내용을 갖고 있는 것으로 보아야 한다.[71)] 하지만 모순되는 조항들 중에서 하나를 고려하지 않더라도 명확한 내용을 얻을 수 없는 경

70) Ulmer/Schäfer, § 305c Rn. 85.

71) BGHZ 150, 230 = NJW 2002, 2470; Erman/Roloff, § 305c Rn. 27.

우에는 양 규정들 모두 무효인 것으로 보아야 한다.

Ⅲ. 불명확조항해석의 적용과 그 방법

일반적으로 해석의 결과 다의적인 조항은 확정성이 없어서 무효이다. 그러나 불명확성조항 해석의 원칙이 적용되면 여러 가지 의미 중에서 고객에게 유리한 해석으로 약관내용이 결정되기 때문에 해당 조항이 무효가 되지 않는다.[72] 오히려 고객에게 유리한 해석내용으로 해당 약관은 유효하게 존속하게 된다. 이 해석방법에 의하여 확정된 약관조항의 내용도 약관법 제6조 이하의 내용통제를 거쳐야 함은 물론이다.

그런데 본 규정을 구체적으로 적용할 때 "고객에게 유리한 해석방법"을 어떻게 결정할지의 여부가 문제 된다. 흥미롭게도 이 부분에서 우리 학설과 판례는 자세한 언급이 없다. 하지만 독일에서는 한동안 전형적으로 고객 측에 가장 유리한 해석으로 볼 수 있는 방법대로 약관의 의미를 확정해야 한다고 보았다.[73] 하지만 "고객에게 유리한 해석방법"은 고객에게 가장 불리한 해석방법으로 약관내용을 확정하고 해당 내용이 내용통제규정에 따라 무효가 되는 것을 의미할 수도 있다. 왜냐하면 고객에게 가장 불리한 내용으로 약관내용을 확정해야만 내용통제에 관한 제6조 이하에 따라 무효가 될 가능성이 크기 때문이다. 특히 추상적 내용통제를 통하여 해당 약관의 무효선언을 받고 싶어 하는 단체소송의 경우에는 오히려 후자의 방법으로 무효를 받는 것이 더 유리한 결과가 될 수 있을 것이다. 이에 따라 독일에서는 단체소송의 경우 고객에게 불리한 내용으로 의미를 확정하는 것이 일반화되어 가고 있다고 한다.[74]

---

72) 유시동, "불명확준칙 및 제한적 해석원칙에 의한 약관규제", 재산법연구 제16권 제1호, 1999, 47면.

73) Löwe/Graf von Westphalen/Trinkner, § 5 AGBG Rn. 9; Sambuc, NJW 1981, 314; Staudinger/Schlosser, § 305c Rn. 108.

독일에서는 개별계약당사자가 제기하는 소송에서는 전자의 방법, 즉 전형적으로 고객 측에 가장 유리한 해석방법으로 계약내용을 확정하였다고 한다. 하지만 이 경우에도 약관법 제6조 이하의 내용통제를 통하여 전체 규정이 무효가 되는 것이 고객에게 유리할 수 있다는 측면에서 개인소송에서도 단체소송의 경우와 동일한 방법으로 고객에게 유리한 것이 무엇인지를 결정해야 한다는 것이 현재 독일의 다수설과 판례의 입장이다. 기존의 방법대로 전형적으로 고객 측에 가장 유리한 것으로 보이는 해석방법을 취한다면 해당 규정은 그에 한해서 유효한 것이 되고, 이에 따라 약관을 사용한 사업자에게는 일정한 권리가 부여될 수 있을 것이다. 따라서 고객은 이러한 해석방법을 통하여 해당 약관조항의 무효를 달성한 것이 아니라, 제한된 범위에서 해당 규정이 유효하므로 제한된 효과만을 달성하게 되고 덜 부담이 되는 방법으로 약관조항을 받아들여야 한다는 것을 의미한다. 그에 비하여 가장 불공정한 내용으로 해석하고 이 내용이 약관의 내용통제에 의하여 무효가 된다면 임의규정 내지 보충해석을 통하여 이 내용이 보충될 것이고 그 결과 임의규정의 적용 내지 보충해석을 통하여 확정된 내용이 고객에게 더 유리할 수 있는 것이다. 결국 독일의 다수설과 판례는 바로 객관적 해석 후 고객에게 유리한 해석이 무엇인지를 판단하지 않고 그 절차를 구분하고 있다.[75)]

우선 문제가 되고 있는 약관조항이 약관의 해석에 의하여 실제로 다의적인 내용을 담고 있는지를 판단해야 한다. 다의적인 내용을 담고 있다면 고객에게 가장 불리한 해석방법에 의한 약관내용이 약관법 제6조 이하에 의한 약관의 내용통제에 의하여 무효가 되는지를 판단해야 한다. 이에 따라 해당 해석방법에 의한 약관내용이 불공정한 것으로 판단되면 그 약관조항은 불공정한 것으로 무효가 된다. 그에 반하여 고객에게 가장 불리한 해석방법에 의한 약관내용도 약관의 내용통제에 의하여도 유효인 것으로 판명

---

74) BGH NJW 1991, 1887; BGH NJW 1998, 3121; Ulmer/Schäfer, § 305c Rn. 66.

75) BGH NJW 2008, 2173; Ulmer/Schäfer, § 305c Rn. 90 ff.; Erman/Roloff, § 305c Rn. 28.

된 경우에는 고객에게 가장 유리한 해석방법이 무엇인지를 판단하여 약관의 내용을 결정하게 된다. 이러한 해석방법은 기본적으로 독일에서는 단체소송과 개인의 개별적인 소송을 통일적으로 만들 수 있다는 측면에서 장점을 갖는다고 한다. 그리고 약관의 해석방법에 의하여 배제될 수 있는 약관의 내용통제를 감안할 수 있고, 더 나아가 명시적으로 불공정성의 판단이 이루어지므로 열린 약관의 내용통제를 장려할 수 있다. 그리고 전체적으로 보았을 때도 오히려 이러한 방법에 의하여 약관의 내용과 불공정성을 검토하는 것이 고객을 더 많이 보호할 수 있게 된다.

제5장

약관의 내용통제

제1절 / 내용통제의 기초

I. 계약법 내에서 약관법 제6조 이하의 지위

1. 개 관

약관법 제6조 이하의 규정들은 약관의 내용을 통제하는 기능을 담당한다. 그런데 약관법이 특별법으로 존재하고 있기는 하지만, 일반사법인 민법에서도 이와 유사한 기능을 하는 제도들이 존재한다. 이에 따라 약관법 제6조 이하의 규정들과 일반사법상 제도 사이의 관계가 문제될 수 있다.

이와 관련하여 크게 보면 2가지 입장이 존재한다. 첫째 견해는 약관법 제6조 이하의 규정들이 계약법의 일반규정(특히 민법 제103조, 제104조)에 비하여 명백하게 더 높은 수준의 내용통제기준을 설정하여 내용통제를 하는 역할을 담당하고 있다는 입장이다. 이에 따라 약관법 제6조 이하의 규정들이 적용되는 한도에서는 일반규정들은 단지 후순위의 보충적 기능을 담당하는 것이 원칙이라고 본다.[1] 이 입장에 따르면 약관법 제6조 이하의 내용통제단계를 거친 후에도 불공정하지 않다는 판단이 내려진 후에 비로소 일반규정의 적용을 검토하게 된다. 둘째 견해는 약관법 제6조 이하의 규정들은 그 적용범위에 있어서 모든 영역에 적용되는 특별규정으로 보아서는 안 된

1) Stoffels, Rn. 382.

다는 입장이다. 오히려 다른 규정, 특히 민법상의 일반조항도 원칙적으로 적용가능하며 일반조항이 추구하는 보호목적이 다를 수 있으므로 함께 고려해야 한다는 것이다. 특히 약관의 내용통제의 경우에 주된 급부에 대한 내용통제가 불가능함에 반하여 일반사법인 조항의 경우에는 오히려 많은 경우에 주된 급부에 대하여도 내용통제가 이루어질 수 있다는 것이다.

개별약정의 경우에는 약관법 제6조 이하에서와 같은 내용통제가 이루어지지 않은 것이 원칙이다. 개별약정에서는 전통적으로 인정되는 자기결정과 자기책임에 따른 사적자치의 원칙이 적용되어 계약당사자들은 그 합의가 정당한지를 법원을 통하여 검증받을 수 있는 가능성이 존재하지 않는다. 그럼에도 불구하고 개별약정의 영역에서도 계약당사자 사이의 대등성이 파괴되어 불공정한 내용이 존재할 수 있고 이러한 경우에는 법원에 의한 내용통제가 일반규정(특히 민법 제2조와 제103조)을 통하여 이루어질 수 있다.

2. 약관내용통제의 이론적 과제

(1) 계약자유의 원칙은 사적자치에 기한 사법의 근본원리에 해당한다. 따라서 계약자유 원칙의 한 유형인 계약내용 형성의 자유는 절대적인 것이며 그 제한은 단지 민법의 규정이나 경제정책적·사회정책적 입법에 의하여서만 가능하고 그 이상의 제한은 원칙적으로 가능하지 않은 것으로 보는 전통적 입장도 있었다.[2] 이러한 논리에서는 법률규정에 없는 계약에 대한 정당성 통제는 가능하지 않다는 주장까지 있었다.[3] 그러나 최근에는 계약에 대한 내용통제는 법원에 의하여 적극적으로 일어나고 있다. 현재 법원에 의한 내용통제는 광범위하게 다양한 영역에서 이루어지고 있으며 그 통제근거와 범위에 관하여 논란이 없는 것은 아니지만 점차 확대되고 있다.[4] 그

---

2) 따라서 법률에 의하여 제한되는 것은 계약자유의 자체가 갖는 내재적 한계에 불과하다고 한다(이영준, 「민법총칙」, 개정증보판, 2007, 121면).

3) Flume, Allgemeiner Teil des Bürgerlichen Rechts, Bd. II, Das Rechtsgeschäft, 1979, S. 8.

런데 내용통제에서 대표적인 영역이 약관에 대한 내용통제이다.

약관법이 제정되기 전부터 판례는 예문해석이론을 통하여 해당 약관조항의 내용을 해석이라는 이름 아래 그 내용을 무시하는 방식으로 내용통제를 하는 경우도 있었지만,[5] 일반 민법상의 제도를 통하여 약관의 내용통제를 이미 시행하고 있었다.[6] 가령 회원제로 운영되고 있는 골프클럽의 회칙상 해외회원의 회원자격을 해외거주자에 한하여 양도·양수할 수 있다고 규정하여 회원권의 양도제한규정의 법적 성질은 약관인데 그 유효성이 문제된 사안에서 대법원은 헌법상의 평등권 조항, 민법상의 반사회질서 조항(제103조) 및 신의성실의 원칙(제2조)에 기초하여 판단하고 있다.[7] 그런데 입법자는 약관법의 제정을 통하여 법원에 대하여 약관에 대한 내용통제에 일정한 지침을 마련하는 한편 그 정당성을 부여하고 더 나아가 약관에 대한 행정규제적 심사제도를 도입하여 내용통제의 활성화를 도모하였다.

약관법이 제정된 후 판례는 기본적으로 약관법상의 제도를 기초로 하고

---

4) 가격에 대한 내용통제를 일부무효 내지 무효행위 전환을 통하여 하려는 판례의 문제점에 관하여 이병준, "법원에 의한 가격수정과 사적자치의 원칙", 법조 제67권 제3호, 2018, 419면 이하.

5) 대법원 1970. 9. 22. 선고 70다1611 판결; 대법원 1979. 11. 27. 선고 79다1141 판결 등.

6) 민법시행 전 판례법에 관하여 자세한 것은 손지열, "약관에 관한 판례의 동향", 「민사판례연구 제10권」, 1988 참조.

7) 해당 판결에서 구체적으로 해당 조항이 무효가 아닌 것으로 보았다(대법원 1999. 4. 9. 선고 98다20174 판결): 예탁금 회원제로 운영되는 골프클럽의 회칙상 해외회원의 회원 자격은 해외거주자에 한하여 양도·양수할 수 있다고 규정하여 회원권의 양도 제한의 규정을 둔 경우, 골프장의 운영과 관련된 골프클럽의 회칙 내용은 강행법규 내지 공공질서와 미풍양속 등의 원칙에 위배되지 아니하는 한 골프장 경영자의 의사에 따라 자유로이 정할 수 있고, 골프장 회원권은 회원과 골프장 경영자 사이에 계속적인 관계가 유지되는 이용계약상의 특수성으로 인하여 회원의 지위는 법률상 당연히 양도성이 인정되는 것은 아니며, 해외회원의 경우 내국인과 다른 불리한 조건을 가지고 있으나 그러한 조건으로 입회계약을 체결한 이상, 클럽의 회칙 중 그 양도 제한에 관한 조항이 해외 거주자라는 신분을 이유로 합리적인 근거 없이 해외회원을 국내회원에 비하여 지나치게 불리하게 차별대우하는 것으로 되어 헌법상의 평등권 조항, 민법상의 반사회질서 조항 또는 신의성실의 원칙에 어긋나 무효라고 볼 수는 없다. 이에 관한 평석으로 김민중, "골프회원계약", Jurist plus 제411호: 채권법(계약법), 2006, 624면 이하 참조.

있으나, 아직도 약관법이 제정되기 전에 사용하였던 법리를 버리지 못하고 수정해석, 제한해석 등의 법리를 사용하여 간접적인 숨은 내용통제를 가하고 있다.[8] 이에 관한 비판적 논의는 상당이 많이 이루어졌지만,[9] 근본적인 변화가 이루어지고 있지 않다. 하지만 약관법이 제정된 이상 수정해석, 제한해석 등 숨은 내용통제가 아니라, 공개된 내용통제를 통하여 약관에 대한 내용통제가 이루어져야 한다.

(2) 여기서 약관법에 대한 내용통제를 협의의 내용통제로 보고 민법상의 내용통제를 광의의 내용통제로 구분하여 이들의 특징, 관계와 적용범위에 관하여 살펴봄으로써 약관법에 기한 내용통제의 기능을 제대로 부각하려고 한다.[10]

---

8) 무면허면책조항에 관하여 수정해석 내지 제한해석을 인정한 전원합의체판결에서 대법원은 "내용통제원리로 작용하는 신의성실의 원칙은 보험약관이 보험사업자에 의하여 일방적으로 작성되고 보험계약자로서는 그 구체적 조항내용을 검토하거나 확인할 충분한 기회가 없이 보험계약을 체결하게 되는 계약 성립의 과정에 비추어, 약관 작성자는 계약 상대방의 정당한 이익과 합리적인 기대 즉 보험의 손해전보에 대한 합리적인 신뢰에 반하지 않고 형평에 맞게끔 약관조항을 작성하여야 한다는 행위원칙을 가리키는 것이며, 보통거래약관의 작성이 아무리 사적자치의 영역에 속하는 것이라고 하여도 위와 같은 행위원칙에 반하는 약관조항은 사적자치의 한계를 벗어나는 것으로서 법원에 의한 내용통제 즉 수정해석의 대상이 되는 것은 당연하며, 이러한 수정해석은 조항 전체가 무효사유에 해당하는 경우뿐만 아니라 조항 일부가 무효사유에 해당하고 그 무효부분을 추출 배제하여 잔존부분만으로 유효하게 존속시킬 수 있는 경우에도 가능하다"라고 판시하였다(대법원 1991. 12. 24. 선고 90다카23899 전원합의체 판결). 대법원의 판시내용을 요약하자면 약관법에 기한 신의성실의 원칙을 기반으로 한 내용통제는 형평의 원리에 기초로 한 행위원칙이며, 법원에서는 내용통제의 방법으로 수정해석할 수 있다는 것이다. 따라서 우리 판례는 약관법 약 제6조 제1항에 규정되어 있는 신의성실의 원칙을 형평에 따른 행위원칙으로 이해하고 있다. 즉, 이를 형평의 원리로 구체화하고 있는 것이다. 그러면 다시금 형평의 원리는 무엇을 의미하는지가 궁금해진다. 왜냐하면 형평의 원리도 하나의 추상적 원리이고, 더 나아가서 신의성실의 원칙 내지 공정성이라는 개념과 달리 우리 민법에 규정되어 있지 않은 원리이기 때문이다. 대법원은 이에 관하여 침묵하고 있다.

9) 수정해석에 관하여 자세한 것은 김화, "약관에 있어서 효력유지적 축소해석 — 독일법상의 논의를 중심으로", 민사법학 제82호, 2018 참조.

10) 일부 논하고 있는 문헌으로 장경환, "약관규제법 일반조항에 관한 연구 — 독일 약관규제법 제9조를 중심으로", 서울대학교 법학과 박사학위논문, 1990, 89면; 이은영, "약관법과 민법의 관계, 계약내용통제 및 일부무효와 관련하여", 외법논집 제34권 제4호, 2010, 193면

약관법 제정과정에서 약관에 대한 내용통제에 관한 일반조항의 필요성을 논하면서 다음과 같이 일반 민법상의 제도에 관하여 평하고 있다. "민법 전에도 신의·성실의 원칙(민법 제2조 제1항), 사회질서 및 선량한 풍속에 관한 규정(민법 제103조), 폭리행위의 무효 규정(민법 제104조) 등의 일반조항이 있다. 그러나, 첫째, 신의·성실의 원칙은 그 내용이 매우 막연하여 약관규제를 위해서는 좀 더 구체화될 필요가 있고, 둘째, 사회질서 규정 및 폭리행위 규정은 그의 적용으로 계약 자체를 무효화시키므로 오히려 경제적 약자인 약관거래의 고객의 보호원칙에 반하는 결과가 되므로 약관거래에 일반적으로 적용되어선 안 되며, 민법의 폭리행위에 관한 제104조는 '현저하게 공정을 잃었을 것'이라는 객관적 요건과 '당사자의 궁박, 경솔 또는 무경험으로 인하였을 것'이라는 주관적 요건을 요구하므로 실제로 극히 제한된 사례에만 적용될 수 있다는 문제점들이 있다."[11] 이러한 설명은 약관거래에 대한 규제에서 민법의 일반적인 내용통제제도가 갖는 한계를 적절하게 설명하고 있다. 이에 따라 약관법을 제정하여 동법 제6조 이하에 의하여 약관에 대한 내용통제를 할 수 있는 기준을 마련한 것이다. 그런데 약관법이 제정된 이상 약관으로 체결된 경우에 더 이상 민법에 기한 위 제도들은 내용통제를 함에 있어서 역할을 상실한 것인가? 아니면 그대로 존속하여 약관에 대한 내용통제에 있어서 일정한 의미를 갖는가?

약관법의 규정 내용 중 적용범위에 관한 규정 내용을 살펴보아도 이에 대한 해답은 쉽게 나오지 않는다. 해당 규정에서는 특정한 거래분야의 약관에 대하여 다른 법률에 특별한 규정이 있는 경우에는 그 규정이 약관법의 규정에 우선한다(제30조 제3항)고 규정하고 있다. 그런데 이러한 규정은 약관에 관한 특별규정이 약관에 관한 일반법인 약관법의 규정보다 우선한다는 내용이지[12] 일반법인 민법상의 내용통제 규정과의 관계에 대하여 명시

이하; 서희석, "약관규제와 계약법", 외법논집 제41권 제3호, 2017, 68면 이하; 김형배, "보통거래약관에 의한 계약", 고시연구 제20권 제2호, 1993, 68면 이하 참조.

11) 소비자문제를 연구하는 시민의 모임, 「약관규제의 입법」, 1986, 36-37면.

12) 대법원 1998. 11. 27. 선고 98다32564 판결: 일반적으로 특별법이 일반법에 우선한다는 원

적으로 규정하고 있는 것은 아니다.

또한 학설은 약관법이 민법이나 상법의 특별법으로서 약관의 해석과 효력에 관하여 우선적으로 적용되는 것으로 보고 있다.[13] 그렇다면 약관법은 특별법으로 일반 사법인 민법상의 제도보다 항상 우선하는 것인가? 아니면 약관에 관한 직접적인 규정만 특별법으로서 우선하는 것이고 그 보호목적, 요건 및 법률효과에 있어서 차이가 있는 경우에는 일반 민법상의 내용통제에 관한 규정도 약관법상의 내용통제 규정과 중첩적으로 적용될 수 있는 것인가? 이러한 근본적인 의문점에 관하여 아래에서 자세히 살펴보기로 한다.

Ⅱ. 약관에 대한 협의의 내용통제와 광의의 내용통제

내용통제라는 개념은 현재 많이 사용되고 있다. 특히 약관의 내용통제라는 개념은 당연시되고 있으나, 약관법에서는 이러한 표현을 명시적으로 사용하고 있지 않다. 그에 반하여 독일 약관법이 내용통제에 관한 조문표제에서 이러한 표현을 명시적으로 사용하고 있는 점과는 분명히 다르다.

또한 내용통제라는 개념이 명확하게 개념 정의된 것은 아니다. 대략적으로 내용통제는 '당사자들이 합의한 계약내용에 대하여 법률 또는 다른 원리에 근거하여 법원 또는 행정기관에 의하여 그 내용에 대한 간섭을 할 수 있다는 것'이라고 볼 수 있다. 그렇지만 내용통제라는 개념이 제도적으로 확립되어 있거나 개념 정의된 것이 아니므로 이 개념을 바라보는 관점에 따

칙은 동일한 형식의 성문법규인 법률이 상호 모순·저촉되는 경우에 적용되는 것이고 법률이 상호 모순·저촉되는지 여부는 법률의 입법목적, 적용범위 및 규정사항 등을 종합적으로 검토하여 판단하여야 하는데, 약관의규제에관한법률 제30조 제3항에서 다른 법률에 특별한 규정이 있는 경우에 그 규정이 우선 적용되는 것으로 규정하고 있는 것도 위와 같은 법률의 상호 모순·저촉 시의 특별법 우선 적용의 원칙이 약관에 관하여도 적용됨을 밝히고 있는 것이라고 할 것이다.

13) 권오승, 「소비자보호법」, 제5판, 2005, 142-143면.

라 다양한 의미로 생각할 여지가 있다. 이하에서는 독일에서 어느 정도 확립된 광의와 협의의 내용통제 개념을 차용하여 약관법과 민법이 기한 내용통제 제도의 특징을 살펴보려고 한다.[14)]

1. 광의와 협의의 내용통제

내용통제를 광의로 이해할 때에는 약관법 내지 신의칙에 기한 내용통제를 포함하여 민법 제103조, 제104조, 강행규정, 급부결정권의 일방적 행사에 대한 정당성 통제 등 이하에서 살펴보려고 하는 모든 사법에 기한 내용통제가 포함된다.[15)] 또한 여기에서는 소비자 내지 약자를 보호하는 법률에서 사용되는 반강행규정에 의한 내용통제도 속한다. 더 나아가 나중에 살펴보게 될 실행통제(Ausübungskontrolle)[16)]도 여기에 포함되는 것으로 보기도 한다.

이러한 광범위한 내용통제 개념을 사용함으로써 사실상 법률에 기하여 사적자치 내지 계약자유에 제한을 가하는 모든 경우를 포괄하게 된다. 하지만 법률에 의하여 이루어지는 사적자치의 제한은 다양한 방식으로 이루어진다. 따라서 광의의 내용통제 개념으로 각 내용통제 수단이 갖는 특징을 제대로 파악하기 힘들다. 그러므로 각 내용통제 제도의 특징을 제대로 파악하기 위해서는 제도별로 그 통제방식의 특징을 파악할 필요가 있다. 우리 민법과 특별법에서 각 내용통제를 구분하는 이유도 각 내용통제 제도별로 별도의 제도적 목적, 요건 및 법률효과를 설정할 필요가 있었기 때문이다. 여기에서는 신의성실의 원칙을 기반으로 한 약관법에 기한 약관의 내용통제를 협의의 내용통제로 보려고 한다.[17)] 이러한 협의의 내용통제와

---

14) 이러한 개념에 대하여 더 자세한 것은 Canaris, Grundrechte und Privatrecht, AcP 184(1984), 240; Fastrich, Richterliche Inhaltskontrolle im Privatrecht, 1992, S. 5 ff.

15) Fastrich, Richterliche Inhaltskontrolle im Privatrecht, S. 5.

16) 이에 관하여 자세한 것은 아래 Ⅳ. 3. 참조.

17) 이와 같은 개념정의로 Fastrich, Richterliche Inhaltskontrolle im Privatrecht, S. 6.

일반 사법인 민법상의 내용통제 제도를 광의의 내용통제로 구분함으로써 약관에 대한 내용통제가 갖는 특징을 부각시킬 수 있다.

협의의 내용통제가 갖는 특징은, 첫째 그 내용통제 기준을 신의성실의 원칙을 기반으로 한 공정성에 두고 있다는 점에 있다(제6조 제1항 참조). 두 번째는 그 법률효과가 원칙적으로 전부 무효가 아니라, 해당 조항 내지 약관만 무효로 보고 나머지 계약의 효력은 그 효력을 그대로 유지하는 일부무효의 법리를 차용하고 있다는 점에 있다(제16조). 또한 협의의 내용통제는 신의성실의 원칙이라는 추상적 원칙에 기한 내용통제이기는 하지만 법관에게 그 내용형성의 재량이 부여된 통제방식이 아니다. 왜냐하면 해당 통제수단에 기하여 계약 내지 약관조항이 무효가 되는 사유는 추상적 개념에 기한 구체화가 필요하기는 하지만, 법적 근거가 있는 것이다. 더 나아가 해당 조항이 무효가 되는 경우 그 내용의 보충은 법관의 재량이 아닌 임의규정에 기하여 이루어진다. 이러한 측면에서는 협의의 내용통제는 법률규정을 적용하는 과정이지 법관이 재량을 갖는 통제과정이 아니라는 점에 주의해야 한다. 따라서 통제에 방점이 있는 것이 아니라 법적용에 방점이 있는 것이다.[18]

내용통제라는 개념이 내용에 수정을 가할 수 있는 법관에 재량을 부여하거나 공익적 관점 내지 공정성 관점에서 계약내용을 정의라는 이름으로 수정할 수 있다는 오해를 불러일으킬 여지가 있다. 따라서 마치 계약내용을 조정하는 계약원조를 할 수 있다는 오해를 불러일으킬 수 있다. 그러나 이러한 계약원조는 아주 예외적인 경우에만 가능하며 원칙적으로는 내용통제 제도가 설정하고 있는 법적용의 결과인 것이다. 내용통제가 이러한 오해를 불러일으킬 수 있는 표현임에도 불구하고 내용통제라는 개념은 현재 학설에서 어느 정도 확립되어 사용하고 있으므로 여기에서도 이러한 개념을 그대로 사용하기로 한다. 하지만 각 내용통제 제도의 특수성에 기하여

18) 이러한 측면에서 법관은 내용통제를 함에 있어서 통제보다는 법적용자로서의 역할에 집중해야 한다는 지적이 있다(Zöllner, in: Baumbach/Hueck, GmbHG, §45 Rn. 10).

내용통제의 범위와 법관의 역할이 결정되는 만큼 그 특징을 제대로 파악하는 것이 중요하다. 이러한 측면에서 일단 협의와 광의의 내용통제 개념으로 나누는 것은 의미 있는 작업이라고 하겠다.

2. 협의의 내용통제가 갖는 특징

1) 법적 통제

약관법에 기한 내용통제가 법률규정에 의한 약관조항의 통제라는 점을 우리 학설과 판례가 명확하게 인식하고 있지 못하다. 그에 반하여 독일에서는 이러한 시각은 확립된 정설이다.[19] 법적 통제라고 함은 실정법 규정의 적용으로서 약관조항을 주어진 법률규정에 포섭하는 과정을 말한다.

그런데 약관에 대한 내용통제를 함에 있어서 그 통제기준이 상당한 추상성을 가지고 있다. 가장 구체화된 조항인 약관법 제7조 이하의 규정들을 보면 다수의 규정이 '상당성'이라는 표지를 통하여 검토되어야 하며,[20] 일반조항인 제6조에서는 신의성실의 원칙, 불공정성, 부당하게 불리한 등 다양한 추상적 표현들이 사용되고 있다. 이와 같은 문제는 동일하게 민법상의 일반조항인 제2조의 신의성실의 원칙 및 제103조의 선량한 풍속 기타 사회질서 위반을 판단함에 있어서도 나타난다. 방법론적으로 이러한 추상적 법개념을 통한 통제과정이 단순한 포섭의 결과인지, 아니면 구체화 과정을 거쳐 추가적인 법규범의 설정이 필요한 과정인지, 아니면 사례군의 형성을 통하여 구체적인 이해관계의 조정과 유사한 사례군비교를 통한 유형화의 결과인지에 대하여 논란이 없는 것은 아니다.

---

19) Ulmer/Fuchs, Vorb. §307 Rn. 2; Fastrich, Richterliche Inhaltskontrolle im Privatrecht, S. 9; Höhn, Wirksamkeitskontrolle als Instrument des allgemeinen Privatsrechts zur Bewältigung von Ungleichgewichtslagen, JZ 1983, 680; Lieb, Sonderprivatrecht für Ungleichgewichtslagen, AcP 178(1978), 208 f. 다른 입장으로 Boemke-Abrecht, Rechtsfolgen unangemessener Bedingungen in Allgemeinen Geschäftsbedingungen, 1989, S. 107 ff.

20) 이에 관하여 자세한 것은 황원재, "약관규제에 관한 법률상 심사기준과 그 의미", 재산법연구 제35권 제1호, 2018, 227면 이하 참조.

그럼에도 불구하고 약관법에 의한 내용통제는 법적 근거가 있는 통제과정으로서 법적용으로 이해하는 것이 맞다. 가장 추상적인 내용통제기준인 신의성실의 원칙은 불공정성이라는 매개개념을 통하여(제6조 제1항) 고객에게 부당하게 불리함이라는 내용으로 구체화되며(제6조 제2항 제1호) 최종적으로는 이러한 판단기준은 임의규정을 기초로 하게 된다. 따라서 약관법에 기한 내용통제는 형평의 원리에 기한 판단으로서 법관의 재량이 개입할 수 있는 과정으로 이해해서는 안 된다.[21] 약관법에 기한 내용통제는 실정법 규정을 바탕으로 한 법률규정의 적용과정이라고 이해하는 것이 맞다.

2) 효력통제

약관법에 의한 내용통제는 내용통제 기준에 약관조항을 포섭하는 법률의 적용과정이므로 법률규정, 즉, 약관법에 정해진 내용통제 기준에 의하여 무효가 결정되는 것이며, 법관에 기한 재량적 판단이 추가적으로 필요한 과정이 아니다. 이러한 측면에서 약관에 대한 내용통제는 법관이 계약내용 형성에 대한 권한을 갖는 계약원조와는 근본적으로 다르다. 따라서 약관법에 기한 내용통제를 효력통제의 일종이라고 할 수 있다.[22]

효력통제 과정에서는 법관은 부당하게 불리한 조항을 판단함에 있어서 법률규정에 의하여 주어진 평가기준을 기초로 평가하면 되는 것이며, 별도의 형성적 판단을 하지 않아도 된다. 또한 무효로 확정된 약관조항을 대신하여 임의규정을 통한 보충이 불가능한 경우에 행하게 되는 계약의 보충해석에 기한 판단도 존재하는 법상태를 확인하는 과정이며, 법관에 의한 재량적 내지 형성적 판단이 아닌 것으로 보는 것이 맞다.

---

21) 그러나 판례는 약관법상 내용통제에 작용하는 신의성실의 원칙의 구체화로 형평의 원리를 제시하고 있다(대법원 1991. 12. 24. 선고 90다카23899 전원합의체 판결). 이러한 입장을 취한다면 법관은 약관에 기한 내용통제에서 법적 기준이 아닌 형평에 기한 내용통제를 해야 하므로 광범위한 재량을 갖는다고 볼 수 있는 여지가 크다. 왜냐하면 형평의 권리를 차용한 판례에서는 이러한 근본적인 원리 제시 후 약관법에 규정되어 있지 않은 수정해석을 내용통제 수단으로 인정하고 있기 때문이다.

22) Höhn, JZ 1983, 691; Fastrich, Richterliche Inhaltskontrolle im Privatrecht, S. 5.

3) 보편적 통제기준

개별적인 약정에 해당하는 일반적인 법률행위는 민법 제103조와 제104조의 통제기준에 한계를 갖는 반면, 약관조항은 약관법 제6조 이하의 내용통제 기준에 의하여 내용통제를 받는다. 이때 근본적인 차이점은 민법 제103조와 제104조에서는 구체적인 사정을 기초로 한 법률행위의 무효여부를 판단함에 반하여, 약관에 기한 내용통제에서는 보편적 기준에 의하여 기본적으로 내용통제가 이루어진다는 점이다.[23] 이처럼 불공정한 약관내용을 판단함에 있어서 일반적 보편적 기준에 기하여 판단하게 되는 이유는 임의규정이 불공정성 판단의 척도에 해당하기 때문이다. 이러한 임의규정은 보편적인 공정성 척도를 제공하고 있기 때문에 약관조항의 불공정성을 판단함에 있어서도 보편적 불공정성 여부를 기초로 하는 것이지, 구체적인 개별적인 사정을 기초로 하지는 않는다.

4) 일부무효의 법률효과와 임의규정에 의한 보충

불공정한 약관조항은 다른 계약내용과 분리되어 원칙적으로 그 자체만 효력이 부정된다. 즉, 일부만 무효가 되는 것이다(제16조). 그리고 그 내용은 원칙적으로 임의규정을 통하여 보충된다. 이러한 측면에서 일부에 무효사유가 있는 경우에 해당 법률행위가 원칙적으로 전부무효가 되는 민법상의 원칙(민법 제137조)과는 차이가 있게 된다.

Ⅲ. 약관법과 민법상 내용통제 규정의 관계

1. 학설의 논의

약관법 제6조 이하의 규정들은 약관의 내용을 통제하는 기능을 담당한

---

23) 이은영, 「약관규제법」, 1994, 185면; 장경환, "약관규제법 일반조항에 관한 연구—독일 약관규제법 제9조를 중심으로", 서울대학교 법학과 박사학위논문, 1990, 56-57면.

다. 그런데 약관법이 약관의 내용통제에 관한 특별법으로 존재하고 있기는 하지만, 일반사법인 민법에서도 이와 유사한 기능을 하는 제도들이 존재한다. 즉, 일반사법인 민법에도 계약의 내용통제에 관한 규정을 두고 있다. 이에 따라 약관법 제6조 이하의 규정들과 일반사법인 민법의 제도 사이의 관계가 문제된다.

1) 독일에서 논의되고 있는 특수규정설과 중첩적용설의 내용

이와 관련하여 우리 학계에서는 이에 관한 직접적인 논의는 없고 일반적으로 약관법을 일반사법인 민법, 상법에 비하여 특별법으로서의 성질을 갖는 것으로 보고 있다. 그에 반하여 독일에서는 크게 보면 특수규정설과 중첩적용설의 입장으로 나뉘고 있다.

첫째 견해는 약관법 제6조 이하의 규정들이 민법의 일반규정(특히 민법 제103조, 제104조)에 비하여 명백하게 더 높은 수준의 내용통제 기준을 설정하여 내용통제를 하는 역할을 담당하고 있다는 입장이다. 이에 따라 약관법 제6조 이하의 규정들이 적용되는 한도에서는 일반규정인 민법의 제도들은 단지 후순위의 보충적 기능을 담당하는 것이 원칙이라고 본다.[24] 이 입장에 따르면 약관법에 의한 내용통제가 특별규정에 해당하기 때문에 약관법 제6조 이하의 내용통제단계를 거쳐 불공정하지 않다는 판단이 내려진 후에 비로소 일반규정인 민법상의 제도들의 적용을 검토하게 된다.

둘째 견해는 약관법 이하의 규정들은 그 적용범위에 있어서 모든 영역에 우선 적용되는 특별규정으로 보아서는 안 된다는 입장이다. 오히려 다른 규정, 특히 민법상의 일반조항도 원칙적으로 적용가능하며 일반조항이 추구하는 보호목적이 다를 수 있으므로 함께 고려해야 한다는 것이다.[25] 특히 이 견해는 약관의 내용통제의 경우에 주된 급부에 대한 내용통제가 불가능함에 반하여, 일반사법 조항의 경우에는 오히려 많은 경우에 주된 급

24) Münchkomm/Wurmnest, Vor §307 Rn. 8; Stoffels, Rn. 382.

25) Ulmer/Fuchs, Vor §307 Rn. 54; Erman/Roloff, Vor §§307-309 Rn. 10.

부에 대하여도 내용통제가 이루어질 수 있다는 점에 주목하고 있다.[26)]

2) 보호목적에 따른 중첩적용 가능성의 인정필요성

앞의 견해에서 지적하는 바처럼 약관법 제6조 이하의 내용통제 규정은 약관내용에 대한 통제규범으로서 민법의 일반규정보다 더 높은 수준의 내용통제기준을 설정하고 있다. 따라서 약관의 내용통제에 있어서 원칙적으로 우선적으로 고려해야 한다.

그렇다고 하여 약관법 제6조 이하의 내용통제 규정들이 그 적용범위에 있어서 다른 규정들의 적용을 배제하는 특별규정으로 이해할 수는 없다. 왜냐하면 약관법에 기한 내용통제가 갖는 보호목적과 민법상의 내용통제 규정들이 갖는 보호목적이 다르기 때문이다. 따라서 각각의 적용가능성을 남겨 두어 상호보완적으로 적용될 가능성을 열어 둘 필요가 있다. 또한 약관법에 기한 내용통제에 따른 법률효과와 일반사법 규정에 기한 법률효과가 일치하는 것도 아니다. 그러므로 전체적으로 보았을 때에는 약관법이 갖는 약관에 대한 내용통제 규정의 특수성을 감안해야 하지만, 민법상의 내용통제 제도가 갖는 보호목적에 따라 그 중첩적용 가능성을 남겨 둘 필요가 있다. 즉, 민법상 내용통제 제도가 갖는 규정내용과 규범의 보호목적이 다르므로 각 제도별로 고찰할 필요가 있다.

2. 양 제도가 중첩하지 않은 영역

개별약정의 경우에는 약관법 제6조 이하에서와 같은 내용통제가 이루어지지 않는다. 개별약정에서는 전통적으로 인정되는 자기결정과 자기책임에 따른 사적자치의 원칙이 적용되어 계약당사자들은 그 합의가 정당한지를 법원을 통하여 검증받을 수 있는 가능성이 원칙적으로 존재하지 않는다. 그럼에도 불구하고 개별약정의 영역에서도 계약당사자 사이의 대등성

---

26) Ulmer/Fuchs, Vor §307 Rn. 54.

이 파괴되어 불공정한 내용이 존재할 수 있고 이러한 경우에는 법원에 의한 내용통제가 예외적으로 일반규정(특히 민법 제2조, 제103조 및 제104조)을 통하여 이루어질 수 있다.

이와 관련된 우리 판례사례를 살펴보면 상해보험계약에서 '출생 전 자녀 가입 특별약관' 제1조 제3항에서 "태아는 출생 시에 피보험자가 된다"고 규정하고 있었는데, 보험계약의 당사자인 보험회사와 보험가입자는 모두 위 약관의 내용과 달리 아직 출생하지 않은 태아를 피보험자로 하여 보험계약을 체결하였다. 이 사안에 대하여 대법원에서는 약관과 다른 내용의 합의를 개별약정으로 보았고 약관조항과 다르게 출생 전 태아도 피보험자로 하는 상해보험계약은 유효하고 제103조에 반하지 않은 것으로 판단하였다.[27]

그 밖에 가격과 같은 반대급부처럼 약관에 기한 내용통제가 적용되지 않은 영역에 대하여도 민법에 기한 일반적인 내용통제만이 가해진다. 약관법에 기한 내용통제는 부수적 의미를 갖는 계약내용에 대하여만 내용통제가 이루어지는 것이 원칙이며 주된 급부와 반대급부에 대하여는 내용통제가 이루어지지 않는다는 것은 우리 학설의 일치된 견해이기도 하다.[28]

---

27) 대법원 2019. 3. 28. 선고 2016다211224 판결: 상해보험계약을 체결할 때 약관 또는 보험자와 보험계약자의 개별 약정으로 태아를 상해보험의 피보험자로 할 수 있다. 그 이유는 다음과 같다. 상해보험은 피보험자가 보험기간 중에 급격하고 우연한 외래의 사고로 인하여 신체에 손상을 입는 것을 보험사고로 하는 인보험이므로, 피보험자는 신체를 가진 사람(인)임을 전제로 한다(상법 제737조). 그러나 상법상 상해보험계약 체결에서 태아의 피보험자 적격이 명시적으로 금지되어 있지 않다. 인보험인 상해보험에서 피보험자는 '보험사고의 객체'에 해당하여 그 신체가 보험의 목적이 되는 자로서 보호받아야 할 대상을 의미한다. 헌법상 생명권의 주체가 되는 태아의 형성 중인 신체도 그 자체로 보호해야 할 법익이 존재하고 보호의 필요성도 본질적으로 사람과 다르지 않다는 점에서 보험보호의 대상이 될 수 있다. 이처럼 약관이나 개별 약정으로 출생 전 상태인 태아의 신체에 대한 상해를 보험의 담보범위에 포함하는 것이 보험제도의 목적과 취지에 부합하고 보험계약자나 피보험자에게 불리하지 않으므로 상법 제663조에 반하지 아니하고 민법 제103조의 공서양속에도 반하지 않는다. 따라서 계약자유의 원칙상 태아를 피보험자로 하는 상해보험계약은 유효하고, 그 보험계약이 정한 바에 따라 보험기간이 개시된 이상 출생 전이라도 태아가 보험계약에서 정한 우연한 사고로 상해를 입었다면 이는 보험기간 중에 발생한 보험사고에 해당한다.

28) 이은영, "약관법과 민법의 관계, 계약내용통제 및 일부무효와 관련하여", 외법논집 제34권

Ⅳ. 약관법에 기한 내용통제와 민법상 내용통제 제도의 적용영역

앞에서 살펴보았듯이 약관법상의 내용통제와 민법 일반제도에 기한 내용통제는 중첩적용될 수 있다. 하지만 민법의 일반제도에 기한 내용통제가 갖는 보호목적, 적용요건 및 법률효과가 각각 다르므로 약관법상의 내용통제와의 관계는 각 제도별로 구체적으로 살펴보아야 한다.

1. 강행규정과의 관계

1) 약관법에 기한 내용통제에 관한 규정들이 강행규정에 해당하는가?

약관의 내용통제에 관한 제6조 이하의 규정들이 강행규정에 해당하는지가 먼저 문제된다. 명문의 규정은 없지만 우리 학설과 판례는 강행법규 위반의 법률행위는 무효라고 본다.[29] 이러한 측면에서 약관법상 내용통제규정에 위반하는 합의를 하는 경우에 무효라는 법률효과가 발생한다는 측면에서 학설은 이를 강행규정으로 보고 있다.[30] 그런데 약관의 내용통제를

제4호, 2010, 194-195면; 최병규, "약관내용에 대한 사법적 통제의 한계", 경제법연구 제12권 제1호, 2013, 194면; 김진우, "불공정조항의 내용통제에 관한 몇 가지 법적 문제점 – 유럽 및 독일계약법과의 비교를 중심으로", 외법논집 제36권 제1호, 2012, 158면. 다만 최근에 약관법에 기한 내용통제도 가능하다는 입장으로 서희석, "일본의 3단계 전기요금 누진제 – 우리나라 누진제와의 비교 및 시사점", 소비자문제연구 제50권 제1호, 2019, 173면.

29) 이영준, 「민법총칙」, 개정증보판, 2007, 213면; 송덕수, 「민법총칙」, 제6판, 2021, 230면.

30) 권오승, 「소비자보호법」, 제5판, 2005, 142면; 이호영, 「소비자보호법」, 제4판, 2018, 127면. 그런데 한걸음 더 나아가서 약관법상의 규정들이 약자보호를 위한 상대적 강행규정 내지 편면적 강행규정에 해당한다는 견해도 있다(소비자문제를 연구하는 시민의 모임, 「약관규제의 입법」, 1986, 36면; 이은영, 「약관규제법」, 1994, 172면). 그러나 약관법상의 내용통제규정보다 유리한 합의를 하면 불공정하지 않은 것으로 판단되어 유효한 것이지, 유리한 합의를 하였기 때문에 유효한 것이 아니므로 이를 편면적 강행규정으로 볼 필요까지는 없을 것이다. 또한 약관법의 적용을 배제하거나 회피하는 합의는 민법 제103조의 사회질서에 위반되는 법률행위가 되어 무효라는 견해(이은영, 「약관규제법」, 1994, 14면)도 있으나, 이도 너무 과한 해석이다.

통하여 해당 약관조항이 불공정한 것으로 무효로 판단되면 일반적인 강행규정에 따른 무효의 효과가 적용되는 것이 아니라, 특별한 법률효과가 약관법 제16조에 규정되어 있다. 즉, 강행법규의 무효에 따른 법률효과와 다른 법률효과가 적용되므로 이 규정들은 특수한 형태의 강행규정이라고 보아야 한다.[31] 따라서 제6조 이하에 의한 내용통제의 규정에 의하여 해당 약관조항이 불공정한 것으로 판단된다고 하더라도 (자동적으로) 강행법규 위반에 해당하여 무효라는 법률효과가 도출되는 것은 아니다. 하지만 해당 약관조항이 동시에 다른 강행규정을 위반하고 있는 경우에 해당 강행규정에 의하여 무효가 된다(이하에서 이 문제를 조금 더 상세히 살펴보려고 한다).

2) 강행법규 위반과 약관의 내용통제의 관계

일반적인 내용통제수단인 강행법규 위반으로 해당 법률행위가 무효인 경우, 약관의 내용통제와 관련하여 이를 배제하는 특별규정도 없고 반대로 약관법에서도 해당 규정들이 특별규정으로서 일반 사법상의 내용통제 규정보다 우선하여 적용한다는 규정도 없다. 따라서 양 규정의 중첩적 적용을 굳이 배제할 필요가 없다고 생각할 수 있다. 하지만 약관조항이 명백히 강행법규를 위반하고 있는 경우에는 해당 약관조항의 효력은 이미 강행법규에 위반하여 무효이므로 약관법에 기한 내용통제가 불필요하다는 것이 다수설과 판례의 입장이다.[32] 만약 강행법규에 기한 무효를 무시하고 약관법에 기한 내용통제를 허용하게 된다면, 경우에 따라서는 법률규정에 의하여 무효라는 명시적 법률효과에도 불구하고 해당 약관조항이 약관법

---

31) 이러한 측면에서 독일의 내용통제 규정인 제307조 내지 제309조도 독일 민법 제104조의 강행법규에 해당하지 않는다는 견해로 Ulmer/Fuchs, Vor § 307 Rn. 55.

32) 대법원 1996. 12. 20. 선고 96다23818 판결; 이은영, 「약관규제법」, 1994, 187면 주 2; 장경환, "약관규제법 일반조항에 관한 연구 — 독일 약관규제법 제9조를 중심으로", 서울대학교 법학과 박사학위논문, 1990, 91면. 이에 반하여 약관에 대한 내용통제가 가능한 경우에 우선적으로 활용하고 강행적 내용통제규정은 보충적으로 활용하자는 입장으로 김진우, "강행적 계약법", 법조 제68권 제4호, 2019, 222면.

에 기한 내용통제심사를 통하여 허용될 수 있다는 부당한 결과에 이를 수 있다.[33)]

아래의 판례를 통하여 판례의 입장을 조금 더 자세히 살펴보려고 한다.

[어선보통공제계약 실효약관 사건]

사실관계: 원고와 피고 사이에 어선보통공제계약이 체결되었으며, 어선보통공제 약관에는 제2회 이후의 분납 공제료에 대하여는 약정 납입기일의 다음날부터 기산하여 14일간의 납입유예기간을 두고, 원고가 그 유예기간의 말일까지 분납 공제료를 납입하지 아니하면 유예기간이 끝나는 날의 다음날부터 공제계약은 효력을 상실한다는 실효약관조항이 있었다.

원심[34)]은 이 사건 실효약관이 상법 제650조 제2항의 계약해지요건을 완화하여 보험계약자에게 불이익하게 변경하는 상법 제663조에 기하여 무효라는 원고의 주장에 대하여 이 사건 공제계약은 해상사업에 관한 사고로 인하여 생길 손해를 보상하는 것을 목적으로 한 해상보험계약이라고 전제한 후 해상보험에 관하여 상법 제663조 단서에 의하여 그 본문의 불이익변경금지 규정이 적용되지 아니하므로 원고의 주장은 이유 없다고 판단하였다. 그러나 이 사건 실효약관이 약관법 제9조 제2호에 따라 무효라는 원고의 주장에 대하여는 다른 판단을 하였다. 즉, 보험계약상 분납계속보험의 미납으로 인한 해제·해지에 관한 상법 제650조 제2항의 규정 내용은 계속보험료가 약정한 시기에 지급되지 아니한 때에는 보험자는 상당한 기간을 정하여 보험계약자에게 최고하고 그 기간 내에 지급되지 아니한 때에는 계약을 해지할 수 있다고 규정하고 있다. 그런데 이 사건의 경우 제2회 분납

---

33) Staudinger/Coester, § 307 Rn. 19. 그에 반하여 약관법이 원칙적으로 일반 민법규정과의 관계에서 특별규정이라고 보는 견해는 약관법에 의한 내용통제와 강행법규 위반으로 인한 무효가 중첩적으로 적용될 수 있는 것으로 본다. 따라서 양 무효사유에 모두 무효가 될 수 있다고 한다(Münchkomm/Wurmnest, Vor § 307 Rn. 9; Wolf/Pfeiffer, § 307 Rn. 13).

34) 서울고등법원 1996. 4. 23. 선고 95나15591 판결.

공제료를 14일간의 납입유예기간의 만료일까지 납입하지 아니한 경우에 위와 같은 상법 제650조 제2항의 절차를 거치지 아니하고 곧바로 공제계약이 실효되어 공제업자의 공제금지급책임을 면하도록 규정한 실효약관 규정은 위와 같은 상법 제650조 제2항에 규정된 보험자의 해지권 행사요건을 완화하여 고객에게 부당하게 불이익을 줄 우려가 있다고 할 것이므로 약관법 제9조 제2호의 규정에 위배되어 무효라고 판단하였다.

그에 반하여 대법원[35]에서는 이 사건 어선공제는 항해에 수반되는 해상위험으로 인하여 피공제자의 어선에 생긴 손해를 담보하는 것인 점에서 해상보험에 유사한 것이라고 보는 점에는 원심과 동일하다. 그러나 위 어선공제는 피고 수산업협동조합중앙회가 실시하는 비영리 공제사업의 하나로 소형 어선을 소유하며 연안어업 또는 근해어업에 종사하는 다수의 영세어민들을 주된 가입대상자로 하고 있으므로 이 사건 어선공제는 공제계약 당사자들의 계약교섭력에 대등한 기업보험적인 성격을 지니고 있다고 보기는 어렵고 오히려 공제가입자들의 경제력이 미약하여 공제계약 체결에 있어서 공제가입자들의 이익보호를 위한 법적 배려가 여전히 요구된다고 보았다. 이에 따라 상법 제663조 단서의 입법취지에 비추어 이 사건 어선공제에 불이익변경금지원칙의 적용을 배제하지 않는 것이 상당하다고 판단하였다. 그 결과 분납 공제료가 소정의 시기에 납입되지 아니하였음을 이유로 상법 제650조 제2항 소정의 절차를 거치지 아니하고 곧바로 공제계약이 실효됨을 규정한 이 사건 실효약관은 상법 제663조의 규정에 위배되어 무효라고 보았다. 그러면서 대법원은 이 사건 실효약관이 위 상법의 규정에 위배되어 무효인 이상 더 나아가 약관법에 의하여 무효인지에 관하여 판단할 필요가 없다고 보았다.

본 판례에서 명시적으로 설시되지는 않았지만 대법원에서는 강행법규 위반과 약관법에 의한 내용통제의 관계에 관하여 다음과 같은 입장을 취

35) 대법원 1996. 12. 20. 선고 96다23818 판결. 이러한 대법원의 기본적 취지에 관하여 고영한, "수산업협동조합중앙회가 실시하는 어선공제상의 실효약관의 효력", 대법원판례해설 제27호, 1997, 228면 이하 참조.

한 것으로 보여진다. 첫째, 검토순서에서 강행법규 위반을 먼저 검토하고 약관법에 의한 내용통제를 한다. 둘째, 강행법규위반으로 무효가 확인된 이상 약관의 내용통제로 무효가 되는지 여부에 관하여 검토할 필요가 없다.

그러나 모든 강행규정에서 명시적으로 무효라는 법률효과가 규정되어 있는 것은 아니다. 따라서 강행법규인지의 여부가 법률규정의 해석을 통하여 먼저 확정되어야 해서 그 위반의 법률효과가 명확하지 않은 경우[36]에는 소송경제적 이유에서 약관법에 기한 내용통제가 예외적으로 허용될 수 있다.[37] 물론 일반적으로 약관조항이 강행규정에 위반하는 경우에는 해당 조항은 많은 경우에 불공정 약관에 대항한다고 볼 수 있을 것이다.[38] 그러나 개별조항이 강행법규 위반을 하고 있음을 확인한 이상 약관법에 기한 내용통제 규정에 기하여 해당 조항의 불공정성 여부를 추가로 판단할 필요는 없을 것이다.

하지만 앞의 대법원 판례에서처럼 강행법규 위반이 인정되지만 약관의 불공정성이 부정되는 경우도 존재한다.[39] 또한 강행법규위반이 인정되지 않는다고 하여 해당 약관조항이 불공정하지 않다는 결과에 이르는 것도 아니다. 그렇기 때문에 검토순서는 대법원에서 하는 바처럼 강행법규 위반을 먼저 검토하고 약관법에 기한 내용통제를 나중에 하는 것이 타당할 것이다.[40]

---

36) 명백히 법률효과를 무효로 선언하여 강행규정임을 나타내는 경우보다 해석을 통하여 강행규정인지 여부를 확정해야 하는 경우가 더 많다. 이에 관하여 자세한 것은 이영준, 「민법총칙」, 개정증보판, 2007, 209면 이하 참조.

37) Staudinger/Coester, § 307 Rn. 19.

38) Ulmer/Fuchs, Vor § 307 Rn. 56; Erman/Roloff, Vor §§ 307-309 Rn. 10.

39) 대법원 판례해설에 의하면 수협어선공제가 상법 제663조 단서 소정의 해상보험에 해당하여 상법상으로 이 사건 실효약관이 무효가 아니라고 본다면, 특별한 사정이 없는 한 그 실효약관이 약관법 제9조 제2호에 의하여 고객에 대하여 "부당하게 불이익을 줄 우려가 있다"고 하여 무효라고 볼 수는 없다고 보고 있다(고영한, "수산업협동조합중앙회가 실시하는 어선공제상의 실효약관의 효력", 대법원판례해설 제27호, 1997, 237면).

40) 같은 취지로 장경환, "약관규제법 일반조항에 관한 연구 — 독일 약관규제법 제9조를 중심

그런데 최근에 독일 학설과 판례에서 기존의 통설과 판례와 달리 강행법규 위반과 약관법에 기한 내용통제를 중첩적으로 인정하려고 하는 경향이 나타났다.[41] 독일에서 이처럼 중첩 적용을 긍정하려고 하는 이유는 단체소송에 기한 추상적 내용통제와 관련되어 있다. 즉, 단체소송에 있어서는 약관법에 기한 내용통제에 기하여 해당 조항이 무효가 된 경우에만 소를 제기할 수 있고, 더 나아가 해당 조항의 무효확인을 통하여 장래에 해당 사업자가 무효로 선언된 약관조항의 사용이 금지되는 법률효과를 달성할 수 있기 때문이다.[42] 개별적인 약관소송에서는 강행규정 위반을 이유로 무효로 확인된 이상 약관법에 기한 내용통제를 중복적으로 인정할 필요성이 없을 것이다. 그리고 우리 소비자기본법에 기한 단체소송에 있어서는 강행법규 위반의 경우에도 해당 위반행위가 소비자의 권익을 침해하는 이상 소제기가 가능하므로(소비자기본법 제70조 참조)[43] 이러한 약관법의 중첩적용이 인정되어야 하는지가 의문이다. 이러한 측면을 고려하면 강행법규 위반의 경우에는 약관법에 기한 내용통제를 고려할 필요가 없다는 입장이 우리법상으로는 타당하다고 생각된다.

한편 이와 같은 원칙은 반강행규정을 위반하는 경우에도 동일하게 적용되어야 한다.[44] 따라서 반강행규정을 위반한 경우에는 약관법에 기한 내용통제는 문제되지 않을 것이다.

으로", 서울대학교 법학과 박사학위논문, 1990, 91면.

41) BGH NJW 1982, 767; BGH NJW 2003, 293; Ulmer/Fuchs, Vor § 307 Rn. 56; Bamberger/Roth/Hubert, Schmidt § 307 Rn. 11; Erman/Roloff, Vor §§ 307-309 Rn. 10; MüchKomm/Wurmnest, Vor § 307 Rn. 9; Wolf/Pfeiffer, § 307 Rn. 12.

42) 이러한 입장에 대하여 비판적 견해에서는 중첩적인 적용을 인정하는 이론적으로 문제 있는 방법을 대신하여 부작위소송법 제1조의 목적론적 확장을 통하여 해결하고자 하는 주장도 있다(Staudinger/Coester, §307 Rn. 20).

43) 구체적으로는 "사업자가 제20조의 규정을 위반하여 소비자의 생명·신체 또는 재산에 대한 권익을 직접적으로 침해하고 그 침해가 계속되는 경우"를 요구하고 있다.

44) Ulmer/Fuchs, Vor §307 Rn. 57.

2. 민법 제103조와 약관의 내용통제의 관계

1) 양 제도의 관계에 관한 학설과 판례의 입장

우리나라에서는 이에 관한 논의가 많지 않지만, 기본적으로 양 제도는 중첩적으로 적용될 수 있는 것으로 보고 있다.[45] 다만 약관법에 기한 내용통제에 관한 신의성실의 원칙이 제103조보다 더욱 엄격한 기준을 설정하고 있는 것으로 이해하기 때문에 원칙적으로는 약관법에 기한 내용통제에 기한 무효가 문제된다고 한다.[46] 이러한 측면에서 민법 제103조가 약관법에 기한 내용통제를 보충하는 역할을 한다는 견해도 비슷한 입장에 서 있는 것으로 이해된다.[47]

양 제도의 관계에 관하여 독일에서는 견해가 나누어져 있다. 독일 판례의 입장이라고 할 수 있는 중첩적용설에 따르면 양 제도가 추구하는 보호목적이 다르므로 양 제도는 동시에 적용될 수 있다고 한다.[48] 약관법에 기한 내용통제가 (개별적인) 계약정의를 보호목적으로 함에 반하여, 우리 민법의 제103조에 해당하는 독일 민법 제138조[49]는 일반적인 법질서를 그 보호대상으로 한다고 한다. 더 나아가 양 제도는 그 적용요건과 법률효과를 달리한다. 요건 측면에서 보면 약관법 제6조 이하에 의한 내용통제가 이루어지더

---

45) 장경환, "약관규제법 일반조항에 관한 연구 – 독일 약관규제법 제9조를 중심으로", 서울대학교 법학과 박사학위논문, 1990, 90면. 판례도 같은 입장에 서 있는 것으로 보인다(대법원 2006. 4. 27. 선고 2004다40320 판결). 본 판결에서 해당 계약의 조항을 무효로 판단한 것은 아니지만 제103조와 약관법 제6조 등을 함께 검토하고 있다.

46) 장경환, "약관규제법 일반조항에 관한 연구 – 독일 약관규제법 제9조를 중심으로", 서울대학교 법학과 박사학위논문, 1990, 90면; 이호영, 「소비자보호법」, 제4판, 2018, 146면.

47) 이영준, 「민법총칙」, 개정증보판, 2007, 249면.

48) BGH ZIP 1996, 960 f.; Ulmer/Fuchs, Vor § 307 Rn. 60; Staudinger/Coester, § 307 Rn. 32; Wolf/Pfeiffer, § 307 Rn. 208; Stoffels, Rn. 384.

49) 독일 민법 제138조 [양속위반의 법률행위; 폭리] ① 선량한 풍속에 반하는 법률행위는 무효이다. ② 특히 타인의 궁박, 무경험, 판단능력의 결여 또는 현저한 의지박약을 이용하여 어떠한 급부의 대가로 자신에게 또는 제3자에게 그 급부와 현저히 불균형한 재산적 이익을 약속하게 하거나 공여하게 하는 법률해위는 무효이다.

라도 일반규정으로서 선량한 풍속 기타 사회질서의 위반을 그 요건으로 설정하고 있는 민법 제103조를 적용하는 것이 완전히 배제되는 것은 아니다. 이 두 가지 내용통제 척도는 서로 다른 기준을 설정하고 있으며, 경우에 따라서는 동시에 적용될 여지를 가지고 있다고 본다. 물론 약관법에 의한 내용통제 척도는 민법 제103조의 척도보다 무효판단의 기준이 상당히 낮다고 할 수 있다. 왜냐하면 약관법에 의한 내용통제는 해당 약관조항의 불공정성만을 요구하고 있으나, 민법 제103조에 따라 선량한 풍속 기타 사회질서에 위반하는 행위에 해당하기 위해서는 상당한 정도의 이익침해와 더 나아가 주관적으로 비난가능한 행위가 전제되어야 하기 때문이다.[50] 또한 선량한 풍속 기타 사회질서에 위반하면 민법 제103조의 법률효과로 법률행위가 전부무효가 되는 것이 원칙이지만, 약관에 의한 내용통제의 경우에는 원칙적으로 불공정한 것으로 평가된 해당 약관조항만 무효가 되고 나머지 계약은 유효하게 존속하게 된다(제16조 참조).[51]

그에 반하여 약관법상의 내용통제에 관한 규정들은 민법 제103조에 대하여 특별규정에 해당하기 때문에 일반조항인 민법 제103조는 적용되지 않는다고 하는 견해가 있다.[52] 이 견해는 약관법상의 무효가 갖는 특수한 효력이 주된 근거로 작용하고 있다. 이 견해에 따르면 제103조는 개별약정에 대하여만 적용되거나, 약관에 해당하더라도 그 무효사유가 약관법상의 내용

50) 학설은 주관적 요건으로 행위자는 법률행위가 행위 당시에 선량한 풍속 기타 사회질서에 반한다는 사정을 인식하고 있어야 한다고 본다(이영준, 「민법총칙」, 개정증보판, 2007, 231면). 이때 당사자의 법률행위 내용이 반사회성을 띤다는 것까지 인식할 필요는 없으며 적어도 반사회성을 판단케 하는 기초사실의 존재를 인식하였다면 된다고 한다(손지열, 「민법주해 [XII]」, 1999, 221면). 그에 반하여 인식이 요건이 아니라는 견해로 이은영, 「민법총칙」, 제5판, 2009, 364면.

51) 이와 같은 기본적인 구조적 차이로 인하여 약관에 기한 내용통제를 제103조에서부터 도출하지 못한다고 한다(Staudinger/Coester, §307 Rn. 32). 그에 반하여 Raiser, 280 ff; M. Wolf, Rechtsgeschäftliche Entscheidungsfreiheit, 36 ff.; Fastrich, Richterliche Inhaltskontrolle im Privatrecht, S. 18 f.

52) Münchkomm/Wurmnest, Vor § 307 Rn. 10; Palandt/Ellenberger, § 138 Rn. 16; Erman/Roloff, Vor §§ 307-309 Rn. 11.

통제사유에 해당하지 않고 다른 사정이 문제된 경우에만 적용된다고 한다. 이는 예컨대 약관의 내용통제에서 고려되지 않는 제3자의 이익[53]이 상당히 침해된 경우에 존재할 수 있다고 한다, 또한 이 견해에 의하면 약관법에 기하여 무효로 확정된 조항은 제103조 위반에 있어서 고려될 수 있는 사정에 포함되지 않다고 한다.

원칙적으로 개별약관조항의 유효성을 판단함에 있어서는 약관법에 의한 내용통제 기준이 특별규정으로서의 의미를 가지고 있기 때문에 민법 제103조는 문제가 되지 않는다. 그러나 사적 자치에 의한 내용형성의 자유가 갖는 한계를 넘어섰다고 판단하여 민법 제103조를 적용하여 해당 법률행위를 무효로 보기 위해서는 당사자 사이에 합의한 내용을 기초로 전체적인 관련 사정을 종합하여 판단해야 한다. 이때 고려될 수 있는 사정으로는 계약의 내용, 해당 규정의 동기와 목적은 물론 구체적인 사건의 모든 사정을 고려해야 한다.[54] 따라서 민법 제103조 위반여부를 판단함에 있어서 전체 계약내용을 모두 고려해야 하므로, 비록 다른 법률규정에 의하여 어느 규정이 무효로 판단된 경우라 하더라도 해당 규정을 포함하여 전체 계약내용에 대하여 다시 제103조에 의한 무효요건의 충족 여부를 결정할 수 있다. 민법 제103조는 계약관계 전체를 고려하였을 때 선량한 풍속 등 기타 사회질서에 위반되는지 여부를 판단하여 계약 전체를 무효를 만드는 것을 그 목표로 한다. 그런데 만약 상당수의 조항들이 이미 다른 법률에 의하여 무효라는 판단을 받았다는 이유로 이 규정들을 무효판단에서 포함하지 않아 함께 고려할 수 없다면, 민법 제103조에 의한 무효라고 판단할 수 있는 가능성이 현저히 줄어들 것이다. 따라서 약관법에 의한 내용통제에 의하여 무효인 규정도 민법 제103조의 판단에서 유효한 다른 조항들과 함께 고려

53) 원칙적으로 내용통제에 있어서 계약당사자 등의 이익교정만이 문제된다(장경환, "약관규제법 일반조항에 관한 연구 – 독일 약관규제법 제9조를 중심으로", 서울대학교 법학과 박사학위논문, 1990, 158면).

54) 이은영, 「민법총칙」, 제5판, 2009, 368면. 대표적으로 대법원 2009. 9. 10. 선고 2009다23283 판결 참조.

해야 할 것이다.[55] 그렇지 않다면 내용통제에 관한 약관법 제6조 이하의 규정들이 민법 제103조에 의하여 달성하려는 보호수준을 감소시키는 효과를 가져올 것이다. 이러한 결과는 약관법의 보호목적에 정면으로 반하는 결과일 것이다.[56]

2) 양 제도가 중첩되지 않은 경우

양 제도 중 한 제도의 요건만 충족되는 경우에는 양 제도의 중첩적용 자체가 문제되지 않는다. 약관이 사용된 경우에 민법 제103조의 적용여부만이 문제될 수 있는 경우는 다음과 같다.[57] 즉, (1) 제3자 또는 일반인의 이익이 침해된 경우, (2) 약관의 내용통제를 검토함에 있어서 고려되지 않는 기타의 선량한 풍속을 위반하는 사항이 존재하는 경우, (3) 계약의 주된 급부에 불균형이 존재하는 경우 등이다.

3) 양 제도가 중첩하는 경우

양 제도의 요건이 모두 충족된 경우 중첩적용이 가능해 진다.[58] 그러나 선량한 풍속 기타 사회질서에 위반하는 내용이 하나의 약관 내지 제한된 약관에만 존재한다면 일부무효에 관한 약관법의 특칙이 적용되어 해당 약관조항만 무효인 것으로 보아야지, 전체 계약을 무효로 볼 수는 없을 것이다.[59] 이러한 측면에서 개별적인 조항이 약관법에 기하여 무효인 것으로 확인된 경우 추가로 해당 조항이 제103조에 따라 무효인지 여부를 검토할 필요가 없을 것이다. 그에 반하여 여러 개의 약관조항이 불공정하여 약관법에 기하여 무효로 판명된 경우에는 그 사유로 인하여 제103조의 무효가

55) BGH 1981, 1207. 다른 견해로 Löwe, NJW 1980, 2079; Bruse, BB 1986, 478 f.

56) Ulmer/Fuchs, Vor § 307 Rn. 60; Staudinger/Coester, § 307 Rn. 34; Wolf/Pfeiffer, § 307 Rn. 26. 독일 판례도 선량한 풍속 위반에 대한 전체적인 검토에 있어서 무효이거나 편입되지 않은 약관조항을 고려하고 있다(BGH NJW 1981, 1210; BGH NJW 1997, 3374).

57) Staudinger/Coester, § 307 Rn. 33,

58) Ulmer/Fuchs, Vor § 307 Rn. 60; Staudinger/Coester, § 307 Rn. 34.

59) BGH NJW 1979, 805; BGH NJW 2001, 2468; Staudinger/Coester, § 307 Rn. 34..

문제될 수 있다.[60] 또는 민법 제103조가 갖는 전부무효의 효과는 예외적으로 약관법 제16조의 의하여서도 달성될 수 있다.

급부와 반대급부 사이에 상당한 불균형이 존재하고 추가적으로 불공정한 약관조항이 존재하는 경우에 민법 제103조에 따른 무효가 문제될 수 있다. 예컨대 소비대차계약에서 선량한 풍속 기타 사회질서 위반이 반대급부인 이자를 통해서만 결정될 필요가 없다. 불공정한 약관조항(예컨대 이자지급 지체 시에 대주인 고객이 부담하는 책임규정)을 통하여 고객에게 부당한 부담이 늘어난다면 이로 인하여 민법 제103조 위반이 인정될 수 있는 것이다.

약관을 통하여 대부분의 계약내용이 결정되는 계약에서 상당수의 조항들이 약관법에 의하여 불공정한 것으로 판단되어 무효인 경우에는 바로 이러한 이유로 민법 제103조에 따라 무효인 것으로 판단될 수 있다.[61] 여기에는 상당부분의 내용이나 많은 개별적인 약관조항이 불공정한 경우에는 각각의 조항의 불공정성을 판단하고 이를 보충하기 위하여 노력을 가하는 것보다 제103조에 따른 무효를 인정하는 것이 적절하다는 사고가 깔려 있다.[62] 단지 여러 개의 조항에 문제점이 발견되어 불공정한 것으로 보이는 것을 넘어서 질적으로도 제103조가 보호하는 일반적 법질서를 침해하고 있는 경우에 제103조의 적용을 긍정할 수 있다. 예컨대 독일 판례에서는 자동판매기 설치계약에서 이를 운영하는 식당주인에게 불공정한 조항이 다수 존재하였는데, 이 경우 이러한 계약에서 무효인 조항들이 불공정한 것으로 판정된 후 보충을 통하여 계약내용이 결정된다면 사실상 새로운 내용의 계약이 체결되는 불합리한 결과에 이를 수 있다고 보고 선량한 풍속 기타 사회질서 위반에 따른 무효를 인정하였다.

---

60) Staudinger/Coester, § 307 Rn. 34.

61) BGH NJW 1969, 230; BGH NJW 1983, 159; BGH NJW 2001, 2468. 전부무효인 부분에 대하여 비판적인 견해로 Ulmer/H. Schmidt, § 306 Rn. 22.

62) Ulmer/Fuchs, Vor § 307 Rn. 61.

3. 민법 제2조와의 관계

1) 약관법의 내용통제 규정이 갖는 특별규정성

약관법 제6조 이하의 내용통제에 관한 규정들은 신의칙을 기초로 한 내용통제 원리를 구체적으로 반영함으로써 이 원리를 완전히 실현하고 있다.[63] 특히 제6조 제1항에서는 "신의성실의 원칙을 위반하여 공정성을 잃은 약관조항은 무효이다"라고 선언하고 있어서 명문의 규정으로 신의성실의 원칙을 내용통제의 대원칙으로 선언하고 있다. 따라서 약관의 내용통제에 관한 규정과 민법 제2조의 신의칙이 형식으로는 중첩적용될 가능성이 존재하기는 하지만 실질적으로는 약관법의 내용통제에 관한 규정들은 민법 제2조의 신의칙에 대하여 특별규정의 관계에 있다.[64]

그러나 예외적으로 신의칙이 적용될 수 있는 경우가 존재한다. 첫째, 약관법의 내용통제에 관한 규정들이 적용범위에서 벗어난 영역에서는 민법 제2조의 신의칙이 내용통제 기능을 할 수 있는 여지가 있다. 내용통제에 관한 적용제한 규정은 구체적인 내용통제 기준만을 배제하지 일반적인 통제기준인 제6조는 계속 적용되므로(제15조) 신의칙이 기능할 여지가 없지만, 주된 급부의무에서 급부와 반대급부에 대하여는 약관의 내용통제가 이루어지지 않으므로 민법 제2조의 신의칙에 기한 내용통제가 기능할 여지가 있다.[65] 또한 상법 제3편과 근로기준법이 적용되는 영역과 같이 약관법의 적용이 배제되어 있는 경우에는(제30조 제1항) 민법 제2조의 신의칙이 적용

---

63) 이은영, 「약관규제법」, 1994, 183면: 약관규제법에서 말하는 신의칙은 민법의 기본원칙인 신의칙과 같은 내용이다. 다만 약관규제의 영역에서는 신의칙이 특히 '계약당사자 사이의 이익형평에 중점을 둔다'는 점, 권리행사나 의무이행보다는 '계약내용형성에 직접 관여한다'는 점에 특색이 있다.

64) 장경환, "약관규제법 일반조항에 관한 연구 – 독일 약관규제법 제9조를 중심으로", 서울대학교 법학과 박사학위논문, 1990, 89면. 독일의 다수설(Ulmer/Fuchs, Vor § 307 Rn. 62; Staudinger/Coester, § 307 Rn. 35; Münchkomm/Wurmnest, Vor § 307 Rn. 11; Erman/Roloff, Vor §§ 307-309 Rn. 12; Stoffels, Rn. 389)과 판례(BGHZ 114, 340)의 입장이다. 반대견해로 Roussos, JZ 1988, 1006.

65) Staudinger/Coester, § 307 Rn. 35.

될 수 있다.[66]

둘째, 약관의 경우에도 개별적인 권리남용이 존재하는 경우에는 민법 제2조의 신의칙이 작용할 수 있다. 원칙적으로 완전히 유효한 계약조항으로부터 도출할 수 있는 권리를 사업자가 구체적인 사안에서 개별적인 행위를 통하여 고객에게 인정하지 않아 특수한 사정하에서 해당 행위가 권리남용이 되어 신의칙상 허용되지 않을 수 있다.[67] 약관의 내용통제와 구분하기 위해서 이 통제단계를 실행통제(Ausübungskontrolle)[68]라고 부르기도 한다.

2) 실행통제가 적용된 구체적인 사례

내용통제가 약관조항의 유효성을 그 판단대상으로 함에 반하여, 실행통제는 원칙적으로 해당 조항의 유효성을 전제로 하여 특수한 사정하에서 고객이 해당 조항으로부터 발생하는 권리를 실현함에 있어서 사업자에 의하여 지장을 받고 있는지를 검토하게 된다.[69] 만약 권리행사의 실현이 사업자의 권리남용에 의하여 지장을 받는 경우에 이는 민법 제2조의 신의칙에 반한다는 것이다.[70]

독일 판례에서 인정된 사례를 살펴보면, 예컨대 고객의 사용요금 반환청

---

66) 장경환, "약관규제법 일반조항에 관한 연구－독일 약관규제법 제9조를 중심으로", 서울대학교 법학과 박사학위논문, 1990, 89-90면.

67) BGH NJW 2013, 1519; Ulmer/Fuchs, Vor §307 Rn. 63; Staudinger/Coester, §307 Rn. 36; Münchkomm/Wurmnest, Vor §307 Rn. 11; Stoffels, Rn. 389.

68) 이를 행사통제라고 번역하기도 한다(장경환, "약관규제법 일반조항에 관한 연구－독일 약관규제법 제9조를 중심으로", 서울대학교 법학과 박사학위논문, 1990, 52면). 이러한 번역은 구체적으로 권리를 행사한 경우에 통제가 일어난다는 점에 초점을 두나, 필자는 오히려 약관조항의 실행 내지 주장에 초점을 두는 번역을 하였다.

69) 신의칙에 관한 판례를 무효인 법률행위에 근거하여 법률행위를 행사하는 경우와 유효한 법률행위에 근거하여 권리를 행사하는 경우로 나누면서 본 사례처럼 유효인 약관에 근거하여 권리를 행사하는 후자의 경우에 판례가 신의칙 적용에 있어서 더 적극적이라는 설득력 있는 분석으로 윤용석, "신의칙의 재조명", 재산법연구 제20권 제2호, 2004, 31면 이하 참조.

70) 장경환, "약관규제법 일반조항에 관한 연구－독일 약관규제법 제9조를 중심으로", 서울대학교 법학과 박사학위논문, 1990, 52면.

구권에 대하여 가스공급 회사에서 공급약관에 규정된 제척기간을 주장하는 것은, 제척기간을 정하고 있는 약관조항이 유효함에도 불구하고, 과다지급된 요금이 사업자의 과실 행위를 기초로 한다면 신의칙에 기하여 배제될 수 있다.[71] 그 밖에 채권양도에 대한 동의요건[72] 또는 형성권의 행사[73] 등에서도 실행통제가 인정된 바가 있다.

약관의 내용통제에서는 보편적·전형적 관점에서 통제가 이루어짐에 반하여,[74] 실행통제에서는 구체적인 사례에서 약관을 제안한 사업자의 행위에 제한된다. 이에 따라 사업자가 특정한 약관조항의 적용을 주장하는 것을 개별적으로 권리남용이라는 이유로 제한하는 것이며, 이때 조항의 유효성 자체를 문제삼는 것은 아니다.[75] 이를 통하여 약관을 제안 받은 고객은 추가적으로 비정상적인 상황으로부터 보호를 받게 된다

또한 반대로 고객에게 유리하게 적용할 수 있는 유효한 조항의 무효를 사업자가 주장하는 경우에도 실행통제에 기하여 이러한 주장이 금지될 수 있다.[76]

마지막으로 특수한 사정하에서는 고객에게도 약관조항의 무효를 주장하는 것이 권리남용에 해당할 수 있다. 예컨대 모순행위 금지의 원칙(venire contra factum proprium)이 적용되는 경우를 생각할 수 있다.[77] 그러나 단지 고객이 사업자로부터 장시간의 설명을 들은 후에 해당 조항을 종국적으로 인

---

71) BGH BB 1991, 932.

72) BGH ZIP 2000, 79.

73) BGH BB 1985, 223 f.

74) 특히 제6조 제2항 제1호에서 고객에게 부당한 불이익을 판단함에 있어서 고객의 이익은 계약당사자의 개별적인 사정을 고려하지 않고, 고객집단의 평균적이고 전형적인 이익을 기준으로 확정한다(이은영, 「약관규제법」, 1994, 85면; 장경환, "약관규제법 일반조항에 관한 연구—독일 약관규제법 제9조를 중심으로", 서울대학교 법학과 박사학위논문, 1990, 56-57면).

75) 장경환, "약관규제법 일반조항에 관한 연구—독일 약관규제법 제9조를 중심으로", 서울대학교 법학과 박사학위논문, 1990, 54면; Ulmer/Fuchs, Vor §307 Rn. 64; Erman/Roloff, Vor §§307-309 Rn. 12; Stoffels, Rn. 389.

76) BGH NJW-RR 1998, 595.

77) Wolf/Pfeiffer, §307 Rn. 31.

정하였다는 사정만으로는 이 원칙이 적용되는 것은 아니다. 고객의 권리남용이 인정되기 위해서는 약관조항에 대하여 충분한 정보를 가지고 있었거나 자신이 유사한 계약조항을 다른 계약을 체결할 때 직접 사용한 적이 있는 상태에서, 그 후 해당 조항이 투명하지 않다고 주장하는 경우와 같이, 특수한 사정이 존재해야 한다.[78)]

4. 일방적 급부결정권 행사에 대한 정당성 통제와의 관계

1) 일방적 급부결정권 행사에 대한 정당한 통제의 근거

급부확정을 할 수 있는 권한을 한 계약당사자에게 유보하는 경우에 급부결정권을 갖는 당사자는 급부를 확정할 수 있는 권한을 갖고 이를 자유롭게 행사할 수 있다. 하지만 급부결정권을 행사함에 있어서 그 행사가 정당하게 행사되어야 하며, 정당하지 않은 급부결정권의 행사는 권리남용에 해당할 것이다. 독일 민법 제315조에서는 명문의 규정을 통하여 급부결정권이 공평하게 행사된 경우에만 구속력이 있으며 이러한 재량권 행사가 형평에 부합하지 않아 부당하게 행사된 경우에는 법원의 판단에 의하여 결정권을 행사하도록 규정하고 있다.[79)] 이러한 법리는 명문의 규정이 없는 우리 사법에서도 동일하게 인정할 수 있을 것이다.[80)]

---

78) Wolf/Pfeiffer, §307 Rn. 31.

79) 독일 민법 제315조 [당사자 일방에 의한 급부결정] ① 급부가 계약당사자의 일방에 의하여 정하여져야 하는 경우에, 급부결정권 행사는 의심스러운 때에는 공평한 재량에 좇아 행하여져야 한다. ② 급부결정권 행사는 상대방에 대한 의사표시로써 한다. ③ 급부결정권 행사가 공평한 재량에 좇아 행하여져야 하는 경우에는 그것이 공평에 맞는 때에만 상대방에 대하여 구속력이 있다. 그것이 공평에 맞지 아니한 때에는, 급부결정권 행사는 판결에 의하여 행하여진다; 급부결정권 행사가 지연되는 때에도 또한 같다.

80) 같은 입장으로 송덕수, 「민법주해 Ⅷ」, 1997, 72면. 이에 관하여 자세한 것은 이병준, "전기요금 누진제와 가격결정에 대한 정당성 통제 – 대전지방법원 2017. 12. 22. 선고 2017나103175 판결", 법조 제68권 제4호, 2019, 726면 이하 참조.

2) 약관법상의 내용통제와의 차이점

독일 판례[81]와 학설[82]에서는 한때 정당성통제를 약관법에 기한 내용통제와 동일하게 보려는 경향이 있었으나, 약관법에 따른 공정성(Angemessenheit) 척도에 기초한 내용통제와 독일 민법 제315조 이하에 기초한 정당성통제(Billigkeitskontrolle)는 엄격히 구분해야 한다는 입장으로 정리되었다. 현재 독일 연방법원(BGH) 판례[83]와 독일의 다수설[84]은 이 두 제도를 동일하게 보지 않고 전혀 다른 통제원리를 담고 있는 것으로 이해하고 있다. 이하에서는 독일에서 논의되고 있는 양 제도의 차이점에 관하여 살펴보려고 한다.[85]

(1) 적용요건과 적용대상

계약은 본질적 구성부분(essentialia negotii)이 합의로 확정된 경우에만 성립한다는 것이 원칙이다.[86] 그러나 일방당사자 또는 제3자에게 급부결정권을 부여한 경우에는 이에 대한 예외가 인정된다. 왜냐하면 한 당사자 또는 제3자에게 급부결정권을 부여한 경우에는 아직 계약체결 시에 본질적 구성부분인 급부가 확정되지 않았더라도 나중에 급부결정권의 행사를 통하여 충분히 급부가 확정 가능하므로 계약은 급부가 아직 확정되어 있지 않더라도 성립한 것으로 볼 수 있다. 이러한 원리를 바탕으로 한 것이 일방적 급부결

81) BGHZ 38, 183, 186.

82) Flume, Allgemeiner Teil des Bürgerlichen Rechts, Bd. II, Das Rechtsgeschäft, S. 672; Söllner, Einseitige Leistungsbestimmung im Arbeitsverhältnis, 1966, S. 55 ff.; Kramer, Nichtausgehandelter Individualvertrag, notariell beurkundeter Vertrag und AGBG, ZHR 146 (1982), S. 105.

83) BGHZ 22, 90 ff. 등 계속된 판례의 입장이다.

84) Esser/Schmidt, Schuldrecht, Bd. I, Allgemeiner Teil, 6. Aufl., 1984, S. 106; Wolf/Pfeiffer, AGBG, § 9 Rn. 33 f.; Zöllner, AcP 176 (1976), S. 221, 243.

85) 양 제도의 차이점에 관하여 자세한 것은 v. Hoyningen-Huene, Die Billigkeit im Arbeitsrecht. Ein Beitrag zur rechtsdogmatischen Präzisierung der Billigkeit im Zivilrecht — dargestellt am Beispiel des Arbeitsrechts, 1978, S. 128 ff.; Fastrich, Richterliche Inhaltskontrolle im Privatrecht, S. 14 ff.

86) 본질적 구성부분에 관하여 자세한 것은 이병준, 「계약성립론」, 2008, 127면 이하; Diederichsen, FS Jur. Gesellschaft zu Berlin, 1984, S. 90.

정권에 대한 독일 민법 제315조 이하의 규정이다.[87] 이에 따라 독일 민법 제315조 이하의 규정이 적용되기 위해서는 첫째, 당사자 사이의 구속력 있는 법률관계가 존재하고, 둘째, 계약체결 시에 급부결정권의 행사가 아직 이루어지지 않았어야 한다. 따라서 일방적 급부결정권을 전제로 한 독일 민법 제315조 이하의 규정들은 형식적으로라도 당사자 사이에 합의가 존재하는 경우에는 적용되지 않는다.[88]

그에 반하여 약관에 대한 내용통제는 형식적으로 약관의 편입을 통하여 계약의 내용으로 확정된 것을 대상으로 한다. 즉, 계약체결 시에 이미 계약내용으로 확정되어 있어야 한다. 약관에 대한 내용통제의 특성은 바로 형식적으로 확정된 약관내용을 대상으로 하여 그 공정성 여부를 심사하여 통제한다는 측면에 있다. 이러한 측면에서 약관에 기한 내용통제는 형평에 기한 정당성 통제가 아니라, 법률규정에 의한 통제(Rechtskontrolle)이다. 즉, 법률에 주어진 척도에 따라 법관이 그 내용을 통제하는 것에 해당한다.[89]

독일 민법 제315조에 따른 정당성 통제와 약관에 대한 내용통제는 전형적인 대상에서도 차이가 있다. 독일 민법 제315조 이하의 급부결정권은 전형적으로 주된 급부를 대상으로 한다.[90] 그에 반하여 주된 급부와 반대급부는 원칙적으로 약관의 내용통제 범위에 포함되지 않는다.

(2) 판단척도

약관에 대한 내용통제에서는 일반적·보편적 척도가 사용된다. 약관은 다수의 계약을 위하여 마련한 계약의 내용이므로(제2조 제1호) 일반적으로 모든 고객에 대하여 동일한 공정성을 가져야 한다. 따라서 이때 구체적인 고객의 이해관계를 고려할 수 없다. 개인인 고객은 자신의 이익과 요구사

87) Motive, S. 191 = Mugdan, Bd. II S. 105.

88) BGH NJW-RR 2017, 1206 Rn. 19; BeckOK BGB/Gehrlein, § 315 Rn. 3.

89) Stoffels, Rn. 460; Fastrich, Richterliche Inhaltskontrolle im Privatrecht, S. 9.

90) 즉, 급부와 반대급부를 주로 대상으로 하지만, 모든 급부내용(예컨대 이행기, 배상방법 등)도 대상이 된다(BeckOK BGB/Gehrlein, § 315 Rn. 1).

항에 맞는 약관을 요구할 수 없다. 이러한 사항이 반영되기를 원한다면 개별약정을 통하여 계약내용에 반영해야 한다.

그에 반하여 독일 민법 제315조의 정당성 통제에서 사용되는 척도는 개별적인 계약관계에 급부결정권이 정당하게 행사되었는지를 판단하는 것이므로, 처음부터 계약의 목적, 객관적으로 존재하는 계약 당사자의 이익과 이해관계가 모두 반영된 척도를 적용해야 한다.[91] 정당성은 개별적 척도로서 구체적인 사정을 모두 고려해야 한다는 것이 원칙이다.

정당성 통제가 주로 주된 급부를 대상으로 하므로, 그 정당성을 평가함에 있어 일반화될 수 있는 척도가 처음부터 존재하지 않기 때문에 개별적·구체적으로 판단할 수밖에 없다. 그에 반하여 내용통제는 주된 급부 영역을 배제한 채, 그 판단척도에 임의규정을 기초로 약관의 내용이 어느 정도 구체적인 법률규정에서 벗어나고 있는지를 중심으로 판단한다는 점에 제한되고, 그에 따라 일반화될 수 있는 척도를 기반으로 한다.

(3) 법률효과

형평에 따른 정당성 통제에서는 처음부터 존재하는 확정된 급부내용을 확인하는 것이 아니라, 법원에 형성적 결정권한을 부여하여 일종의 계약원조(Vertragshilfe)를 하는 것이다. 이에 따라 독일 민법 제315조 제3항 제2문에 의하면 법원은 형평에 부합하는 새로운 정당한 가격을 설정하거나(형성판결) 직접적으로 정당한 급부의 지급 내지 반환(Begleichung)을 판결할 수도 있다(Festsetzungsurteil[92]).[93]

그에 반하여 약관에 대한 내용통제에서 법원의 역할은 불공정성을 확인하는 역할에 머물며, 약관법상의 불공정성을 위해 해당 규정을 적용하는 과정에 해당된다. 따라서 확인적 법적용에 머물며 해당 조항을 무효로 만들 뿐이다. 무효로 만든 조항은 다시 임의규정을 통하여 보충하게 된다.

---

91) BGH NJW-RR 1992, 184.

92) 이 판결은 형성판결과 확인판결의 결합된 형태라고 한다.

93) BeckOK BGB/Gehrlein, § 315 Rn. 19.

3) 양 제도의 적용순서

약관을 통하여 일방 당사자에게 급부결정권을 유보한 경우에는 해당 약관조항은 1단계로 약관법 제6조 이하의 내용통제의 대상이 된다. 이러한 급부결정권이 유효하게 합의된 경우에는 2단계로 급부결정권 행사로 가격 내지 대가가 정당한 재량권 행사에 의하여 형평에 반하지 않는지를 검토해야 한다. 이 경우 독립된 2단계의 검토과정을 거치게 된다.[94]

V. 추상적 내용통제와 구체적 내용통제

참고문헌: 이은영, "약관에 대한 추상적 내용통제", 외법논집 제41권 제1호, 2017; 이병준, "약관의 추상적 내용통제와 구체적 내용통제의 관계 – 약관의 추상적 내용통제에서 확정된 약관의 무효를 개인의 개별적인 소송에서 주장할 수 있는가?", 재산법연구 제29권 제2호, 2012.

1. 추상적 내용통제와 구체적 내용통제의 의미와 구분기준

추상적 내용통제와 구체적 내용통제의 구분기준은 기본적으로 약관의 내용통제를 하면서 구체적인 계약관계를 전제로 하느냐의 여부이다.[95] 추상적 내용통제에서는 특정한 구체적 계약관계를 전제로 하지 않고 오로지 약관조항을 기초로 약관조항의 유효성을 심사함에 반하여 구체적 내용통제에서는 특정한 구체적 계약관계를 기초로 약관조항을 심사하게 된다.

구체적인 계약관계를 기초로 하는 구체적 내용통제의 경우에는 약관의 3단계의 심사인 편입, 해석 및 내용통제가 모두 이루어지지만, 추상적 약관통제의 경우에는 구체적인 계약관계를 전제로 한 편입 여부는 문제가 되지 않기 때문에 해석 및 내용통제만이 이루어진다.[96] 하지만 추상적 내용통제

---

94) Stoffels, Rn. 393.

95) 이에 관한 기본적 설명으로 장경환, "약관의 내용통제의 방식과 체계", 경희법학 제30권 제1호, 1995, 83면 이하; 권오승, "한국의 약관규제", 경쟁법연구 제8권, 2002, 584면.

96) 추상적 내용통제의 경우 오로지 약관조항의 효력만을 심사하는 것이므로 내용통제만이

에서도 구체적인 계약관계에서의 통제가 문제가 되지 않을 뿐 사실적으로는 해당 조항이 널리 거래계에서 사용되고 있거나 해당 사업자가 해당 조항을 다수 고객과의 계약에서 사용하고 있는 것이 전제되어 있어 큰 차이점이라고 보기는 어려울 것이다.

2. 추상적 내용통제와 구체적 내용통제의 담당기관과 절차

1) 담당기관

구체적 내용통제와 추상적 내용통제를 담당하는 기관을 어디에 두고 해당 절차를 어떻게 진행할지는 법정책적 문제라고 할 수 있다.[97] 독일의 경우 이들 모두를 법원이 담당하고 있다. 즉, 사업자와 고객 사이의 개별적 소송에서 계약관계를 전제로 한 구체적 내용통제가 이루어지고 소비자단체에 의한 단체소송을 통하여 추상적 내용통제가 이루어지고 있다. 우리나라의 경우 원래는 구체적 내용통제는 법원에서 그리고 추상적 내용통제는 공정거래위원회에서 담당하고 있었다.[98] 즉, 행정기관에 의한 추상적 내용통제와 법원에 의한 구체적 내용통제를 적절하게 안배하는 모델을 취하고 있었다.

소비자기본법에 단체소송이 도입되면서 추상적 내용통제에 의한 약관심사가 법원에 의하여 가능하게 된 것으로 평가하는 견해도 있고[99] 실제로 가능하다는 것을 전제로 소송이 개시되기도 하였다. 또한 약관법의 개정을 통하여[100] 약관 분쟁조정협의회에서 일부 약관관련 사건을 담당하게 되었

이루어진다는 입장이 있으나(장경환, "약관의 내용통제의 방식과 체계", 경희법학 제30권 제1호, 1995, 84면), 내용통제를 하기 위한 논리적인 전단계로 그 내용을 확정하는 해석이 이루어져야 하므로 추상적 내용통제에서도 해석단계는 존재한다고 보아야 한다.

97) 특히 단체소송의 법정책적 의미에 관하여 자세한 것은 Säcker, Die Einordnung der Verbandsklage in das System des Privatrechts, 2006 참조.

98) 이러한 평가로 권오승, "한국의 약관규제", 경쟁법연구 제8권, 2002, 587면.

99) 김원기·박수영, "소비자기본법상 집단적분쟁해결제도", 상사판례연구 제20권 제2호, 2007, 134면 이하.

으므로 부분적으로 구체적 내용통제가 이 조정절차를 통하여서도 이루어질 것으로 보인다(제24조 이하 참조).

2) 관련 절차

개별소송절차에서의 이루어지는 법원에 의한 구체적인 내용통제는 민사소송절차에 따라 진행된다. 그리고 그 기판력의 범위도 원칙적으로 당사자들 사이에만 미치게 된다. 공정거래위원회에 의하여 이루어지는 추상적 내용통제는 행정기관에 의한 약관심사의 모습을 띠고 있다. 기본적으로는 공정거래위원회가 추상적 내용통제를 하는 경우는 구체적인 내용통제에서와 마찬가지로 약관법 제6조부터 제14조까지의 규정에 해당한 불공정한 약관조항을 계약의 내용으로 사용하는 경우이다(제17조의2 제1항, 제17조). 이 경우 불공정성 판단을 한 후 공정거래위원회에서는 불공정한 약관의 사용을 막기 위하여 불공정약관조항의 삭제·수정 등 시정에 필요한 조치를 권고할 수 있거나 그 사유가 심각한 경우에는 더 나아가 시정명령까지 내릴 수 있다(제17조의2 제1항, 제2항). 그리고 법률상의 이익이 있는 자, 소비자기본법 제29조에 따라 등록된 소비자단체, 소비자기본법 제33조에 따라 설립된 한국소비자원, 사업자단체의 심사청구가 있는 경우에도 약관의 불공정성을 심사할 수 있다(제19조 제1항). 또한 표준약관과 관련하여서도 절차적으로 표준약관을 제정하는 과정에서도 공정거래위원회에서 표준약관 안의 불공정성을 심사할 수 있고(제19조의2 제1항), 소비자단체 등의 요청이 있거나 일정한 거래 분야에서 여러 고객에게 피해가 발생하는 경우에 피해 발생상황을 조사하여 약관이 없거나 불공정약관조항이 있는 경우에 사업자 및 사업자단체에 대하여 표준약관을 마련할 것을 권고할 때도 불공정성을 판단하게 된다(제19조의3 제2항).

여기서 주의할 점은 표준약관 제정 내지 개정과 관련하여서 거래계에서 사용되고 있는 약관조항이 반드시 불공정한 것으로 판단될 필요는 없다는

---

100) 일부개정 2012. 2. 17(법률 11325호) 공정거래위원회.

점이다. 왜냐하면 소비자단체 등의 요청이 있는 경우에는 해당 조항의 불공정성이 전제되는 것이 아니라, "소비자 피해가 자주 일어나는 거래분야"라는 것만 요건이고 구체적인 약관조항의 불공정성이 문제되는 것은 아니기 때문이다(제19조의3 제2항 및 제3항 참조). 다만 공정거래위원회에서 소비자단체 등의 요청 없이 사업자 및 사업자 단체에게 표준약관을 마련하여 심사 청구할 것을 권고한 경우 "일정한 거래 분야에서 여러 고객에게 피해가 발생하는 경우에 피해 발생 상황을 조사하여 약관이 없거나 불공정약관 조항이 있는 경우"라는 요건이 충족되어야 한다(제19조의3 제3항 제2호).

3) 공정거래위원회의 추상적 내용통제와 개별소송에 의한 구체적 내용통제의 관계

공정거래위원회의 추상적 내용통제와 법원에 의한 개별소송에 의한 구체적 내용통제의 관계에 관하여 우리 문헌이나 판례에서 많이 논의되지 못하였다. 다만 공정거래위원회에서 행한 추상적 내용통제의 판단 결과는 법원을 구속하지 않는다는 것이 확립된 판례[101]의 입장이다.[102] 또한 공정거래위원회에서 마련한 표준약관 내지 심사하여 공정한 것으로 판단한 표준약관의 구체적인 약관조항도 불공정한 것으로 판단할 수 있다고 한다. 다만 약관심사자문위원회가 정평 있는 법조인, 법대교수 등으로 구성되어 있으므로 법원에서 해당 약관이 분쟁의 대상이 된 경우에 공정거래위원회의 심결과 일치하는 판단을 하는 경우가 대부분이라고 한다.[103]

그리고 공정거래위원회에서 부당한 약관조항을 무효로 선언하더라도 피해를 입은 소비자는 이를 통하여 아무런 직접적인 구제를 받을 수 없다고 한다. 즉, 공정거래위원회의 시정명령이 내려졌더라도 그 약관에 의하

101) 대법원 2002.10.11.선고 2002다17364 판결 등 참조. 동일한 입장으로 신영수, "약관의 규제와 소비자보호", 「소비자와 법의 지배」, 2008, 145면.

102) 이러한 설명으로 김시철, "개별약정에 의한 관할합의의 허용범위와 법원이 관할합의 약관조항에 대하여 행하는 구체적 내용통제의 특성", 대법원판례해설 제77호, 2009, 382면.

103) 장경환, "약관의 내용통제의 방식과 체계", 경희법학 제30권 제1호, 1995, 271면.

여 피해를 입은 소비자는 다시 법원에 소송을 제기해야만 실질적인 구제를 받을 수 있다. 물론 이 경우에도 앞에서 본 바대로 공정거래위원회의 판단을 법원이 상당히 존중하여 사실상의 민원구제적인 기능을 하고 있다고 한다.[104] 이처럼 법원이 공정거래위원회의 판단을 존중한다는 것은 관행적 내지 사실적 효력에 불과하며 규범적 효력이 있는 것은 아니다.

104) 장경환, "약관의 내용통제의 방식과 체계", 경희법학 제30권 제1호, 1995, 271면.

제2절 / 내용통제 대상과 그 제한

참고문헌: 박신욱, "가격조정조항에 대한 독일법과의 비교 연구(I)—서울중앙지법 2016. 10. 6. 선고 2014가단5221992 판결과 인천지법 2017. 6. 27. 선고 2016가합3177 판결의 비교를 중심으로", 법과정책연구 제22권 제3호, 2022; 이병준, "약관규제법에 의한 내용통제의 대상과 그 제한", 선진상사법률연구 제95호, 2021; 최병규, "약관내용에 대한 사법적 통제의 한계", 경제법연구 제12권 제1호, 2013.

I. 명문규정의 부재와 학설의 입장

약관법상 내용통제는 일반조항에 기한 내용통제(제6조)와 개별적 금지규정을 통한 내용통제(제7조 내지 제14조)로 나눌 수 있다. 그리고 제15조에서 "국제적으로 통용되는 약관이나 그 밖에 특별한 사정이 있는 약관으로서 대통령령으로 정하는 경우에는 제7조부터 제14조까지의 규정을 적용하는 것을 조항별·업종별로 제한할 수 있다"다고 규정하여 개별적 금지규정이 적용되지 않는 경우를 명시적으로 규정하고 있다.[105] 그러나 약관의 내용통제 대상 자체에서 제외되는 약관조항에 관하여는 명시적 규정이 없다. 다시 말하면 약관법은 내용통제의 대상이 될 수 있는 약관조항을 적극적으로 규정하거나, 대상이 되지 않은 예외를 명문의 규정을 통하여 정하고 있지 않다. 그러나 약관법에서 명문의 규정으로 내용통제 대상을 제한하고 있지 않더라도 약관법에 의한 내용통제가 가지고 있는 계약법 내에서의 내

105) 판례는 더 나아가 이 경우 약관이 일반적으로 무효가 되는 경우를 포괄적으로 규정하고 있는 제6조의 규정 역시 적용될 수 없다고 보고 있다(대법원 2002. 5. 28. 선고 2000다50299 판결). 만약 제6조가 적용된다고 한다면 제15조의 규정취지가 몰각된다고 보는 것이다(송덕수, "보통거래약관의 법률문제", 이화여자대학교 법학논집 제11권 제1호, 2006, 36면). 그에 반하여 이 경우 제6조에 의한 내용통제는 가능하다는 견해로 손지열, 「민법주해[XII]」, 1999, 402면; 이은영, 「약관규제법」, 1994, 362면.

재적 한계 또는 우리 법제가 기초로 하고 있는 일반원칙에 기하여 내용통제가 일정한 한계를 가질 수 있다.

그에 반하여 독일 민법은 내용통제의 대상을 명문으로 규정하고 있다. 즉, '법 규정과 다르게 규정하거나 보충하는 규정만을 내용통제의 대상으로 한다'(독일 민법 제307조 제3항)고 명시적으로 규정하고 있다.[106] 그러나 이러한 명문의 규정이 있음에도 불구하고 법률규정의 내용 자체가 명확하지 아니하여 그 구체화가 요구될 뿐만 아니라, 이 규정의 적용범위에 관하여 독일에서 학설상 논란이 많았다. 우리 입법자는 약관법을 입법할 당시에 이와 같은 규정이 독일 구 약관법에 존재하고 있다는 사실을 알고 있었고 도입여부를 검토하였으나, 해당 규정이 내용통제의 범위를 명확히 하고 있지 않다는 비판을 고려하여 이와 같은 규정을 도입하지 않았다고 한다.[107] 현재 우리 다수설은 독일의 논의를 받아들여서 (1) 급부와 반대급부에 관한 합의내용과 (2) 법률규정의 내용을 단순히 반복하는 법문반복조항은 내용통제 대상이 되지 않는다는 입장을 취하고 있다.[108]

그런데 명문의 규정이 없다 보니, 실무에서는 내용통제의 대상이 되지 않

---

106) § 307 Inhaltskontrolle (3) Die Absätze 1 und 2 sowie die §§ 308 und 309 gelten nur für Bestimmungen in Allgemeinen Geschäftsbedingungen, durch die von Rechtsvorschriften abweichende oder diese ergänzende Regelungen vereinbart werden. Andere Bestimmungen können nach Absatz 1 Satz 2 in Verbindung mit Absatz 1 Satz 1 unwirksam sein.

107) 이은영, 「약관규제법」, 1994, 50면; 소비자문제를 연구하는 시민의 모임, 「약관규제의 입법」, 1986, 193면.

108) 손지열, 「민법주해[XII]」, 1999, 345면; 이은영, "약관법과 민법의 관계 – 계약내용통제 및 일부무효와 관련하여", 외법논집 제34권 제4호, 2010, 194-195면; 최병규, "약관내용에 대한 사법적 통제의 한계", 경제법연구 제12권 제1호, 2013, 194면; 김진우, "불공정조항의 내용통제에 관한 몇 가지 법적 문제점", 외법논집 제36권 제1호, 2012, 158면. 계약자유와 자기결정의 측면에서 급부와 반대급부에 관하여만 언급하고 있는 문헌으로 정진명, "계약자유와 약관의 내용통제", 소비자법연구 제5권 제2호, 2019, 91면. 다만 절충적인 견해로 가격과 같은 대가에 대한 내용통제는 원칙적으로 부정되나 예외적으로 가능한 경우를 인정하려는 견해가 있다(서희석, "일본의 3단계 전기요금 누진제 – 우리나라 누진제와의 비교 및 시사점", 소비자문제연구 제50권 제1호, 2019, 173면 각주 70). 이에 관하여 자세한 내용은 아래 Ⅲ. 1. 3) 참조.

은 영역에 대하여도 약관법에 의한 내용통제를 하려는 사례를 적지 않게 발견할 수 있다. 예컨대 전기료 누진제 사례의 경우 전기료는 반대급부에 해당하는 사항으로서 내용통제의 대상에서 제외되어야 하는데, 판례에서 약관법에 의한 내용통제에 기하여 전기료를 정하고 있는 약관조항의 불공정성을 검토하고 있다.[109] 또한 우리 학설은 원칙적 내용만을 선언하고 있을 뿐이지, 구체적으로 내용통제 대상이 되지 않는 영역과 한계에 관하여 자세한 논의를 하는 문헌이 많지 않다.[110] 그런데 이론적으로나 실제 사례에서 내용통제의 대상이 되는 영역과 대상이 되지 않은 영역의 구분이 명확한 것은 아니다. 이에 따라 우리 실무에서도 명확한 경계획정을 하지 못하는 것으로 보인다.

Ⅱ. 명문규정이 있는 독일과 유럽연합의 입법지침

우선 명문의 규정이 있는 유럽연합과 독일의 규정 내용을 살펴보려고 한다. 독일의 규정이 먼저 제정되고 유럽연합의 불공정조항 지침이 나중에 제정되었으나, 현재 유럽연합의 입법지침을 회원국 중 하나인 독일에서 수용해야 하는 입장에 있으므로, 먼저 유럽연합의 지침상 규정을 먼저 살펴보기로 한다.

1. 유럽연합 입법지침의 내용

유럽연합의 불공정조항 지침(RL 93/13/EWG)은 두 가지 측면에서 내용통제의 적용범위를 제한하고 있다. 첫째, 지침 제1조 제2항에서는 "구속력 있는 규정에 … 기초하고 있는 계약조항은 본 지침의 적용을 받지 않는다"고

109) 자세한 것은 아래 V. 3. 3) 참조.

110) 이러한 문헌의 예로 김진우, "금융거래에서의 부수적 대가조항의 내용통제", 외법논집 제41권 제3호, 2017.

규정하고 있다.[111)] 이 규정에 의하여 단순히 법률의 규정을 반복하고 있는 약관조항은 지침의 적용범위에서 제외된다. 입법이유에 의하면 "구속력 있는 규정"의 범주에는 계약당사자 사이의 다른 합의가 없는 경우에 적용될 법률규정, 즉 임의규정도 포함된다고 한다. 따라서 강행규정뿐만 아니라, 임의규정도 여기에 포함된다는 것을 명확히 하고 있다.[112)] 법률규정이 있는 경우 내용통제가 이루어지지 않기 때문에 유럽연합 회원국들은 국내법상 계약 관련 규정에 불공정한 내용이 담기지 않도록 노력해야 한다.[113)] 동일한 이유로 동 지침 제1조 제2항에서는 회원국 또는 유럽연합이 가입한 국제협약의 규정이나 일반원칙에 기초하고 있는 조항을 내용통제의 대상에 제외시키고 있다. 이러한 국제협약은 국내법적 효력을 가져서 직·간접적으로 소비자계약상 조항의 내용을 정할 수 있어야 한다.[114)]

본 조항의 경우에는 내용통제에 관한 규정뿐만 아니라, 지침 전체가 적용되지 않기 때문에 투명성 원칙(Transparenzgebot)도 적용되지 않아 조문상으로는 투명성 원칙에 따라 검토될 수 없다. 그러나 지침 제1조 제2항이 적용되기 위해서는 계약조항이 구속력 있는 법률규정을 기초로 하고 있어야 한다는 것을 요건으로 하고 있기 때문에, 계약조항이 이 경우 투명성을 갖추어야 한다는 것은 어느 정도 전제된 것으로 해석할 수 있다고 이해되고 있다.[115)]

둘째, 지침 제4조 제2항에서는 "조항의 불공정성에 대한 판단은, 해당 조항이 명백하고 이해가능하게 만들어진 이상, 계약의 주된 급부목적과 서비스 내지 재화와 가격 내지 보수의 적절성에 대하여는 적용되지 않는다"고

---

111) Article 1 2. The contractual terms which reflect mandatory statutory or regulatory provisions and the provisions or principles of international conventions to which the Member States or the Community are party, particularly in the transport area, shall not be subject to the provisions of this Directive.

112) 불공정조항 지침 입법이유 13; Ulmer/Fuchs, 307 Rn. 15.

113) 불공정조항 지침 입법이유 14.

114) 불공정조항 지침 입법이유 13.

115) Wolf/Wolf, RL 93/13/EWG Art. 1 Rn. 35; MüKoBGB/Wurmnest, § 307 Rn. 2.

규정하고 있다.[116] 제4조 제2항은, 우선 주된 급부와 그 대가인 가격 내지 보수에 관하여는 불공정성 판단이 이루어지지 않는다는 점을 선언하고 있으면서, 주된 급부와 연관된 조항이 투명성 원칙에 위반되는 경우에는 내용통제의 대상이 된다고 선언함으로써 투명성 원칙에 위반되는 조항은 항상 내용통제의 대상이 됨을 간접적으로 나타내고 있다. 투명성 원칙은 사업자에게 신의성실의 원칙에 따라 거래상대방인 고객의 권리와 의무를 가능한 명확하게 조망할 수 있도록 약관을 구성할 것을 요구하는 원칙을 말한다.[117] 입법이유에 의하면 주된 급부내용 및 재화와 가격에 관한 조항 자체는 내용통제의 대상이 되지 못하지만, 계약의 주된 급부목적 및 재화와 가격은 다른 조항의 불공정성을 검토함에 있어서 고려될 수 있음을 밝히고 있다.[118]

2. 독일의 규정내용과 학설논의

1) 규정내용

이미 살펴본 바와 같이 독일 민법 제307조 제3항 제1문에서 "약관의 내용통제 규정이 적용되기 위해서는 법률규정과 다르게 규정하거나 보충하는 내용을 약관조항이 담고 있어야 한다"고 규정하고 있다. 이를 통하여 독일의 입법자는 독일 판례 및 지배적 견해와 동일하게 2가지 유형을 내용통제에서 제외하려고 하였다.[119] 법문의 반대해석상 법률규정을 변경하지 않고 법률규정을 단순히 반복하고 있는 '법문반복조항'은 내용통제 대상에서 제외된다. 그에 반하여 급부와 반대급부에 관한 내용이 약관의 내용통제 대

116) Article 4 2. Assessment of the unfair nature of the terms shall relate neither to the definition of the main subject matter of the contract nor to the adequacy of the price and remuneration, on the one hand, as against the services or goods supplies in exchange, on the other, in so far as these terms are in plain intelligible language.
117) 투명성 원칙에 관하여 자세한 것은 제3장 제1절 II. 참조.
118) 불공정조항 지침 입법이유 19.
119) BT-Drs. 7/3919, 22.

상에서 제외된다는 점은 법률에 명확히 규정되어 있지 않다.[120] 독일 구 약관법을 민법으로 편입을 할 때 불공정조항 지침을 참고하여 이에 관한 규정내용을 수정할 수 있었지만, 독일의 입법자는 규정내용을 수정하지 않았다. 그러나 제307조 제3항 제2문에 급부설명과 가격을 정하는 약관조항은 투명성 원칙에 따라 그 유효성을 판단해야 한다는 내용이 새롭게 추가되었다.

2) 학설상 논의

우선, 이론적 논의이기는 하지만, 약관법에 기한 내용통제가 전체 법체계에서 차지하고 있는 의의와 관련하여 약관에 대한 내용통제가 원칙적인 상황이므로 그 대상에서 제외하는 것이 예외적인 내용인지, 아니면 약관이 내용통제를 받지 않는 것이 원칙이고 내용통제를 받는 것이 예외적인 내용인지에 관하여 학설이 대립하고 있다.[121] 독일의 입법자는 약관이 내용통제를 받지 않는 것을 예외적인 상황이라고 파악하였고[122] 독일의 판례는 사실상 내용통제를 원칙으로, 내용통제를 받지 않는 것을 예외로 인정하고 있다.

그다음으로 본 규정을 통하여 내용통제의 대상이 될 수 있는 부분과 내용통제의 대상에서 제외되는 부분에 관하여 학설이 대립하고 있다. 즉, 이러한 명문규정의 내용과 적용영역에 대하여 학설은 또한 대립하고 있다. 다수설[123]과 판례[124]는 본 규정을 통하여 제외되는 부분을 (1) 급부에 대한 설명과 반대급부인 가격에 대한 합의, 더 나아가서 (2) 법문반복조항의 경우를 말하는 것으로 이해하고 이 부분에 대하여 내용통제를 할 수 없다고 한다.

---

120) MüKoBGB/Wurmnest, § 307 Rn. 1.

121) 이에 관하여 Staudinger/Coester, BGB: AGB-Recht, OttoSchmidt, 18. Auflage, 2019, § 307 Rn. 281 참조.

122) BT-Drucks. 14/6040, S. 154.

123) Ulmer/Fuchs, § 307 Rn. 14.

124) BGH NJW 1998, 383.

그에 반하여 소수설의 입장이긴 하지만, 이 규정은 독자적인 의미가 없고 선언적 성격을 갖는다고 보는 견해도 있다.[125] 그에 따르면 특별한 제한을 두지 않고 구체적으로 약관규제의 내용통제 척도를 통하여 정당하지 않은 것으로 판단할 수 있다면 해당 약관조항은 효력이 없는 것이라고 본다. 그 밖에 독일 민법 규정을 엄격히 받아들여서 법률규정에 의하여 정하진 바가 있는 경우에 약관에 의한 내용통제가 이루어져서는 안 된다는 견해도 주장되고 있다.[126] 이 견해에 따르면 약관조항이 주된 급부 내지 부수적 급부에 관한 것인지의 여부, 주된 합의 내지 부수적 합의에 관한 것인지는 중요하지 않다. 독일의 입법자는 구 약관법상의 규정을 민법에 편입하는 과정에서 다수설의 입장에 따라 "급부에 관한 내용과 약관에 규정되어 있는 대가의 결정에 관한 내용은 내용통제의 대상이 되지 않으며, 단지 법률규정을 반복하는 내용의 약관조항도 동일하게 대상이 되지 않는다"고 보는 입장을 취하였다.[127]

Ⅲ. 내용통제 대상에서 제외되는 내용

독일의 다수설과 판례의 입장을 지지하는 우리 다수설은 법률규정의 내용과 다른 내용을 정하거나, 이를 보충하는 약관조항만이 내용통제의 대상이 된다고 본다. 그에 따라 (1) 급부와 반대급부를 정하는 내용의 약관조항 및 (2) 법률규정의 내용을 반복하는 조항, 즉 법문반복조항은 내용통제의 대상에서 제외된다고 본다.

약관법에 명문의 규정이 없음에도 불구하고 약관법에 의한 내용통제 대상에서 제외되어야 할 내용과 그 구체적인 근거에 대하여 아래에서 더 자

125) Niebling, Schranken der Inhaltskontrolle, Tübingen, 1988, S. 202 ff.

126) Joost, Der Ausschluss der Inhaltskontrolle bei Entgeltregelungen in Allgemeinen Geschäftsbedingungen, ZIP 1996, 1685 ff.

127) BT-Drucks. 7/3919, S. 22.

세히 살펴보기로 한다. 내용통제의 대상에서 제외되는 영역을 살펴봄에 있어서 내용통제 가능성(Kontrollfähigkeit)과 내용통제 필요성(Kontrollbedürfnis)을 기초로 살펴보려는 시각이 유용하다.[128] 그러나 논의를 살펴보면 이 중 하나로 통일적으로 설명할 수 없고 전체적으로 모든 논거를 보완적으로 고려해야 함을 알 수 있다.

1. 자유시장 경제질서를 바탕으로 하는 사적 자치의 실현: 급부와 반대급부

1) 적용제외의 근거

계약상 급부와 반대급부에 관한 내용이 약관법에 기한 내용통제의 대상에서 제외됨은 세 가지 논거로 설명할 수 있다.

첫째, 우리 헌법이 전제로 하고 있는 자유시장 경제질서를 사법에서 반영하고 있는 것이 바로 사적 자치의 원칙이다. 사적 자치의 원칙에 의하면 당사자들은 계약체결의 자유, 당사자 선택의 자유 및 내용형성의 자유를 갖는다. 내용형성의 자유 안에는 바로 급부와 반대급부인 가격을 당사자들이 자유롭게 선택할 수 있다는 원칙이 담겨져 있다. 이와 달리 만약 공정거래위원회와 같은 행정기관 내지 법원에서 당사자가 선택해야 할 급부 또는 반대급부를 결정하거나 급부와 반대급부의 정당성을 내용통제를 통하여 관여할 수 있다고 한다면 자유시장 경제질서를 바탕으로 하고 있는 사적 자치의 내용, 그중에서 가장 핵심적인 내용인 내용형성의 자유가 침해받을 것이다. 따라서 급부와 반대급부는 원칙적으로 당사자들이 합의를 통하여 결정해야만 하는 계약의 중요한 내용, 즉 본질적 구성부분(essentialia negotii)에 해당한다.[129]

---

128) 독일에서 이러한 입장으로 Fastrich, Richterliche Inhaltskontrolle im Privatrecht, C.H.Beck, 1992, S. 252 ff.; Staudinger/Coester, § 307 Rn. 283 ff.

129) 이 영역에서는 경쟁이 효율적으로 작동하므로 내용통제의 대상이 되지 않는다는 것을 주된 논거로 제시하는 견해로 김진우, “불공정조항의 내용통제에 관한 몇 가지 법적 문

둘째, 계약의 당사자들은 계약을 체결하는 과정에서 일반적으로 급부와 반대급부에 대하여 관심이 많으며 이를 결정함에 있어서 적극적으로 참여를 하고 시장을 통하여 가장 적합한 상대방을 찾아서 계약을 체결하는 과정을 거친 후 계약을 체결한다. 따라서 이 영역에서는 시장을 통한 내용결정과 그에 따른 자기책임의 원칙이 국가를 통한 규율과 내용통제보다 우선하게 된다.[130] 급부와 반대급부는 통상 사업자에 의하여 일방적으로 약관의 내용이 결정되지 않으므로 이 영역에서는 고객의 실질적 자기결정권을 약관법을 통하여 보호할 필요가 없다.

셋째, 계약의 주된 급부가 내용통제를 통하여 무효로 선언되면 통상 임의규정의 적용을 통하여 그 내용이 보충되어야 하나, 보충적으로 적용될 척도가 임의규정을 통하여 마련되어 있지 않다. 따라서 이 경우 보충 적용될 수 있는 임의규정이 법률에 의하여 주어질 수 없다는 점도 내용통제를 부정하는 주된 논거 중의 하나이다.[131]

견해 중에서는 앞의 두 논거를 중심으로 근거를 찾으려고 하는 경우가 있다. 그런데 전기료와 같이 약관을 통하여 반대급부를 정하는 경우에는 세 번째 논거가 오히려 중요할 수 있다. 전기료처럼 생존배려급부의 경우에는 법률에 의하여 공급자인 사업자에게 독점적 지위를 부여하는 한편 체약강제를 부과하고 있다. 이러한 경우에는 통상 계약의 체결과 내용은 당연히 결정되므로 계약의 당사자들은 약관에 규정되어 있는 반대급부를 정하는 것에 관심을 가지지 않고 계약을 체결하므로 오히려 세 번째 논거가 주된 논거로 작용하게 된다.

2) 약관법에 기한 내용통제의 내재적 한계

이러한 내용은 시장경제질서를 바탕으로 하고 있는 우리 사법질서의 해

제점: 유럽 및 독일계약법과의 비교를 중심으로", 외법논집 제36권 제1호, 2012, 158면.

130) 이러한 취지로 정진명, "계약자유와 약관의 내용통제", 소비자법연구 제5권 제2호, 2019, 90면 이하 참조.

131) Staudinger/Coester, § 307 Rn. 281; MüKoBGB/Kieninger, § 307 Rn. 1.

석에 따른 결과이다. 그러므로 명문의 규정이 없는 우리나라에서도 당연히 인정될 수 있는 약관법의 기본원리로서 내용통제가 갖는 내재적 한계라고 할 수 있다.[132] 이에 따라 약관법에 기한 내용통제는 주된 급부에 대하여 내용통제를 하지 않고 계약의 부수적인 내용을 그 대상으로 한다.[133]

3) 절충설에 대한 비판

가격과 같은 대가는 내용통제의 대상이 되지 않는다는 다수설과 달리 대가에 대한 내용통제는 원칙적으로 부정되나, 예외적으로 가능한 경우를 인정하려는 절충적인 견해가 주장되고 있다.[134] 이 견해에서는 계약을 체결하면서 '가격'에 대한 개별적인 교섭을 거치기가 어려운 경우, 가격의 산정방식이 단순하지 않아 약관에 규정하여 제시할 필요가 있는 경우, 가격이 다른 계약조건과 연동하도록 설정되는 경우 등에는 가격을 약관에 의한 내용통제의 대상에서 제외하기는 곤란하다고 한다. 약관의 내용통제를 널리 계약내용통제(민법 제2조, 제103조, 제104조 등에 의한)의 일부로 해석한다면, 가격에 대한 약관의 내용통제가 가능한 경우가 있다고 해석하는 것이 자연스럽다고 한다. 그러면서 예외적으로 인정되는 예로 DCFR 제II.-9:406(2)을 제시하고 있다. 또한 일본의 「소비자계약법」상으로는 주된 급부나 그 대가에 대한 소비자계약조항의 내용통제에 관한 명문의 규정은 없고 학설은 이를 인정하는 견해와 부정하는 견해로 나뉜다고 한다.

이 견해가 지적하고 있는 예외적인 사례들은 '가격'이 당사자들의 개별 약정이 아닌 약관으로 규정되는 경우이다. 그런데 이와 같이 '가격'이 약관내

---

132) 명문의 규정이 있는 독일에서도 이러한 해석의 결과가 독일 민법 제307조 제3항의 해석에 따른 결과가 아님을 강조하고 있다(Stoffels, Rn. 423).

133) 동일한 입장으로 이은영, "약관법과 민법의 관계 – 계약내용통제 및 일부무효와 관련하여", 외법논집 제34권 제4호, 2010, 194-195면; 정진명, "계약자유와 약관의 내용통제", 소비자법연구 제5권 제2호, 2019, 91면; 김진우, "불공정조항의 내용통제에 관한 몇 가지 법적 문제점: 유럽 및 독일계약법과의 비교를 중심으로", 외법논집 제36권 제1호, 2012, 158면.

134) 서희석, "일본의 3단계 전기요금 누진제 – 우리나라 누진제와의 비교 및 시사점", 소비자문제연구 제50권 제1호, 2019, 173면 주 70.

용을 통하여 결정되었다고 하더라도 약관법에 기한 내용통제가 당연히 정당화되는 것은 아니다. 약관의 편입 및 해석단계를 통과하는 것이 전제된 후 다시 내용통제의 대상이 될 수 있는지를 추가로 검토해야 한다. 더 나아가 약관의 내용통제는, 물론 절충설이 지적하는 바처럼, 민법상 계약내용통제 제도와 함께 계약내용 통제를 하는 제도임에는 분명하나, 그렇다고 하더라도 계약내용 통제에 대하여 민법상 제도에 의하여 원칙적으로 대상이 될 수 있다는 점과 약관법에 기한 내용통제의 대상이 될 수 있다는 점을 일원화된 원리로 설명하려는 것은 의문의 여지가 있다. 왜냐하면 해당 내용통제 수단들은 다른 요건과 효과를 바탕으로 하고 있기 때문이다. 특히 민법상 내용통제 제도들은 전부무효를 원칙으로 하므로 '가격'을 결정하는 내용이 무효가 되더라도 '가격'을 다시 정할 필요가 없으나, 약관법에 의한 내용통제의 경우에는 일부무효를 원칙으로 하므로 '가격'을 정하는 약관조항이 무효가 되면 다시 가격을 정해야 하나, 위에서 살펴본 바와 같이 가격을 결정할 수 있는 임의규정이 존재하지 않으므로 이를 보충할 수 있는 기준이 마련되어 있지 않다는 점에 결정적인 차이점이 있다.[135]

그리고 절충설에서 비교법적 논거로 제시하고 있는 DCFR 제II.-9:406(2)[136]은 바로 유럽연합과 독일법에서 정하고 있는 투명성 원칙에 관한 내용을 담고 있다. 즉, 가격에 관한 조항이 내용통제 대상은 되지 않지만, 투명성 원칙에 따라 무효가 될 수 있다는 내용을 담고 있는 규정이다. 따라서 이 조항이 약관법에 기한 내용통제 대상에서 '가격'이 제외된다는 예외의 논거로 사용될 수는 없는 것으로 보인다. 그런데 만약 내용통제의 대상에서 제외되지만, 예외적으로 투명성 원칙에 따른 내용의 불공정성을

---

135) 이자제한법상 최고이자율 또는 민/상법상 법정이자에서처럼 반대급부의 최고한도가 정해진 경우에도 이 최고한도는 당사자의 자유로운 합의를 제한할 뿐이고 당사자 사이의 약정내용의 정당성을 판단할 수 있는 기준은 아니다. 따라서 반대급부의 최고한도가 법률상 정해진 경우에도 약관법에 기해 정당성을 판단할 기준이 마련되어 있다고 볼 수 없다.

136) 이에 관하여 서희석, 「소비자계약의 법리」, 2018, 430면 참조.

판단할 수 있다는 입장이라고 한다면 절충설은 본 논문의 입장과 크게 다르지 않는 것으로 평가된다.

2. 법률규정에 대한 구속: 법문반복조항

1) 적용제외의 근거

법문반복조항이 내용통제의 대상이 되지 않는다는 논거로는 통상 두 개의 논거가 제시된다. 첫째, 헌법에 의하면 법관은 헌법과 법률에 의하여 그 양심에 따라 독립하여 심판한다(제103조). 이에 따라 법관은 법률규정의 구속을 받는다. 약관의 내용통제 규정을 통하여 법관이 법률규정의 내용을 반복하는 법문반복조항에 대하여 불공정성 심사를 할 수 있다고 한다면, 이를 통하여 간접적으로 법률규정의 적절성을 법관이 평가할 수 있는 결과가 된다. 그런데 오히려 법관은 법률에 구속을 받아 반대 결과가 되어야 하므로 법문반복조항은 내용통제의 대상이 되지 않는다. 법을 집행하는 공정거래위원회와 같은 행정관청의 경우에도 법률에 구속된다는 동일한 논거가 적용될 수 있다. 이러한 이유로 법문반복조항은 처음부터 내용통제의 대상이 되지 않는다.[137)]

둘째, 내용통제를 통하여 법문반복조항을 무효로 만든다고 하더라도 무효로 된 내용은 결국 법률규정을 통하여 보충되어야 하므로 결국에는 내용통제가 아무런 효력을 가지지 못하는 결과에 이른다. 즉, 법문반복조항을 무효로 만들더라도 동일한 내용의 법률규정이 다시 적용되는 것이다.

2) 약관법에 기한 내용통제의 내재적 한계

이러한 해석결과는 약관법의 입법목적을 기초로 하여 내용통제의 적용범위를 제한하는 목적론적 축소해석의 결과로 도출된다.[138)] 따라서 이러한

---

137) 같은 입장으로 최병규, "약관내용에 대한 사법적 통제의 한계", 경제법연구 제12권 제1호, 2013, 188면.

138) Staudinger/Coester, § 307 Rn. 290.

해석의 결과는 명문의 규정이 없더라도 우리 약관법에서도 내재적 한계로 인정할 수 있다.[139)]

3. 소결: 입법의 필요성

급부와 반대급부의 내용 그리고 법문반복조항이 약관법에 기한 내용통제에서 원칙적으로 제외되고 이러한 제외되는 영역에 예외적으로 투명성 원칙 위반만 검토될 수 있다는 점은 명문의 규정이 없더라도 우리 사법체계 내지 약관법상 인정될 수 있는 내재적 한계임을 위의 논의를 통하여 확인할 수 있었다. 따라서 현재 약관법에 이러한 내용이 명문으로 규정되어 있지 않더라도 이 영역에 대하여 약관법에 기한 내용통제가 이루어질 수 없다는 다수설의 견해는 타당하다. 그리고 이러한 명문의 규정을 둔다면 이는 이러한 원리를 명확히 하는 선언적 내용의 의미만을 가질 것이다.

그러나 현재 우리 실무에서 전기료 누진제 사건에서처럼 이러한 영역이 내용통제에서 적용제외됨을 간과한 채 약관법에 기한 내용통제를 무리하게 검토하고 있는 경우가 적지 않은 것이 사실이므로 이러한 선언적 내용의 규정을 두는 것이 필요하다고 생각된다. 이때 입법례상으로 논란이 있는 독일의 규정보다는 유럽연합 불공정조항 지침의 내용을 참조하는 것이 타당한 것으로 생각된다.[140)]

Ⅳ. 법문반복조항

법률규정의 내용을 다시 반복하는 약관조항을 법문반복조항이라고 한

139) 같은 견해로 김진우, "불공정조항의 내용통제에 관한 몇 가지 법적 문제점: 유럽 및 독일 계약법과의 비교를 중심으로", 외법논집 제36권 제1호, 2012, 159면.

140) 이와 달리 독일의 입법을 받아들이자고 하는 견해로 최병규, "약관내용에 대한 사법적 통제의 한계", 경제법연구 제12권 제1호, 2013, 195면.

다. 따라서 법률규정의 내용을 변경하거나 보충하는 규정은 법문반복조항이 아니다. 이처럼 개념적으로는 법문반복조항이 무엇인지는 명확히 설명할 수 있지만, 실제 사례에서 법문반복조항인지를 판단하기에는 어려움이 존재하는 경우가 있다. 따라서 아래에서는 약관조항이 단순히 법률규정의 내용을 반복하는 조항인지를 판단하는 방법과 그 한계가 문제된 사례들을 살펴보려고 한다.

1. 법률규정과의 일치

1) 법률상황의 비교

약관에 법률규정의 내용과 동일한 법문반복조항이 존재하여 내용통제의 대상에서 제외되는지를 검토함에 있어 방법론적으로 두 가지 법률상황의 비교(Rechtslagenvergleich)가 이루어져야 한다.[141] 이처럼 법률상황을 비교하는 것은 법문반복조항의 개념 자체로부터 도출될 수 있는 방법이다.

첫 번째 단계에서는 해당 약관조항에 담겨 있는 법률적인 규정내용을 도출해야 한다. 약관조항 내용의 확정은 객관적 해석의 원칙, 불명확조항 해석의 원칙 등 약관법의 특유한 해석방법을 포함한 약관의 해석을 통하여 이루어진다. 두 번째 단계에서는 법률규정의 형태로 동일한 내용의 규정이 존재하는지를 살펴보아야 한다. 법률규정의 내용을 확정함에 있어서는 문언적 해석을 기초로 체계적 해석, 역사적 해석, 목적론적 해석 등 법률의 해석방법을 사용해야 한다. 그리고 두 가지 단계를 통하여 확정된 내용을 서로 비교하게 된다. 양 내용이 일치하는 경우에는 해당 조항을 법문반복조항으로 보아야 하며, 약관의 내용통제가 일어나지 않는다. 그에 반하여 내용이 일치하지 않은 경우에는 법문반복조항이 아니므로 내용통제에 관한 제6조 이하의 규정에 따라 불공정성 심사가 이루어질 수 있다.[142]

---

141) Staudinger/Coester, § 307 Rn. 292; Ulmer/Fuchs, § 307 Rn. 25; MüKoBGB/Wurmnest, § 307 Rn. 6; Stoffels, Rn. 432.

142) 그렇다고 하더라도 임의규정의 내용을 수정하거나 변경하는 경우에 당연히 불공정한 것

여기서 우리가 알 수 있는 것은, 규정내용이 일치하는 법률규정이 비교대상으로 존재하는 경우에만 내용의 동일성을 기초로 내용통제 대상에서 제외할 수 있다는 점이다. 따라서 법률규정이 전혀 없거나, 적어도 약관으로 정한 내용과 관련하여서 법률규정이 없는 경우 동일한 규정내용이 아예 처음부터 존재하지 않는 것이다. 또한 법률규정의 공백상태를 보충하는 약관조항은 보충규정의 성격을 갖는다. 이러한 보충규정은, 해당 내용이 급부 내지 반대급부 결정과 관련된 내용을 담고 있지 않은 한, 원칙적으로 내용통제의 대상이 된다.

2) 법문반복조항에서 법률규정의 의미와 범주

법문반복조항임을 확인할 때 '법률규정'은 반드시 그 내용이 적극적으로 법률에 규정되어 있는 형식적 의미에서의 법률일 필요는 없다. 독일의 판례와 학설은 일반적 법원칙, 판례법의 내용[143] 그리고 계약의 본질로부터 발생하는 권리와 의무의 내용[144]도 여기서 '법률규정'의 범주 안에 포함된 것으로 보고 있고 우리 학설도 이러한 입장에 찬성하고 있다.[145]

법률에 규정되어 있지 않은 비전형계약에 관한 약관조항도 법률규정이 없다는 이유로 처음부터 내용통제로부터 제외되는 것은 아니다.[146] 내용의 불공정성을 판단할 수 있는 임의규정이 없는 비전형계약의 경우에는 이에 적용될 수 있는 법률규정이 없기 때문에 법문반복조항이 존재하는지 여부가 문제될 수는 없다. 따라서 비전형계약의 경우 그 불공정성을 판단할 수

으로 볼 수는 없고 불공정성을 구체적으로 판단해 보아야 한다. 이에 관하여 자세한 내용은 이병준, "2014년 소비자법 판례의 동향", 소비자법연구 제1권 제1호, 2015, 72면 이하 참조.

143) BGH NJW 2014, 1168. 판례법의 범위와 관련하여 아래 V. 3. 2) 참조.

144) BGH NJW 1998, 383.

145) 이와 같이 넓은 의미에서 법률로 보려는 견해로 김진우, "불공정조항의 내용통제에 관한 몇 가지 법적 문제점: 유럽 및 독일계약법과의 비교를 중심으로", 외법논집 제36권 제1호, 2012, 159면.

146) Ulmer/Fuchs, § 307 Rn. 20; MüKoBGB/Wurmnest, § 307 Rn. 7.

있는 임의규정이 존재하지 않다는 측면에서 약관법 제6조 제2항 제1호가 적용될 수는 없다. 그러나 제2항 제3호에 기초하는 불공정성을 판단할 수 있는 여지가 있음을 주의해야 한다. 이때에는 주된 급부약정과 일반법원칙을 기초로 계약의 본질적 권리가 침해되었는지를 판단해야 한다.

3) 독일 판례사례

독일 연방법원(BGH)에서 법문반복조항과 관련하여 약관법에 의한 내용통제 대상이 되는지 여부가 문제된 대표적 사례를 살펴보면 다음과 같다.

Happy Digits는 이용자로부터 수집한 개인정보를 활용하는 경우 할인의 기회를 제공함으로써 고객을 특정 사업자에게 구속시키는 것을 사업모델로 하는 회사이다. 이 회사가 이용자들의 개인정보 수집과 관련한 약관조항에서 개인정보보호법상 개인정보의 저장, 처리와 이용에 관한 개인정보보호법의 규정을 반복하는 내용을 담고 있었다. 독일 연방법원은 이러한 약관조항이 개인정보보호법상 관련 규정을 반복하는 이상 내용통제의 대상이 되지 않는 법문반복조항에 해당한다고 보았다.[147)]

휘트니스 센터의 약관에서 회원이 시설을 이용하지 않은 경우에 회비를 지급해야 한다는 규정을 두고 있는 경우 회원계약의 성질이 임대차계약의 요소를 많이 갖고 있으므로 임대차에 관한 독일 민법 제537조 제1항의 내용을 반복하고 있는 한 법문반복조항으로 볼 수 있는 여지가 있다. 그러나 독일 연방법원은 회원계약이 시설의 이용을 목적으로 하는 급부요소를 가지고 있어 임대차계약으로 볼 수 있는 여지가 있기는 하지만, 시설이용의 방식과 형태에서 휘트니스 회원계약이 임대차계약이 갖는 법률상 기본 모델에서 많이 벗어나는 비전형적인 내용을 가지고 있다고 보았다. 따라서

---

147) BGH NJW 2010, 865. 이에 대하여 개인정보보호법의 규정을 반복하는 것이라면 법문반복조항으로 볼 수 있지만, 개인정보의 활동 동의와 연관된 약관조항인 이상 법문반복조항으로 보기 어렵다는 비판으로 Nord/Manzel, "Datenschutzerklärungen — misslungene Erlaubnisklauseln zur Datennutzung Happy-Digits" und die bedenklichen Folgen im E-Commerce, NJW 2010, 3756 f.

제537조 제1항을 적용하는 것이 부적절하므로 이 규정을 단순히 법문을 반복하고 있다고 하여 법문반복조항이라고 볼 수 없다고 판단하였다.[148] 이처럼 전형계약 규정을 단순히 반복하는 약관조항을 두고 있지만, 해당 전형계약 규정이 구체적으로 체결된 계약에 적용될 수 없는 경우에는 단순히 법률규정을 반복하는 법문반복조항이라고 말할 수 없는 것이다.

2. 법률규정에 의하여 주어진 내용 형성가능성과 보충을 필요로 하는 규정

법률규정이 완결적 형태로 되어 있지 않고 그 내용의 구체화를 요구하는 경우가 있다. 이러한 경우에 사업자가 법률에 의하여 주어진 내용 형성가능성을 활용하여 약관으로 해당 내용을 정하는 경우에 이러한 약관조항 내용은 법률규정을 보충하는 역할을 하기 때문에 단순히 법률규정을 반복하는 법문반복조항으로 볼 수 없다.[149]

법률규정에서 계약당사자들이 계약관계를 규율하면서 고려해야 하는 최고 한도를 정하지만, 당사자들이 자유롭게 내용을 정할 수 있는 여지를 남겨 두고 있는 경우에 이 영역의 범위에서 내용을 정하는 약관조항은 약관법에 따른 내용통제의 대상이 된다.[150] 이러한 규정은 법률규정의 내용을

148) BGH NJW 1997, 194.

149) MüKoBGB/Wurmnest, § 307 Rn. 9; Ulmer/Fuchs, § 307 Rn. 32. 그런데 이와 같이 내용보충을 인정하여 주는 허용규정(Erlaubnisnorm)이, 특히 계약으로 보충할 수 있는 가능성을 열어 주는 경우에 약관법에 기한 내용통제가 가능한지 여부가 독일에서 학설상 문제되고 있다. 독일에서는 이 문제를 고객이 상인인지 아니면 소비자인지 여부와 소위 특별한 허용규정(qualifizierte Erlaubnisnorm)인지 여부에 따라 구분하고 있다(MüKoBGB/Wurmnest, § 307 Rn. 10). 여기서 특별한 허용규정이라고 함은 특별히 약관에 의하여 보충할 수 있도록 허용하고 있는 규정을 말한다. 고객이 상인인 경우에는 특별한 허용규정의 경우 약관에 의한 내용형성 가능성이 주어졌다면 약관법에 의한 내용통제의 대상이 되지 않는다고 한다. 그에 반하여 약관에 의한 내용형성 가능성이 주어지지 않는 허용규정의 경우에는 고객이 상인인 경우에 내용통제의 대상이 된다고 한다. 고객이 소비자인 경우에는 특별한 허용규정인지 여부와 상관없이 항상 내용통제의 대상이 된다고 한다.

변경하는 조항에 해당하지는 않지만, 법률규정의 내용을 보충하는 내용을 담고 있기 때문에 내용통제를 할 수 있는 조항에 해당한다.

V. 급부의 내용을 정하는 조항

주된 급부의무의 대상이 되는 목적물에 관한 내용(급부의 내용을 정하는 조항)[151]과 급부의 대가 내지 가격에 관한 내용을 정하는 약관조항도 내용통제의 대상에서 제외됨은 앞에서 이미 살펴보았다. 여기서는 내용통제에서 제외되는 영역을 확정하고 한계가 문제되고 있는 사례에 관하여 살펴보려고 한다.

1. 급부내용에 관한 조항

1) 급부내용의 특정

약관 내 조항이 법률규정의 정함이 없이 오직 당사자들의 계약상 합의를 통하여 급부를 할지 여부, 그리고 상품, 서비스 그 밖의 급부 대상, 급부의 종류, 범위, 양과 품질을 직접적으로 정하는 경우 이러한 조항은 원칙적으로 내용통제의 대상이 되지 않는다. 특정한 급부가 계약내용이 되지 않는다고 하는 소위 소극적 급부의 내용을 정하는 조항도 내용통제의 대상이 되지 않는다.

그런데 독일 판례의 경우 내용통제의 대상이 되지 않는 급부의 내용을 정하는 조항의 영역을 좁게 인정하고 있다. 급부내용을 정하는 조항이 없는

---

150) Staudinger/Coester, § 307 Rn. 306; MüKoBGB/Wurmnest, § 307 Rn. 12.

151) 통상 독일에서는 이를 Leistungsbeschreibung이라고 용어로 약칭하여 사용하고 있으며, 이를 직역한다면 '급부설명' 정도로 번역할 수 있다. 그러나 '급부설명'이라는 번역은 그 의미전달에 있어서 문제가 있어서 부득이하게 여기에서는 이를 의역하여 '급부내용을 정하는 조항'으로 번역하였다.

경우 계약내용의 확정 내지 확정가능성의 결여로 인하여 유효한 계약의 성립을 인정하기 어려운 부분이 있어 이 영역을 아주 좁은 핵심영역에 대하여만 인정하고 있다. 그런데 이와 같은 독일 판례의 입장에 대하여 투명성 원칙과 연관하여 의미 있는 비판이 독일에서 주장되고 있다.[152]

2) 급부내용의 수정

약관조항이 본래의 급부약정을 제한, 변경 또는 제외하는 경우는 물론, 구체화 또는 수정하는 경우에 내용통제가 가능하다. 만약 계약체결 시 당사자의 합의를 통하여 확정되었던 급부의 내용이 부당한 약관조항을 통하여 제한된다면 약관법의 입법목적을 고려하여 약관의 내용통제를 통하여 고객을 보호할 필요가 있음은 분명하다. 그러나 내용통제 대상에서 제외된 급부의 내용을 정하는 조항과 내용통제가 가능한 급부내용의 변경 또는 제한하는 조항 사이의 구분이 명확하지 않아 실무에서는 많은 어려움을 겪고 있다.

독일 판례 사례를 살펴보면 (1) 약관조항에서 일방적 급부결정권에 대하여 규정하는 경우에는 내용통제의 대상이 되는 것으로 보았다. 계약의 한 당사자에게 급부의 내용을 일방적으로 결정할 수 있는 일방적 급부결정권을 부여하는 것은 사적자치의 원칙상 당연히 인정된다. 그러나 일방적 급부결정권이 인정되는지 여부와 어떠한 요건하에서 인정될지의 여부가 약관조항에 의하여 정해지는 경우에는 내용통제의 대상이 될 수 있다.[153] 또한 약관조항을 통하여 인정된 일방적 급부결정권의 행사를 통하여 계약내용이 형성된 경우 해당 내용을 내용통제 대상에서 제외된 급부약정으로 보기는 어렵다. 왜냐하면 일방적 급부결정권이 부여된 계약당사자에게 급부내용을 처음 결정하거나 사후적으로 변경할 수 있도록 한다면 계약상 급부와 반대급부가 당사자의 합의를 통하여 결정된다는 일반원칙에서 벗어

---

152) 자세한 것은 아래 2. 3) 참조.

153) BGH NJW 2012, 2188.

난 내용을 갖기 때문이다. (2) 여행약관상 "계약상 급부의 범위는 여행주최자의 급부내용을 정하는 조항과 여행지의 관행(Landesüblichkeit)을 고려하여 결정된다"는 내용의 약관조항은 내용통제의 대상이 된다.[154] 독일 연방법원은 이 조항은 여행급부의 내용을 구체적으로 정하고 강조할 뿐만 아니라, 내용을 여행지의 관행이라는 조건을 전제로 결정된다고 함으로써 급부내용을 변경하는 것으로 이해하였다. 즉, 계약상 약정된 내용을 일부 수정할 가능성이 있다고 본 것이다. 이와 같은 조항이 없을 경우 여행급부는 종류채권으로서 국내 표준에 따라 중등품질로 이행되어야 하나(민법 제375조 제1항 참조), 여행지의 표준이 국내 표준과 같지 않거나 국내 표준보다 더 낮을 가능성이 있으므로 이행정도가 낮게 결정될 수 있는 여지가 있다고 보았다.

2. 가격에 관한 조항

1) 직접적으로 가격을 정하는 조항

가격 내지 대가가 약관조항으로 정해진다면 이는 급부의 내용을 정하는 조항에 해당한다.[155] 일반적으로 가격은 계약당사자들이 개별약정을 통하여 결정하기 때문에 약관법에 기한 내용통제는 처음부터 문제되지 않는다(제4조). 그러나 가격이 예외적으로 약관조항을 통하여 정해지더라도 가격에 대한 내용통제는 이루어져서는 안 된다.[156] 이미 살펴본 것처럼 가격에 대하여는 이를 심사할 수 있는 내용통제 척도가 존재하지 않기 때문이다. 그렇지만 모든 가격조항은 투명성 원칙을 위반하였는지 여부에 관하여는 검토되어야 한다.[157]

---

154) BGH NJW 1987, 1935.

155) MüKoBGB/Wurmnest, § 307 Rn. 17.

156) 독일 판례에서는 주된 급부, 부수적 급부 또는 특별급부에 대한 가격을 직접적으로 결정하는 조항만을 내용통제에서 제외하고 있다(BGH NJW 1992, 689; BGH NJW 1999, 3260).

157) MüKoBGB/Wurmnest, § 307 Rn. 17.

2) 부수적으로 가격에 영향을 주는 조항

독일 판례는 소위 부수적 가격조항(Preisnebenabrede)은 내용통제의 대상이 된다고 한다.[158] 그에 따르면 부수적 가격조항이라고 함은 정해진 가격을 변경하는 조항과 가격에 대하여 간접적 영향이 있지만, 이와 같은 유효한 조항이 존재하지 않는다면 임의규정이 적용될 수 있는 조항을 말한다.[159] 부수적 가격조항은 임의규정을 변경하는 내용을 담고 있기 때문에 내용통제의 대상이 될 수 있다고 한다. 이와 같은 부수적 가격조항이 존재하지 않는다면 해당 내용은 임의규정 또는 객관적으로 도출할 수 있는 계약의 보충해석을 통하여 확정될 수 있다고 보는 것이다.[160] 독일 판례상 부수적 가격조항으로 인정된 대표적 예는, 사업자가 일반적 경영비용, 법률상 또는 계약상 존재하는 자신의 의무이행 또는 다른 활동으로 발생하는 비용 등을 고객에게 전가하는 조항이다.[161] 이와 같은 형태로 내용통제의 대상이 되는 약관조항으로는 소비대차계약의 처리비용[162] 또는 지급지시의 잘못된 처리로 인하여 발생하는 비용[163]에 관한 규정을 들 수 있다.

독일 판례가 부수적 가격조항이 존재한다고 보는 사례에는 두 가지 다른 종류의 약관조항 유형이 있다는 분석이 흥미롭게 주장되고 있어 여기서 소개하기로 한다.[164] 첫 번째 유형인 소위 진정한 부수적 가격조항(echte Preisnebenabrede)의 경우에는 가격을 지급할지의 여부와 그 범위에 관한 독자적인 내용이 없고 이미 정해진 가격을 변경하거나 보충하는 내용을 담고 있다. 특히 진정한 가격조항은 간접적으로 최종가격에 영향을 미칠 수 있는 대가의 지급방법과 다른 조건들에 관하여 규정한다. 이러한 규정내용에

---

158) 이에 관한 소개로 최병규, "약관내용에 대한 사법적 통제의 한계", 경제법연구 제12권 제1호, 2013, 191면.

159) BGH NJW 1998, 383; BGH NJW 1999, 2276; BGH NJW 2000, 651.

160) Wolf/Wolf, § 307 Rn. 315.

161) BGH NJW 2017, 2986.

162) BGH WM 2014, 1224; BGH NJW 2017, 2986.

163) BGH WM 2015, 519f.

164) Ulmer/Fuchs, § 307 Rn. 76.

는 기한, 이자, 지급의 종류와 방식 그리고 지급청구권의 기타 요건들이 속한다.

또한 일방적으로 가격을 결정하거나 사후적으로 가격을 조정할 수 있는 권리를 유보하는 조항인 가격유보조항(Preisvorbehaltsklausel)과 가격조정조항(Preisanpassungsklausel)도 첫 번째 유형에 속한다고 한다. 가격유보조항의 경우 급부의 가격을 우선 정하지 않고 나중에 사업자가 일방적으로 확정할 수 있는 권한을 갖고, 가격조정조항의 경우에는 정해진 가격을 사후적으로 사업자가 일방적으로 변경할 수 있는 권한을 갖는다는 점에서 차이점이 있다. 그러나 두 경우 모두 사업자가 가격을 최종적·일방적으로 결정할 수 있는 일방적 급부결정권을 갖고 있다는 점에서는 동일하다. 매일 가격을 결정할 수 있도록 권한을 유보하거나, 가격목록표로 가격결정을 유보하는 경우가 사업자의 일방적 급부결정권을 유보하는 대표적인 사례에 해당한다. 이 경우 사업자는 해당 약관조항을 기초로 매일 가격을 일방적으로 정하거나, 가격목록을 일방적으로 수정함으로써 가격을 변경할 수 있다. 독일 연방법원은 당사자가 가격결정에 대하여 개별약정을 하지 않고 약관조항을 기초로 가격이 결정되는 경우에는 내용통제가 가능한 것으로 보고 있다.[165] 독일 연방법원의 견해에 따르면 임의규정상 주된 급부는 계약상의 합의를 통하여 결정되어야 하는데 가격유보조항과 가격조정조항은 임의규정을 변경하는 내용을 담고 있다고 한다.[166]

두 번째 유형은 계약상 주된 급부가 아닌 다른 급부에 대한 대가를 결정

---

165) BGH NJW-RR 2005, 1500.

166) 독일 연방법원은 가격조항이 주된 급부의 확정과 연관된 것인지의 문제를 정면으로 다루고 있지는 않다. 약관법에 기한 내용통제의 보호목적을 기초로 보았을 때 이와 같은 독일 연방법원의 판결이 문제가 있다는 지적도 있다(MüKoBGB/Wurmnest, § 307 Rn. 17). 즉, 약관법에 기한 내용통제의 목적을 경제적 약자의 보호에 있는 것으로 보지 않고 시장실패 방지에 있는 것으로 본다면 독일 연방법원의 견해와 달리 개별적인 가격합의가 매일 가격을 정하거나 목록표를 통하여 가격이 정해지는 조항을 통하여 보충되는 경우와 약관에 정해진 목록표를 통해서만 가격이 정해지는 경우는 차이점이 존재한다고 한다. 왜냐하면 후자의 경우에는 고객은 전적으로 사업자에 의하여 일방적으로 가격이 결정된다는 점을 명백하게 인식할 수 있기 때문이다(MüKoBGB/Wurmnest, § 309 Nr. 1 Rn. 16).

하는 조항이다. 이와 같은 부수적 급부에 대한 대가조항의 경우에는 전체 가격에 대하여 간접적으로 영향을 미치나, 단순히 주된 급부와 부수적 급부의 구분만으로는 약관법에 기한 내용통제의 대상이 되는지를 결정할 수는 없다. 주된 급부이든 부수적 급부이든 법률상의 내용통제 척도가 존재하지 않는다면 내용통제의 대상이 될 수 없기 때문이다. 따라서 이 유형은 부진정한 부수적 가격조항에 해당하고 구체적으로 내용통제의 대상이 될 수 있는지를 개별적으로 판단할 수밖에 없다.

그런데 기본적으로 가격을 전체 가격으로 표시하든 개별적인 부분가격 또는 개별적인 급부요소별로 가격을 표시하든 이는 내용통제 영역 밖에 있는 사업자의 결정사항이다.[167] 따라서 가격 요소를 여러 개 항목으로 나누어서 산정하는 조항은 원칙적으로 내용통제의 대상이 되지 않는다. 그러나 투명성 원칙에 기하여 내용통제를 할 여지는 있고, 임의규정이 만약 존재한다면 예외적으로 내용통제의 대상이 될 수도 있다. 독일 연방법원의 판례에 따르면 간접적으로 가격과 급부에 대하여 효력을 갖는 부수적 가격합의 내용을 담고 있는 약관조항도, 만약 유효한 계약에서 명시적으로 정한 바가 없을 때 보충적으로 적용되는 임의규정이 존재한다면 내용통제의 대상이 될 수 있다고 한다.[168] 그에 반하여 특별한 급부의 대가에 대하여 임의규정이 존재하지 않고 단지 당사자들이 합의를 통해서만 정해질 수 있는 경우에는 내용통제의 대상에서 제외된다고 한다.[169]

3) 학설의 비판적 입장

그러나 위에서 살펴본 내용통제의 대상이 되는 부수적 가격조항과 내용통제의 대상이 되지 않은 간접적 가격결정에 따라 구분하는 독일 판례의

167) Staudinger/Coester, § 307 Rn. 329 참조.

168) BGHZ 141, 383; BGHZ 124, 256. 이와 같은 임의규정에는 형식적인 의미의 법률규정뿐만 아니라, 일반적인 법원칙과 계약의 본질로부터 발생하는 권리와 의무의 총체도 포함된다(BGHZ 136, 264; BGHZ 137, 30); 이에 찬성하는 입장으로 Wolf/Wolf, § 307 Rn. 314).

169) BGH NJW 2009, 2052.

방식은 매우 모호하기 때문에 학설의 많은 비판을 받고 있다.[170] 특히 은행거래와 관련하여 부수적 급부에 대한 보수를 결정하는 조항의 경우에는 자의적인 판단이 이루어지고 있다고 보고 있다. 예컨대 독일 연방법원 판례는 계좌이체에 대한 비용을 은행창구에서 고객에게 부담시킬 수 없음에 반하여[171] 자동화기계에서는 할 수 있다고 보았다.[172] 또한 면제요청에 대한 사무처리비용[173]과 계좌압류에 대한 관리비용[174]을 고객에게 전가시키는 조항에 대하여 적극적으로 내용통제를 함에 반하여, 신용카드 해외사용에 대한 특별비용부과는 내용통제의 대상이 되지 않은 영역에 있다고 한다.[175]

약관법상 급부를 정하는 조항에서 약관법에 기한 내용통제의 대상이 되지 않은 핵심적 영역이 있음은 분명하다. 그러나 그 근거와 한계, 더 나아가서 내용통제가 될 수 있는 주변영역에 관하여 불명확성이 존재하고 그 한계설정을 독일 판례가 명확히 하고 있다고 보기 어렵다. 이처럼 이전의 독일 판례에서 혼란이 존재하였던 것은 투명성 원칙의 의미와 적용범위가 내용통제와 연관하여 논란이 존재하였기 때문이라는 지적이 있다.[176] 독일 판례가 투명성 원칙과 내용통제 사이에 명확한 한계 설정이 이루어지지 않았기 때문에 급부영역을 좁게 해석하여 내용통제 가능성을 되도록 열어 놓을 필요성을 느꼈던 것이다. 즉, 많은 경우에 투명성 결여의 문제를 내용통제로 해결하려고 하였던 것으로 보인다는 지적이 설득력이 있다. 그러나 독일 민법상 명문의 규정을 통하여 투명성 통제가 내용통제 범위 밖에 있

---

170) Canaris, Wandlungen des Schuldvertragsrechts — Tendenzen zu seiner „Materialisierung, AcP 200(2000), 327 ff.; Staudinger/Coester, § 307 Rn. 313; MüKoBGB/Wurmnest, § 307 Rn. 18.

171) BGH ZIP 1996, 22.

172) BGH ZIP 1996, 1080 f.

173) BGH NJW 1997, 2752 f.

174) BGH NJW 1999, 2776 ff.

175) BGH NJW 1998, 383 f.

176) Staudinger/Coester, § 307 Rn. 314.

는 급부내용을 정하는 조항에 대하여도 가능해졌기 때문에, 더 이상 이 영역을 굳이 내용통제 범위 안에 둠으로써 규제할 필요성이 없게 되었다. 따라서 논의가 변화할 수 있는 여지가 생긴 것이다.

또한 이와 같은 이론과 입법의 발전과정을 살펴보았을 때 급부영역에서의 투명성 통제와 내용통제를 통한 불공정성 통제 사이의 관계가 분명해진다. 투명성 원칙을 통하여 시장에서의 사적자치의 원칙이 제대로 기능하고 있다면 국가기관에 기한 내용통제 필요성이 존재하지 않다. 투명성 원칙만으로 제대로 된 시장기능을 보장할 수 없는 경우에 비로소 불공정성 통제가 약관의 조정원리로서 작용할 필요가 있다. 따라서 급부영역에서는 투명성 원칙에 기초한 내용통제가 우선되어야 하며, 나머지 영역에서 내용통제가 이루어져야 한다. 이러한 설명은 우리 약관법에도 많은 시사점을 주는 것은 분명하나, 아직 명시적으로 판례에서 투명성 원칙을 내용통제와 연관하여 인정한 적이 없기 때문에 이 정도로 언급만 하고 넘어가기로 한다.

3. 판례상 급부내용을 정하는 조항이 문제된 사건

이하에서는 우리 판례에서 급부내용을 정하는 조항과 관련하여 문제된 사건들을 살펴보려고 한다. 키코 사건의 경우 금융상품의 기본구조를 약관으로 볼 수 있는지, 구체적인 항목을 보충하도록 예정된 내용을 채워 넣은 것을 개별약정으로 볼 수 있는지, 기본구조를 약관법에 기하여 불공정성 판단의 대상이 될 수 있는지, 더 나아가 투명성 원칙의 위반이 있는지 등이 문제되었다. 그리고 근저당권 설정비용 사건의 경우 부수적 급부의 대가가 문제된 사안으로서 은행이 부담해야 할 비용을 고객에게 전가하고 있는지가 쟁점이었다. 마지막으로 살펴보게 될 전기료 누진제 사건의 경우는 가격 자체에 관한 것이기 때문에 원칙적으로 내용통제의 대상이 될 수 있는지 그리고 행정기관의 인가를 받은 가격조항은 내용통제의 필요성이 인정되는지 여부가 문제되었다.

1) 키코 사건

참고문헌: 윤태영, “키코판결과 설명의무”, 민사법학 제66호, 2014; 이병준, “키코판결과 약관규제법상의 쟁점”, 외법논집 제38권 제2호, 2014; 이채진, “고난도 금융투자상품과 투자자보호 적합성 원칙과 관련하여”, 홍익법학 제21권 제1호, 2020; 진상범 · 최문희, “KIKO 사건에 관한 대법원 전원합의체 판결의 논점: 적합성 원칙과 설명의무를 중심으로”, BFL 제63호, 2014.

(1) 키코 상품설명에 관한 내용통제의 불가능성

키코 통화옵션은 수출대금의 환율변동위험을 회피하기 위해 기업의 은행에 대한 Knock-Out 풋옵션[177]과 은행의 기업에 대한 Knock-In 콜옵션[178]을 주로 1:2 비율로 결합한 통화옵션이다. 이때 키코란 Knock-out 환율과 Knock-in 환율을 정한 후, 시장환율이 계약기간 동안 Knock-out 환율과 Knock-in 환율 사이에서만 움직였을 경우, 기업은 행사환율로 달러를 은행에 매도할 수 있고, 다만 시장환율(만기환율)이 한번이라도 Knock-out 환율 아래로 내려가면 계약은 실효되고 Knock-in 환율 이상으로 한 번이라도 올라가면 은행에게 ‘콜옵션’ 권리가 발생하게 되는 상품을 말한다. 키코계약은 은행이 다수 고객을 상대로 미리 정형적 형태로 마련한 통화옵션거래약정서 또는 외화거래약정서 등을 기초로 하나, 그 구체적 내용인 “Knock-in( )원, Knock-out( )원, 행사환율 ( )원, 매도배수 ( )배”는 거래확인서에서 결정하도록 되어 있었다.

대법원은 처음부터 키코계약의 약관성을 부정하고 그에 따라 내용통제를 검토하지 않았으나,[179] 학설상으로는 이 쟁점들에 관하여 첨예하게 대립

---

177) 장래의 일정시기에 계약금액을 행사가격에 매도할 수 있는 권리를 말한다.

178) 장래의 일정시기에 주로 계약금액의 2배를 행사가격에 매수할 수 있는 권리를 말한다.

179) 대법원 판결에서 “각 통화옵션계약의 구조만으로는 아무런 권리의무가 발생하지 아니하므로 그 구조자체만을 따로 약관에 해당한다고 볼 수 없다”고 판시하였다(대법원 2013. 9. 26. 선고 2011다53683 판결). 그에 반하여 키코 사건에 관한 가처분소송의 최초 결정인 서울중앙지방법원 2008카합3816호 사건에서 법원은 “이 사건 계약의 주요 계약조건인 행사환율, Knock-in 환율, Knock-out 환율, 레버리지 등의 구체적인 내용은 신청인들과 피신청인 은행 사이의 개별적 교섭에 의해 결정된 사실이 소명되므로 이 사건 계약이 전체적으로 약관에 해당한다고 하기는 어렵다. 그러나 이 사건 계약의 구조, 다시 말하면 기본형의 경우 기업의 Knock-out 풋옵션과 은행의 Knock-in 콜옵션을 1:2의 비율로 결합하

하였다.[180] 그러나 대법원 판례와 달리 키코계약의 약관성을 인정하더라도 그 내용통제는 가능하지 않다. 왜냐하면 키코계약상 문제된 계약의 구조에 관한 조항들은 급부의 내용인 상품 자체에 관한 것이기 때문이다. 키코계약에서 기업과 은행의 구체적인 권리의무 내용을 결정하는 요소인 각종 환율조건과 옵션결합조건들도 급부한 상품 내지 그 반대급부의 내용과 직접적으로 연관된 것으로 내용통제의 대상이 되지 못한다.

(2) 투명성 원칙 위반 여부

독일에서도 기본적으로 금융상품과 관련된 약관내용은 그것이 주로 급부와 관련된 설명이라면 내용통제의 대상이 되지 않은 것으로 보고 있다. 하지만 급부의 내용을 정하는 조항이기 때문에 내용통제의 대상에서 벗어나더라도 투명성 원칙에 의한 통제가 문제될 수 있다.

투명성 원칙에 의하여 해당 조항이 불공정한 것이 되기 위해서는 불명확성과 불투명성으로 인하여 급부와 반대급부의 관계가 고객에게 부당하게 불리하게 되어야 한다.[181] 투명성 원칙에 기하여 도출할 수 있는 첫 번째 내용은 약관조항에 의하여 발생하는 계약당사자의 권리와 의무가 가능한 명확하고 투명하게 규정되어야 한다는 것이다. 따라서 개별조항의 내용은 물론 약관조항 전체 체계도 이러한 요건을 충족해야 한다. 우선 개별조항의 표현이 이해가능하고 그로부터 도출되는 경제적 불이익과 부담이 명확하게 나타나야 한다. 따라서 고객의 부담으로 돌아가는 (경제적 또는 법률적) 효과가 숨겨져 있어서는 안 된다.

여 Zero cost를 실현하는 구조, 계약기간이 1년 내지 3년의 장기간으로서 보통 1개월 단위로 만기가 도래하는 수개의 옵션의 묶음으로 구성되어 있는 구조, 그리고 변형의 경우 Knock-in-이벤트 조항이나 B파트에서 은행만 애니타임-Knockout 콜옵션을 갖는 구조 등은, 피신청인 은행이 다수의 기업과 계약을 체결하기 위해 일정한 형식에 의해 미리 마련해 놓은 것으로 볼 수 있으므로, 이는 약관에 해당한다"고 하여 키코계약 전체의 내용에 대해서는 약관성을 부인하고, 키코계약의 구조에 대해서는 약관성을 인정하였다.

180) 이에 관하여 자세한 것은 이병준, "키코판결과 약관규제법상의 쟁점", 외법논집 제38권 제2호, 2014, 131면 이하 참조.

181) BGHZ 106, 42, 49; BGH NJW 2005, 3559.

투명성 원칙에 기하여 도출할 수 있는 두 번째 내용으로는 투명성 원칙을 통하여 계약당사자가 자신의 권리와 의무 범위에 대하여 명확성을 가져야 하기 때문에 가능한 조항내용을 구체화하고 충분히 확정할 수 있어야만 한다. 따라서 약관조항의 요건과 법률효과는 명확히 규정되어야 하며, 사업자가 판단재량을 부당하게 행사할 수 없어야 하고 고객은 법률가 내지 전문가의 도움 없이도 자신의 권리를 명확하고 쉽게 인식할 수 있어야 한다. 판단척도는 기본적으로 해당 계약을 체결하는 평균적인 고객의 이해가능성과 기대수준을 기준으로 한다. 하지만 투명성 원칙은 사업자가 소비자 사이에 체결된 계약에서는 물론 사업자가 사업자와 체결하는 계약에도 적용될 수 있다. 그런데 사업자와 체결되는 계약에서는 기업거래의 특수성을 고려하여 소비자보다는 더 많은 거래경험이 존재한다는 것을 전제로 판단해야 한다. 그렇기 때문에 투명성 원칙을 적용할 때 소비자거래에서와 동일한 엄격한 요건을 적용해서는 안 된다고 볼 것이다.[182)]

위의 법리를 기초로 해서 보았을 때 키코계약에서 투명성 원칙의 위반을 주장하기도 힘들 것으로 보인다.[183)] 왜냐하면 본 키코약관의 경우 사업자가, 당사자가 부담하는 권리와 의무를 숨기려고 하는 의도를 가지고 만들지 않았고 키코계약의 구조로부터 고객인 기업들은 자신의 권리와 의무를 명확히 인식할 수 있도록 각 조항이 구성되어 있기 때문이다. 즉, 계약을 체결하는 기업의 입장에서 보았을 때 키코의 계약조건들을 명확히 인식하여 그로부터 발생하는 권리와 의무를 명확히 인식할 수 있었다. 키코계약의 구조는 단순히 복잡할 뿐이고, 복잡한 구조에서 발생하는 위험으로부터 고객을 보호하기 위하여 약관법이 존재하는 것은 아니므로, 결국 키코계약에서 약관법에 의한 구제를 기대할 수 없다고 판단된다.[184)]

---

182) 이러한 취지로 Wolf/Wolf, § 307 Rn. 252.

183) 이와 비슷하게 검토하는 문헌으로 Grigoleit, Grenzen des Informationsmodells — Das Spread-Ladder- Swap-Urteil des BGH im System der zivilrechtlichen Informationshaftung, Bankrechtstag 2012, 2013, S. 57 f.

184) 결국 이 문제는 금융거래에 인정되는 적합성 원칙에 기하여 판단할 문제인 것이다. 이에 관하여 자세한 것은 진상범 · 최문희, "KIKO 사건에 관한 대법원 전원합의체 판결의 논

2) 근저당권 설정비용 사건

참고문헌: 고동원, "은행 거래에 있어서 근저당권 설정 비용 부담 주체에 관한 논의의 검토", 은행법연구 제5권 제2호, 2012; 김진우, "근저당권설정비용의 부담에 관한 선택형 약관조항이 약관규제법 제6조의 의미에서의 불공정조항에 해당하는지 여부—대법원 2014. 6. 12. 선고 2013다214864 판결", 민사법학 제69호, 2014; 송덕수, "근저당권 설정비용 등의 부담자", 이화여자대학교 법학논집 제22권 제4호, 2018; 유주선, "은행근저당권설정비 부담주체: 2012년 5월 8일 선고한 독일 연방대법원 판례를 고려하여", 기업법연구 제27권 제1호, 2013; 지원림, "(근)저당권 설정비용의 부담자", 고려법학 제66호, 2012; 최병규, "근저당권설정비의 부담주체에 대한 연구—서울고등법원 2008년 11월 20일 선고 2008누7962 판결에 대한 평석을 중심으로", 상사판례연구 제22권 제1호, 2009; 최병규, "은행근저당권설정비 부담주체에 대한 약관의 효력—대법원 2010.10.14. 선고 2008두23184 판결에 대한 평석을 중심으로", 상사판례연구 제24권 제1호, 2011; 최병규, "은행의 근저당권설정비 부담주체에 관한 후속논의", 외법논집 제37권 제2호, 2013; 황남석, "근저당권설정비용의 부담주체에 관한 고찰", 법조 제61권 제8호, 2012.

은행에서는 2003. 3. 1.부터 사용된 은행여신거래기본약관과 대출거래약정서(이 사건 표준약관이라 함)에서 담보설정에 필요한 비용의 종류와 산출근거를 채무자에게 설명하고, 각 항목별로 체크박스를 만들어 부담주체를 결정하도록 하였다.

예시: <저당권설정계약서>

제8조(제 절차이행과 비용부담)

② 채권자는 제1항의 절차에 드는 비용의 종류와 산출근거를 채무자와 설정자에게 설명하였고, 그 부담 주체를 정하기 위하여 "□" 내에 "√" 표시를 하고 그 정한 바에 따르기로 합니다.

구 분	부담주체		
	채무자	설정자	채권자
등록세	□	□	□
교육세	□	□	□

점: 적합성 원칙과 설명의무를 중심으로", BFL 제63호, 2014, 85면 이하; 이채진, "고난도 금융투자상품과 투자자보호—적합성원칙과 관련하여", 홍익법학 제21권 제1호, 2020, 35면 이하 참조.

국민주택채권매입	□	□	□
법무사수수료	□	□	□
말소(저당권 해지)	□	□	□
감정평가수수료	□	□	□
	□	□	□

그 후 공정거래위원회는 한국소비자원으로부터 은행여신거래와 관련된 표준약관 중 소비자에게 불리하거나 소비자보호가 미흡한 부분을 개선하라는 요청을 받고, 2008. 1. 30. 담보설정 비용의 대부분을 은행이 부담하도록 하는 내용으로 표준약관을 개정하여 2008. 2. 11. 은행연합회와 은행들에 대해 새로운 표준약관의 사용권장처분을 내렸다. 이에 대해 은행연합회와 16개 은행들은 행정소송을 제기하였다. 표준약관 권장처분과 관련된 행정소송이 공정거래위원회의 승소로 이어진 후[185] 이를 기초로 다양한 고객들이 저당권설정비용을 자신에게 부담시켰던 이러한 약관조항은 무효이므로 해당 은행에 대하여 부당이득을 이유로 한 반환을 청구하였다. 대법원은 다른 논거들과 함께 표준약관에 대한 사용권장처분만으로 해당 조항이 불공정한 것으로 볼 수 없다고 판시하였다.[186]

185) 대법원 2010. 10. 14. 선고 2008두23184 판결; 서울고등법원 2011. 4. 6. 선고 2010누35571 판결 참조.

186) 대법원은 "공정거래위원회가 이 사건 선택형 부담조항을 이 사건 개정 표준약관으로 개정하여 그 사용을 권장한 것도 이러한 표준약관 제도의 취지를 반영하여 소비자의 불만과 분쟁을 예방하고 공정한 거래질서를 확립하기 위한 정책적인 면을 고려한 것으로서, 고객으로 하여금 담보권설정비용의 부담에 관한 정보탐색비용을 절감하고 금융기관의 대출금리만을 비교하여 대출상품을 쉽게 선택할 수 있도록 하는 한편 금융기관에 대하여도 대출 부대비용을 절감하는 노력을 통해 경쟁력을 높이도록 함으로써, 고객의 편의를 도모함과 아울러 금융기관 사이의 경쟁을 촉진하는 효과를 기대할 수 있는 장점을 고려하여 장래를 향한 제도개선 차원에서 행정적인 판단을 한 것으로 보인다. 그리고 이 사건 표준약관이 시행되기 전의 구 표준약관에서는 인지세나 담보권설정비용을 고객이 전액 부담하도록 정하고 있었는데 이 사건 선택형 부담조항은 이를 개선하여 고객이 전액 부담에서 벗어날 수 있는 선택의 기회를 약관으로 명시함으로써 고객의 이익을 보호하기 위하여 마련되었던 것으로서 공정거래위원회의 사전심사 및 승인을 거쳐 표준약관

그런데 근저당권설정 비용부담 주체와 관련하여 판례상으로 배치되는 판결이 존재하였다. 근저당권 설정등기비용과 관련하여서는 채무자가 부담해야 한다는 판시[187]가 있는가 하면, 양도담보의 경우에는 채권자가 부담해야 한다고 보는 판시[188]가 있었다. 학설도 이와 관련하여 심하게 대립하고 있었는데, 채무자가 부담해야 한다는 견해가 다수설[189]이었고 채권자가 부담해야 한다는 견해가 소수설[190]이었다.

그런데 학설은 누가 비용을 부담하는 것인지에 관하여 논의만 하고 있을 뿐 이러한 기준, 즉 판례상 설정되어 있고 더군다나 확실한 판례가 없는 상황하에서 해당 조항의 불공정성을 논할 수 있는지에 관하여는 논의가 없었

으로 인정되었다. 또한 원심이 인정한 것과 같이 고객이 이 사건 선택형 부담조항에 따라 담보권설정 비용을 부담하는 선택을 하는 경우에 금융기관이 그 비용을 부담하는 경우와 비교하여 상대적으로 대출금리나 중도상환수수료 등에서는 고객에게 유리한 내용으로 거래가 이루어질 수 있는 측면도 있다"면서 "이 사건 선택형 부담조항을 폐지하고 이 사건 개정 표준약관에 대한 사용권장 처분이 확정되었다는 사정만으로, 이 사건 선택형 부담조항이 건전한 거래질서를 훼손하는 등 고객에게 부당하게 불이익을 주는 약관조항으로서 법 제6조 제1항에 의하여 무효가 되는 '신의성실의 원칙에 반하여 공정을 잃은 약관조항'에 해당한다고 보기에 부족하고, 달리 이를 인정할 증거가 없다"고 보았다.

187) 대법원 1962. 2. 15. 선고 4294민상291 판결.

188) 대법원 1981. 7. 28. 선고 81다257 판결; 대법원 1982. 4. 13. 선고 81다531 판결; 대법원 1987. 6. 9. 선고 86다카2435 판결.

189) 송덕수, "근저당권 설정비용 등의 부담자", 이화여자대학교 법학논집 제22권 제4호, 2018, 394면 이하; 최병규, "근저당권설정비의 부담주체에 대한 연구 – 서울고등법원 2008년 11월 20일 선고 2008누7962 판결에 대한 평석을 중심으로", 상사판례연구 제22권 제1호, 209면 이하; 최병규, "은행근저당권설정비 부담주체에 대한 약관의 효력 – 대법원 2010. 10. 14. 선고 2008두23184 판결에 대한 평석을 중심으로", 상사판례연구 제24권 제1호, 190면 이하; 고동원, "은행 거래에 있어서 근저당권 설정 비용 부담 주체에 관한 논의의 검토", 은행법연구 제5권 제2호, 2012, 171면 이하; 최병규, "은행의 근저당권설정비 부담주체에 관한 후속논의", 외법논집 제37권 제2호, 2013, 194면 이하; 지원림, "(근)저당권 설정비용의 부담자", 고려법학 제66호, 2012, 135-142면; 황남석, "근저당권설정비용의 부담주체에 관한 고찰", 법조 제61권 제8호, 2012, 21-25면.

190) 유주선, "은행근저당권설정비 부담주체: 2012년 5월 8일 선고한 독일 연방대법원 판례를 고려하여", 기업법연구 제27권 제1호, 2013, 232면; 김진우, "근저당권설정비용의 부담에 관한 선택형 약관조항이 약관규제법 제6조의 의미에서의 불공정조항에 해당하는지 여부 – 대법원 2014. 6. 12. 선고 2013다214864 판결", 민사법학 제69호, 2014, 359-361면.

다. 즉, 임의규정처럼 확립된 판례 내지 확립되지 않은 판례를 기준으로 약관의 불공정성을 판단할 수 있는지의 여부에 관하여 논의를 했어야 한다. 이 부분에 관하여 우리나라에서는 거의 논의가 없었다. 그런데 법률규정으로 규정되어 있지 않은 법원칙이더라도 그 원칙이 전체의 법체계, 성문법 내지 비성문법을 통하여 명확하게 도출되고 확립된 것이라고 한다면 이러한 법원칙을 기초로 해서도 약관의 불공정성을 판단할 수 있다. 독일의 다수설도 이러한 입장이다.[191] 이를 넘어서 판례법에도 임의규정처럼 지도형상적 기능이 있어서 약관의 불공정성을 판단할 수 있는 척도가 될 수 있다는 견해가 있다.[192] 하지만 판례에는 기본적으로 법규성을 인정하지 않은 것이 원칙이고 기본적으로는 구체적인 사건을 대상으로 하는 판단이므로 단지 판례가 존재한다는 이유만으로 이를 약관의 불공정성 판단척도로 활용하는 것은 타당하지 않다.[193] 더군다나 저당권 설정비용 부담자에 관하여 대법원에서 입장이 확립되어 있지 않아서 확고한 판례라고 볼 수 없는 선례를 가지고 불공정성 판단의 척도로 활용하는 것은 타당해 보이지 않는다. 따라서 학설의 대립이 존재하였고 명확한 기준이 없는 상황하에서 해당 조항을 불공정한 것으로 무효라고 판단할 수 있는지에 관하여는 의문이다.[194]

3) 전기료 누진제 사건

참고문헌: 이병준, "전기요금 누진제와 가격결정에 대한 정당성 통제 — 대전지방법원 2017. 12. 22. 선고 2017나103175 판결", 법조 제68권 제4호, 2019.

전기요금 누진제의 부당성을 주장하면서 해당 전기요금을 부당이득을 이유로 반환청구하는 소송이 각 법원에 제기되어 대법원에서 이에 대한 판결이 선고되었다.[195] 이와 관련하여 원고 측의 주장과 법원의 판단은 모두

191) Staudinger/Coester, § 307 Rn. 236 f.
192) Staudinger/Merten, § 2 EGBG Rn. 112.
193) 이러한 입장으로 Ulmer/Fuchs, § 307 Rn. 213; Stoffels, Rn. 191 f.
194) 이미 이병준, "2014년 소비자법 판례의 동향", 소비자법연구 제1권 제1호, 2015, 71면 이하.

전기료 누진제를 정하는 약관조항이 약관법 제6조에 따라 신의성실의 원칙을 위반하여 공정을 잃은 약관으로서 무효인지 여부에 관하여 논의가 집중되어 있다. 그 이유는 피고인 한국전력공사가 전기사업법에서 전기판매사업 허가를 받은 유일한 전기판매사업자로서 전기사업법 제16조에 따라 전기요금과 그 밖의 공급조건에 관한 약관을 작성하여 산업통산부장관의 인가를 받아 사용함으로써 원고들인 전기 수요자들과 전기공급에 관한 계약을 바로 이 기본공급약관을 기초로 체결하고 전기 요금을 부과하고 있기 때문이다. 이에 따라 법원에서는, 기본공급약관이 일반전기사업자와 그의 공급구역 내의 현재 및 장래의 불특정다수의 수요자 사이에 이루어지는 모든 전기공급계약에 대하여 적용되는 약관의 성질을 갖는다는 점[196)]을 기초로 약관법 제6조 제2항 제1호에 따라 고객에 대하여 부당하게 불리한 조항으로서 '신의성실의 원칙에 반하여 공정을 잃은 약관조항'이라는 이유로 한 무효 여부를 쟁점으로 삼고 있다.[197)]

그러나 전기요금에 대한 가격통제는 기본적으로 반대급부를 대상으로 하므로 약관의 내용통제는 이 영역에 적용될 수 없고 일방적 급부결정권 행사에 따른 정당성 통제를 통하여 전기요금에 대한 가격통제가 이루어져야 한다. 우리법상으로 보았을 때 명시적으로는 독일 민법 제315조와 같은

---

195) 대법원 2023. 3. 30. 선고 2018다207076 판결: 구 전기사업법(2013. 3. 23. 법률 제11690호로 개정되기 전의 것) 제16조는 공익사업인 전기사업의 합리적 운용과 사용자의 이익보호를 위하여, 계약자유의 원칙을 일부 제한하여 전기판매사업자와 전기사용자 간의 전기공급계약의 조건을 당사자들이 개별적으로 협정하는 것을 금지하고 전기판매사업자가 작성한 기본공급약관에 따르도록 정하고 있는데, 이러한 기본공급약관은 전기판매사업자와 계약을 체결한 전기사용자에게만 적용되는 것이므로 일반적 구속력을 가지는 법규로서의 효력은 없고, 보통계약 약관으로서의 성질을 가진다. 따라서 기본공급약관의 조항이 고객에게 부당하게 불리한 조항으로서 '신의성실의 원칙을 위반하여 공정성을 잃은 약관 조항'에 해당하는 경우에는 약관의 규제에 관한 법률 제6조 제1항, 제2항 제1호에 따라 무효가 된다.

196) 대법원 1989. 4. 25. 선고 87다카2792 판결; 대법원 2002. 4. 12. 선고 98다57099 판결 참조.

197) 이에 관하여 자세한 내용은 이병준, "전기요금 누진제와 가격결정에 대한 정당성 통제 – 대전지방법원 2017. 12. 22. 선고 2017나103175 판결", 법조 제68권 제4호, 2019, 726면 이하 참조.

형평에 기초한 일방적 급부결정권에 기한 통제수단은 존재하지 않지만, 이러한 통제수단에 기초한 전기요금의 확정을 법원에게 있다고 보는 것은 사법의 일반원리로서 인정할 수 있다.

한편 행정기관의 인가절차가 마련되어 있으므로 전기료 산정이 전기사업자인 한국전력 측에서 거래상의 지위를 남용하여 약관을 작성할 수 없다고 보는 시각도 있었다.[198] 즉, 약관에 대한 인가절차가 마련되어 있고 전기요금에 대한 산정기준이 정해져 있는 사정하에서는 사업자가 부당한 전기요금을 책정할 수 있는 사정이 존재하기 어렵고 인가절차가 정당성을 담보하고 있는 것으로 생각하고 있는 것으로 보인다. 물론 행정기관에서 전적으로 인가라는 절차를 통하여 전기료를 확정적으로 정하고 한국전력에서 정할 수 있는 재량이 존재하지 않는다면 이는 타당한 시각이 될 수도 있다. 그러나 기본적으로 약관이 인가를 받았다고 하더라도 약관심사에 기한 내용통제에서 제외되지 않고 내용통제의 대상이 된다는 것이 판례의 입장이다.[199] 왜냐하면 약관이 행정관청의 인가를 받은 인가약관이라고 하여 약관의 성격이 없어지는 것은 아니기 때문이다.[200] 더 나아가 인가절차는 인가를 받아야 하는 사업자와 감독관청과의 관계에서 정당성을 확보하는 과정이라고 보아야 한다. 따라서 인가를 받았다고 하여 전기사업자와 전기수

198) 대전지방법원 2017. 12. 22. 선고 2017나103175 판결에서 "위와 같이 기본공급약관의 작성 및 변경에 있어서는 전기위원회의 심의와 기획재정부장관과의 협의를 거쳐 산업통산자원부장관의 인가를 받아야 한다는 점이나 전기요금의 책정에 있어서 법령이나 고시 등에 미리 정해진 산정기준과 달리 피고가 임의로 전기요금을 증감할 수 없다는 점에 비추어 보면, 피고가 유일한 전기판매사업자라는 독점적 지위를 이용하여 피고에게만 유리하도록 약관을 작성할 수 있다거나 전기요금을 책정할 수 있다고 보기 어렵다"고 판단하였다.

199) 전기사업법에 따라 정부의 인가를 받도록 한 '전기공급규정' 중 면책조항의 효력이 문제된 사안에서 대법원은 이러한 공급규정은 다수의 수요자와 사이에 이루어지는 모든 전기공급계약에 적용되는 보통계약 약관의 성질을 가진다고 보았다(대법원 2002. 4. 12. 선고 98다57099 판결).

200) 장경환, "보통거래약관의 개념 — 약관의 규제에 관한 법률 제2조를 중심으로", 법학연구 제3권, 1991, 328면; 이재현, "약관의 개념", 비교사법 제10권 제1호, 2003, 334면; Ulmer/Habersack, § 305 Rn. 10; Wolf/Pfeiffer, § 310 Rn. 8.

요자 사이의 관계에서 전기요금 확정의 정당성이 담보되는 것은 아니다. 그러므로 대상판결처럼 인가를 받으면 원칙적으로 정당한 가격결정이 있는 것으로 보고 예외적인 경우에만 형평에 반한 가격결정이 있는 것으로 보는 것이 아니라, 원칙적으로 형평에 부합하는 가격결정이 있었음을 증명해야 하는 것이다. 다만 형평에 부합하는지를 판단함에 있어서 여러 사정을 종합적으로 고려해야 하고, 이때 인가를 받았다는 사실은 중요한 고려요소가 될 수 있으나, 인가를 받았다는 사실 자체가 정당성을 담보하는 것은 아니다.[201)]

---

201) 독일 판례에 의하면 인가와 같은 공법적 절차에 따른 법률효과는 해당 인가를 하여 준 감독관청과 인가를 받아야 하는 사업자와의 관계에서만 발생하며 일방적 급부결정권의 독일 민법 제315조에 의한 사법적 정당성 평가를 막지는 못한다고 보았다(BGHZ 115, 317 f.; BGH NJW-RR 1992, 185; NJW 1998, 3192; NJW 2005, 2920). 물론 감독관청이 인가를 한 경우에는 가격결정에 대한 정당성에 따른 일정한 추정적 효력이 인정될 여지도 있다고 보았지만(BGH NJW 2005, 2923), 그렇다고 하여 급부결정권을 행사한 사업자에게 자신이 급부결정권을 형평에 맞게 공정한 재량에 기초하여 행사하였다는 점을 증명하는 책임에서 면하는 것은 아니며 인가를 받았다는 사정은 가격결정에 대한 정당성을 최종적으로 평가할 때 의미 있는 사정의 하나로 고려될 수 있다고 보았다(BGH MMR 2006, 156).

제3절 / 내용통제에 관한 일반조항

참고문헌: 장경환, "약관의 규제에 관한 법률 — 제6조(일반원칙)에 관한 몇 가지 고찰", 상사법연구 제8집, 1990.

I. 쟁점의 제시

기본적으로 사적자치의 원칙상 내용형성의 자유가 계약당사자들에게 보장되고 있는 이상 계약의 내용통제는 최후의 수단이어야 하고 아주 예외적이어야 한다.[202)] 이러한 차원에서 입법자는 민법 제103조, 제104조 및 강행규정(내지 반강행규정), 제2조와 같은 일반조항을 통하여 예외적으로 당사자가 정한 계약 내용의 효력을 부정하거나 수정을 가할 수 있는 수단을 제공하고 있다. 그러나 일반 계약에서와 달리 약관으로 체결된 계약에 대하여는 약관법은 세밀한 기준하에 약관에 대한 내용통제수단을 마련하고 있다. 그렇다면 민법상의 일반제도와 달리 약관법상의 내용통제는 어떠한 법적 근거와 기준으로 이루어지고 있는가? 이때 법관은 어떠한 기능을 해야 하는가?

우리 입법자가 약관법을 제정하면서 약관에 대한 내용통제에 민법상의 내용통제 제도와 같은 기준과 역할을 기대하지 않았을 것임은 분명하다. 왜냐하면 민법의 특별법인 약관법은 약관에 대한 내용통제를 위해 별도의 원리에 기초하여 제정한 것이기 때문이다. 따라서 약관법에 기한 내용통제

202) 정보제공의무를 넘어선 약관에 대한 최후수단으로서의 내용통제 필요성에 관하여 자세한 것은 이병준, 「현대 시민사회와 소비자계약법」, 88면 이하 참조.

에 대하여 특수한 법적 근거와 기준을 마련한 것이다. 그러면 민법과 다른 특수한 약관법의 내용통제 원리에 대한 정당화 근거와 내용통제기준은 무엇인지가 문제된다.

또한, 법관의 역할에 있어서 약관법은 내용통제 기준과 관련하여 법을 형식적으로 적용할 수 있는 법적 기준만을 제공하고 법관은 이에 따라 법률을 단순히 적용하는 입장에 있는가? 아니면 사업자와 고객 사이의 힘의 불균형으로 인한 불공정한 약관내용을 형평에 부합하도록 다시 내용을 형성적으로 수정할 수 있는 역할을 하는가? 만약 형평에 부합하도록 공정한 내용을 찾는 역할을 한다면 법관은 재량권을 가지고 법적용에서 보다 더 적극적이고 창조적인 역할을 할 수 있을 것이다.

이와 관련하여 약관법상의 내용통제에 관한 제6조 이하의 규정을 살펴보아도 그 해답이 쉽게 나오는 것은 아니다. 왜냐하면 약관법은 3층 구조의 추상적 기준에서 구체적 기준으로 통제기준을 마련하고 있을 뿐 이를 통하여 위에서 제기한 문제에 대한 해답을 적극적으로 제시해 주고 있는 것은 아니기 때문이다. 그런데 제1단계에서 말하는 신의칙과 공정성이라는 척도는 민법 제2조의 신의칙과 제104조의 불공정성을 기초로 하는 것처럼 보인다.[203] 또한 추상적 규정으로 일반규정에 해당하는 신의성실의 원칙을 기반으로 공정성 판단척도를 보면(제6조 제1항) 단순한 법적용을 요구하는 것인지 아니면 형평에 기초한 법관의 창조행위를 요구하는지 명확하지 않다. 물론 제2단계에서 불공정성에 대한 추정규정으로 고객에게 부당하게 불이익한 조항이라는 척도를 제시하여(제6조 제2항 제1호) 그 구체화를 도모할 가능성을 마련하고 있다.

---

203) 이러한 측면에서 이은영, “약관법과 민법의 관계, 계약내용통제 및 일부무효와 관련하여”, 외법논집 제34권 제4호, 2010, 196면은 민법 제104조에 대하여 “약관법의 내용통제와 동일한 사상적 기초를 가지고 있으며, 내용통제의 법률요건의 강도에서 차이가 날 뿐”이라고 한다. 또한 서희석, “약관규제와 계약법”, 외법논집 제41권 제3호, 2017, 72면에서는 민법 제104조에서 불공성이 판단표지라는 측면에서 “약관내용통제와 민법상 계약내용통제의 중요한 접점이 될 수 있다”고 한다.

그런데 관련 대법원 판례를 살펴보면 후자의 입장을 취하고 있는 것으로 보인다. 대법원은 약관법상 내용통제에 작용하는 신의성실의 원칙의 구체화로 형평의 원리를 제시하고 있다.[204] 이러한 입장을 취한다면 법관은 약관을 근거로 한 내용통제에서 법적 기준이 아닌 형평을 근거로 한 내용통제를 해야 하므로 광범위한 재량을 가진다고 볼 여지가 크다. 왜냐하면 형평의 원리를 차용한 판례에서는 이러한 근본적인 원리 제시 후 약관법에 규정되어 있지 않은 수정해석을 내용통제 수단으로 인정하고 있기 때문이다.[205]

그에 반하여 독일의 지배적 학설은 오히려 전자의 입장을 취하고 있다. 즉, 약관에 기한 내용통제를 엄격한 법적용의 통제과정(Rechtskontrolle)이라고 이해하고 있다.[206] 이처럼 전자인 법적용으로 이해하고 있는 것은 약관법을 근거로 한 내용통제 규정이 충분한 기준을 제공하고 있다는 것을 기초로 하고 있다. 이에 따라 법관은 약관법에 기하여 법형성적 지위에 있지 않고 정하여진 기준에 불공정한 내용의 약관이 무효라고 선언되는 부분을 약관에서 확인하는 역할만 해야 하는 것으로 이해하고 있다.[207] 다시 말하면 이러한 입장에서는 약관의 내용통제에서 법관의 재량은 존재하지 않고 법률에 따라 무효부분을 찾아 확인하면 된다.

하지만 앞에서 살펴보았듯이 우리 약관법은 '신의성실의 원칙', '불공정

---

204) 대법원 1991. 12. 24. 선고 90다카23899 전원합의체 판결. 이에 관한 자세한 분석은 아래 III. 2. 참조.

205) 해당 전원합의체판결에서 "당연한" 논리적 귀결로 내용통제수단으로서의 수정해석을 인정할 수 있다고 한다.

206) Ulmer/Fuchs, Vorb. § 307 Rn. 2; Fastrich, Richterliche Inhaltskontrolle im Privatrecht, C.H. Beck, 1992, S. 9; Hönn, Wirksamkeitskontrolle als Instrument des allgemeinen Privatrechts zur Bewältigung von Ungleichgewichtslagen. Zugleich zur Problematik der Verwendung von Vertragsmustern durch Notare, JZ 1983, S. 680; Lieb, Sonderprivatrecht für Ungleichgewichtslagen, AcP 178(1978), 208 f. 다른 입장으로 Boemke-Abrecht, Rechtsfolgen unangemessener Bedingungen in Allgemeinen Geschäftsbedingungen, S. 107 ff.

207) v. Hoynigen-Huene, Die Billigkeit im Arbeitsrecht. Ein Beitrag zur rechtsdogmatischen Präzisierung der Billigkeit im Zivilrecht - dargestellt am Beispiel des Arbeitsrechts, 1978, S. 125.

성', '부당하게 불리함'과 같은 추상적 개념에 기한 판단을 요구하므로 판례법의 형성을 법관에게 요구하고 있다. 이것은 마치 우리 판례에서 이야기하는 형평에 기초한 판단일 수 있다. 그러나 독일의 지배적 학설에서는 유사한 기준을 기초로 하여 법적용에 기한 통제과정이라고 이해하고 있다. 이러한 이해의 차이점은 어디에서 오는 것이고, 우리와 독일의 약관법은 다른 원리를 바탕으로 하는 것인지 아니면 동일한 원리를 바탕으로 하는 것인지, 약관법 자체에서는 법관에게 어떠한 역할을 기대하고 있는지를 근본적으로 살펴보는 것이 본 절의 목적이다.

II. 일반조항에 의한 내용통제

1. 내용통제 규정의 구조

1) 3단계 내용통제 기준

약관법 제2장 불공정약관조항에 있는 제6조부터 제16조까지의 규정들은 약관의 내용통제를 통하여 약관조항의 무효 여부를 판단하는 실체법적 규정으로서 약관법의 핵심내용에 해당한다.[208] 따라서 이 규정들은 약관법의 핵심적인 제도인 내용통제를 담당하고 있는 규정이라고 할 수 있다. 그런데 약관법 제2조 제1호의 약관의 개념이 실질적으로 너무 넓게 규정되어 있어서 그것이 행정관청의 인가를 받았는지 여부, 공증을 받았는지 여부, 분명하게 또는 오해의 소지가 있게 표현되었는지 여부, 인쇄되었는지 아니면 다른 형태로 기록되었는지 여부와 상관없이, 사전에 마련된 다수의 계약체결을 목적으로 하는 계약의 내용이기만 하면 약관으로서 약관법이 적용된다. 이처럼 광범위한 범위로 인정된 약관에 대하여 약관법 제6조 이하의 내용통제에 관한 규정을 적용하도록 되어 있다. 그리고 약관법은 상세하게

208) 독일법에 대하여 이러한 입장으로 Münchkomm/Wurmnest, Vor § 307 Rn. 1.

3단계의 추상화단계로 내용통제 규정을 마련하고 있다.

제1단계에서는 "신의성실의 원칙을 위반하여 공정성을 잃은 약관"을 무효로 하고 있다(제6조 제1항). 제2단계에서는 이의 구체화로 "1) 고객에게 부당하게 불리하거나, 2) 고객이 계약의 거래형태 등 관련된 모든 사정에 비추어 예상하기 어렵거나, 3) 계약의 목적을 달성할 수 없을 정도로 계약에 따르는 본질적 권리를 제한"하는 경우에 불공정한 것으로 추정하고 있다(제6조 제2항). 제3단계에서는 구체적인 불공정 유형을 기초로 하여 더 구체화한 불공정 사유를 열거하고 있다(제7조 내지 제14조). 하지만 가장 추상적인 내용을 기준으로 살펴보면 제1단계에서 "신의성실의 원칙을 위반하여 공정성을 잃은"이라는 요건을 설정하면서(제6조 제1항) 제2단계에서 고객에게 부당하게 불리한 조항을 공정성을 잃은 것으로 추정하고 있다(제6조 제2항 제1호).[209] 따라서 추상화의 정도를 보면 신의성실의 원칙과 불공정성이라는 판단표지 내지 기준을 설정하면서 아직 추상적인 기준이기는 하지만 구체적인 판단 기준으로서 "부당성"과 "불이익"을 제시하고 있는 것으로 볼 수 있다.

본 조문의 입법과정을 살펴보면[210] 일반조항에 어떠한 법원칙을 포함시킬 것인가와 연관하여 첫째, 신의성실의 원칙, 둘째, 고객을 부당하게 불리하게 할 것, 셋째, 임의법규의 이익형평의 원리에 배치될 것, 넷째, 계약의 본질적 권리의무를 제한할 것을 설정하였다. 제6조 제1항은 원래 "신의성실의 원칙에 반하여 고객에게 부당하게 불리한 조항은 무효이다"로 정하였으나, 문장이 부자연스럽다는 비판을 참조하여 뒷부분을 "공정성을 잃은 조항"으로 변경하고 "고객에게 부당하게 불이익한 조항"은 제2항 제1호로

---

209) 3가지 불공정성 추정 사유 중에서 이처럼 제1호의 사유가 일반조항으로서 성격을 갖는다고 보는 것이 맞다. 제2호의 의외조항에 관하여는 본 조항이 제6조의 불공정성 척도에 있는 것이 타당한지에 관한 의문이 제기되고 있고 제3호는 가장 불공정성이 짙은 사유에 해당한다고 보아야 하므로 제1호의 부당하게 불이익한 조항이 결국에는 일반조항의 성격을 가지고 있다고 본다.

210) 소비자 문제를 연구하는 시민의 모임, 「약관규제의 입법」, 1986, 40-41면.

서 불공정성의 추정사유로 열거하였다. 따라서 "공정성을 잃은 조항"이 삽입된 것은 내용상의 변경을 의도한 것이 아니라, 표현상의 문제를 수정한 것에 불과하다. 다만 이러한 변경으로 인하여 원래 의도하였던 "임의법규"가 불공정성 판단 기준으로 들어올 수 있는 자리가 사라졌다는 사실을 주목할 필요가 있다.[211)]

2) 일반조항과 구체적 내용통제 사유와의 관계

제7조 이하의 규정들은 약관에서 대표적으로 사용되는 부당한 약관조항의 유형을 열거하고 있으나, 이러한 열거가 체계를 가지거나 유형을 완전하게 열거하고 있지 않다. 따라서 우리 입법자는 제6조에 추상적인 일반조항을 두어 제7조 이하의 대표적인 불공정한 약관조항에 해당하지 않은 경우에도 불공정한 약관에 대하여 내용통제를 할 수 있는 근거를 마련하고 있다. 제7조 이하의 구체적인 내용통제 규정이 모든 불공정 사유를 구체적으로 열거하고 있는 것이 아니므로 목록에 없는 경우에는 모든 사유를 포괄할 수 있는 추상적 일반원칙에 기한 판단기준이 요구된다는 측면에서 제6조의 일반조항은 실무적으로도 중요한 의미를 갖고 있다.[212)]

2. 내용통제에서 사용된 추상적 개념요소의 관계

제6조 제1항과 제2항에 규정되어 있는 '신의성실의 원칙', '불공정성' 그리

---

211) 독일의 입법자는 판례가 사용하고 있던 다양한 표현 중에서 적절한 표현을 선택하였다. 정부안에 의하면 계약당사자의 이익을 적절하게 반영하고 있지 않으면 해당 약관을 무효로 보고 있었다. 하원의 법률분과에서는 그에 반하여 고객보호라는 법률의 입법목적에 부합하는 표현인 고객에게 "부당하게 불리함"이라는 표지를 사용하려고 하였다. 이를 통하여 무효라는 법률효과가 발생하기 위해서는 "불이익이 상당해야" 한다는 점을 강조하려고 하였다. 이러한 표현이 달라졌다고 하여 실질적인 내용이 변함이 있었던 것은 아니다(Müchkomm/Wurmnest, § 307 Rn. 33).

212) 일반조항과 제7조 이하의 구체적 내용통제 사유의 관계에 관한 더 자세한 논의는 이은영, 「약관규제법」, 1994, 190면 이하 참조.

고 '부당하게 불리함'이라는 추상적 개념요소의 관계는 명확하지 않다. 세 가지 개념요소가 모두 약관의 무효 여부를 판단하는 표지 내지 기준에 해당하는가? 아니면 '신의성실의 원칙'이라는 행위원칙을 위반하면 '불공정성' 내지 '부당하게 불리함'이라는 기준을 충족하게 되는가?

추상적 일반조항인 제6조에서 제시하고 있는 기준인 신의성실의 원칙과 공정성 중 무엇을 중심으로 내용통제의 기준으로 삼아야 하는지에 관한 논의가 있다. 즉, 신의성실의 원칙이 약관의 공정성을 보장하는 기본원칙이면서 약관의 불공정성을 판단하는 기준이라고 보는 견해[213]와 신의성실의 원칙에 기반한 불공정성을 기준의 중심으로 보아야 한다는 견해[214]가 대립하고 있다. 법조문의 형태만을 본다면 제6조 제1항과 제6조 제2항을 "불공정성" 개념이 연결하는 역할을 하므로 불공정성에 방점을 두고 있다는 측면에서 앞 견해가 타당한 것으로 볼 수도 있을 것이다. 하지만 뒤 견해도 지적하고 있듯이 불공정성이라는 매개개념을 통하여 결국에는 신의성실의 원칙이 투영되는 것이라는 측면을 생각한다면 양 견해의 차이는 크지 않게 된다.[215] 또한 추상화 정도를 보면 신의성실의 원칙과 불공정성은 동일한 정도의 추상화를 갖기 때문에 판단표지의 구체화 정도에서는 전혀 도움이 되지 않는다. 오히려 판단표지로 사용할 수 있는 구체적 표지는 제6조 제2항에 규정되어 있다. 특히 제1호의 사유인 "부당하게 불리함"이 무엇인지에 그 초점이 맞추어져 있다고 볼 수 있다.[216]

그런데 제6조의 일반조항이 약관의 내용통제에 있어서 핵심적인 규정에

---

213) 손지열, 「민법주해[XII]」, 19999, 346면; 이은영, 「약관규제법」, 1994, 183면; 김용덕 편, 「주석 민법[채권각칙(1)]」, 제5판, 2021, 146면(김동훈 집필부분).

214) 서희석, "약관규제와 계약법", 외법논집 제41권 제3호, 2017, 69면.

215) 독일법에 대하여 이와 같은 견해로 Müchkomm/Wurmnest, § 307 Rn. 34.

216) 이와 유사하게 불공정성의 의미를 부당하게 불리함으로 이해하려고 하는 견해로 손지열, 「민법주해[XII]」, 1999, 347면; 장경환, "약관규제법 일반조항에 관한 연구 – 독일 약관규제법 제9조를 중심으로", 서울대학교 법학과 박사학위논문, 1990, 214면. 이와는 반대로 제6조 제2항 제1호의 부당하게 불리함이라는 내용이 제1항의 규정내용과 차이가 없다는 이유로 삭제해야 한다는 견해도 있다(김용덕 편, 「주석 민법[채권각칙(1)]」, 제5판, 2021, 148면(김동훈 집필부분)).

해당하지만 내용통제기준으로 신의성실의 원칙, 불공정성, 부당하게 불리함이라는 추상적 기준만을 제시하여 법적 안전성의 증가를 가져오는 것은 아니라고 볼 수 있는 여지가 있다.[217] 물론 약관법 제정 전 판례에서도 그러하였던 것처럼 약관법이 제정된 이후에도 제6조에 기하여 직접적으로 내용통제를 받는 경우는 많지 않다. 오히려 약관의 내용통제에 있어서 법원과 공정거래위원회에서는 사례군의 형성, 조항의 유형과 계약종류에 따라 구체적인 심사기준과 통제의 구체적 관점을 만들어서 내용통제의 논거를 도출하고 있다. 하지만 많은 경우에 구체적인 심사기준을 활용하면서 제6조를 추가적인 논거로 사용하기도 한다. 이때에는 구체적인 심사기준에 추가하여 제6조에 기한 신의성실의 원칙, 불공정성 내지 부당하게 불리함이라는 추상적 기준이 구체적인 심사기준으로서 내용이 있다고 하기보다는 하나의 장식처럼 사용되는 것처럼 보이기도 하다. 따라서 이러한 추상적 기준이 법률에 의하여 명시적으로 제시되고 있음에도 불구하고 법관이 그 판단에 있어 상당한 재량을 가질 수 있다고 생각할 여지가 있다. 그렇다면 이와 같이 추상적으로 설정된 개념의 구체적인 내용을 어떠한 방식으로 이해하는지는 매우 중요한 의미를 갖는다.

3. 형평의 원리에 의하여 구체화하려는 판례의 입장

그러면 약관법 제6조 제1항의 "신의성실의 원칙"과 "공정성"의 의미를 어떻게 이해해야 하고 이를 구체화해야 할 것인가? 민법 제2조의 "신의성실의 원칙"과 민법 제104조의 "불공정한 법률행위"에서 동일한 용어가 사용되고 있는데, 그 의미를 동일하게 이해해야 할 것인가?

무면허운전면책조항에 관하여 수정해석 내지 제한해석을 인정한 전원합의체 판결에서 대법원은 "내용통제원리로 작용하는 신의성실의 원칙은 보

217) 이러한 지적으로 독일법에 대하여 자세한 것은 Münchkomm/Wurmnest, Vor § 307 Rn. 2 참조. 그에 반하여 독일의 입법이유(Begr. RegE, vgl. BT-Drs. 7/3919, 22)에서는 법적 안전성을 가져올 것으로 기대하고 있었다.

험약관이 보험사업자에 의하여 일방적으로 작성되고 보험계약자로서는 그 구체적 조항내용을 검토하거나 확인할 충분한 기회가 없이 보험계약을 체결하게 되는 계약 성립의 과정에 비추어, 약관 작성자는 계약 상대방의 정당한 이익과 합리적인 기대, 즉 보험의 손해전보에 대한 합리적인 신뢰에 반하지 않고 형평에 맞게끔 약관조항을 작성하여야 한다는 행위원칙을 가리키는 것이며, 보통거래약관의 작성이 아무리 사적자치의 영역에 속하는 것이라고 하여도 위와 같은 행위원칙에 반하는 약관조항은 사적자치의 한계를 벗어나는 것으로서 법원에 의한 내용통제, 즉 수정해석의 대상이 되는 것은 당연하며, 이러한 수정해석은 조항 전체가 무효사유에 해당하는 경우뿐만 아니라 조항 일부가 무효사유에 해당하고 그 무효부분을 추출 배제하여 잔존부분만으로 유효하게 존속시킬 수 있는 경우에도 가능하다"고 판시하였다.[218] 대법원의 판시내용을 요약하자면 약관법에 기한 내용통제 원리로서의 신의성실의 원칙은 형평의 원리에 기초한 행위원칙이며, 법원에서는 내용통제의 방법으로 수정해석할 수 있다는 것이다.

따라서 우리 판례는 제6조 제1항에 규정되어 있는 신의성실의 원칙을 형평에 따른 행위원칙으로 이해하고 있으면서 이를 형평의 원리로 구체화하고 있다. 그러면 다시금 형평의 원리는 무엇을 의미하는지가 궁금해진다. 왜냐하면 형평의 원리도 하나의 추상적 원리이고 더 나아가서 신의성실의 원칙 내지 공정성이라는 개념과 달리 우리 민법에 규정되어 있지 않은 원리이기 때문이다. 대법원은 이에 관하여 침묵하고 있다.

또한 제6조 제1항의 의미를 가장 전형적으로 반영하고 있는 제6조 제2항 제1호 사유[219]인 "고객에게 부당하게 불리"한 약관내용의 내용통제에서도 다시 형평의 원리가 등장하고 있다.[220] 근저당권설정반환비용과 관련된 판결에서 대법원은 제2단계에서 추상적인 일반조항의 의미를 가지고 있는 약

---

218) 대법원 1991. 12. 24. 선고 90다카23899 전원합의체 판결.

219) 동일한 입장으로 서희석, "약관규제와 계약법", 외법논집 제41권 제3호, 2017, 69면.

220) 대법원 2014. 6. 12. 선고 2013다214864 판결; 대법원 2017. 4. 13. 선고 2016다274904 판결 등.

관법 제6조 제1항, 제2항 제1호에 대하여 이 규정에 따라 "고객에 대하여 부당하게 불리한 조항으로서 '신의성실의 원칙에 반하여 공정을 잃은 약관 조항'이라는 이유로 무효라고 보기 위해서는, 약관 조항이 고객에게 다소 불이익하다는 점만으로는 부족하고, 약관 작성자가 거래상 지위를 남용하여 계약 상대방의 정당한 이익과 합리적인 기대에 반하여 형평에 어긋나는 약관 조항을 작성·사용함으로써 건전한 거래질서를 훼손하는 등 고객에게 부당하게 불이익을 주었다는 점이 인정되어야 한다. 그리고 이와 같이 약관 조항의 무효 사유에 해당하는 '고객에게 부당하게 불리한 조항'인지는 약관 조항에 의하여 고객에게 생길 수 있는 불이익의 내용과 불이익 발생의 개연성, 당사자들 사이의 거래과정에 미치는 영향, 관계 법령의 규정 등 모든 사정을 종합하여 판단하여야 한다"고 보았다.

위 판례 내용을 요약하자면 첫째, 약관작성자가 거래상 지위를 남용하여 계약 상대방의 정당한 이익과 합리적인 기대에 반하여 둘째, 형평에 어긋나는 약관 조항을 작성·사용함으로써 건전한 거래질서를 훼손하는 등 고객에게 부당하게 불이익을 주었어야 한다. 그런데 좀 더 구체적인 기준인 부당하게 불리한 조항임을 판단하는 논의에서도 다시금 형평의 법리라는 추상적인 원칙만을 제시하고 있을 뿐 추상적인 내용에 대한 구체화를 제시하지는 못하고 있다. 물론 구체적인 판단사유로 다양한 관점들을 종합적으로 고려하여 판단할 것을 요구하고 있고, 특히나 관계 법령을 고려할 것을 요구하고 있으나, 어느 정도 이를 고려해야 할지에 관하여 구체적인 기준을 마련하고 있지 않다.

결국 정리하면 판례는 약관에 대한 내용통제에서 사용하고 있는 추상적인 기준인 신의성실의 원칙, 불공정성 더 나아가 부당하게 불리함의 개념을 구체화하고 있지는 못하다. 오히려 약관법이 규정하지 않은 형평의 법리를 사용하는 한편, 약관법에 규정되어 있지 않은 수정해석을 내용통제 방식으로 추가로 인정하고 있다. 이러한 법원에 의한 재량적 해석 및 판단이 약관법상 허용되는 것인지에 관하여 근본적으로 의문이 있다. 이러한 의문은 수정해석에 대한 많은 비판을 통하여 이미 지적되었다.[221] 그러나 여기에서는 수정해석을 인정한 대법원 판례에 대한 비판을 하지 않고[222] 형평의 원칙을 구체화 요소로 제시하고 있는 법원의 입장에 대하여 비판적으로 살펴보려고 한다.

4. 부당하게 불리함의 구체화로서 임의규정에 중심을 두는 학설의 입장

학설 중에는 형평을 기초로 한 판례의 입장을 무비판적으로 소개하는 입장도 있다.[223] 그러나 다수의 견해는 임의규정을 기초로 하여 부당하게 불리함을 판단하려고 한다.[224] 이러한 입장은 독일의 약관법을 따르고 있다. 우리 약관법은 신의성실의 원칙에 반하는 불공정한 조항을 기본적으로 무효로 보면서 부당하게 불리한 조항을 불공정한 것으로 추정하고 있다. 그에 반하여 독일법은 불공정성 개념을 차용하지 않고 기본적으로 신의성실

---

221) 이러한 판례의 자의적 측면을 비판하는 문헌으로 김화, "약관에 있어서 효력유지적 축소해석 — 독일법상의 논의를 중심으로", 민사법학 제82호, 2018, 136면 이하 참조: 김화 교수는 판례가 취한 수정해석에 대한 비판에서 "일의적 의미를 갖고 있는 약관조항의 대해서는 해석의 여지가 없으므로 이를 법원이 축소하여서 당해 약관조항의 효력을 유지시키는 것이다. 결국 이는 법원에 대하여 약관내용을 축소할 수 있는 변경권한을 인정하는 것이라고 보아야 한다"고 분석한 후 "우리 약관규제법의 경우에는 약관조항의 내용통제를 위해서 약관조항을 무효로 할 수 있을 뿐 그 내용을 법률의 규정에 맞게 수정시킬 수 있는 권한은 법원에 부여되어 있지 않기 때문이다. 만약 법률에 규정에 없는 이러한 약관내용의 수정권한을 법원에게 인정한다고 한다면 이는 이른바 법관에 의한 법형성(richterliche Rechtsfortbildung)을 인정하는 것과 다르지 않게 될 것이다"라는 타당한 비판을 하고 있다.

222) 이에 관한 논의상황은 무엇보다 김화, "약관에 있어서 효력유지적 축소해석 — 독일법상의 논의를 중심으로", 민사법학 제82호, 2018, 141면 이하 참조.

223) 김용덕 편, 「주석 민법[채권각칙(1)]」, 제5판, 2021, 148면 참조(김동훈 집필부분).

224) 이은영, "약관법과 민법의 관계, 계약내용통제 및 일부무효와 관련하여", 외법논집 제34권 제4호, 2010, 197면; 장경환, "약관규제법 일반조항에 관한 연구 — 독일 약관규제법 제9조를 중심으로", 서울대학교 법학과 박사학위논문, 1990, 215면. 형평의 원리를 기반으로 함에도 임의법규에 나타난 이익형평의 구분을 존중해야 한다는 입장으로 손지열, 「민법주해[XII]」, 1999, 347면.

의 원칙에 반하는 부당하게 불리한 조항을 무효로 보면서 부당하게 불리한 조항의 추정사유로서 임의규정을 기초로 판단하고 있다. 즉, 독일 민법 제307조 제2항 제1호에서는 고객에게 부당하게 불리함을 판단하는 일차적 기준으로서 "그 조항이 법률상 규정과 달리 정하는 것인 경우에 그 규정의 본질적인 기본사상과 합치하지 아니하는 때"라고 정하고 있다.

그런데 여기서의 법률의 규정은 바로 임의규정을 말한다. 통상 임의규정은 당사자 사이의 약정이 없는 경우에 그 약정을 보충하는 보충규정의 역할을 한다. 그에 반하여 약관법에서 임의규정은 당사자 사이에 존재하는 이익균형점을 제시하는 기준으로 작용한다. 이를 임의규정이 갖는 "지도형상적 기능(Leitbildfunktion)"[225)]이라고 한다.[226)] 통상 임의규정은 당사자 사이의 합의로 그 적용을 배제할 수 있지만, 약관으로 체결되는 계약에서는 임의규정이 오히려 부당하게 불리함을 판단하는 기준이면서 동시에 임의규정과 다르게 합의한 경우에 해당 약정을 무효로 선언한 후 다시 임의규정을 통하여 그 내용을 보충하는 기능을 한다. 따라서 약관으로 체결한 계약에서는 임의규정을 배제할 수 없다는 결과에 이르게 된다.

이러한 임의규정의 지도형상적 기능을 바탕으로 임의규정이 부당하게 불리함을 판단함에 있어서 기준이 되어야 한다는 것이 다수설이다. 명문의 규정이 없으므로 단순히 해석론으로서 임의규정을 불공정성 판단의 표지로 삼아야 한다는 견해가 있는 한편,[227)] 제6조 제2항 제1호의 "부당하게 불

---

225) 이를 "모범제시 기능"으로 번역하는 문헌으로 이은영, 「약관규제법」, 1994, 185면 주 4.

226) 그런데 임의규정 중에서 지도형상적 기능이 모두 인정되는 것은 아니다. 즉, 독일 판례는 '본질적 기본사상"이라는 제한을 기초로 이익균형을 나타내는 정당성 요청(Gerechtigkeitsgebot)이 담겨져 있는 규정만을 이 법률에 포함되는 것으로 보고 단지 합목적적 논거(Zweckmäßigkeitserwägung)를 기초로 하는 규정을 배제하고 있다(BGH NJW 1984, 1182; 1191, 1887). 그런데 이러한 구분이 불분명할 뿐만 아니라 소멸시효 규정과 같이 기술적 규정도 어느 정도 정당성 사고를 담고 있다는 측면에서 독일 학설은 이러한 판례 입장에 대하여 반대하고 있다(이러한 견해로 Wolf/Pfeiffer, § 307 Rn. 117; Ulmer/Fuchs, § 307 Rn. 222; Staudinger/Coester, § 307 Rn. 249). 이에 관한 자세한 논의의 소개는 Stoffels, Rn. 503 참조.

227) 김용덕 편, 「주석 민법[채권각칙(1)]」, 제5판, 2021, 151면(김동훈 집필부분).

이익"이라는 표지를 판단함에 있어서 이를 활용하면 된다고 한다.[228)]

이러한 학설 중에서 이를 전체적으로 이론화하고 있는 방식을 살펴보면 다음과 같다:[229)] 기본적인 출발점은 제6조 제1항의 신의칙이다. 이 부분에서는 판례에서와 동일하게 약관법에 기한 신의성실의 원칙은 사업자에게 고객의 이익을 침해하지 않을 배려의무를 부과하고 있는 것으로 보고 있다. 더 나아가 사업자와 고객 사이의 이익형량의 잣대로 제시한 것은 임의규정이므로 위 의무는 결국 임의규정을 존중할 의무를 부과하고 있다고 한다. 따라서 임의규정에서 벗어나 당사자 사이의 이익형평을 파괴한 조항은 무효로 되며, 해당 무효조항의 법률관계는 다시 임의규정에 의하여 보충된다고 한다.

우리 약관법은 제6조 제1항 신의성실의 원칙과 불공정성 그리고 제6조 제2항 제1호의 부당한 불이익이라는 구조를 하고 있음에 반하여 독일 민법 제307조 제1항은 바로 신의성실의 원칙에 반하는 부당한 불이익을 기초로 판단하고 있다. 이에 따라 위 견해는 우리 약관법상 불공정성이라는 요소는 하나의 매개적 역할만 하는 것으로 보고 이를 직접 언급함이 없이 독일법과 동일하게 바로 부당한 불이익이 무엇인지를 판단하고 있다. 그리고 이러한 부당한 불이익을 이익의 관점에서 임의규정을 기초로 판단하고 있는 것이다.

5. 소 결

판례와 다수설의 입장이 내용통제에 있어서 공통하고 있는 부분은 부당함을 판단함에서 있어서 당사자의 이익형량을 기초로 판단하고 있다는 점

228) 더 나아가 개정론으로 제6조 제2항 제1호의 내용을 임의법규의 근본취지에 반하는 것으로 구체화시키려는 주장도 있다(장경환, "약관규제법의 개정론적 고찰", 경제법연구 제4권 제1호, 2005, 95면).

229) 이은영, "약관법과 민법의 관계, 계약내용통제 및 일부무효와 관련하여", 외법논집 제34권 제4호, 2010, 197면 이하.

이다. 그런데 판례와 다수설이 갖는 결정적인 차이는 부당한 불이익을 판단함에 있어서 불이익의 판단표지를 판례는 형평에서 찾는 데 반하여 다수설은 임의규정에서 찾는다는 점에 있다. 형평의 원리와 임의규정을 기초로 한 판단 모두 약관법에 명문의 규정이 없다는 점에서는 양 견해 기본적으로 같다. 다만 그 판단의 재량에서 있어서 그리고 법관이 갖는 역할에 있어서 근본적인 차이가 있다. 즉, 형평의 원리에 기한 판단에 있어서는 법관이 해당 계약에서 형평이 무엇인지를 구체적으로 탐구하여 결정해야 하는 재량을 갖는다.[230] 그에 반하여 임의규정을 기초로 판단하는 경우에는 해당 계약관계에 적용될 임의규정을 찾은 후 해당 약관조항과 임의규정을 비교하여 판단해야 하므로 입법자가 마련한 이익판단표지를 기준으로 해야 한다. 물론 여기서도 신의성실의 원칙과 부당하게 불리함이라는 추상적 개념을 기초로 판단하기는 하지만 법관의 재량이 아니라 입법자가 마련한 기준에 기초하여 판단해야 한다는 점에 있어서 차이가 있다.

결국 판례와 학설의 시각 차이는 약관의 내용통제에 관한 근본적 관점의 차이에서 비롯한다. 이를 다른 말로 다시 표현하면 약관법에 기한 내용통제가 입법자가 마련한 임의규정에 기초한 판단표지인가 아니면 형평에 따른 계약내용의 교정을 인정한 것인가라는 점에서 근본적인 차이를 보이고 있다. 결국 약관에 대한 내용통제에 대하여 법관에게 약관법이 어떠한 역할을 부여하고 있는지에 그 핵심적인 차이가 있는 것이다. 이는 약관에 대한 통제를 함에 있어서 약관법이 법관에 어떠한 역할을 부여하려고 하는지라는 매우 중요한 관점과 연결된다. 이에 대하여 다음에서 자세히 살펴보려고 한다.

---

230) 이러한 입장에서 규범의 추상적 기준을 정할 뿐 그 구체적 내용은 재판을 하는 법관의 재량에 맡겨져 있다는 시각으로 손지열, 「민법주해[XII]」, 1999, 345면.

Ⅲ. 약관법에 기한 내용통제에서의 법관의 역할

민법상 내용통제 규정(제103조, 제104조)은 주로 계약의 주된 내용인 급부와 반대급부에 집중되어 있다. 그리고 그에 따라 그 법률효과도 전부무효를 원칙으로 한다. 물론 일부무효와 무효행위의 전환을 통하여 일부유효 내지 다른 형태로의 계약 또는 내용으로 해당 계약이 효력을 가질 수 있는 가능성도 존재하지만, 원칙적으로 해당 내용이 전부무효인 것이 원칙이다. 그에 반하여 약관법의 내용통제 대상이 되는 것은 부수적 조항이며, 주된 급부와 반대급부 자체는 내용통제 대상에서 배제된다. 또한 내용통제로 인하여 해당 약관조항만이 무효가 되고 나머지 계약은 그대로 그 효력을 유지하는 것이 원칙이다(일부무효, 제16조 본문). 그리고 이때 무효로 되는 해당 약관조항의 공백은 임의규정(내지 보충해석)을 통하여 보충된다.

약관법에 기한 내용통제에 있어서 법관에게 형평에 기한 공정성 판단을 할 수 있다고 한다면 법관은 계약의 내용을 형평을 기준으로 변경 내지 수정할 수 있는 권한을 가질 수 있다고 생각할 수 있다. 우리 판례는 이러한 사고를 기초로 내용통제의 한 방법으로 수정해석 내지 제한해석을 하고 있는 것으로 풀이된다. 그렇다면 약관법에 기한 내용통제는 형평에 기초한 공정성 관념에 따라 약자의 보호를 목적으로 한 일종의 계약원조(Vertragshilfe), 즉 당사자들이 합의를 통하여 이룩하지 못한 공정한 계약내용을 법관이 약관법의 내용통제를 통하여 달성할 수 있는 것으로 보는 것이다.[231] 그러나 약관법에서 약관의 내용통제에 대하여 일반조항인 제6조를 통하여 판단표지로서 추상적 개념을 제시하고 있지만, 해당 개념표지들은 법적인 판단에 기초해야 하며, 그 구체화에 있어서 법률규정의 적용을 바탕으로 한 유형화를 요구하고 있다. 이러한 측면을 생각하면 약관법에 기한 내용통제는 엄격한 법률규정에 따른 판단이어야 한다. 따라서 법관은

---

231) 이러한 동일한 입장으로 손지열, 「민법주해[XII]」, 1999, 347면; Boemke-Albert, Rechtsfolgen unangemessener Bestimmungen in Allgemeinen Geschäftsbedingungen, S. 107 ff.

약관법에서 제시하고 있는 내용통제 방법에 구속되고, 이러한 측면에서 약관의 내용통제는 법률규정의 적용이라는 의미를 갖는다.[232)]

우리 민법에는 형평에 따른 정당성 통제와 이때의 판단기준에 관하여 논의가 없는 것으로 보인다. 독일 판례와 학설에서는 한때 정당성통제를 약관법에 기한 내용통제와 동일하게 보려는 경향이 있었으나, 약관법에 따른 공정성(Angemessenheit) 척도에 기초한 내용통제와 독일 민법 제315조 이하에 기초한 정당성통제(Billigkeitskontrolle)는 엄격히 구분해야 한다는 입장으로 정리되었다. 그 차이점을 살펴보면 첫째, 적용대상과 관련하여 형평의 원리에 따른 판단은 급부와 반대급부와 관련되나, 약관법에 기한 내용통제는 부수적 계약내용과 관련된다. 둘째, 판단척도에 있어서 약관에 대한 내용통제에서는 일반적·보편적 척도가 사용되고 구체적인 고객의 이해관계를 고려할 수 없다. 그에 반하여 형평의 원리에 따른 판단에 있어서는 개별적인 계약관계에 급부결정권이 정당하게 행사되었는지를 판단하는 것이므로, 처음부터 계약의 목적, 객관적으로 존재하는 계약 당사자의 이익과 이해관계가 모두 반영된 척도를 적용해야 한다. 셋째, 법적용의 통제과정이라는 시각은 약관에 대한 내용통제에서 핵심적인 원칙인 신의성실의 원칙이 제6조에 규정되어 있는 다른 추상적 불확정개념에 영향을 미치도록 요구한다. 특히 제6조 제2항 제1호의 "부당하게 불리함"이라는 판단표지는 순전히 경제적인 판단의 대상이 되는 것이 아니라, 규범적인 판단대상이 되어야 한다는 것을 의미한다.[233)]

---

232) 동일한 입장으로 이은영, 「약관규제법」, 1994, 171면: "약관에 의해 균형이 파괴된 당사자의 관계를 진정한 형평관계로 수정하기 위하여 법이 당사자의 계약내용에 관여하여 계약내용을 올바르게 바로잡는 적극적 개입은 허용되지 않는다. 법은 단지 불공정한 조항을 골라내어 이를 무효로 하는 소극적인 개입만을 행한다."

233) 유럽연합 불공정조항 지침에 대한 이와 같은 해석으로 Wolf/Pfeiffer, Art. 3 RiLi Rn. 49; Stoffels, Rn. 460.

Ⅳ. 약관에 대한 내용통제의 판단순서

1. 약관법에 기한 검토순서

약관법상 내용통제에 관한 제6조 이하의 규정들이 적용되기 위해서는 우선 해당 계약조항이 약관법 제2조 제1호에 기한 약관에 해당해야 한다. 두 번째 단계에서는 약관법 제2조에 의한 계약내용으로의 편입이 이루어졌는지가 검토된다. 그다음 세 번째 단계에서는 불명확한 약관내용에 대한 해석이 이루어져서 약관의 내용이 확정된다. 이러한 과정을 거쳐서 약관의 내용이 확정되면 제6조의 내용통제기준에 기하여 해당 약관조항의 유효성이 판단된다.

약관법은 이러한 엄격한 내용통제 방식을 규정하고 있기 때문에 약관법이 제정되어 시행되고 있는 이상 이러한 규정에 따라 그 내용통제가 이루어져야 하며, 이는 엄격한 법적용의 과정으로 이해하여야 한다. 그렇기 때문에 특히 약관의 편입에 지나치게 엄격한 기준을 설정하거나, 약관의 해석을 통하여 불공정성을 완화하거나, 개별약정의 범주를 의제하는 수준으로 너무 넓히는 등 약관법에 기한 내용통제의 영역을 좁혀서는 안 될 것이다. 어느 영역에 우선권을 주어야 하는 것은 선택의 문제가 아니라, 기본적으로 해당 영역의 범주는 약관법에 기하여 주어진 것이라고 본다면 그 무게중심은 약관법에 기한 내용통제에 놓여진 것이라고 생각된다.[234] 따라서 해당 쟁점이 약관법에 기한 내용통제에 있는지 아니면, 앞의 단계에 있는지를 판단함에 있어서 편입요건을 충족하고, 표현이 명백하여 해석의 범주를 넘어섰을 때, 약관에 대한 내용통제에 기하여 무효여부를 판단할 수 있다면, 약관에 대한 내용통제 관련 규정들을 적용하는 것이 맞을 것이다. 왜냐하면 약관법은 그 무효사유를 명확히 확정하여 공개된 내용통제[235]를 지

234) 같은 취지로 이은영, 「약관규제법」, 1994, 171면.

235) 이처럼 우리 입법자는 약관법 제6조 이하에서 개방된 내지 공개된 내용통제(offene Inhalts-kontrolle)를 하도록 규정하였다. 이는 약관이 불공정성을 이유로 무효라고 판단되기 위해

향하고 있기 때문이다.

2. 내용통제의 판단순서

우리 약관법은 제6조 제1항에서 신의성실의 원칙과 불공정성을 제시하고 있으나, 추상화 정도에서 동일한 수준의 개념을 사용함으로써 그 구체화 정도에서 적절한 표지를 제시하고 있지 못하다.[236] 오히려 신의성실의 원칙에 대한 아래 단계의 구체적인 내용통제의 판단표지는 제6조 제2항 제1호의 부당하게 불리함이다. 따라서 불공정성이라는 개념은 하나의 매개적 개념으로 이해하고 바로 신의성실의 원칙에서 부당하게 불리함으로 넘어가는 것이 타당하다. 그렇게 되면 결국에는 가장 추상적인 신의성실의 원칙에 대한 구체화는 결국 "부당함"과 "불이익"이라는 두 가지 요소를 통하여 구체화할 수 있을 것이고 이 두 개념은 내용통제 표지로서 독자적인 의미를 가지고 있어 다음과 같은 2단계로 검토가 이루어져야 한다.[237]

첫 번째 단계에서는 고객에게 불이익이 존재하는지를 확인하여야 한다. 이러한 불이익을 확인하기 위해서는 비교대상, 즉 법률적인 비교척도가 필요하다. 이러한 법률적 척도인 임의규정에 대하여 내용통제의 대상이 되는 조항이 비교된다. 이때 구체적으로 약관조항에 기하여 당사자들이 갖는 법률적 상황과 약관조항이 없을 때 존재하였을 법률적 상황이 비교대상이 된다. 이러한 법률적 상황의 비교는 고객이 처한 불이익을 확인할 수 있는 가능성을 열어 준다. 이러한 불이익을 확인하는 것은 형식적인 확인 절차에

서는 제6조 이하의 규정을 근거로 밝혀야 한다는 것을 의미한다. 이러한 명제와 배치되는 것은 숨은 내용통제(verdeckte Inhaltskontrolle)로서 내용통제의 근거를 밝히지 않고 그 전 단계에서 실제로 내용통제를 하는 것을 말한다. 공개된 내용통제를 "공공연한 내용통제" 그리고 숨은 내용통제를 "숨겨진 내용통제"로 번역한 문헌으로 이은영, 「약관규제법」, 1994, 174면.

236) 이러한 지적으로 장경환, "약관의 규제에 관한 법률 — 제6조(일반원칙)에 관한 몇 가지 고찰", 상사법연구 제8집, 1990, 206면.

237) 유사한 견해로 이은영, 「약관규제법」, 1994, 184면 이하.

불과하기 때문에 아직 가치중립적이라고 할 수 있다.

두 번째 단계에서는 부당함이라는 평가적 요소에 기한 판단이 이루어진다. 그리고 이러한 부당함이 바로 제6조 제1항에서 정하고 있는 신의성실의 원칙과 밀접한 불가결한 관계를 맺고 있다. 부당함과 신의성실의 원칙은 계약상의 합의가 균형 잡힌 이익분배를 가져올 수 있는 수단으로 평가되도록 하는 평가 잣대로 동시에 작용하고 있다. 우리 판례도 "약관의 작성자가 계약 상대방의 정당한 이익과 합리적 기대에 반하여" 약관을 작성·사용하였다는 측면에서 부당함을 평가하고 있다.[238] 결국 이는 약관의 작성자가 자신의 지위를 남용하여 사전에 상대방의 이익을 충분히 고려하거나 그에게 적절한 보상을 제공함이 없이 계약상대방의 불이익으로 자신의 이익을 관철하려는 때에 부당함이 인정될 수 있다.[239] 따라서 이 단계에서는 이익형량이 일어난다. 그런데 이러한 이익형량의 과정 안에서도 정확히 단계를 나눌 수 있다.

첫 번째 단계에서는 다시금 형식적·분석적 성질의 과정이 이루어진다. 해당 교환계약관계에서 존재하는 계약당사자들의 이익을 분석해야 한다. 물론 이러한 이해관계는 다양하게 존재할 수 있다. 이러한 분석이 제대로 이루어지기 위해서는 계약관계가 기초로 하고 있는 경제적 이해관계를 도출할 수 있어야 한다.[240]

두 번째 단계에서 비로소 전형적으로 존재하는 이익의 중요도와 이익의 형량이 이루어진다. 물론 여기서 판단의 지표가 되는 요소는 구체적 계약관계에 따라 다르게 구성된다. 하지만 분명한 것은 보호되어야 할 고객의 정당한 이익을 침해하는 약관조항을 사용할 수록 그 정당화요구에 더 높은

---

238) 대법원 2014. 6. 12 선고 2013다214864 판결.

239) 이러한 표현은 독일 판례의 계속된 입장이다(BGH NJW 2000, 2046-2047).

240) 그리고 이러한 이익분석에 있어서 계약당사자의 이익은 물론 (예컨대 제3자를 위한 계약에서 수익자처럼) 계약관계로부터 권리를 갖게 되는 제3자의 이익도 함께 고려해야 한다. 다만 일반적인 제3자나 일반인의 이익은 여기서 고려할 필요가 없을 것이다(손지열, 「민법주해[XII]」, 1999, 1994, 356면).

근거가 요구된다는 점이다.

세 번째 단계에서는 규범적 이익평가가 이루어진다. 이때 임의규정에서 약관조항의 내용이 벗어날수록 정당화 필요성이 더 커진다.241) 단지 작은 불이익 그 자체만으로는 부당하다고 보기 어렵다.242) 특히 비전형계약의 경우에는 임의규정이 유추 등의 과정을 통하여 적용되기 때문에 적용될 수 있는 임의규정과의 차이로 인하여 바로 부당하다고 보아서는 안 된다. 즉, 법률에서 정한 임의규정의 모델을 대체하는 당사자의 사적자치에 의한 이익균형점이 존재할 수 있다는 점을 충분히 고려해서 판단해야 한다.

3. 내용통제의 판단척도

1) 내용통제에서 갖는 임의규정의 의미

우리 학설이 주장하는 임의규정에 의한 부당한 불이익의 판단척도는 항상 적용되는 것은 아니다. 우리 입법이 완벽하지 않기 때문에 임의규정의 수가 많지 않고 법률에 흠결이 존재하는 경우가 있기 때문이다. 독일 민법도 법률상 임의규정이라고 명시적으로 규정하지 않고 법률규정이라는 표현을 사용하고 있다. 학설은 이 개념을 넓게 이해하여 형식적 의미의 법률과 실질적 법률은 물론, 법률에 규정되어 있지 않은 법원칙, 판례법 더 나아가 보충해석 및 해당 법률관계의 본성으로부터 도출할 수 있는 권리와 의무 모두 포함하는 것으로 이해하고 있다.243) 물론 이와 같은 넓은 이해에 대하여 비판적 견해가 없는 것은 아니다.244)

---

241) 손지열, 「민법주해[XIII]」, 1999, 349면; 이은영, 「약관규제법」, 1994, 185면; 장경환, “약관규제법 일반조항에 관한 연구 – 독일 약관규제법 제9조를 중심으로”, 서울대학교 법학과 박사학위논문, 1990, 215면.

242) 이러한 측면에서 사소한 불이익은 고객이 용인해야 한다(손지열, 「민법주해[XIII]」, 1999, 347면).

243) 손지열, 「민법주해[XIII]」, 1999, 349면; 장경환, “약관규제법 일반조항에 관한 연구 – 독일 약관규제법 제9조를 중심으로”, 서울대학교 법학과 박사학위논문, 1990, 110면; BGH NJW 1998, 1642; Müchkomm/Wurmnest, § 307 Rn. 68; Wolf/Pfeiffer, § 307 Rn. 108; Staudinger/Coester, § 307 Rn. 234 f.

여기서 법률규정이라고 함은 기본적으로 민법 제1조의 법원을 그 출발점으로 하지만 법률규정이 가지고 있는 지도형상적 기능에 초점을 맞추고 있기 때문에 이러한 지도형상적 기능을 수행할 수만 있다면 민법 제1조의 법원보다는 더 넓게 이해할 수 있는 것이다. 따라서 법원에 포함되지 않는 판례법과 일반 법원칙도 포함되는 것으로 이해하고 있는 것이다.

2) 포함되는 법률규정의 범위

통상 법률규정의 범주를 학설에서 임의규정이라고 통칭하는 이유는 강행규정은 이 범주에서 당연히 배제되기 때문이다. 강행규정의 경우에는 해당 법률규정에 반하는 약정은 당연 무효가 되므로 약관법에 기한 내용통제가 이루어질 필요가 없다. 그렇다고 하더라도 모든 임의규정이 부당한 불이익을 판단함에 있어서 기준이 되는 것도 아니고 지도형상적 기능을 수행하는 임의규정만이 판단척도가 될 수 있다는 점은 이미 앞에서 살펴보았다.

일단 법률이라고 함에 있어서는 형식적 법률은 물론 실질적 법률도 포함된다.[245] 형식적 법률에는 민법은 물론 상법 등 사법을 형성하는 모든 법률의 사법규정 중 임의규정이 일단 내용이 된다.

그다음으로 형식적 법률은 아니어서 임의규정이라고 볼 수는 없지만 실질적인 법률로서의 관습법도 사법적인 내용을 가지고 있다면 이 범주에 포함된다.[246] 그러면 민법 제1조의 마지막 법원인 조리가 여기에 포함되는지가 의문의 대상이 될 수 있지만, 여기서 부당한 불이익의 판단척도가 되는 규정이라고 하는 것은 일반적인 기준으로서의 가치를 가지는 것을 의미하므로 조리가 바로 여기에 해당한다고 보기는 어렵다.

또한 판례는 법원성이 없는 것으로 보는 것이 일반적인 견해이지만, 약관법에서 부당한 불이익의 판단기준이라고 하는 것은 입법자가 만들었을 이

---

244) Stoffels, Rn. 505 ff.

245) 손지열, 「민법주해[XII]」, 1999, 349면.

246) 손지열, 「민법주해[XII]」, 1999, 350면; BGH NJW 1993, 722; BGH NJW 1998, 1642; Ulmer/Fuchs, § 307 Rn. 207; Staudinger/Coester, § 307 Rn. 88; Erman/Rolof, § 307 Rn. 24.

해관계의 조정적 규정을 의미한다고 볼 수 있으므로 판례에 의하여 형성된 법리 중 이러한 가치를 가지는 것은 여기에 해당한다고 볼 수 있다.[247] 가령 불능으로 인한 대상청구권과 같은 권리는 판례에 의하여 형성되긴 하였지만 우리 판례에 의하여 확고히 인정되는 채권자의 권리이므로 이러한 판례법상 법창조에 의하여 형성된 권리를 인정하는 법리도 이 범주에 포함된다고 볼 수 있다.

이러한 측면에서 임의규정의 범주는 일반적 개념보다도 상당히 넓다고 하겠다. 하지만 아무리 이러한 개념의 범주가 넓다고 하더라도 이는 입법자가 만들었거나 만들 것으로 보이는 개념요소이다. 따라서 조리 내지 형평의 원칙처럼 확정되어 있지 않으며 개별 사건별로 찾아야 하는 개념요소는 아닌 것이다.[248] 이러한 측면에서 아무리 추상적 개념을 사용하고 있다고 하더라도 법률에 그 근거를 두고 있다는 점에서 약관의 내용통제는 법적용에 기한 통제과정이라고 이해하는 것이 맞다고 생각된다.

V. 의외조항 내지 기습조항

참고문헌: 이병준, "의외조항 내지 기습조항의 법률적 취급", 민사법학 제73호, 2015; 장경환, "약관의 의외성의 원칙 – 독일 약관규제법 제3조를 중심으로", 경희법학 제34권 제2호, 1999.

1. 의의와 규정의 목적

약관법은 사업자에게 약관의 명시 및 설명의무를 부과하고 있어(동법 제3조), 사업자는 고객에게 약관의 내용을 인식할 수 있는 기회를 마련한 후 약

247) 손지열, 「민법주해[XII]」, 1999, 350면.

248) 이러한 측면에서 "유추할 법규도 없는 경우에는 계약의 성질에 따른 타당한 규율, 즉 법관이 거래관념의 고려하에 발견한 가설적인 임의법규를 심사기준"으로 삼으려는 견해(손지열, 「민법주해[XII]」, 1999, 350면)는 법적 판단기준이 아닌 형평에 따른 판단을 인정하려고 하는 것이므로 찬성하기 어렵다.

관에 동의를 받는 절차를 취하고 있다. 그러나 고객은 이러한 약관의 내용을 살펴볼 수 있는 기회를 이용하지 않거나 이용하더라도 충분하게 이용하지 않는 것이 일반적이다. 그리고 고객이 약관의 내용을 살펴보더라도 그 내용은 중요한 부분과 그에게 관심이 가는 부분으로 한정될 것이다. 따라서 약관의 내용을 전체적으로 꼼꼼히 보는 고객은 거의 없을 것이고 이러한 부담을 떠안고 내용을 살펴본다고 하더라도 법적 식견 내지 거래상의 경험 부족으로 그 내용을 전부 제대로 이해하지도 못할 것이다. 오히려 대부분의 경우 고객은 거래상대방인 사업자가 내용을 공정하게 만들었을 것이라는 신뢰 속에서 또는 신뢰를 하지 않더라도 시간이나 관심이 없어서 약관의 내용을 살펴보지 않고 약관에 동의한다. 이러한 측면에서 약관의 편입에 대하여 동의의 의사표시를 하는 고객에게 개별약정에서 하는 동의의 의사표시와 동일한 법적 구속력을 요구하는 것은 너무 과한 것이다. 이와 같은 사정을 고려하여 약관법에서는 다양한 차원에서 약관의 구속력을 부정하고 있다. 그중 하나가 바로 의외조항(기습조항)에 관한 규정이다.

고객이 계약의 거래형태 등 관련된 모든 사정에 비추어 예상하기 어려운 조항, 즉 의외조항을 사용한 사업자가 그 효력을 계약관계에서 주장할 수 있도록 해서는 안 될 것이다. 특히 구체적인 약관의 내용을 모두 인식하지 못하고 동의를 하는 고객을 보호하기 위해서 의외조항의 효력을 부정할 필요가 있다는 측면에서 학설은 모두 그 필요성을 인정하고 있다. 그런데 이러한 의외조항의 효력을 부정하는 입법방식에 관하여 논란이 있다. 계약법의 일반법리에 기하여 의외조항의 효력을 부정하는 논리가 나올 수 있는 것인지 아니면 계약법 내지는 약관법상의 특수 논리가 적용되어야 하는지에 관하여 논의가 분분하다. 특히 약관법에서 의외조항에 관하여 명문의 규정을 둠으로써 약관법상 이를 어떻게 취급해야 할 것인지와 관련하여 입법례 및 견해가 나뉜다. 약관법은 고객이 계약의 거래형태 등 관련된 모든 사정에 비추어 예상하기 어려운 조항인 경우에는 해당 조항은 불공정한 것으로 추정하고 있다(제6조 제2항 제2호). 즉, 약관법은 의외성을 불공정사유의 하나로 규정하여 내용통제 단계에서 이를 검토하도록 규정하고 있다.

그에 반하여 독일 민법의 경우 의외조항은 계약의 구성부분이 되지 못하도록 하여 불공정성 판단 전에 해당 조항이 편입되지 않은 것으로 규정하고 있다(독일 민법 제305조c).

2. 의외조항의 체계적 지위

1) 학설상의 논의

학설 중에서는 의외조항을 독일 민법처럼 입법론상 편입통제의 문제로 취급할 것을 강하게 제안하는 입장이 있다. 즉, 의외조항에 대한 심사는 체계적으로 독일 민법에서 보는 것과 같이 약관조항 편입여부를 심사하는 간접적 편입통제에 속하고, 약관조항의 불공정 유무를 심사하는 직접적 내용통제에 속하지 않는다고 한다. 또한 약관조항의 의외성을 오로지 해당 계약의 거래형태 및 그 밖의 제반사정으로부터 도출되는 고객의 기대와 약관조항의 실제 내용 사이의 불일치가 존재하는지의 여부에 따라 판단하면 되는 것이지, 약관법 제6조 제2항에서처럼 해당 조항을 일단 불공정한 것으로 추정하고 이를 번복할 수 있는 예외를 남겨 두는 방식으로 취급할 것은 아니라는 것이다.[249)]

그에 반하여 현행 규정대로 내용통제의 문제로 보는 것이 타당하다는 입장도 있다.[250)] 그 근거로 의외조항은 평균적 고객을 기초로 고찰해야 되고 독일법처럼 개별적인 고객의 상황을 고려해서는 안 된다는 점, 우리법상으로는 단순히 계약의 외양적 유형과 관련되는 경우뿐만 아니라 거래관행에서 현저히 벗어난 경우에도 의외성을 인정할 수 있도록 규정하고 있다는 점, 불공정성의 판단척도로 삼아야만 법원의 판결이나 공정거래위원회의

---

249) 이에 따라 "고객이 계약의 거래형태 등 제반사정에 비추어 예상하기 어려운 약관조항은 이를 사업자가 계약의 내용으로 주장할 수 없다"라는 형태로 총칙 제3조 다음에 규정하여야 한다고 주장한다(장경환, "증권거래법의 문제점 : 약관의 규제에 관한 법률 제6조(일반원칙)에 관한 몇가지 고찰", 상사법연구 제8권, 1990, 382면).

250) 이은영, 「약관규제법」, 1994, 189면.

심결례에 의하여 무효로 선언될 수 있다는 점, 고객의 인식가능성을 다루는 약관의 편입문제와 약관의 불공정의 문제로 나누는 2원적 체계가 우리 약관법의 특징이라는 점을 들고 있다.

최근에는 의외조항을 대체로 내용통제의 문제가 된다고 하면서도 통상적이지 않은 곳에 숨겨져 있는 조항의 경우에는 편입문제로 취급해야 한다고 보아, 편입통제와 불공정성 통제에 모두 해당할 수 있다는 견해가 주장되기도 한다.[251] 이에 따라 양면성을 갖고 있는 문제이지만, 일률적 취급을 위하여 규정을 한다면 약관법처럼 내용통제의 문제로 다루어도 무방하다고 한다.

2) 일반 계약법을 통한 구제 가능성

(1) 약관법의 입법전 독일에서의 의외조항의 취급에 관한 논의

이례적인 조항의 효력을 부정해야 한다는 것은 오랜 법전통을 기초로 한다. 독일의 경우 이미 제국법원에서부터 의외조항은 약관을 통제하는 단서가 되었다.[252] 그런데 독일 법원은 해당 조항의 의외성과 불공정성을 엄격히 구분하지 않고 판단하는 경향이 있었다. 이러한 측면에서 의외조항이라는 주장은 약관의 내용통제를 함에 있어서 일부분으로 이해되기도 하였다.[253]

약관법이 제정되기 전에 의외조항의 취급과 관련하여 독일 학설에서는

---

251) 김진우, "불공정조항의 내용통제에 관한 몇 가지 법적 문제점 – 유럽 및 독일계약법과의 비교를 중심으로", 외법논집 제36권 제1호, 2012, 164면. 이와 유사한 입장으로서 불공정성 판단 척도로 규정되어 있지만 편입통제의 방법에 의하여 처음부터 약관의 내용에 편입되지 않는 것으로 볼 수 있는 가능성이 있다는 견해로 윤진수, "한국법상 약관규제법에 의한 소비자 보호", 민사법학 제62호, 2013, 320면. 김진우 교수는 최근에 견해를 수정하여 의외조항의 문제를 내용통제의 문제로 취급해야 한다고 본다(김진우, "금융거래에서의 약관에 대한 사법적 통제", 「민사판례연구 제37권」, 2015, 1147면).

252) 예컨대 RGZ 103, 86.

253) Ulmer/Schäfer, § 305c Rn. 9.

다양한 의견이 존재하였다. 의외조항에 대하여 고객이 구속될 의사가 없었다는 측면에 중점을 두어 해당 조항이 편입되지 않는다고 보고, 나머지 부분으로 계약이 성립한다는 근거는 숨은 불합의에 관한 독일 민법 제155조를 제시하는 견해가 있었다.[254)] 또한 의외조항에 대한 설명의무위반을 기초로 해당 조항의 효력을 주장할 수 없다거나[255)] 고객에게 착오로 인한 취소권이 인정될 수 있다는 견해가 주장되었다.[256)]

(2) 숨은 불합의의 인정가능성

숨은 불합의를 인정하려는 견해는, 약관이 개별적인 계약의 내용으로 편입되기 위해서는 법률행위를 통한 합의가 필요하다고 전제하면서 개별적인 조항이 계약의 내용이 되었는지의 문제를 의사표시 해석의 문제로 본다. 따라서 이 문제는 해당 조항이 계약의 내용이 되었을 때 비로소 문제 삼을 수 있는 불공정성 문제와는 엄격히 구분되는 것으로 파악하고 있다. 그리고 이러한 편입을 위한 합의는 약관의 전체 규정내용을 받아들이는 것으로 해석되는 것이 아니라, 경우에 따라서는 개별적인 조항을 수용할 것인지를 선별할 수 있는 합의로 보고 있다. 이에 따라 객관적 해석을 통하여 약관편입에 대한 고객의 의사표시가 특정한 조항을 포함하고 있지 않은 것으로 해석될 수 있다는 것이다. 이 경우 사업자는 전체 약관을 계약 내용으로 삼으려고 하는 의사가 있는 것으로 전제되므로 양 당사자의 의사표시는 불일치하여 독일 민법 제155조[257)]상의 숨은 불합의가 존재한다는 것이다.[258)] 계약의 양당사자인 사업자와 고객이 합의된 것으로 생각하였으나, 실제로

---

254) Fikentscher, Schuldrecht, S. 101 f.

255) Raiser, S. 175 ff.

256) Raiser, S. 246 f.

257) 제155조[숨은 불합의] 당사자들이 계약이 체결되었다고 생각하고 있으나 합의가 있어야 할 어느 하나의 사항에 대하여 실제로는 합의되지 아니한 경우에는, 계약이 그 사항에 관한 정함 없이도 체결되었으리라고 인정되는 때에 한하여, 그 합의된 바의 효력이 발생한다.

258) Trinkner, BB 1973, 357.

는 의사표시의 일치가 존재하지 않는다는 것이다. 숨은 불합의는 의사표시가 외형적으로 불일치하는 경우뿐만 아니라, 외형적으로는 일치하지만 내용상으로 일치하지 않은 경우에도 인정될 수 있으므로[259] 이러한 사례의 경우에 바로 숨은 불합의가 존재한다는 것이다. 즉, 외형상으로는 약관편입에 관한 합의가 존재하는 것으로 보이지만, 사업자의 의사표시는 약관조항 전체를 예외 없이 계약의 내용으로 하겠다는 의사표시로 해석될 수 있는 반면, 고객의 의사표시는 문제되는 몇 개의 조항을 제외한 채 약관을 편입하겠다는 의사표시로 해석될 수 있다는 것이다.

이때 이러한 숨은 불합의로 인하여 계약 전체가 무효가 되는 것이 아니라,[260] 일부무효의 관한 규정을 통하여 문제된 조항 없이도 계약은 효력을 가질 수 있다고 한다.[261] 이러한 주장을 할 수 있는 것은 계약 당사자들이 불합의에도 불구하고 불일치하는 부분만 제외하고 나머지 내용으로 계약의 효력을 유지할 가상적 의사가 있기 때문이다.

이 견해는 다음과 같은 문제점들을 갖는다. 첫째, 숨은 불합의를 인정하려고 하였던 견해의 근본적인 문제점은 약관의 편입에 관한 행위를 독자적인 법률행위로 이해하여 별도의 합의가 필요한 것으로 이론구성하고 있다는 점이다.[262] 이는 약관법 제정으로 극복된 이론이며, 편입절차는 약관을 통한 계약체결의 한 비독자적인 부분으로서 고객의 일방적 의사표시인 편입에 대한 동의의 의사표시로 이루어진다고 보아야 한다.

둘째, 숨은 불합의를 인정하려고 하는 견해에 대하여 이 견해도 주장되었던 당시에도 숨은 불합의가 존재하기 위한 요건인 객관적인 다의성이 존재하지 않기 때문에 이 견해는 성립할 수 없다는 비판이 있었다.[263] 왜냐하면 해당 약관에 동의하는 경우에 객관적 해석에 의하면 그 동의의 의사표시

---

259) 불합의와 그 유형에 관하여 자세한 것은 이병준, 「계약성립론」, 2008, 109면 이하 참조.
260) 이러한 입장으로 Raiser, Beiheft zum Versicherungsrecht 1965, Karlsruher Forum 1965, S. 5.
261) Trinkner, BB 1973, 357; Fikentscher, Schuldrecht, S. 102.
262) 이러한 타당한 지적으로 이미 Canaris, Vertrauenshaftung im deutschen Privatrecht, S. 215.
263) Götz, Zum Schweigen im rechtsgeschäftlichen Verkehr, S. 127.

는 약관 전체를 계약의 내용으로 편입하겠다는 의사로 해석될 수밖에 없기 때문이다. 즉, 약관을 제시받은 고객은 해당 약관조항의 내용을 전부 받아들이거나 계약을 체결하지 않거나 하는 양자 선택만을 할 수 있다는 것이다.[264] 따라서 이 견해가 전제하는 것처럼 당사자의 의사에 따라 몇 개의 조항을 배제하고 약관을 부분적으로 편입하는 동의는 가능하지 않는 것이다. 결국 고객이 하는 약관 편입에 대한 동의의 의사표시는 객관적 해석에 의하면 약관 전체에 대한 동의로 해석되므로 불합의는 존재할 수 없다는 것이다.[265]

(3) 착오로 인한 취소가능성

앞의 논의를 통하여 알 수 있는 것은, 고객에게 약관의 내용에 대한 인식할 수 있는 기회가 제공되면 충분하고 고객이 그 내용을 구체적으로 인식하지 않은 상태에서 동의를 하더라도 약관은 계약내용으로 편입된다는 점이다. 고객은 그 내용을 알지 못한 상태에서 동의를 하고 그에 구속을 당한다는 측면에서 그 내용이 자신에게 불이익할 수 있다는 위험을 안고 있다.[266] 그런데 동의를 한 후 고객이 약관의 내용을 읽어 본 후 자신이 예상하지 못한 내용이 있다는 이유로 착오 취소를 주장할 수 있는지가 문제될 수 있다.

계약을 체결하는 당사자가 서면의 내용에 대하여 전혀 알아볼 생각을 하지 않고 그 내용을 모르는 상태에서 서명하는 경우에는 모르는 내용에 대한 착오가 존재할 수 없으므로 이에 대한 착오를 이유로 한 취소도 성립할

---

264) 이미 이러한 지적으로 Raiser, S. 19.

265) 우리 판례도 계약의 성립을 위한 의사표시는 객관적 합치 여부를 판단함에 있어, "처분문서인 계약서가 있는 경우에는 특별한 사정이 없는 한 계약서에 기재된 대로의 의사표시의 존재 및 내용을 인정하여야 하고, 계약을 체결함에 있어 당해 계약으로 인한 법률효과에 관하여 제대로 알지 못하였다 하더라도 이는 계약체결에 관한 의사표시의 착오 문제가 될 뿐이다(대법원 2009. 4. 23. 선고 2008다96291, 96307 판결)"라고 보고 있다.

266) 이러한 차원에서 Raiser는 이를 "위험한 의사표시(Risikoerklärung)"라고 표현하고 있다(Raiser, S. 169 ff.).

수 없을 것이다.[267] 이처럼 문서에 관하여 어떠한 생각을 하지 않고 서명한 경우에는 의사와 표시 사이의 불일치가 존재하지 않으므로 착오가 존재하지 않기 때문이다. 이러한 경우 표의자는 해당 문서가 어떠한 내용을 담고 있더라도 상관없다는 태도를 취하였기 때문에 그 내용에 구속을 당하는 것이 타당하다.

하지만 계약체결과정에서 당사자 사이에 구두로 협상과정이 존재하였고 그에 따라 고객이 문서에 일정한 내용이 담겨져 있을 것이라고 잘못 생각하고 해당 문서에 서명을 하였다면 착오를 이유로 취소권이 인정될 수 있는 여지가 있다는 것이 일반적인 견해이다. 또한 문서의 구체적인 내용에 대하여는 관심이 없어서 읽어 보지는 않았지만, 체결하려고 하는 구체적인 계약에 대하여 일정한 의견을 갖고 서명하였으나, 문서가 다른 계약에 관한 내용을 담고 있거나, 전혀 예상할 수 없는 내용을 담고 있는 경우에는 표시와 의사의 불일치가 존재하므로 내용상의 착오를 주장할 수 있을 것이다.

이처럼 착오를 이유로 한 취소권을 합리적으로 제한하고 일정한 요건하에서만 취소권을 인정하려는 판례와 학설의 노력은 정당한 것으로 보인다. 왜냐하면 문제된 문서를 읽지 않고 서명하였다는 주장을 가지고서는 착오를 이유로 한 취소권을 근거 지우기에는 부족하기 때문이다. 그렇다고 하여 표의자가 무관심 속에서 어떠한 내용이 있더라도 상관없다고 생각하고 해당 문서에 서명했다고 사실 인정을 하는 것은 아주 예외적인 경우에만 허용되어야 할 것이다. 왜냐하면 통상적으로 한 당사자가 읽지 않고 문서에 서명을 하는 경우에도 그 문서의 내용을 일정한 정도 알고 있다고 생각하고 있기 때문이다. 따라서 실제로 당사자가 어느 정도 생각한 내용과 실제 문서의 내용이 틀리다고 한다면 착오가 성립한다고 보는 것이 오히려

---

267) 이영준, 「민법총칙」, 개정증보판, 2007, 415면; 백태승, 「민법총칙」, 2021, 405-406면; Wolf/Neunner, Allgemeiner Teil des Bürgerlichen Recht, § 41 Rn. 92. 한편 송덕수, 「착오론」, 1991, 116면도 이러한 경우 착오가 아니라는 동일한 입장이면서, 이른바 의식적인 불인식에서 기명날인한 경우도 착오로 파악하는 때에는 착오자에게 중과실이 있다는 이유로 취소를 거절하여야 할 것이라고 한다.

원칙적인 모습일 수 있다. 따라서 기명날인 내지 서명의 착오에서 원칙적으로 착오를 인정할 수 있을 것이다.[268)] 문제는 읽지 않고 서명한 당사자가 서명을 하면서 구체적으로 어떠한 생각을 갖고 서명을 하였는지를 입증하는 것이 어려울 수 있다는 점이다.

사업자가 제시한 약관을 읽지 않고 그 내용에 관하여 구체적으로 아무런 생각을 하지 않은 상태에서 동의를 한 고객에게는 일반문서와 동일하게 취소권을 인정할 수 없다는 것이 일반적인 견해이다.[269)] 따라서 많은 경우에 이 요건이 충족되지 못하여 착오를 이유로 한 취소를 주장하지 못할 것이다.

그런데 약관법의 제정 전에는 의외조항에 관한 규정이 없었기 때문에 이 문제를 바로 착오를 이유로 한 취소권을 통하여 해결하려고 하는 견해가 주장되었다. 바로 다름 아닌 Raiser에 의하여 주장되었던 이 견해는 약관의 규정을 읽지 않았다고 하더라도 약관의 내용이 무슨 내용을 담고 있어도 좋다는 무관심을 의미하는 것은 아니라는 점에서 출발한다.[270)] 고객이 약관의 내용을 모르더라도 해당 거래영역에서 통상적으로 합의되고 있는 약관의 내용에 대한 생각을 가지고 있고 이러한 내용을 해당 약관이 담고 있을 것이라는 점을 신뢰한 상태에서 약관에 대한 동의를 한다는 것이다. 약관이 이러한 기대에 부합하지 않으면 법률적으로 의미 있는 내용에 관한 착오가 존재한다는 것이다.

하지만 이러한 견해는 Raiser 자신도 인식하고 있듯이 통상적인 착오개념을 기초로 하고 있는 것이 아니다.[271)] 즉, 착오가 인정되기 위해서는 양

---

268) 중요부분의 착오 및 중과실의 결여 등 다른 착오 취소권의 성립여부는 물론 별도로 검토해야 할 것이다.

269) 김형배, "보통거래약관에 의한 계약", 고시연구 제20권 제2호, 1993, 69면; 이은영, 「약관규제법」, 1994, 120면; Wolf/Neuner, Allgemeiner Teil des Bürgerlichen Recht, § 41 Rn. 93; Löwenheim, Irrtumsanfechtung bei Allgemeinen Geschäftsbedingungen, AcP 180(1980), 444; Hellewege, Allgemeine Geschäftsbedingungen, einseitig gestellte Vertragsbedingungen und die allgemeine Rechtsgeschäftslehre, S. 421.

270) Raiser, S. 246 f.

당사자의 의사표시가 내용상 불일치해야 하는 것인데, 여기서 전제로 하는 착오는 표시내용과 기타의 사정, 즉 표시내용과 상관없는 일정한 사정과의 차이를 전제로 하고 있는 것이다. 그리고 이러한 사정은 바로 약관의 내용이 일상적으로 해당 거래영역에서 사용되고 있는 약관과 일치하지 않은 경우에 존재하게 된다. 이처럼 착오를 인정하게 되면 동기의 착오 영역이 상당히 확대되어 고려될 수 있는 착오와 고려될 수 없는 착오의 한계가 불명확하게 될 것이다. 이러한 점 때문에 일반적으로 착오 자체를 인정하지 않은 것이 일반적이다.

그리고 대부분 고객은 약관에 대한 구체적인 생각 없이 약관에 동의하였을 것이기 때문에 아예 착오를 인정할 수 없을 것이다. 따라서 벌써 이 요건으로 인하여 대부분의 경우 착오를 주장할 수 없다. 또한 고객이 약관에 대한 동의를 하면서 구체적인 생각을 갖고 있어서 실제로 고객에게 착오가 있다고 인정될 수 있는 경우가 있다고 하다라도 "중요부분의 착오"가 인정될 수 있는지도 의문이다. 즉, 민법 제109조의 착오 취소를 인정하기 위해서는 해당 착오의 내용을 알았다고 한다면 계약을 체결하지 않았을 것이라는 점이 요구된다.[272] 그런데 약관의 경우 해당 조항의 효력은 부정하더라도 전체 계약의 내용을 부정할 의사는 없을 것이다. 우선 고객의 경우 보험계약, 예금계약 등의 중요계약을 약관을 통하여 체결하므로 약관조항의 효력만 부정하려고 할 것이고 전체 계약의 효력을 유지하려는 것이 대부분의 고객의 의사로 보는 것이 합당하다. 또한 사업자의 경우에도 자신이 제시한 약관이 효력을 갖는 것을 전제로 계약을 체결할 의사를 가졌다고 할 것이므로 "중요부분의 착오"라는 요건이라는 측면에서도 취소권 행사를 인정

271) Raiser, S. 247.

272) 판례도 "착오가 법률행위의 내용의 중요부분에 있다고 하기 위해서는 표의자에 의하여 추구된 목적을 고려하여 합리적으로 판단하여 볼 때 표시와 의사의 불일치가 객관적으로 현저하여야 하고, 보통 일반인이 표의자의 입장에 섰더라면 경제적인 불이익을 입게 되는 결과 등을 가져오게 됨으로써 그와 같은 의사표시를 하지 아니 하였으리라고 여겨져야 한다"고 보고 있다(대법원 1998. 2. 10. 선고 97다44737 판결; 대법원 2006. 12. 7. 선고 2006다41457 판결; 대법원 2013. 9. 26. 선고 2013다40353 판결 등 참조).

하기 쉽지 않을 것이다.[273)]

하지만 이러한 요건이 충족되는 예외적인 경우에는 착오로 인한 취소권은 인정될 수 있다. 다만 고객은 물론, 사업자도 착오부분을 제외하고 나머지 계약내용으로 계약을 체결할 의사가 있는 것이 일반적이다. 따라서 일부취소를 인정하든 일부무효에 관한 약관법 제16조의 유추를 인정하든 착오부분의 효력만을 부정하고 나머지 부분은 그대로 효력을 갖는 것으로 볼 수 있을 것이다.

(4) 신의칙을 근간으로 한 계약법의 일반원칙의 반영

이처럼 학설을 통하여 법률행위의 일반규정에 의한 의외성 있는 내용의 조항에 대한 효력을 부정하려는 견해는 불합의 내지 착오라는 관점에서는 타당하지 않은 것으로 드러났다. 그런데 판례와 학설상 인정되어 이러한 법리가 약관법상 의외성을 갖는 조항에의 규제가 명문의 조항으로 입법되어 확립된 이후에 신의칙을 근간으로 한 계약법의 일반원칙을 반영한 시각이 새롭게 주장되고 있다.[274)] 즉, 의외성을 갖는 규정이 계약의 내용이 되지 않은 것은 신의칙을 기반으로 한 일반해석의 원칙에 따른 결과 인정될 수 있다는 것이고, 이를 기초로 하여 이 원칙이 확대 내지 유추적용될 수 있음을 인정하고 있다.

독일 연방법원은 더 나아가 의외성 조항에 관한 약관법의 규정이 민법의 일반원칙인 선량한 풍속(독일 민법 제138조) 및 신의칙(제242조)이 구체화된 것으로 보고 있다.[275)] 따라서 약관의 경우뿐만 아니라 일반계약의 경우에도 계약의 내용형성을 하는 경우 이 원칙의 적용을 요구할 수 있다고 한다. 이에 따라 계약조항에 규정된 내용이 통상적인 계약의 모습(Leitbild) 및 그로부터 발생하는 계약상대방이 예견할 수 있는 급부내용과 상당히 벗어나

273) 이러한 점을 지적하는 견해로 Canaris, Vertrauenshaftung im deutschen Privatrecht, S. 216.
274) 김형배, "보통거래약관에 의한 계약", 고시연구 제20권 제2호, 1993, 68면; Staudinger/Schlosser, § 305c Rn. 4; Stoffels, Rn. 326.
275) BGH NJW 1993, 780. 이와 동일하게 곽윤직, 채권각론, 24면.

는 경우에는 이러한 사실을 평균적인 계약상대방이 충분히 인식할 수 있도록 명시하여야 한다. 따라서 의외성 있는 내용을 약관에 담고 있는 경우에는 약관을 명시하는 것만으로 충분하지 않고 구두로 설명하거나 서명하는 계약서에 이 사실을 별도로 밝혀야 한다는 것이다. 그리고 이를 게을리한 경우에 사업자는 해당 조항을 계약의 내용으로 주장할 수 없다고 한다.

독일 연방노동법원(BAG)에서는 약관법의 적용이 배제되고 있는 근로계약에 관하여 마련된 근로계약과 관련하여 이 원칙을 적용하였다. 해당 판결에서 근로계약상 규정된 계약상의 제척기간이 계약의 내용이 되었는지 문제가 되었는데, 독일 연방노동법원은 해당 규정이 사업자에 의하여 특별한 명시와 인쇄상의 강조 없이 잘못되거나 오해를 일으킬 수 있는 표제를 갖는 조항 안에 규정된 경우에는 계약의 내용이 될 수 없다고 보았다. 하지만 이러한 결과 도출이 약관규제와 연관된 의외성 원칙의 적용에 관한 규정을 유추적용함으로써 도출된 것인지 아니면 신의칙을 기반으로 한 일반법원칙을 통하여 도출된 것인지의 여부는 이 판결에서 판단하지 않고 열어두었다.

3) 약관법의 입법방식

(1) 소극적 편입요건으로 보는 입법례: 독일

현재 독일에서는 입법적으로 내용통제를 하기 전에 독자적인 사전단계로 의외조항에 관한 규정이 자리 잡고 있다. 독일 민법은 의외조항을 편입통제의 문제, 즉 의외성이 인정되면 해당 조항이 계약의 내용으로 되지 못한다는 측면에서 소극적 편입요건(negative gesetzliche Einbeziehungsvoraussetzung)으로 보고 있다.[276] 이 소극적 편입요건이 검토되기 위해서는 1) 사업자의 명시의무 이행 및 2) 고객의 약관편입에 대한 동의라는 편입요

---

276) Ulmer/Schäfer, § 305c Rn. 3; Stoffels, Rn. 329; BeckOK BGB/H. Schmidt, § 305c Rn. 9. 그에 반하여 편입을 위한 합의와 관련된 해석원칙으로 이해하는 입장으로 Larenz, Allgemeiner Teil, § 29aI, S. 557.

건이 충족되어야 한다. 따라서 의외성을 이유로 약관조항이 계약의 내용으로 부정되기 위해서는 적극적 편입요건이 충족되어 일단 약관이 계약의 내용으로 편입되어야 한다.[277] 그리고 이 단계는 체계적·논리적으로 보았을 때 내용의 불공정성을 검토하는 내용통제단계와 엄격히 구분된다. 독일 민법처럼 의외조항을 편입통제 단계에서 고려하게 되면 고객은 내용의 불공정성을 증명하지 않더라도 의외조항이라는 이유만으로 그 내용의 효력을 부정할 수 있다.[278]

유럽연합 불공정조항 지침은 그 보호수단으로 내용통제 단계만을 알고 있고, 우리 약관법과 독일에서 알고 있는 편입통제 및 내용통제라는 구분을 모른다. 따라서 지침에는 의외성을 기초로 하는 편입통제에 관한 내용을 당연히 갖고 있지 않다. 다만 투명성 원칙을 통하여 의외성 여부를 검토할 여지가 있다. 독일 민법에서 투명성 원칙을 받아들인 이후에도 내용상의 변화는 없는 것으로 받아들이고 있다. 왜냐하면 투명성 원칙을 내용통제를 하는 원칙으로 명문화하였더라도 독일의 입법자는 이를 통하여 실질적인 내용상의 변화를 가져오려는 의도는 없었다고 밝히고 있기 때문이다. 하지만 지침과 독일 민법과의 규율태도를 비교해 보면 독일의 입법이 불공정성 단계에서 내용상의 투명성만을 검토함에 반하여 편입단계에서는 의외성 통제를 하기 때문에 소비자에게 하나의 보호수단이 더 주어진 것이라고 볼 수 있다고 한다.[279]

체계적·논리적으로 엄격히 구분은 할 수 있지만 의외성을 갖는 조항은 많은 경우에 불공정한 내용을 동시에 담고 있을 것이므로 그 구분이 쉬운 것은 아니다. 독일 판례에서는 약관의 내용이 선택한 계약유형과 상당히

---

277) Münchkomm/Basedow, BGB § 305c Rn. 3; Bamberger/Roth/Schmidt, § 305c Rn. 8; Erman/Roloff, § 305c Rn. 6. 하지만 소송경제적인 이유로 구체적인 사안에서 판사가 약관의 성질상 의외성을 갖는다고 판단되면 굳이 별도의 노력을 들여 약관의 편입 여부를 검토할 필요가 없을 것이다.

278) BT-Drucks, 7/3919, S. 19.

279) Stoffels, Rn. 328.

배치되는 규정내용을 가지고 있는 경우에 해당 약관을 의외조항이라고 볼 수 있다고 판단하였다.[280] 또한 내용통제에 문제되는 임의규정에서 벗어난 정도도 의외성 판단에 있어서 고려요소로 보고 있다.[281] 이처럼 불공정성 판단이 해당 조항의 의외성을 인정하는 요인으로 작용할 수 있다. 그러나 의외성 판단과 불공정성 판단이 항상 동일한 것은 아니므로 의외성을 가지고 있으나 그 내용면에서는 불공정하지 않을 수 있고 반대로 의외성은 없으나 그 내용이 불공정할 수 있다. 그렇더라도 앞에서 살펴본 바처럼 의외성과 불공정성 영역이 중첩될 수 있음은 부정할 수 없을 것이다.[282]

앞에서 살펴본 바처럼 체계적인 관점에서 보았을 때 소극적 편입요건으로서의 의외성 판단이 내용통제보다 먼저 검토되어야 할 것이다. 왜냐하면 약관으로 편입된 조항만이 내용통제의 대상이 될 수 있기 때문이다. 하지만 약관의 효력을 부정하는 논거를 제공하는 방식에 있어서는 불공정성을 이유로 한 적극적 내용통제가 그 근거제시에 있어서 더 정확하고 세밀하다는 측면에서 보면 단지 형식적 관점에서 의외성이라는 이유로 약관의 편입을 부정하는 것보다는 더 합당한 방법으로 볼 수 있다. 이러한 차원에서 의외성 판단은 사전단계에 해당하지만 그 판단을 엄격하게 함으로써 그 적용영역을 제한하는 것이 타당하다고 보는 견해도 있다.[283] 그에 반하여 법률효과 측면에서 사실상 계약의 내용이 되지 않는 것과 일부무효로 보는 것은 법을 적용하려는 자에게는 동일하므로 논리적으로 우선순위에 있음에도 불구하고 의외성을 기초로 한 소극적 편입요건을 검토하지 않고 곧바로 불공정성 여부를 검토하더라도 상관없다고 보는 견해도 주장되고 있다.[284] 이러한 측면에서 굳이 앞의 견해처럼 직접적 내용통제 영역을 확보하기 위

280) BGH NJW 1973, 990.

281) BGH NJW 1995, 2638.

282) 이와 같은 지적으로 Stoffels, Rn. 330; Ulmer/Schäfer, § 305c Rn. 5; Münchkomm/Basedow, BGB § 305c Rn. 4.

283) Stoffels, Rn. 330.

284) Ulmer/Schäfer, § 305c Rn. 5.

하여 의외성에 기한 간접적 내용통제 부분을 제한 해석할 필요도 없다고 한다. 독일 판례는 불공정한 것으로 해당 조항이 판단되면 의외성 판단을 유보하거나,[285] 의외성이 있다는 판단과 불공정성 판단을 동시에 해서 모두 약관조항의 해석을 부정하는 근거로 사용하기도 한다.[286]

(2) 불공정성 판단 사유로 내용통제단계에서 고려하는 입법례: 우리나라

이미 살펴본 바처럼 약관법은 제6조에서 일반적인 불공정한 사유 중의 하나로 의외성을 규정하고 있다. 즉, 고객이 계약의 거래형태 등 제반사정 등에 비추어 예상하기 어려운 조항은 불공정한 것으로 추정된다(제6조 제2항 제2호). 불공정한 사유의 하나로 규정되어 있으므로 의외성을 기초로 한 내용통제는 체계적으로 보았을 때 약관의 편입여부가 결정되고 그 해석을 통하여 약관의 내용이 확정된 후에 불공정성에 관한 내용통제 단계에서 고려된다.

약관법상 의외조항은 불공정한 것으로 추정되기 때문에 조문의 형태상으로 보면 고객이 예상하기 어려운 조항은 일단 불공정한 것으로 추정을 받지만 불공정하지 않다는 반증이 있으면 의외성에도 불구하고 불공정성 추정이 깨질 수 있는 것처럼 규정되어 있다.[287] 따라서 의외성을 갖는다는

---

285) 예를 들어 BGH NJW 1989, 223.

286) 예를 들어 BGH NJW 1995, 2553.

287) 독일에서도 동일한 규정내용을 갖고 있는 독일 민법 제307조 제2항의 "추정규정"의 의미와 관련하여 논의가 있다. 독일 입법이유서(BT-Drucks. 7/3919, S. 23)에 따르면 추정규정의 사유가 충족되면 당연히 불공정한 것으로 보아 무효가 되는 것이 아니라, 사업자가 해당 조항을 예외적으로 정당한 것으로 볼 수 있는 사유를 제시할 수 있도록 기회를 부여하기 위한 것으로 이해한다. 이처럼 이 표현을 통상적인 증명책임규정으로 이해하여 반증이 가능한 추정규정으로 이해하는 학설도 존재한다. 하지만 독일에서 다수의 견해는 법률상 원칙적 불공정성 사유로 보아 이러한 사유가 존재하면 원칙적으로 불공정한 것이지만, 사업자가 반증을 하지 않더라도 법관이 판단하기에 해당 구체적 사안에서 불공정하지 않을 사유가 존재하는 것으로 볼 수 있는 경우에는 달리 판단할 수 있는 것으로 본다. 그에 반하여 본 사유가 충족되면 바로 불공정성이 인정되는 그 자체로 완성된 특수한 내용통제 사유로 보는 견해도 있다(이러한 논의와 관련 문헌에 관하여 자세한 것은 Stoffels, Rn. 497 ff. 참조).

이유만으로 바로 무효가 되는 것은 아니지만, 사업자 측에서 반증을 통하여 해당 조항이 의외성을 가지고 있음에도 불구하고 공정한 내용 내지 고객에게 유리한 내용을 가지고 있다는 사실을 증명할 수 있는 기회를 부여하고 있다고 볼 수 있다. 그에 반하여 이러한 추정은 불필요한 효과를 규정한 것이며 해당 조항은 의외성을 이유로 그 효력을 부정해야 한다고 주장하는 견해도 있다.

대법원은 의외성과 관련하여 특별한 법리를 만들지 않고 해당 조항의 의외성을 기초로 하여 불공정성에 대하여만 판단하고 있다. 의외성을 기초로 하여 불공정성을 인정한 판결[288]에서는 상가분양계약에서 기재된 "기부채납에 대한 부가가치세액은 별도"라는 규정의 불공정성이 문제되었다. 이 사건에서 피고는 지하도 겸 지하상가를 건설하여 인천시에 기부채납하고 19년 6월 동안 위 상가를 무상으로 사용할 수 있는 권한을 취득하여 이를 원고 등 여러 사람에게 분양하여 주었다. 그런데 해당 분양계약서에 기부채납에 대한 부가가치세액은 별도로 부과한다는 약관조항이 있었고, 그에 의거하여 기부채납에 따른 부가가치세 중 원고가 분양받은 부분에 상응하는 금액을 납부할 의무가 있다고 주장하였다. 이에 대하여 피고가 이 사건 상가를 기부채납하고 그 대가로 무상사용권을 부여받은 행위가 부가가치세법상의 '재화의 공급'에 해당되어 부가가치세가 부과된다는 것은 일반인이 잘 알지 못하고, 부과된다고 하더라도 그 액수가 얼마인지 미리 알기도 어려우며, 특히 수분양자들이 임대분양계약서에서 정한 임대보증금을 납부할 당시 부가가치세가 포함된 금액을 공급가액과 구분하여 납부하였으므로, 위 약정 당시 기부채납에 따른 부가가치세를 위 부가가치세와 혼동할 우려가 있음에도 불구하고 피고 측에서 이 점에 관한 명백한 고지나 설

---

288) 대법원 1998. 12. 22. 선고 97다15715 판결. 이에 관한 평석으로 소재선, "무효행위의 추인과 약관의 규제에 관한 법률", jurist 409호, 2006; 이원일, "약관의 규제에 관한 법률 제6조 제2항 제2호 소정의 '고객이 계약의 거래형태 등 제반 사정에 비추어 예상하기 어려운 조항'의 의미 및 상가분양계약서에 기재된 '기부채납에 대한 부가가치세액은 별도'라는 규정이 위 법률 소정의 조항에 해당하는지 여부", 대법원 판례해설 제31호, 1998.

명이 없었다는 점 등을 이유로, 위 계약서 기부채납에 대한 부가가치세 부담에 관한 부분은 제6조 제2항 제2호의 의외조항에 해당하여 공정을 잃은 것으로 추정되므로, 위 법률 제6조 제1항에 의하여 무효라고 한 원심의 판단을 대법원에서 인용하였다.[289)]

본 판결의 논리구조를 살펴보면 기본적으로 불공정성 판단에 관한 일반조항인 약관법 제6조 제2항 제2호에 따라 본 조항이 의외조항에 해당하므로 불공정한 것으로 추정되고 – 그 반증가능성에 관하여는 언급 없이 – 바로 제6조 제1항에 따라 무효라고 보고 있다. 따라서 본 판례에서는 예외적으로 공정할 수 있는 사유가 존재하여 반증가능 여부 내지 불공정성 추정을 번복할 수 있는지에 관한 판단은 없는 것으로 보인다.

그런데 본 판례를 통하여 흥미로운 점 2가지를 발견할 수 있다. 첫째, 그 판단의 실질적인 근거를 살펴보면 해당 조항의 실질적 불공정성에 대하여 판단하고 있지 않고 해당 조항이 존재한다는 사실을 쉽게 알지 못하는 고객 측에 명백한 고지나 설명이 없었다는 점을 들고 있다는 것이다. 따라서 형식적으로 불공정성 판단의 척도로 규정되어 있지만, 판례는 명시·설명의무와 연관하여 편입단계와 연관된 논거를 기초로 설명하고 있다는 점이 흥미롭다고 할 수 있다. 둘째, 본 판결에서 약관조항에 따라 고객이 지불해야 할 부가가치세는 부수적 의무와 관련되어 있다고 볼 수도 있지만, 결국에는 매월 지불해야 하는 임대료에 합산하여 지급해야 하는 측면에서 살펴보면 실질적인 임대의 대가로 지불하는 임대료의 일부를 구성하고 있다고 볼 수도 있다. 따라서 본 약관조항은 반대급부의 일부를 정하는 내용으로 볼 수 있는 여지도 있다. 그렇다면 부수적 의무가 아닌 반대급부의 내용을 결정하는 조항과 관련하여서도 의외성을 기초로 내용통제를 하고 있다고 볼 수 있는 것이다. 이러한 두 가지 점은 항목을 바꾸어서 두 가지 입법례를

289) 또한 원고가 기부채납에 대한 부가가치세액을 납부하기로 한다는 취지의 확약서를 다시 작성한 것이 무효행위를 추인한 것이라는 피고의 주장에 대하여는, 무효인 법률행위를 추인에 의하여 새로운 법률행위로 보기 위하여는 당사자가 이전의 법률행위가 무효임을 알고 그 행위에 대하여 추인하여야 하는 것이라고 하여 이 주장을 배척하였다.

비교하면서 더 자세히 논해 보려고 한다.

(3) 두 입법례의 차이점

형식적으로 독일 민법은 소극적 편입단계에서 의외성을 검토함에 반하여 약관법은 내용통제의 단계에서 이를 고려하고 있다. 이에 따라 기본적으로 편입단계와 내용통제단계가 갖는 차이점으로 인하여 각 입법례는 다음과 같은 차이점을 가질 것이다.

첫째, 추상적 내용통제에서는 불공정성에 관한 내용통제만이 문제될 수 있음에 반하여 구체적 내용통제에서는 편입단계와 내용통제단계가 모두 고려된다. 이는 독일에서는 개인이 제기한 개별적인 약관에 관한 소송에서는 두 단계 모두 고려될 수 있음에 반하여 단체소송의 경우에는 내용통제만이 문제되기 때문이다. 따라서 소극적 편입요건으로 의외성 조항이 자리잡고 있는 이상 의외성은 단체소송에서는 문제될 수 없다.[290] 그에 반하여 우리법상으로는 의외성 조항이 내용통제단계에서 고려되므로 구체적 내용통제의 경우는 물론 추상적 내용통제에서도 고려될 수 있다. 즉, 개별적인 개인의 소송에서는 물론, 추상적 내용통제를 하는 공정거래위원회에 의한 내용통제(내지는 약관에 대한 단체소송[291])에서도 의외성을 이유로 약관의 불공정성을 판단할 수 있는 것이다. 이러한 측면은 추상적 내용통제에 있어서도 의외성을 기초로 내용통제를 할 수 있다는 측면에서 불공정성 판단척도로 두게 되는 긍정적 요소로 볼 수 있다.

둘째, 불공정성 판단에 있어서는 개인의 구체적 사정은 고려되지 않고 일반화된 전형적인 불공정성만을 그 판단요소로 함에 반하여 편입단계에서

---

290) Müchkomm/Basedow, BGB § 305c Rn. 4. 이와는 다른 입장으로 Bamberger/Roth/Schmidt, BGB § 305c Rn. 7.

291) 이것이 소비자기본법에 기하여 가능한지에 관하여는 학설의 대립이 있다. 필자는 기본적으로 단체소송의 취지상으로 약관에 대한 단체소송이 가능해야 함에도 불구하고 현 소비자기본법상의 규정내용으로는 불가능하다는 입장을 취한 적이 있다(이병준·김도년, "약관규제법 관련 최근 동향과 입법과제 — 단체소송을 통한 약관심사와 표준약관 활성화 방안을 중심으로", 법조 제58권 제3호, 2009, 142-145면).

는 해당 계약에서 구체적으로 해당 약관의 편입여부를 결정하게 된다. 그에 따라 의외성을 소극적 편입요건으로 구성하고 있는 독일 민법의 경우에는 구체적 사안에서 해당 사안이 의외성을 갖고 있는지를 판단하게 된다. 따라서 판단의 대상이 되는 조항이 객관적으로 의외성을 갖는지는 물론 주관적으로 계약상대방인 고객에게 의외성을 가지고 있는지를 판단한다.[292] 이러한 차이가 있음에도 불구하고 앞에서 살펴본 판례는 고객에게 명시·설명의무가 제대로 이행되었는지에 관한 구체적 사실관계를 기초로 의외성을 판단하려고 한다. 이러한 사실을 보면 판례가 의외성을 불공정성 판단 척도로 규정하고 있음에도 불구하고 편입요소로 운영하고 있다고 볼 수도 있고, 의외성 판단이 기본적으로는 구체적인 사안을 기초로 실제로 고객 개인에게 의외성을 가졌는지를 판단할 수밖에 없다고 볼 수 있을 것이다.[293]

셋째, 약관의 편입여부는 계약 중에서 주된 급부의무에 관한 규정이든 부수적 의무에 관한 규정이든 상관없이 문제됨에 반하여 불공정성 여부는 부수적 의무에 관한 내용과 연관되어 있다. 따라서 소극적 편입요건으로 규정하고 있는 독일 민법에서는 의외성은 부수적 의무에 관한 규정은 물론 주된 급부의무와 연관된 규정에도 고려될 수 있다. 그에 반하여 불공정성 판단의 척도로 규정하고 있는 우리 약관법상으로는 부수적 의무와 연관하여서만 의외성을 문제 삼을 수 있는 것이다. 의외성 판단이 부수적 주의의무뿐만 아니라, 주된 급부의무에도 필요하다는 측면에서는 독일 민법처럼 소극적 편입요건으로 규정을 변경하거나, 불공정성 판단척도로 규정하지만, 예외적으로 해당 사유를 부수적 의무를 넘어 주된 급부의무까지 심사할 수 있는 항목으로 확대하는 예외규정을 두어야 할 것이다(이에 관하여는 투명성 원칙에 관한 독일 민법규정 참조).

---

292) 의외성 판단 요건에 관하여 자세한 것은 Stoffels, Rn. 334 ff. 참조

293) 이러한 측면에서 우리법의 특징이 의외성 판단에서 고객의 개별적인 상황은 고려되지 않고 평균적 고객을 기초로 판단해야 한다고 설명하고 있는 견해(이은영, 「약관규제법」, 1994, 189면)는 타당하지 않은 측면이 있다.

그 밖에 우리 약관법의 특징으로 전체 약관의 편입문제를 편입통제 단계에서 다루고 일부조항의 불공정성은 내용통제 단계로 보는 이원적 체계로 구성하고 있다고 설명하는 견해가 있다.[294] 따라서 의외조항을 일부조항의 내용통제 단계에서 고찰하도록 하는 것이 약관법의 이원적 체계에 적합하다고 한다. 하지만 이러한 설명은 타당하지 않다. 왜냐하면 약관의 편입이 전체 약관의 편입여부를 검토하는 것은 맞지만, 이미 해석단계에서 개별약정이 우선하도록 하고 있으므로 각 조항별로 약관성 및 개별약정이 존재하는지를 따져 보아야 하기 때문이다.[295] 따라서 개별적인 조항의 편입 내지 효력문제를 따지는 것은 내용통제 단계에서만 이루어지는 것이 약관법의 특징이라고 보기는 어려울 것이다.

또한 위 견해는 약관법상으로 의외성은 계약의 외양적 유형과 거래관행에서 현저히 벗어난 조항의 경우에 모두 의외성이 인정될 수 있음에 반하여 독일 민법의 경우 의외성은 외관상 형태와 직접 관련되는 경우에 한정하여 인정된다고 한다.[296] 그러나 독일 민법의 경우에 객관적 의외성을 검토하면서 구체적인 계약의 전체 외양뿐만 아니라, 거래관행상 정당하게 요구할 수 있는 고객의 전형적인 기대도 고려된다고 하므로[297] 거래관행의 판단이 독일에서 배제되었다고 하는 설명도 타당하지 않다. 이러한 측면에서도 차이점은 존재하지 않은 것으로 보인다.

결국 불공정성 판단기준으로 의외성 판단을 규정하는 경우에 추상적 규범통제에서 고려할 수 있다는 장점은 있지만, 소극적 편입요건으로 규정해야만 고객의 구체적 사정을 고려할 수 있는 여지가 존재할 수 있게 되고, 의외성을 기초로 하여 주된 급부의무에 관한 조항에 대한 편입여부도 판단할

---

294) 이은영, 「약관규제법」, 1994, 189면.

295) 대법원 2000. 12. 22. 선고 99다4634 판결; 장경환, "약관의 내용통제의 방식과 체계", 경희법학 제31권 제1호, 1995, 62면; 이병준, "키코판결과 약관규제법상의 쟁점", 외법논집 제38권 제2호, 2014, 135면.

296) 이은영, 「약관규제법」, 1994, 189면.

297) Stoffels, Rn. 334.

수 있게 된다. 물론 주된 급부의무에 관한 조항에 대한 불공정성 판단도 가능하다는 예외조항을 둔다면 이러한 차이점은 줄어들 것이다. 그러나 이러한 차이점에도 불구하고 그 실질적 판단에 있어서는 오히려 그 판단척도가 상당히 접근하고 있음을 앞의 논의를 통하여 알 수 있었다. 즉, 소극적 편입요건으로 규정하고 있는 독일에서 판례는 의외성을 판단함에 있어서 해당 조항이 불공정한 내용을 담고 있는지 여부가 의외성을 판단하는 기준으로 작용할 수 있음을 그 논거로 사용하고 있었다. 그에 반하여 불공정성 판단척도로 규정하고 있는 약관법상 판례는 오히려 명시·설명의무가 제대로 이행되었는지를 의외성을 판단함에 있어서 그 기준으로 사용하고 있다는 것을 알 수 있었다. 이와 같은 기준의 접근은 아래에서 살펴보게 될 투명성 원칙을 각 법률에 반영하면서 더 모호하게 되었다고 할 수 있다.

4) 투명성 원칙과의 관계

투명성 원칙은 그 실질에 있어서 의외조항에 관한 규정과 그 보호목적이 동일하므로 그 관계가 문제된다. 의외조항에 관한 규정은 기본적으로 신의칙을 기반으로 한 원칙으로서 사업자에게 약관을 만들 때 고객이 예상할 수 있는 범위 내에서 규정의 형태와 내용을 만들 것을 요구하고 그렇지 못한 조항을 만들었을 때에는 고객에게 이 사실을 개별적으로 알릴 것을 요구한다. 이러한 측면에서 보면 의외조항은 그 기본사상에서는 투명성 원칙과 그 규범목적을 같이하고 있다고 볼 수 있다. 따라서 투명성 원칙 하나만을 규정하더라도 그 입법목적을 충분히 달성할 수 있다. 이러한 예가 바로 유럽연합 불공정조항 지침이다.

약관법과 독일 민법은 먼저 의외조항에 관한 규정을 두고 있다가 투명성 원칙을 그 후 추가적으로 받아들이게 되었다. 다만 우리 약관법은 의외조항을 불공정성을 추정할 수 있는 사유로 먼저 규정하고 그 다음에 투명성 원칙을 반영한 작성의무에 관한 규정을 편입단계에서 요구되는 사업자의 의무로 받아들였다. 그에 반하여 독일 민법은 의외조항을 소극적 편입요건으로 규정하였다가 판례를 통하여 투명성 원칙을 불공정성 판단 사유로 받아들였다가 명문의 규정을 통하여 입법하게 되었다. 따라서 그 입법사·체계적 위치 등에서 규정내용이 많이 다르다고 할 수 있다. 하지만 투명성 원칙 및 의외조항을 통하여 추구하는 규범목적은 유사 내지 동일할 수 있다는 점을 부정할 수 없다.

그럼 투명성의 원칙은 의외조항에 관한 규정보다 더 큰 원칙이라는 측면을 고려한 상태에서 각 원칙의 의미를 정리해 보기로 한다. 투명성 원칙은 기본적으로 편입단계와 내용통제단계로 나눌 수 있다. 편입단계에서는 사업자에게 명확하고 이해하기 쉬운 조항을 만들 것을 요구하여 시장에서 사업자 사이의 계약조건을 통한 경쟁을 유도하여 이러한 경쟁을 통하여 고객의 이익을 도모하는 한편, 고객에게 계약내용에 대한 제대로 된 정보를 제공하는 기능을 수행한다. 따라서 이 단계에서 투명성 원칙에 위반하는 조항은 그 효력이 부정되어야 할 것이다. 그에 반하여 내용통제단계에서는 명확하고 이해하기 쉬운 조항은 고객에게 자신의 권리와 사업자의 의무를 명확하게 인식하고 이를 통하여 자신의 권리를 제대로 행사할 수 있는 기회를 제공하는 기능을 수행한다. 따라서 이 단계에서 투명성 원칙을 위반하는 조항으로 인하여 고객이 해당 권리를 행사할 수 있는 기회를 박탈당하더라도 해당 조항이 공정한 내용을 담고 있다면 굳이 해당 조항의 효력을 부정할 필요는 없을 것이다. 따라서 내용통제단계에서 투명성 원칙을 위반하였다고 하여 바로 해당 조항의 효력을 부정할 것이 아니라, 이는 해당 조항이 불공정할 수 있는 사유로서 기능을 한다(추정규정으로 할 것인지 아니면 판단요소로 규정할 것인지는 입법자에게 맡겨져 있을 것이다). 이러한 상태에서 의외조항은 투명성 원칙을 실질적으로 반영하고 있는 것이므로 투명성 원칙이 규정된 이상 없어도 되는 조항이지만, 입법에 이 규정을 두더라도 고객이 의외성 있는 조항이라는 주장을 추가로 제기함으로써 해당 조항의 효력을 부정할 수 있는 추가적인 사유를 하나 더 부여받은 것이라고 생각하면 된다.

5) 각 입법의 평가

(1) 독일 입법의 평가

이러한 사고를 기초로 독일법을 살펴보면, 독일법은 그 내용에 있어서 크게 잘못된 입법이라고 할 수 없다. 왜냐하면 편입단계에서 투명성 원칙을 실현하고 있는 의외조항은 그 의외성이라는 이유가 성립하면 바로 그 조항을 계약의 내용으로 편입되지 않은 것으로 본다. 그리고 불공정성 단계에서는 바로 불공정한 것으로 보지 않고 이를 판단하는 하나의 요소로 보고 있다. 따라서 이를 위반하면 원칙적으로는 불공정한 것으로 볼 여지가 있지만, 사업자에게 다른 사유의 증명을 통하여 공정한 것으로 볼 수 있는 여지를 남겨 두고 있다. 더 나아가 해당 조항의 투명성을 판단함에 있어서는 내용통제의 대상이 되는 부수적 의무에 관한 규정뿐만 아니라, 주된 급부의무에 관한 내용도 포괄함으로써 투명성 원칙이 완전하게 기능할 수 있는 토대를 마련하고 있다.

(2) 약관법에 대한 평가

투명성 원칙을 도입하기 전에 의외조항만 두고 있는 상태에서 우리 약관법은 불완전한 규정을 두고 있었다. 왜냐하면 투명성 원칙은 두 가지 기능을 모두 갖고 있음에도 불구하고 의외조항을 불공정성 판단 척도로 규정하고 있음으로 인하여 그 기능을 제대로 반영하고 있지 못하고 있었다고 볼 수 있다. 첫째, 의외성 조항은 불공정 사유로만 규정함으로써 편입단계에서도 고려될 수 있는 요소임에도 이를 반영하지 못하고 있었다. 특히 편입단계에서 사업자가 의외성 있는 조항에 관하여 충분히 명시·설명의무를 다하였다고 한다면 해당 조항의 효력을 부정하기는 힘들 것이다. 따라서 이러한 경우에 해당 조항의 불공정성을 논하기보다는 편입되지 않은 것으로 보는 것이 타당할 수 있을 것이다. 둘째, 의외성 조항은 내용통제단계에서도 충분하게 기능할 수 없도록 규정되어 있다. 왜냐하면 의외성은 부수적 의무뿐만 아니라, 주된 급부의무에 관해서도 판단할 수 있어야 하기 때문이다. 물론 약관법은 주된 급부의무에 관한 규정이 약관의 불공정성 척도에서 제외된다는 점을 명문으로 규정하고 있지 않기 때문에 이러한 내용을 해석론을 통하여 충분히 해석할 수 있을 것이다. 하지만 이러한 규정이 없는 상태에서 혼란이 존재할 수 있음은 부정할 수 없다.

그러면 투명성 원칙이 편입단계에서 사업자에게 의무로 규정된 약관법의 상태에서 양 조문은 어떠한 기능을 갖고 있는지가 문제된다. 투명성 원칙을 위반한 경우에 해당 약관조항의 편입을 부정하는 것으로 규정하였다면 큰 문제가 없을 것이다. 그렇게 된다면 현행 약관법은 투명성 원칙에 관한 규정을 편입단계에서의 투명성을 규정한 것이고 의외조항은 내용통제단계에서 투명성을 규정한 것이라고 이해하면 되기 때문이다. 하지만 약관법은 투명성 원칙을 위반한 경우에 그에 따른 법률효과를 명시적으로 규정하지 않았다. 현행 약관법은 비록 투명한 규정을 편입단계에서 사업자에게 요구하고 있지만, 그 위반에 따른 법률효과를 규정하지 않음으로써 사실상 투명성 원칙을 위반한 경우 이를 불공성 판단을 할 때 주장할 수 있는 하나의 요소로 기능하도록 만들었다. 하지만 불공정성 판단에서는 이미 의외조항이 추정규정으로 존재하기 때문에 그 기능이 중첩된다고 할 수 있다. 물론 투명성 원칙을 위반한 조항의 경우에는 간접적으로 불공정성을 주장할 수 있는 요소로 기능하고 있음에 반하여 의외조항의 경우에는 그 불공정성이 추정된다는 차이점을 갖는다고 볼 여지도 있다. 하지만 내용통제단계에 투명성원칙을 위반한 경우와 의외조항의 경우 모두 원칙적으로는 불공정한 것이고 사업자에게 해당 규정이 투명하지 않거나 의외성을 가지고 있음에도 불구하고 해당 조항이 공정하다는 사실을 주장·입증할 수 있는 기회를 부여하는 것으로 해석하는 것이 타당하다는 측면에서 양 사유는 동일하다. 따라서 내용통제단계에서 그 역할이 동일한 내용이 이중적으로 규정되어 있는 형국이라고 할 수 있다. 입법을 통하여 투명성원칙과 의외조항에게 맡는 역할 부여를 할 필요가 있다고 생각된다.

6) 소 결

의외조항을 부정할 수 있는 법이론적 근거를 설명하려는 시도는 다양하게 있었으나, 현재는 신의칙을 기반으로 하여 인정되는 일반원리로 인식되고 있다. 약관법상 특수법리로 의외조항에 관한 규정을 만들었을 때 그 위치를 편입통제와 내용통제 중 어디에 둘 것인지에 관련하여 논리적인 측면에서 의외성은 편입통제에 두는 것이 타당하며, 또한 당사자가 구체적인 계약체결의 사정을 들어 해당 조항의 의외성을 주장할 수 있다는 측면에서 보면 편입통제로 두는 독일 민법이 입법적으로 더 우수하다고 볼 수 있다. 하지만 의외성은 또한 불공정성을 내포하고 있으므로 불공정성 판단에서 하나의 척도로 두고 불공정이 있는 것으로 '추정'하도록 하고 있는 약관법상의 규정이 문제가 있는 것은 아니었다.

하지만 투명성 원칙이 약관법에 간접적으로 도입되면서 논의의 방향이 많이 달라졌다. 약관을 투명하게 구성해야 한다는 원칙도 신의칙을 기반으로 하고 있으며, 이러한 측면에서 투명성의 요청은 의외조항에 관한 법리보다 더 넓은 의미를 가지고 있다. 따라서 투명성 원칙이 입법되면 의외조항에 관한 규정이 불필요하다고 볼 수도 있다. 하지만 입법사적으로 의외조항에 관한 규정이 먼저 존재하였고 이를 삭제하지 않고 투명성 원칙에 관한 규정이 들어오면서 양 규정은 공존하게 된 것이다.

투명성 원칙을 제3조 제1항에 편입단계에서부터 요구하고 있는 약관법의 내용은 타당하다. 왜냐하면 투명성 원칙은 계약체결단계에서부터 고객에게 자신이 체결하게 되는 계약의 내용을 명확하게 인식하고 계약을 체결할 수 있도록 하는 기능을 담당하기 때문이다. 더 나아가 투명성 원칙은 계약의 이행단계에서도 고객이 자신이 갖는 권리와 부담하는 의무를 명확하게 인식할 수 있도록 하고 있다는 측면에서 또 다른 기능을 하게 된다. 현행 약관법은 투명성 원칙 위반으로 인한 법률효과를 명시적으로 규정하고 있지 않지만, 내용통제단계에서 제6조 제1항에 따른 신의칙 위반을 판단함에 있어서 고려할 수 있는 요소라고 생각된다. 왜냐하면 투명성 원칙 위반은 또한 불공정성을 바로 내포하는 경우도 있고(계약체결단계에서 투명성 원칙

위반의 경우) 또한 불공정성을 징표할 수 있기 때문이다(계약이행단계에서 투명성 원칙 위반의 경우).

그런데 이렇게 해석하게 되면 의외조항에 관한 제6조 제2항 제2호의 규정이 불필요하게 된다. 왜냐하면 투명성 원칙이 의외조항에 관한 규정내용보다 더 포괄적인 내용을 담고 있는 것으로 본다면 굳이 의외조항에 관한 규정을 별도로 불공정성 판단척도로 둘 필요가 없을 것이기 때문이다. 또한 독일 민법처럼 편입단계로 두면 고객의 구체적인 사정을 고려하여 의외성을 판단할 수 있어서 추가적인 기능이 부여될 여지도 있지만, 현재 체계적인 위치로 보면 불공정성 통제사유로 규정된 이상 고객의 구체적인 사정은 고려하지 못하고 일반적으로 해당 약관이 체결되는 상황하에서의 의외성만을 기초로 판단해야 할 것이다(물론 현재 우리 판례는 다르게 논거하고 있다). 이러한 측면에서 양 조항의 의미와 법률효과를 정비하는 개정은 필요한 것으로 보인다.

결국 독일 민법처럼 의외성 조항을 편입통제단계에 두고 투명성 원칙 조항을 내용통제단계에 두거나, 투명성 원칙 조항을 현행법 형태로 둔다면 의외성 조항을 삭제하는 것이 바람직하다고 생각된다. 1) 독일 민법처럼 의외성 조항을 편입통제단계에 두는 경우에 편입단계에서 설명의무에 관한 규정과 충돌할 여지는 있다. 왜냐하면 사업자에 의하여 설명이 안 된 부분이 의외성을 가질 수 있기 때문이다. 그러나 약관에 대한 설명의무의 범주는 중요한 내용에 한정되고 의외조항 규정의 적용범위는 전 약관조항에 모두 인정된다는 측면에서 보면 겹치는 부분도 있지만 의외조항이 작용할 수 있는 영역이 훨씬 넓다고 할 수 있다. 그리고 투명성 원칙에 관한 조항을 내용통제단계에 두더라도 계약체결단계와 계약이행단계에서의 투명성 결여로 인한 문제를 모두 검토할 수 있으므로 그 실질에 있어서는 변한 것이 없을 것이다. 2) 투명성 원칙에 관한 규정을 편입단계에 두고 의외성 조항에 관한 규정을 내용통제에서 삭제하는 안은 기본적으로 투명성 원칙의 결여로 불공정 통제에서 문제를 삼기 때문에 의외성 조항에 관한 규정을 투명성 원칙이 포괄하고 있다는 측면을 생각하면 문제가 없을 것이다.

제6장

불공정한 약관조항을 갖는 계약의 효력

참조문헌: 김동훈, "약관조항의 일부무효의 법리: 약관규제법 16조의 해석론", 경희법학 제23권 제1호, 1988; 김진우, "약관조항의 불편입 및 무효와 그 보충", 외법논집 제39권 제4호, 2015; 이재현, "일부무효의 특칙에 관한 법리: 비교법적 고찰", 비교사법 제7호, 1997; 최병규, "약관규제법상 일부무효의 특칙에 관한 연구", 경제법연구 제10권 제2호, 2011.

I. 원칙: 잔존계약의 유효

1. 약관법 제16조의 입법목적과 적용범위

1) 입법목적

약관법 제16조에 의하면 약관의 전부 또는 일부의 조항이 계약에 편입되지 못하거나 무효인 경우 원칙적으로 계약은 나머지 부분만 유효하게 존속한다. 계약의 일부가 무효인 경우 해당 계약 전체가 무효가 되는지 아니면 해당 일부분만 무효가 되는지에 관하여, 약관법은 잔존계약의 유효를 원칙으로 선언하고 있다. 이는 민법 제137조에서 일무부효의 경우 전무무효를 원칙으로 하는 것과는 반대로 규정하고 있다.

이처럼 잔존계약의 유효를 원칙으로 규정하고 있는 이유는 여러 가지가 있다. 첫째, 어느 약관조항이 무효인 것으로 드러나는 경우 해당 계약 전체를 무효로 한다면 고객은 물론 사업자의 의사와 부합하지 않을 것이다.[1) 통상의 계약에서는 계약에서 무효인 부분이 드러난다면 전체적인 계약내용으로 합의한 당사자들은 일부의 계약내용만으로는 해당 계약을 유효한 것으로 보지 않는 경우가 많을 것이다. 따라서 민법에서는 이러한 경우에 원칙적으로는 전체 계약의 무효로 보고, 당사자들이 당사자의 가상적 의사, 즉 당사자들의 구체적인 이해관계를 소명하여 나머지 부분으로도 계약의 효력존속을 의도하였음을 입증하여 나머지 잔존계약의 효력을 유지할 수 있다. 그러나 약관의 경우에는 해당 약관조항은 부수적인 내용을 담고 있는 것이 원칙이고 사업자에게 유리한 내용의 약관이 불공정한 것으로 판단을 받아서 무효로 되는 것이므로 고객은 나머지 계약의 유효를 주장하여 계약의 이행을 원할 것이다. 마찬가지로 사업자도 불공정한 조항을 빼더라도 해당 내용이 임의규정 등으로 보충되므로 특별하게 불리할 것이 없어

---

1) 이러한 견해로 김동훈, "약관조항의 일부무효의 법리: 약관규제법 16조의 해석론", 경희법학 제23권 제1호, 1988, 254면; 손지열, 「민법주해[XIII]」, 1999, 403면; 김진우, "약관조항의 불편입 및 무효와 그 보충", 외법논집 제39권 제4호, 2015, 41면.

원칙적으로 해당 계약이 유효할 것을 바랄 것이다.

둘째, 민법의 원칙규정에 따라 일부 약관조항이 불공정하다고 판단되어 전체계약이 무효로 된다면 이는 고객보호라는 약관법의 취지와도 맞지 않을 것이다.[2] 왜냐하면 고객은 해당 규정이 불공정한 것으로 판단되어 무효로 처리되는 것으로도 충분하고 전체 계약의 이행을 바랄 것이다. 또한 전체 계약이 무효로 판단되어 해당 계약관계를 부당이득법에 따라 반환해야 한다면 이 또한 당사자의 법률관계를 복잡하게 하는 결과를 낳을 것이다. 이와 같은 고객의 이익보호를 목적으로 하여 약관법은 민법의 일반원칙을 수정하여 해당 약관의 불편입 내지 불공정 판단 시 해당 규정의 불편입 내지 무효를 선언하고 나머지 계약의 유효라는 법률효과를 명시적으로 규정한 것이다. 그리고 예외적인 경우 전체 계약의 무효를 인정하고 있는데, 이 경우에도 당사자의 가정적 의사를 기준으로 하지 않고 나머지 계약의 유효를 인정하는 것이 기대불가능한 경우에 전체무효를 인정하고 있는 것도 다르다고 할 수 있다.

이러한 입법목적에 추가하여 편입요건에 대한 약관법 위반 및 불공정조항을 사용한 사업자에 대한 제재적 성격이 있다는 점을 주장하는 견해가 있다.[3] 즉, "사업자만이 약관의 표현과 내용에 영향을 미칠 수 있고, 따라서 약관이 계약의 내용으로 편입되지 못하거나 무효가 되면 그로 인한 불이익은 그러한 약관을 일방적으로 제시한 사업자가 부담해야 한다"는 것이다. 하지만 잔존계약의 유효라는 법률효과가 사업자에게 불이익한 법률효과인지에 관한 의문이 있다. 왜냐하면 사업자 측에서도 편입되지 않은 조항 내지 불공정한 것으로 판단된 조항을 제외한 나머지 계약의 효력이 유효하게 존속하고 이행된 계약이 반환되는 것을 바라지 않는 것이 고객과 동일하기

---

2) 이러한 견해로 김동훈, "약관조항의 일부무효의 법리: 약관규제법 16조의 해석론", 경희법학 제23권 제1호, 1988, 254면; 손지열, 「민법주해[XII]」, 1999, 403면; 김진우, "약관조항의 불편입 및 무효와 그 보충", 외법논집 제39권 제4호, 2015, 41면.

3) 손지열, 「민법주해[XII]」, 1999, 403면; 김진우, "약관조항의 불편입 및 무효와 그 보충", 외법논집 제39권 제4호, 2015, 41면.

때문이다. 그리고 불편입 내지 일부조항의 불공정으로 인한 전체 계약의 무효를 선언하게 되면 사업자에게 약관 작성과 계약체결 시에 과도한 주의를 요구하게 되는 부당한 결과를 낳게 된다. 따라서 사업자에 대한 제재의 목적은 없는 것으로 판단된다.

2) 강행규정성

고객의 보호를 목적으로 하는 약관법 제16조는 고객에게 불이익하게 배제할 수 없다.[4] 이에 따라 일부조항이 무효로 판단되는 경우 전체 계약의 무효를 규정하고 있는 규정은 따라서 그 자체로 무효가 될 것이다.

그런데 학설 중에는 약관으로 배제하는 것은 금지되지만 개별약정을 통해서 가능하다는 견해도 주장되고 있지만,[5] 이는 약관법 제16조의 강행규정성에 반하는 해석으로서 받아들이기 힘들다.[6]

2. 잔존계약 유효의 요건

1) 약관조항의 무효로 인한 계약의 공백발생

약관법 제16조가 적용되기 위한 첫 번째 요건으로서 '약관의 전부 또는 일부의 조항이 계약에 편입되지 못하거나 무효인 경우'이어야 한다. 여기서 두 가지 사례군, 즉 약관의 전부 내지 일부 약관조항의 불편입 내지 무효가 발생해야 한다.

(1) 약관(조항)의 불편입

약관의 편입요건인 약관법 제3조 제2항 및 제3항의 요건이 충족되지 않

---

4) 김동훈, "약관조항의 일부무효의 법리: 약관규제법 16조의 해석론", 경희법학 제23권 제1호, 1988, 255면; 손지열, 「민법주해[XII]」, 1999, 404면; 김진우, "약관조항의 불편입 및 무효와 그 보충", 외법논집 제39권 제4호, 2015, 44면.

5) 손지열, 「민법주해[XII]」, 1999, 404면; 김진우, "약관조항의 불편입 및 무효와 그 보충", 외법논집 제39권 제4호, 2015, 44면.

6) 같은 견해로 최병규, "약관규제법상 일부무효의 특칙에 관한 연구", 경제법연구 제10권 제2호, 2011, 183면.

은 경우에 약관의 불편입에 따른 법률효과가 발생한다(제3조 제4항). 그러나 사업자가 명시의무와 설명의무를 다하여 약관의 편입요건을 모두 갖추었으나, 고객이 약관 편입에 대한 동의를 하지 않은 경우에는 약관 자체가 계약의 내용으로 편입되지 않았고 약관편입 자체가 계약의 유효성과 결부되어 있는 경우가 대부분이므로 이러한 경우에는 계약체결 자체가 인정되지 않으므로 약관법 제16조는 적용될 여지가 없을 것이다.[7] 마찬가지로 약관 편입에 대한 동의를 착오 내지 사기·강박을 이유로 취소한 경우에도 약관의 편입 자체가 부정될 수 있으나, 이러한 경우에도 결국은 계약체결 자체가 부정되어 약관법 제16조가 적용될 여지는 없을 것이다.[8]

(2) 약관조항의 무효

약관법 제16조가 더 많이 적용되는 경우는 약관내용의 불공정성으로 인하여 약관법 제6조에 따라 해당 내용이 무효로 판단되는 경우일 것이다. 그러나 약관법 제16조는 약관법에 의하여 해당 규정이 불공정한 것으로 판단되는 경우는 물론, 다른 법률규정을 위반하여 무효로 판단된 경우에도 적용될 수 있다.[9]

(3) 개별약정이 존재하는 경우

약관과 다른 개별약정이 존재하는 경우에는 해당 약관은 계약의 내용이

---

7) 약관법 제16조의 보호목적에 반하기 때문에 잔부유효를 주장하는 것은 타당하지 않다는 견해도 있다(김진우, "약관조항의 불편입 및 무효와 그 보충", 외법논집 제39권 제4호, 2015, 42면). 그러나 고객이 약관편입 자체에 동의를 하지 않은 경우에는 해당 계약체결 자체가 되지 않을 것이므로 계약의 유효성이 아예 문제되지 않을 것이다. 즉, 약관의 동의가 없는 경우에는 해당 계약은 아예 체결되지 않은 것이 사업자와 고객의 의사와 일치하는 것으로 보아야 할 것이다.

8) 그러나 이러한 경우에도 약관법 제16조의 적용가능성을 긍정하는 견해로 김진우, "약관조항의 불편입 및 무효와 그 보충", 외법논집 제39권 제4호, 2015, 43면.

9) 같은 견해로 김진우, "약관조항의 불편입 및 무효와 그 보충", 외법논집 제39권 제4호, 2015, 43면; BGH NJW 1995, 2030; Ulmer/Harry Schmidt, § 306 Rn. 9: Wolf/Lindacher/Hau, § 306 Rn. 11; Stoffels, Rn. 586.

되지 않고 개별약정에 따라 계약의 내용이 결정되므로 약관법 제16조가 적용될 여지는 없다.[10)]

2) 계약의 가분성

약관법 제16조가 적용되기 위한 두 번째 요건으로는 불편입 내지 무효인 부분과 유효하게 존속하는 나머지 부분으로 해당 계약내용을 나눌 수 있어야 한다. 이러한 가분성이 존재하기 위해서는 이해가능하면서 의미가 있는 부분으로 각각 나눌 수 있어야만 한다.[11)] 통상적으로 약관이 무효가 되는 경우는 계약의 부수적 부분과 연관된 것이므로 이러한 가분성은 큰 문제없이 인정될 수 있을 것이다. 부수적인 부분이 무효가 되더라도 계약의 나머지 부분으로 의미 있는 계약내용이 남아 있을 것이기 때문이다.

다만 다음과 같은 예외적인 경우에는 이러한 가분성이 인정될 수 없을 것이다. 첫째, 반대급부인 가격 내지 보수와 같은 계약의 중요부분(essentialia negotii)과 연관된 내용이 불편입 내지 무효부분과 연관된 경우에는 가분성이 인정될 수 없는 경우가 발생한다.[12)] 왜냐하면 이러한 계약의 중요내용이 당사자의 합의를 통하여 결정되지 않는다면 계약을 보충할 수 있는 방법이 존재하지 않기 때문이다. 둘째, 신종계약과 같이 입법자에 의한 입법모델이 존재하지 않은 경우에는 법률을 통하여 공정한 기준이 설정되어 있지 않으므로 관련된 약관조항이 계약의 내용으로 편입되지 못하거나 무효

---

10) 같은 견해로 김진우, "약관조항의 불편입 및 무효와 그 보충", 외법논집 제39권 제4호, 2015, 43면.

11) 이러한 가분성의 근거로 약관의 수정해석에 관한 대법원 1991. 12. 24. 선고 90다카23899 전원합의체 판결을 근거로 들고 있는 견해가 있다(김진우, 외법논집 제39집 제4호, 41면). 즉, 이 판결에서 "이러한 수정해석은 조항 전체가 무효사유에 해당하는 경우뿐만 아니라 조항 일부가 무효사유에 해당하고 그 무효부분을 추출배제하여 잔존부분만으로 유효하게 존속시킬 수 있는 경우에도 가능하다"는 부분을 그 근거로 소개하고 있다. 이 판시에 물론 가분성을 해당 요건으로 설정하고 있기는 하지만 수정해석을 적용하기 위한 요건을 설정한 판시 내용으로 이해된다. 따라서 해당 판시내용을 부당하게 확대해석할 필요 없이 약관법 제16조 법조문에 집중하면 충분하다고 생각된다.

12) 김진우, "약관조항의 불편입 및 무효와 그 보충", 외법논집 제39권 제4호, 2015, 41면 이하.

로 선언된 경우 법관이 이로 인한 공백을 보충할 수 있는 기준이 존재하지 않기 때문에 가분성 자체를 부정하고 계약 전체의 무효를 선언해야 할 것이다.

3. 다수의 무효조항으로 인한 전체계약의 무효 여부

약관법 제16조에 의하면 잔부계약의 유효가 원칙이지만, 유효한 부분만으로는 계약의 목적 달성이 불가능하거나 그 유효한 부분이 한쪽 당사자에게 부당하게 불리한 경우에는 그 계약은 전부무효가 된다.

II. 불공정한 약관조항을 사용한 사업자의 손해배상책임

불공정한 약관조항을 사용한 사업자가 이로 인하여 계약상대방인 고객에게 손해를 야기한 경우 해당 약관조항이 무효가 되는 것을 넘어서 사업자가 이러한 손해에 대하여 배상책임이 있는지가 논의되고 있다. 독일의 경우 계약상대방의 신뢰를 침해하였다는 이유로 계약체결상의 과실책임을 근거로 손해배상책임을 인정할 수 있다고 본다.

우리 학설 중에서도 독일 논의의 영향을 받아서 이러한 책임을 계약체결상의 과실책임을 근거로 인정하려는 견해가 있다.[13] 즉, 사업자가 무효인 약관조항을 상대방이 그대로 수용할 것이라고 기대하면서 의도적으로 사용한 경우에는 계약체결상의 과실책임을 긍정한다. 그에 반하여 해당 약관조항이 무효라는 사실을 알 수 없었거나 아직 이에 대한 판결례가 없어서 해당 약관조항의 무효여부에 대하여 확실한 판단을 할 수 없는 경우에는 해당 약관조항을 사용하였다는 이유만으로 손해배상책임을 인정하기 어렵다고 한다.

---

13) 김형배, "보통거래약관에 의한 계약", 고시연구 제20권 제2호, 1993, 69면.

제7장

특수문제: 약관의 제3자효

제1절 / 계약당사자가 아닌 제3자에 대한 면책약관의 적용과 그 내용통제

참고문헌: 이병준, "계약당사자가 아닌 제3자에 대한 면책약관의 적용과 그 내용통제", 법학연구 제57권 제1호, 2016.

민법의 계약과 관련된 규정처럼 약관법상의 규정도 계약의 양 당사자, 즉 사업자와 고객의 계약관계를 중심으로 규정되어 있다. 약관도 계약의 내용을 정하는 것이므로 이러한 규정태도는 어찌 보면 당연한 것이기도 하다. 하지만 계약당사자가 아닌 자에 대하여도 계약의 효력이 미칠 수 있는지가 문제되는 것처럼, 약관의 경우에도 제3자에게 약관의 효력이 미치는지의 문제가 동일하게 문제될 수 있다.

I. 제3자에 대한 약관법의 적용여부

1. 원칙: 계약당사자가 아닌 제3자에게 약관은 적용될 수 없다

약관은 그 법적 성질상 계약의 내용이 되는 것이므로 원칙적으로 계약당사자들 사이에서만 편입이 이루어지고 그에 따라 계약당사자에 한해서만 적용된다. 즉, 원칙적으로 약관을 제안한 사업자와 제안받은 고객 사이의 계약관계에 대하여만 적용된다. 그러므로 제3자가 동의하지 않은 한, 약관은 제3자에게 적용되지 않는 것이 원칙이다.[1] 다시 말하면 약관의 편입은

---

1) BGH NJW 2008, 66; Staudinger/Schlosser, § 305 Rn. 167 ff.; Ulmer/Habersack, § 305

제3자의 의사와 상관없이 제3자에게 불이익하게 이루어지므로 사업자와 제3자 사이의 법률관계에 적용될 수 없다.

그 대표적인 예는 불법행위책임을 배제하거나 제한하는 면책규정을 약관에 두고 있는 경우이다. 예컨대 사업자가 위법하게 타인의 물건을 멸실·훼손하여 불법행위책임에 따른 손해배상책임을 부담하는 경우를 대비하여 그에 대한 면책규정을 두고 있는 경우가 흔히 있다. 이때 이 면책규정은 사업자와 고객 사이의 운송계약과 관련된 법률관계에 대하여만 적용되는 것이고, 제3자에게는 적용되지 않는 것이 원칙이다. 따라서 친척이나 친구의 가방을 가지고 비행기를 탑승하는 경우, 이 가방의 훼손으로 인하여 소유자가 가지는 손해배상청구권에 대해 사업자는 고객과의 계약관계에서 유효하게 편입된 면책조항을 계약관계와 상관없는 소유자인 친척이나 친구에게 주장할 수 없다.[2)]

대리권을 수여한 경우에는 대리인을 통하여 체결된 계약에 편입된 약관은 본인에 대하여 효력을 갖는다. 이때에는 본인이 계약을 직접 체결하지 않았지만 계약의 당사자 내지 계약상의 이익을 직접적으로 누리는 자에 해당하여 순수한 계약상의 제3자에 해당하지 않는다. 주의할 점은 상당한 경우에 이러한 대리권 수여가 묵시적으로 이루어진다는 점이다. 묵시적으로 대리권의 수여가 이루어지더라도 대리인에게 약관의 편입이 정상적으로 이루어져야 함은 물론이다.[3)] 요식성이 요구되는 다른 규정들처럼 약관 편입에 관한 형식요건도 계약당사자의 이름으로 실제 법률행위를 하는 자에

Rn. 168a.

2) 독일 판례 사례에서 원고와 형제관계에 있는 자가 항공기를 이용하면서 원고의 가방을 사용하였는데, 이 가방이 수속과정에서 훼손되어 원고가 100마르크의 손해배상을 요구하였다. 여기서 피고는 자신의 운송약관에 의거하여 가방이 훼손된 경우 훼손을 발견한 후 지체 없이, 늦어도 가방 수령 후 7일까지 그 사실을 고지해야 한다는 것을 이유로 원고에게 소유권에 기한 손해배상청구권이 발생하지 않는다고 주장하였다. 이에 대하여 Köln지방법원은 항공사의 약관은 탑승승객과의 법률관계를 규율하는 것이고, 제3자의 권리, 특히 물권적 권리는 그 약관에 의해 영향을 받을 수 없다고 판시하여 원고의 청구를 인용하였다 (AG Köln NJW 1976, 2076).

3) Staudinger/Schlosser, § 305 Rn. 167.

대해 갖추어야 하기 때문이다.[4)]

2. 예외: 제3자를 위한 계약의 경우

약관은 계약의 내용이 되는 것이므로 계약당사자에 한해서 효력이 인정되고 제3자가 동의하지 않은 한 그에게 적용되지 않는다는 원칙은 일정한 예외를 갖는다. 이와 관련하여 독일 판례와 학설의 경우에는 제3자를 위한 계약 및 제3자 보호효가 있는 계약의 경우에는 약관조항의 효력이 미친다고 보고 있다.[5)] 우리 판례는 기본적으로 제3자를 위한 계약 내지 제3자를 위한 보험계약과 관련하여 제3자에 대하여 약관의 효력이 당연히 있음을 전제로 하는 것으로 보인다.

이와 관련하여 특이할 만한 판결로 용역경비계약의 효력범위와 관련된 대법원 판례가 있다. 그 사실관계를 보면 화재예방과 도난방지를 위한 용역경비 업무를 도급받아 시행하는 용역경비업체인 피고 회사와 소외 주식회사 사이에 지상 2층 건물을 경비 대상 건물로 하는 용역경비계약을 체결하였다. 그런데 이 사건 건물은 소외 회사의 감사의 소유로서 가족과 함께 거주하고 있었다. 그런데 위 감사의 처인 원고가 그 주택에서 나머지 원고 등 10여 명의 계원들과 함께 모임을 갖고 있었는데, 모임 중에 복면괴한이 침입하여 금품을 강탈하였다. 이에 원고들은 일정액의 재산상 피해를 입었다는 이유로 피고에게 용역경비계약 불이행에 따른 손해배상을 청구하였다.

제3자를 위한 계약의 범위 안에 포함되지 않는다는 원심과는 달리 대법

---

4) Staudinger/Schlosser, § 305 Rn. 102. 약관의 편입요건에 관한 독일 민법 제305조 제2항은 동법 제125조에서 말하는 방식이 요구되는 규정이고, 따라서 강행규정이라는 견해로 OLG Karlsruhe WRP 1980, 640, 642; Grunewald, ZIP 1987, 353 ff. 이와 달리 원칙적으로 명시의무의 이행은 방식을 요구하는 규정으로 판단할 수 없다는 견해로 Stoffels, Rn. 268.

5) BGH ZIP 1985, 689; Staudinger/Schlosser, § 305 Rn. 170; Schreiber, BB 1980, 1699; Blaurock, ZHR 146, 1982, 244 ff.

원에서는 위 용역계약의 약관상 사용자는 소외 주식회사의 다른 제3자를 의미하므로 위 계약은 최소한 그 범위 내에서 제3자를 위한 계약이라고 하였다, 여기서 제3자라 함은 위 계약상 용역경비업무의 성질, 손해배상책임의 대인배상 한도액, 용역경비 대상물의 소유 및 사용관계, 소외 주식회사가 위 계약을 체결한 동기 내지 경위 등에 비추어 보면 대상물인 이 사건 건물을 일상적으로 사용하는 위 감사 및 그 가족을 포함한 동거가족을 말하고, 원고 중 감사의 처를 제외한 나머지 원고들은 다만 위 건물에 일시방문한 자들로서 위 제3자의 범위에 속하지 아니한다고 보았다(대법원 1993. 8. 27. 선고 92다2339 판결).

본 판결은 이러한 해석을 하면서 약관법상의 해석원리를 근거로 하여 제3자의 범위를 계약상의 수익자는 물론 그 동거가족으로 그 범위를 확장하고 있다. 이러한 측면에서 보면 우리 판례도 기본적으로 독일 판례처럼 제3자를 위한 계약 및 제3자 보호효 있는 계약이 문제되는 사안에서 제3자에 대한 계약의 효력 및 약관의 효력을 인정하고 있는 것으로 보인다. 다만 제3자 보호효가 있는 계약을 명시적으로 인정하지 않고 제3자를 위한 계약으로 근거지우는 것은 독일의 초기 판례태도와 유사하다.[6]

II. 제3자를 위한 계약에서 약관법의 적용여부

1. 제3자를 위한 계약에서 사용된 약관의 통제와 근거

제3자를 위한 계약의 체결과정에서 당사자 사이에 약관을 사용하게 되면 계약당사자 사이에는 약관법이 그대로 적용된다. 그런데 제3자와의 관계에서는 약관법이 적용될 수 있는지, 적용된다면 어느 범위까지 적용될 수 있는지가 문제된다. 기본적으로 약관법은 편입통제, 해석 및 내용통제라는

6) 이러한 지적으로 장재현, "계약의 제3자에 대한 효력", 성균관법학 제19권 제1호, 2007, 238면.

3단계 모델을 기초로 하기 때문에 각 단계별로 어느 정도 제3자의 이익이 고려될 수 있는지가 문제된다.

앞에서 살펴본 제3자를 위한 계약에서 수익자인 제3자는 계약당사자가 아니므로 고객의 지위에도 있지 않다. 하지만 약관법의 취지가 계약당사자의 경제적 우위로 말미암아 상대방의 계약내용형성의 자유가 침해되는 것을 보완하기 위한 것에 있다면, 계약당사자로서 일방적으로 계약내용을 제시받든 계약당사자가 아닌 수익자로서 계약내용을 일방적으로 제시받든 큰 차이가 없다. 따라서 수익자인 제3자도 제3자를 위한 계약에서 약관을 사용하고 있다면 계약내용형성의 자유에 상당한 침해를 받고 있다고 보아야 한다. 하지만 계약당사자가 아니라는 점, 제3자를 위한 계약을 통하여 권리를 얻는 지위에 있다는 점을 고려한다면 어느 정도 약관법상의 보호수단에 의한 보호를 받아야 하는지가 문제될 것이다. 이러한 점을 약관법은 직접적으로 반영하여 규정하고 있지 않고, 이를 직접적으로 다룬 우리 문헌도 없다.

2. 개별약정의 특수문제

약관법에 의하면 당사자들이 합의한 개별약정이 있는 경우에는 약관에 우선하여 개별약정이 적용된다. 그런데 여기서 개별약정이라고 함은 사업자와 고객 사이의 협상을 요건으로 한다. 따라서 제3자를 위한 계약에서도 기본적으로 사업자와 고객에 해당하는 낙약자와 요약자 사이의 협상을 통해 합의된 개별약정은 원칙적으로 유효하고 이 개별약정에 대하여는 약관법에 관한 규정이 적용되지 않는다. 민법 제542조에 따르면 채무자인 낙약자가 제3자를 위한 계약에 기한 항변으로 제3자에게도 대항할 수 있다고 규정하고 있으므로 낙약자가 개별약정을 이유로 해당 합의사항이 약관법에 기한 내용통제를 받지 않는다고 주장할 수 있다.[7)]

7) Ulmer/Habersack, § 305 Rn. 46a.

하지만 제3자의 이익과 고객의 이익이 완전히 일치하지 않는 경우라서 협상에 있어서 제3자의 이익이 반드시 고려될 수 없는 경우에는 여전히 약관법에 의한 내용통제가 필요할지 여부를 고려할 필요가 있다. 예컨대 독일연방법원은 투자자를 위해 펀드회사(요약자)와 회계사(낙약자) 사이에 체결된 자본사용통제계약[8]이 요약자와 낙약자 사이에 개별적으로 협상된 계약이라 할지라도, 여전히 약관법상의 규정들이 적용될 수 있다고 보았다.[9] 문제가 된 자본사용통제계약은 피고 회계사와 펀드회사 사이에 개별적으로 약정된 것이고, 제3자를 위한 계약으로부터 이익을 얻는 제3자(투자자)에게는 낙약자와 요약자 사이의 계약관계로부터 도출되는 채권만이 귀속되는 것이기 때문에, 표면적으로 약관법상 개별약정으로 보이기는 하지만, 약관법의 보호목적에 따라서 내용통제를 받아야 한다고 판시하였다. 왜냐하면 피고 회계사와 펀드회사 사이에 체결된 계약은 불특정 다수의 투자자에 사용될 것을 목적으로 만들어진 계약의 내용이고 투자자들이 일방적으로 해당 규정을 받아들일 수밖에 없어서 계약의 내용형성에 전혀 관여할 여지가 없기 때문이라는 것이다. 결국 낙약자와 요약자 사이의 개별적인 계약을 통하여 제3자를 위한 계약이 체결되더라도 다수의 제3자가 해당 계약을 통하여 계약상의 권리를 취득할 것이 예정된 경우라고 한다면, 이러한 경우에도 제3자와의 관계에서 해당 계약상의 조항들은 약관으로 볼 수 있고 약관법상의 규정들이 적용될 여지가 있는 것이다.

3. 약관법에 의한 편입통제와 제3자의 이익

요약자와 낙약자 사이에 계약을 체결할 때 이미 약관의 편입요건을 모두 갖추었다면 이들 사이에서 약관의 효력을 주장할 수 있을 것이다. 그런데

---

8) Mittelverwendungskontrollvertrag, 금융투자자의 안전과 보호를 위하여 회계사로 하여금 펀드자본의 사용이 목적에 부합하는 것인지 여부를 감독하도록 하는 계약으로서 제3자를 위한 계약에 해당한다.

9) BGH NJW 2010, 1277.

수익자인 제3자에게 약관의 효력을 주장하기 위해서 약관의 편입절차를 거쳐야 하는지가 문제된다. 편입절차는 기본적으로 계약체결 당시에 충족해야 하므로, 제3자가 수익의 의사표시를 할 때 약관의 명시·설명의무를 이행해야 약관의 효력을 제3자에게 주장할 수 있는지가 문제될 수 있다.

우리 학설과 판례는 이 쟁점과 관련하여 언급을 하고 있지 않다. 판례사안을 보면 별도의 편입절차를 거칠 것을 요구하지 않는 것으로 보아서는 특별히 요구하고 있지 않은 것으로 보인다. 그런데 독일의 Düsseldorf 고등법원에서는 이에 관하여 명시적으로 판단하였다. 문제된 판결사례[10)]에서 승객인 원고는 피고인 전세기 항공회사에게 승차거부에 따른 손해배상을 청구하였다. 그 이유는 원고가 정해진 시간 내에 항공사의 안내데스크로 오지 않아서 그사이에 대기자명단에 있던 다른 승객에게 자리가 배정되었다는 것이다. 피고의 운송약관은 승객은 정해진 시간에 오지 않거나 불충분한 서류로 여행을 할 수 없는 경우에 항공사는 운송을 거절할 수 있다고 규정하고 있었다.

Düsseldorf 고등법원은 이러한 운송약관은 약관법상의 편입절차를 거치지 않았더라도 계약의 내용이 된다고 보았다. 왜냐하면 운송계약은 승객인 원고와 항공사인 피고 사이에 체결된 것이 아니라, 여행사가 자기 이름으로 항공사인 피고와 체결한 것이었고, 따라서 승객을 수익자로 하는 제3자를 위한 계약이 체결된 것이다. 그런데 제3자를 위한 계약이 체결되었다고 피고인 낙약자와 원고인 수익자 사이에 계약상의 법률관계가 발생하는 것은 아니므로 운송약관의 계약상 편입도 여행사와 피고인 항공사 사이에서만 이루어지면 된다는 것이다. 따라서 계약당사자가 아닌 원고와 피고 사이에 해당 약관에 관한 편입절차를 밟지 않더라도 해당 약관의 효력을 수익자인 원고에게 주장할 수 있다고 한다. 기본적으로 이러한 Düsseldorf 고등법원의 입장은 타당한 것으로 생각된다. 왜냐하면 약관의 편입은 계약체

---

10) OLG Düsseldorf NJW-RR 1993, 823. 이에 관하여 R. Schmidt, NJW 1992, 464 ff.; R. Schmidt, NJW 1994, 2451(2452).

결 당사자 사이에서 계약체결 시에 이루어지면 될 것이기 때문이다.

이와 달리 여행사와 항공사 사이에 체결되는 운송계약 내 조항인 항공사의 운송약관을 여행자와 여행사 간에 체결되는 여행계약의 내용이 되도록 할 의무를 여행사에게 직접 부과하는 경우가 있을 수 있다. 이 같은 계약구조는 과거 독일에서 여행계약 실무상 통용되는 것이었는데 제3자인 소비자의 입장에서 여행사와 항공사 사이의 운송약관과 소비자와 여행사 사이의 여행계약에 편입된 약관이 실질적으로 모두 적용되는 결과를 초래하는 반면, 소비자가 그 내용을 모두 파악할 수 없는 상황에 있게 될 위험, 그리고 두 개의 다른 사업자에 의해 작성된 약관 내에 충돌하는 약관조항이 있는 경우의 문제 등이 발생할 수 있었다.[11] 기본적으로 이 경우 운송계약 내 해당 조항에 따라 여행사와 여행자 사이의 여행계약에 항공사의 운송약관이 유효하게 편입하도록 필요한 법정요건을 모두 충족시킬 의무가 여행사에게 부과된다.[12] 특히 고객과의 여행계약을 위해 사용되는 여행사의 약관 내에 항공사의 운송약관이 적용된다는 지시조항을 두는 것만으로 충분하지 않고, 명시·설명의무 등의 약관편입요건을 여행사가 모두 충족시켜야 할 의무를 지게 된다.

이러한 약관의 존재를 전혀 모르는 수익자에게 존재하는지도 모르는 약관상의 면책사유 내지 약관상 일정한 절차를 준수하지 않았다는 이유로 권리의 부존재 내지 상실을 주장하게 되면 수익자에게 너무 불리하지 않는가 하는 생각이 든다. 이러한 의미에서 수익자인 제3자에게 명시·설명의무를 이행하여 약관의 내용을 인식시킬 의무를 신의칙상 인정할 필요가 있지 않을까 생각할 수 있다. 이러한 문제점을 Düsseldorf 고등법원도 인식하고 있었기 때문에 요약자와 낙약자 사이에 계약이 체결된 이후 제3자인 수익자에게 약관의 내용을 통지할 별도의 의무를 인정해야 하는지 문제될 수 있다고 하면서도 판단은 유보하였다. 해당 사안에서 비행기티켓에 안내데스

---

11) Gansfort, Wirksame Einbeziehung der Allgemeinen Beförderungsbedingungen der Luftfahrtunternehmen in den Pauschalflugreise-Vertrag?, TranspR 1989, 131.

12) Gansfort, TranspR 1989, 132 ff.

크에 늦게 도착함에 따른 법률효과가 이미 인쇄되어 있었기 때문에 이 문제에 대하여 명시적으로 판단하지 않은 것이다. 수익자 보호를 위하여 이러한 명시·설명의무를 이행할 의무를 인정할 필요성도 있겠지만, 현재 약관법상으로는 계약당사자 사이에만 편입절차를 거치면 되므로 이러한 의무는 인정되지 않을 것으로 생각된다.[13)]

4. 약관법에 의한 해석과 제3자의 이익

약관법에서 기본적으로 해석방법은 객관적 해석이다(제5조 제1항). 여기서 객관적이라고 함은 계약당사자의 구체적인 의사를 기준으로 하지 않고 평균적인 고객의 이해가능성을 기준으로 해석해야 함을 의미한다.[14)] 따라서 제3자는 원칙적으로 고객이 아니므로 제3자의 이익은 고려될 수 없는 것이 원칙이다.

그런데 제3자를 위한 계약처럼 제3자가 계약의 당사자는 아니어도 계약상의 권리를 향유하는 경우에는 이들의 시각도 고려될 여지가 있다. 많은 경우에 고객의 범위와 제3자의 범위가 일치할 것이기 때문에 객관적 해석의 결과는 같을 것이다. 하지만 고객의 범위와 제3자의 범위가 다른 경우에는 고려될 수 있는 평균적인 자의 범위가 달라질 것이기 때문에 그에 따른 해석의 결과도 달라질 가능성이 존재한다.

---

13) 이처럼 이러한 의무가 신의칙상 인정될 수 없다면 입법적으로 보완할 여지도 있을 것이다. 한편 제3자를 위한 계약에 해당하는 분양보증계약과 관련하여 주택공급에 관한 규칙 제27조 제6항은 "사업주체(국가, 지방자치단체, 한국토지주택공사 및 지방공사는 제외한다)는 분양보증기관의 분양보증을 받아 입주자를 모집하여 공급계약을 체결하는 경우 제5항 제1호의2에 따른 보증약관 등 보증내용(보증이행 대상이 아닌 사항을 포함한다)을 주택을 공급받는 자가 이해할 수 있도록 설명하여야 하고, 서명 또는 기명날인의 방법으로 주택을 공급받는 자의 확인을 받아야 한다."고 규정하고 있다.

14) 대법원 1995. 5. 26. 선고 94다36704 판결.

5. 약관법에 의한 내용통제와 제3자의 이익

약관은 계약의 내용으로 편입되었을 때 어느 한도에서 제3자에게 효력을 갖는지의 문제와 약관을 통한 내용통제에서 제3자의 이익을 어느 정도 고려할 수 있는지의 문제는 엄격히 구별해야 할 문제에 해당한다.[15)]

1) 원 칙

약관의 내용통제에서 고려될 수 있는 이익은 원칙적으로 계약당사자의 이익이므로 약관의 불공정성을 판단함에 있어서 계약당사자 사이의 이해관계를 고려한 이익을 기초로 이해관계 형량만 하면 되는 것이 원칙이다.[16)] 따라서 계약당사자 자신의 이익을 보존하기 위한 목적만 고려될 뿐이고, 계약당사자로서 의무를 부담하지 않고, 따라서 자신의 권리도 주장할 수

---

15) 제3자를 위한 계약에서 약관의 효력이 문제된 사안 중에서 강행법규 위반의 경우에는 약관법의 적용이 문제되지 않는다. 강행법규를 위반하는 경우에는 당연히 강행법규에 기하여 해당 조항은 무효가 되기 때문에 별도로 약관법에 따른 내용통제가 필요하지 않다. 따라서 약관법에 의한 내용통제는 강행법규에 위반하지 않은 조항에 대하여만 그 불공정성 여부를 심사하여 무효 여부를 판단하게 된다. 이와 관련된 판례를 살펴보면 전기통신서비스 이용료 채무에 관하여 채무자인 보험계약자가 채권자를 피보험자로 하여 보증보험회사와 체결한 이행보증보험계약의 추가위험부담특별약관 중 "보험계약의 보험기간 안에 연이어 갱신보험계약이 체결된 경우에는 갱신보험계약 직접 보험계약에 대한 보험회사의 보험책임은 종료하며, 갱신보험 계약의 보험기간 개시 전에 발생한 채무에 대하여는 갱신보험계약의 보험가입금액을 한도로 보상한다"는 내용의 갱신특약의 효력이 문제되었다. 그런데 이러한 조항은 보험계약자와 보험회사 사이에 갱신계약이 체결되었다는 이유만으로 피보험자의 동의 없이 곧바로 이행보증보험계약이 해지되도록 하여 종전 이행보증보험계약에 의한 보험자의 보험금 지급책임을 면하도록 함과 아울러 피보험자가 기존의 이행보증보험계약에 의해 보상받을 수 있었던 보험금청구권을 모두 소멸시키는 것이어서 상법 제649조 제1항, 제663조 및 민법 제541조 등의 규정에 위배되어 무효라고 판단하였다(대법원 2010. 12. 23. 선고 2010다45753 판결).

16) 독일 판례와 통설의 입장이다(BGH NJW 1982, 178, 180; Staudinger/Coester, § 307 Rn. 145; Ulmer/Fuchs, § 307 Rn. 134). 제3자의 이익도 원칙적으로 고려하고자 하는 소수 견해로 Habersack, Vertragsfreiheit und Drittinteressen, 1992, S. 172 ff. 참조. 하지만 이 견해도 기본적으로 계약당사자와 제3자의 이익이 동일한 것을 요구하고 있기 때문에 결과에 있어서 차이가 없다고 한다.

없는 제3자의 이익은 고려되지 않는다. 다만 고객의 불이익을 판단함에 있어서 사업자와의 관계에서 발생하는 고객의 불이익뿐만 아니라 제3자와의 관계에서 고객이 입는 불이익 모두가 고려될 여지가 있다.[17] 즉, 제3자의 이해관계 내지 행위가 고객에게 영향을 미치게 된다면, 이는 결국 고객 자신의 이익과 연관되는 것이기 때문이다. 하지만 약관의 내용통제에 있어서 계약당사자가 아닌 제3자의 이익이나 공중의 이익을 직접 고려하는 것은 원칙적으로 허용되지 않는다.

2) 독일 판례상 인정되고 있는 특수사례

이러한 원칙에 대하여 독일 학설과 판례는 다음과 같은 특수한 사례의 경우에는 예외를 인정하고 있다. 즉, 몇몇의 특수한 사례의 경우에는 사업자와 고객의 이익 이외에도 제3자의 이익을 고려할 필요성을 인정하고 있다. 특히 어떤 계약과 관련되는 1) 제3자가 당해 계약으로부터 직접 권리를 취득하는 경우 또는 2) 제3자가 당해 계약으로부터 자신의 권리를 도출할 수 있고, 통상 계약을 체결하는 자에 의해 제3자의 이익이 대변되는 경우를 생각할 수 있다고 한다.[18] 이는 앞에서 살펴본 제3자 보호효 있는 계약에서 고객의 보호범위 내로 포섭되는 경우 또는 제3자를 위한 계약의 경우라고 해석된다.[19] 이러한 경우에는 제3자가 실제 계약당사자는 아니지만 사업자와의 사이에 직접적으로 가지는 법률관계를 근거로 하여 계약당사자와 동일하게 취급되므로, 해당 계약과 결부되는 제3자의 이익은 약관의 내용통제를 함에 있어서 직접 고려될 수 있다는 것이다.[20] 예컨대 여행계약에 있

---

17) BGH NJW 1984, 2816: 본 판결사례에서는 은행고객에게 계좌이체를 철회할 수 없도록 하는 조항이 문제되는데, 내용통제에서 고려되는 불이익 중에는 철회를 함으로써 계좌이체 수령자에게 행사할 수 있었던 권리들의 상실도 고려될 수 있다고 보았다. 같은 입장으로 Wolf/Pfeiffer, § 307 Rn. 165.

18) BGH NJW 1999, 2559; Stoffels, Rn. 469; Ulmer/Fuchs, § 307 Rn. 133.

19) BGH NJW 1993, 2444; Habersack, Vertragsfreiheit und Drittinteressen, S. 189 f.; Staudinger/Coester, § 307 Rn. 146; Wolf/Pfeiffer, § 307 Rn. 166.

20) 이와 달리 법률적 또는 개인적 관계로 인하여 생기는 배려의무로 인하여 제3자의 이익을

어서 계약당사자는 자신과 함께 여행하는 동반자에게 부당하게 불리한 조항의 무효를 주장할 수 있다(제3자 보호효 있는 계약).

고려할 계약당사자의 책임을 근거로 하는 견해도 있다(Staudinger/Coester, § 307 Rn. 146). 따라서 약관법상 고객에 해당하는 자가 수탁자로서 활동하였다면 그의 신탁자가 가지는 이익도 고려되어야 한다는 견해로 Fastrich, Richterliche Inhaltskontrolle im Privatrecht, 1992, S. 307. 하지만 고객이 자신의 상속인에 대해서도 이러한 배려의무를 부담하는 것으로 보지는 않는다(BGH NJW 1982, 2316).

제2절 / 인터넷경매이용약관의 약관법에 기한 통제

참고문헌: 이병준, "가상시장의 규칙인 인터넷경매이용약관의 편입과 그 규제", 법조 제51권 제9호, 2002.

인터넷 경매이용약관은 경매이용자와 경매사이트 사이에는 물론 경매이용자들 사이의 관계에 관하여 규정하고 있다. 예를 들어 경매절차를 통하여 어느 시점에 경매가 완료되는지를 확정하기 위해서 어느 당사자의 의사표시가 청약이고 승낙인지를 약관에 규정하고 있다. 또한 경매사이트를 통하여 체결된 계약에서 판매자가 어느 한도에서 하자담보책임을 부담해야 하는지에 관한 규정도 있다. 따라서 일반적으로 약관의 불공정성 여부가 약관사용자와 고객인 이용자 사이에서만 문제되는 것이 아니라, 경매이용자들 사이에서도 문제될 수 있다. 그러므로 약관법에 기한 통제가 각각의 경우에 어떻게 이루어질 수 있는지를 검토해 보고자 한다. 여기서 이용자와 경매사이트 사이의 관계를 '이용관계(Benutzungsverhältnis)'로 그리고 이용자들 사이의 관계를 '시장관계(Marktverhältnis)'라고 하고 나누어서 각각 살펴보려고 한다.[21]

I. 이용관계로의 이용약관의 편입과 내용통제

이용자가 인터넷경매사이트에 회원가입을 하면서 인터넷경매이용약관

21) 이와 같이 구분하는 견해로 Rüfner, MMR 2000, 598; Grapentin, Vertragsschluss bei

에 동의하면 이용자와 인터넷경매사이트 사이의 이용계약관계에 이용약관은 편입된다. 여기서 인터넷경매사이트는 약관법에서 말하는 약관을 제안한 사업자이고 이용자는 약관을 제안받는 고객이 된다.

이용관계와 관련된 규정, 예를 들면 경매기간을 재량에 따라 변경시키는 권한을 경매사이트에 부여하는 규정들은 문제없이 약관법의 내용통제를 받는다. 그러나 이용자들 사이의 관계에 관한 규정이 한 당사자에게만 부당하게 이익이 되는 경우 경매사이트와 이용자 사이의 이용관계에서 약관법에 기한 내용통제가 가능한지는 문제될 수 있다. 약관법 제6조에 기하여 약관의 불공정성을 판단함에 있어서 약관사용자와의 관계에서만 고객에게 불이익이 있음을 판단하지 않는다. 중요한 점은 고객이 불이익을 받고 있다는 사실이다. 따라서 제3자에 대한 관계에서 고객이 불이익을 받은 경우도 약관법에 기한 내용통제가 가능하기 때문에,[22] 경매를 통하여 체결된 계약의 한 당사자에게 부당한 이익을 주는 경우도 이용관계에서 약관법에 기한 내용통제가 가능하다.[23]

Ⅱ. 시장관계로의 이용약관의 편입과 통제

1. 시장관계에서의 이용약관의 편입

시장관계에서 이용약관이 효력을 갖고 약관법에 기한 내용통제를 받기 위해서는 이용자 사이에 이용약관이 편입되었어야 한다. 계약체결의 양 당사자가 모두 이용약관을 그들이 체결하는 계약의 기초로 삼기 때문에 약관의 편입은 그리 큰 문제가 없는 것처럼 보인다. 그러나 약관법상 약관이 되기 위해서는 약관을 사용한 사업자가 있어야 하는데 구매자 또는 판매자

Internet-Auktionen, GRUR 2001, 714.

22) BGHZ 104, 93; BGH NJW 1984, 2816.

23) Hager, Die Versteigerung im Internet, JZ 2001, 789.

중 사업자가 누구인가의 여부에 대하여 우선 의문이 발생한다. 또한 계약체결에 관한 규정들처럼 약관에는 판매자와 구매자 사이에 매매계약이 체결되기 전에 효력을 가져야 하는 조항들이 있는데 이 조항들이 어떻게 이용자들 사이의 행위에 편입될 수 있는지도 문제될 수 있다. 시장관계에서의 경매이용약관의 편입과 통제가능성에 관하여 독일에서는 ricardo.de판결[24]과 연관하여 많이 논의가 되었다.

1) 약관을 사용한 사업자와 직접적인 편입

통상 약관을 사용한 사업자는 원칙적으로 "구체적인 계약에 약관의 편입을 제안하는 자"이다. 시장관계에 계약체결 당사자들이 구체적으로 이용약관의 편입을 주장하는 것은 일반적인 상황이 아니다. 따라서 먼저 구체적인 계약체결을 유도한 자를 약관을 사용한 사업자로 상정하려는 시도를 할 수 있을 것이다. 그렇다면 인터넷 경매에서는 경매물건을 등록한 판매자가 항상 계약체결행위를 개시하기 때문에 '사업자'가 된다. 그러나 판매자가 구체적인 계약체결행위를 할 때 약관편입의 의사를 갖는 것이 아니다. 양 당사자 모두 이미 회원가입을 할 때 앞으로 체결될 수많은 계약에 경매이용약관을 전제로 한다는 점에 동의를 한 것이다. 따라서 경매에서 체결되는 계약의 기초가 경매이용약관이 될 수 있는 데에는 양 당사자가 동일한 정도의 기여를 하고 있다고 볼 수 있다. 따라서 계약체결행위를 개시하였다고 그 자를 약관의 사용을 의도한 '사업자'로 보는 데에는 무리가 있다.[25]

그렇다고 양 당사자 모두를 약관을 사용한 사업자로 보고 약관을 통하여 불이익을 당한 자의 보호를 위해서 약관법의 적용을 인정하는 견해도 설득력을 얻기 힘들다.[26] 왜냐하면 약관법의 목적은 모든 약관의 일반적 통제에 있는 것이 아니라, 일방적으로 한 당사자의 이익을 위해서 규정된 약관을 통제하는 데 그 목적이 있기 때문이다.

---

24) BGH NJW 2002, 363 f.

25) 같은 견해로 Rüfner, MMR 2000, 660.

26) 같은 견해로 Rüfner, MMR 2000, 660.

2) 제3자를 위한 계약의 인정을 통한 편입

경매이용약관에서 정한 계약체결에 관한 규정이 직접 시장관계에 적용되기 위한 논거를 이용자들의 계약체결행위에서 찾기는 어렵다. 왜냐하면 구매자·판매자 사이의 이용약관을 그들의 체결행위의 기초로 한다는 합의를 찾기 어렵기 때문이다.[27] 그래서 시장관계에 인터넷경매 이용약관이 편입되었다고 보는 견해는 서비스이용계약을 체결할 때 인터넷 경매사이트와 이용자 사이에 미래의 계약상대방인 제3자를 위한 계약을 체결한 것으로 보고 있다.[28] 그에 따르면 경매이용약관에는 제3자에게 불리한 규정이나 의무를 부과하는 규정이 있으므로 제3자를 위한 계약을 인정하기 힘들 수 있으나, 양 당사자가 약관 전체에 대한 포괄적인 동의를 함으로써 부담을 지우는 규정에도 동의한 것으로 해석할 수 있다고 한다. 또한 경매를 진행하는 경매인이 없기 때문에 모든 이용자들의 이익을 위해서 시장규칙으로 약관의 편입을 인정할 필요가 있다고 한다. 이와 같이 약관을 사용하려는 설정이 있다고 본다면 약관법에 의한 내용통제도 가능하다. 여기서 내용통제를 할 때 물론 미래의 계약상대방인 제3자의 이익을 이익형량에서 같이 고려해야 하는 것으로 보고 있다.

그러나 이 견해에 따르면 우선 누가 약관을 사용하는 사업자인지가 문제가 된다. 왜냐하면 약관을 사용한 자는 인터넷경매 사이트이지 구매자 또는 판매자 중 어느 누구도 이용약관을 사용한 사업자가 아니기 때문이다. 물론 시장에서 일정한 이용자군이 경매이용약관의 형성과정에서 자신에게 유리한 조항을 만들기 위해서 사실적인 영향을 미치는 경우에는 이러한 이용자군을 사업자로 검토해 볼 수 있을 것이다.[29] 그러나 경매이용약관의

---

27) 이에 관하여 자세한 것은 Spindler/Wiebe, Internet-Auktionen, S. 70 f.

28) Wiebe, MMR 2000, 325; Spindler/Wiebe, Internet-Auktionen, S. 71 f.

29) 제3자가 계약당사자의 위임 또는 지시에 기하여 약관을 작성한 경우에 제3자에 의하여 사용된 약관이 계약당사자에 의하여 사용된 것으로 볼 수 있다. 예를 들면 지주회사가 자회사가 운영하는 쇼핑몰에서 자신의 상품을 파는 경우에 지주회사도 약관을 사용한 '사업자'로 볼 수 있다.

일방당사자에게 이익이 된다는 사실 하나만으로 약관을 사용한 사업자로 인정할 수 없다. 즉, 한 당사자에게 일방적으로 내용이 유리하다는 사실은 사업자성을 인정할 수 있는 단서가 될 수 있을지는 몰라도 그 사실만으로 당연히 사업자라고 볼 수 있는 것은 아니다.[30]

계약체결과 관련되지 않고 구매자와 판매자 사이의 계약관계 자체와 관련된 규정(예를 들면 이행 또는 담보책임에 관한 규정)들은 제3자를 위한 계약을 인정하는 견해에 따르면 당연히 시장관계에도 적용된다.[31] 이때 이용약관의 규정들이 당연히 적용된다면, 판매자가 사용한 판매약관의 효력이 문제될 수 있다. 판매자의 판매약관이 인터넷경매이용약관의 내용을 보충하는 규정들을 담고 있으면 문제가 없으나, 경매이용약관과 충돌하는 규정을 둔 경우에 이용약관의 효력을 없애고 판매약관의 내용을 적용하기 위해서는 필연적으로 매수인의 명시적인 동의의 의사표시가 요구된다.[32] 그러나 이와 같은 해석은 구매자와 판매자 사이의 개별적인 내용에 관한 합의를 불필요하게 너무 어렵게 한다. 왜냐하면 전자약관이 편입되기 위한 요건을 모두 갖추었다면 판매약관은 이용약관과 충돌하더라도 언제나 우선하여 효력을 가져야 하기 때문이다.[33]

3) 편입부정과 해석표준으로서의 이용약관

경매이용약관의 편입에서 경매사이트, 판매자, 구매자라는 삼각관계를 엄격히 해석한다면 경매이용약관에서 한 이용자가 다른 이용자에 대하여 약관을 사용하는 사업자는 아니다.[34] 왜냐하면 어느 당사자도 약관을 설정하지 않았기 때문에 판매자 또는 구매자 어느 누구도 약관법 제2조 제2호에서 말하는 약관을 사용하는 사업자가 될 수 없다. 경매이용약관을 제시

---

30) Grapentin, GRUR 2001, 714; Rüfner, MMR 2000, 600.

31) Spindler/Wiebe, Internet-Auktionen, S. 72.

32) Spindler/Wiebe, Internet-Auktionen, S. 72 f.

33) Grapentin, GRUR 2001, 714.

34) BGH NJW 2002, 363; Grapentin, GRUR 2001, 714.

한 인터넷경매사이트는 기본적으로 판매자와 구매자를 동시에 만족시킬 수 있고 안전하게 진행되는 판매절차에 관심이 있지 판매자군 또는 구매자군 어느 일방을 유리하게 하는 데 관심이 없다. 인터넷경매이용약관상 이용자들 사이의 관계에 관한 규정들은 고객의 계약자유를 박탈하고 고객에게 불리한 내용을 형성하려고 하는 데에 목적이 있지 않기 때문에 약관법의 보호목적이 인정될 수 있는 사안이 아니다. 다만 판매자·구매자 모두 제3자에 의하여 제공된 조건에 동의함으로써 독립적으로 약관의 적용을 받을 뿐이다.[35]

경매이용약관의 사용자는 경매사이트이며 원칙적으로 경매약관은 경매사이트와 판매자 내지 구매자 사이에서만 적용된다. 그렇지만 판매자 및 구매자 모두 경매에 참가하기 위해서 경매이용약관에 동의하였고 경매이용약관을 경매진행을 위한 '시장규칙'으로 여기기 때문에 양 당사자 모두 경매이용약관을 기초로 해서 계약체결행위를 할 것을 양 당사자 모두 서로에게 기대할 수 있다. 따라서 경매이용자는 다른 경매이용자의 행위를 해석할 때 경매이용약관을 기초로 하게 된다. 그러므로 경매이용약관이 시장관계에 효력을 미치는 것은 시장관계에 직접 적용되기 때문이 아니라, 경매이용약관이 사실적으로 경매이용당사자의 행위를 해석하는 수단으로 작용하기 때문이다.[36] 경매이용약관 중 계약체결에 관한 규정들뿐만 아니라, 시장관계 내에서 체결된 계약의 내용에 관한 규정들도 해석표준이 된다.

2. 시장관계에서의 이용약관의 내용통제

시장관계에서 이용약관의 내용통제는 약관법이 직접 적용되어서 내용통제가 이루어지는 직접통제를 먼저 생각할 수 있다. 그리고 직접통제가 이루어지지 않더라도 이용관계에서 이루어진 약관통제의 효력이 반사효

35) Grapentin, GRUR 2001, 714.

36) Rüfner, MMR 2000, 598; Grapentin, GRUR 2001, 714; Hartung/Hartmann, MMR 2001, 281.

(Reflexwirkung)를 가져서 시장관계에서도 미치는지가 문제된다.

1) 약관법을 통한 직접통제

제3자를 위한 계약을 인정하여 경매이용약관이 시장관계에 편입된다고 보는 견해에 따른다면 경매이용약관이 직접 적용되기 때문에 당사자 사이에서도 약관법에 기한 통제가 가능하게 된다. 따라서 이 견해에 따르면 한 당사자에게 매우 불리한 조항을 약관법을 통하여 직접 통제할 수 있는 장점이 있다. 그러나 이용약관은 시장관계에 직접 적용되지 않고 사실적인 해석표준으로만 작용하기 때문에 약관법에 기한 직접통제는 인정하기 어렵다.

2) 약관통제에 기한 반사효

인터넷경매이용약관이 이용자의 의사표시를 해석하는 수단으로만 사용되기 때문에 과연 약관법에 기한 내용통제가 가능한지가 문제된다. 여기서 생각할 수 있는 것은 약관의 사용자인 경매사이트와의 관계에서 해당 규정이 약관법에 기하여 무효이면 판매자와 구매자 사이의 관계에서도 해당 규정의 효력이 없어지는 약관통제에 기한 반사효이다. 이에 관하여 두 가지 견해가 첨예하게 대립하고 있다.

우선 반사효를 부정하는 견해에 따르면 시장관계에서 한 이용자들의 의사표시의 해석은 약관의 유효성과 상관없이 이용약관을 기초로 하면 된다고 본다. 다만 반사효를 부정하는 근거에 대하여는 다른 입장이 취해지고 있다. 한 견해는 판매자와 구매자 모두 약관을 그 법률적 성질, 즉 약관의 내용이 유효한지 아니면 무효인지와 상관없이 인정하였기 때문에 그 이후에 한 당사자의 의사표시는 약관에서 정한 내용대로 이해할 수밖에 없다고 보고 있다.[37] 다른 견해에 의하면 이용약관은 시장관계에 해석표준으로 사실상 작용하고 있을 뿐이므로 약관통제에 기하여 한 조항의 법률적 효력을

---

37) OLG Hamm, MMR 2001, 51.

제거할 수는 있으나, 해석표준으로 사실상 작용하는 것을 막을 수는 없다고 본다.[38] 왜냐하면 한 조항이 무효라고 해도 이용자들의 의사표시를 약관을 기초로 하였다는 점에는 변함이 없기 때문이다.

이에 반하여 반사효를 인정하는 견해[39]는 이용약관이 경매사이트에 대한 관계에서 유효한 한도에서만 시장관계에서도 이용약관이 효력을 가질 수 있다고 본다. 부정설과는 달리 이용자들이 이용약관에 동의를 하더라도 해당 규정에 무조건 동의를 하는 것이 아니라, 약관법에 기한 내용통제가 이루어질 것을 전제로 하여 이용자가 동의를 한다는 사실을 전제로 한다. 고객인 이용자는 해당 규정이 약관법에 기하여 무효라는 사실을 심사하여 무효인 경우에 해당 약관조항의 무효를 주장할 필요가 없이 무조건 보호를 받는다. 양 당사자 모두 약관이 약관법에 기한 통제를 받고 유효한 내용만을 전제로 하여 행위를 하였기 때문에 약관법에 기한 통제 후에도 효력을 갖는 조항만이 해석표준이 된다고 본다. 따라서 약관조항의 유효성 여부와 상관없이 약관의 내용을 전제로 하여 당사자의 의사표시를 해석하는 것은 타당하지 않다고 보고 있다.

어느 견해에 의하든 약관통제에 기하여 이용자와 경매사이트 사이에 무효인 약관의 효력은 상대적인 효력만을 갖는다는 점을 전제로 하고 있다. 약관이 이용관계에서 무효라는 사실을 갖고 바로 시장관계에서 이를 주장할 수는 없는 것이다. 다만 문제가 되는 것은 시장관계에서 이용자 사이에 이루어지는 매매계약의 체결과 매매계약의 내용이 이용관계에서 적용된 약관을 기초로 한 것은 경매이용약관이 하나의 시장규칙으로서의 역할을 하고 이용자들이 이러한 시장규칙에 기하여 행위를 하려고 하기 때문에 당사자들이 어느 한도에서 이러한 시장규칙의 효력을 인정하고 있는지가 문제가 된다. 이용자들이 이용관계에서 약관의 편입에 동의할 때 이 동의는 약관이 계약의 내용이 된다는 포괄적 동의이므로 구체적으로 약관의 유

---

38) Rüfner, MMR 2000, 598 f.

39) Hartung/Hartmann, MMR 2001, 280.

효·무효 여부와 상관없이 이러한 동의가 이루어진다. 따라서 무효인 약관의 내용도 당사자 의사표시의 해석기준이 될 수 있다. 그러나 시장관계에서 이용자들이 시장규칙을 기초로 행위할 때에는 해당 시장규칙이 유효한 한도에서만 행위를 하려고 하지 무효인 약관을 기초로 행위하려고 하지 않을 것이다. 따라서 유효인 약관의 내용만 당사자 사이의 의사표시를 해석하는 표준으로 기능할 수 있다. 그렇기 때문에 이용관계에서 약관이 약관법에 기하여 무효가 되는 경우에 해당 규정은 시장관계에서 당사자의 의사표시를 해석하는 데 사용될 수 없으므로 반사효를 인정해야 한다. 이와 같이 반사효를 인정하는 것이 약관법에 기하여 제공되는 법률적인 척도가 인터넷 경매에서 체결되는 계약에 직접적으로는 아니더라도 간접적으로나마 효력을 가질 수 있는 장점이 있다.[40]

40) Hartung/Hartmann, MMR 2001, 281.

제3절 / 약관법에 의한 온라인 중개 플랫폼 약관에 대한 내용통제

참고문헌: 신정은, "부킹닷컴상 약관의 제3자(고객)에 대한 효력과 규제—서울고등법원 2020.5.20. 선고, 2019누38108 판결을 중심으로", 외법논집 제44권 제4호, 2020; 이병준, "숙박플랫폼의 환불불가 조항과 약관규제법에 의한 내용통제—서울고법 2020. 5. 20. 선고 2019누38108 판결에 대한 평석", 소비자법연구 제6권 제3호, 2020; 최병규, "부킹닷컴 '환불불가 상품 조항'의 불공정 약관 여부—서울고법 2020.5.20. 선고 2019누38018 판결에 대한 평석을 중심으로", 경제법연구 제19권 제2호, 2020; 홍대식, "약관규제법상 불공정약관조항 사용금지 의무 위반에 대한 행정적 책임 주체와 관련 문제", 비교사법 제29권 제1호, 2022.

I. 온라인 플랫폼 경제에 대한 규제 확대 경향

온라인 플랫폼 경제의 지속적인 성장과 시장의 집중화 경향에 따라 플랫폼에 대한 합리적인 규제가 현재 큰 화두가 되고 있다. 그리고 각 규제기관에서 부당하거나 불공정한 플랫폼 사업자의 행위 등에 일정한 시정조치 등을 취하거나 소송을 제기하는 사례가 점점 더 늘어나고 있다. 이러한 움직임의 연장선에서, 서울고등법원에서 플랫폼과 관련한 약관에 대한 내용통제와 관련하여 흥미로운 판결을 선고하였다. 대상판결에서는 공정거래위원회에서 숙박 예약플랫폼 사업자인 부킹닷컴에 대하여 불공정한 약관에 시정명령을 하였고 이에 불복하여 해당 사업자가 행정소송을 제기하였다.[41]

---

41) 법원에서 받은 판결문에서는 당사자가 익명으로 처리되어 있지만, 신문지상으로 부킹닷컴인 것으로 보도되었고([판결] "부킹닷컴 '환불불가 상품 조항', 불공정 약관 아니다", 법률신문 2020. 5. 22.자 기사 참조) 현재 대법원 종합법률정보에서 볼 수 있는 판결문 원문에도 원고가 기재되어 있다. 대상판결에 대한 평석으로 최병규, "부킹닷컴 '환불불가 상품 조항'의 불공정 약관 여부—서울고법 2020.5.20. 선고 2019누38018 판결에 대한 평석을 중심

공정거래위원회에서는 Facebook 약관을 시작으로 많은 국제적 플랫폼 약관에 대해 규제하였다. 이와 같은 국제적 플랫폼은 시장에서 상당한 지배적 지위를 가지고 있는 경우가 많아서 불공정한 약관을 그대로 두는 경우에 한국 소비자들이 많은 피해를 입을 수 있기 때문이다. 최근에 주목을 받은 시정명령의 내용은 공유숙박플랫폼인 Airbnb와 관련되었다.[42] 대상판결에서 문제된 부킹닷컴 역시 온라인 숙소 검색·예약 플랫폼으로서 상당한 시장규모를 자랑하고 있다.[43]

다른 온라인 플랫폼에서와 마찬가지로 숙박플랫폼은 양면시장을 형성하여 중개자로서의 역할을 수행한다. 즉, 숙박플랫폼은 숙박사업자와 고객이라는 양 주체가 이루는 시장을 형성하고 이들 사이의 계약체결을 중개하고 있다. 물론 이때 플랫폼이 주장하는 것처럼 단순히 중개자로서의 지위만을 갖는지, 아니면 더 나아가 고객과 직접 숙박계약의 당사자로서의 역할을 하고 있는지는 구체적으로 판단해야 한다. 최근의 도서정가제와 관련하여 중개 기능을 담당하는 플랫폼 사업자를 계약당사자가 아님에도 불구하고 도서정가제를 준수해야 하는 '판매하는 자'로 보아 플랫폼의 책임 확대를 인정한 대법원 판결이 선고되기도 하였다.[44]

으로", 경제법연구 제19권 제2호, 2020, 117면 이하; 김세준, "숙박예약 플랫폼과 환불불가 약관", 월간 소비자 제422호, 2020, 34면 이하.

42) 이에 관하여 자세한 것은 오승유, "숙박공유 플랫폼 약관의 불공정성 – 에어비앤비(Airbnb) 이용약관을 중심으로", 소비자법연구 제5권 제2호, 2019, 285면 이하 참조.

43) 계열사인 아고다는 현재 서울고등법원에서 동일한 내용으로 시정명령의 취소소송을 진행하고 있으며, 같이 시정명령을 받은 익스피디아, 하나투어, 인터파크, 호텔패스글로벌 등은 약관을 이미 수정하였다.

44) 대법원 2019. 9. 10. 자 2019마5464 결정. 이 판결에 관하여 미국의 아마존 관련 판결에 대한 분석과 함께 긍정적으로 소개하는 논문으로 이병준 외, "플랫폼 경제시대에 있어 제조물책임법의 확장 – Oberdorf v. Amazon.com Inc. 판결을 중심으로", 소비자법연구 제6권 제1호, 2020, 141면 이하 참조. 그 밖에 위 판결에 대하여 부정적인 입장으로 박신욱, "도서정가제에 대한 우리나라와 독일의 법체계에 대한 비교법적 고찰 – 대법원 2019. 9. 10. 자 2019마5464 결정에 대한 비판적 접근", 비교사법 제27권 제1호, 2020, 277면 이하; 황원재, "온라인 플랫폼의 도서 할인은 위법한가?", 월간 소비자 제420호, 2020, 39면 이하.

Ⅱ. 플랫폼 사업자가 약관법상의 사업자에 해당하는지 여부

기본적으로 약관법상의 사업자와 고객 개념은 계약관계를 맺고 있는 당사자를 기초로 하고 있다. 이에 따라 양자는 계약의 내용을 위하여 약관을 각각 제안하고 제안받아야 하는 지위에 있다. 따라서 원칙적으로 숙박플랫폼 사업자가 숙박사업자나 고객에 대해 사용하는 약관의 내용은 숙박사업자와 고객 사이의 법률관계에서 직접적인 효력이 발생하지 않는다. 다시 말하면 숙박플랫폼 사업자가 계약당사자로서 체결한 숙박업자와의 등록계약 내지 고객과 체결하는 이용계약에 적용되는 약관은 이들 사이에서만 효력을 가지고 숙박사업자와 고객 사이의 법률관계에 직접적인 영향을 미치지 못하는 것이 원칙이다. 이러한 측면에서 원칙적으로는 숙박플랫폼 사업자가 숙박사업자와 고객 사이의 법률관계에서 약관을 제안하는 사업자라고 보기 어려운 측면이 있다. 그 반면에 숙박플랫폼 사업자는 각각 숙박사업자 내지 고객과 체결하는 계약에서 사용하는 약관을 제안하는 약관법상의 사업자라고 볼 수 있다.

그런데 약관법도 민법과 마찬가지로 양 당사자 관계를 전제로 하여 제정되었다. 따라서 현재 거래현실에서 자주 등장하는 제3자를 위한 계약, 3면계약관계 그리고 여기서 문제되는 플랫폼 경제를 기반으로 한 계약관계를 고려하지 못하고 있다. 따라서 양 당사자 관계를 기초로 한 기본적 시각을 기초로 약관법의 인적 적용범위를 형식적으로 판단하는 것은 플랫폼 경제와 같은 거래현실을 반영하지 못한 해석이므로 타당하지 않을 수 있다.

이러한 측면에서 고객의 개념도 계약당사자보다 넓게 파악해야 한다. 예컨대 제3자를 위한 계약에서 수익자는 약관의 효력을 받는 자이고 약관을 통하여 수익자가 행사할 수 있는 권리가 제한될 수 있으므로, 약관법에 기한 내용통제를 주장할 수 있어야 한다. 여기서는 사업자의 개념을 계약당사자가 아닌 중개기능을 담당하는 플랫폼에까지 넓힐 수 있는지가 문제된다.

플랫폼 사업자의 약관은 기본적으로 플랫폼과 숙박사업자 내지 고객 사이의 법률관계는 물론 숙박사업자와 고객 사이의 관계에 관하여 규정하고 있다. 많은 경우에 플랫폼의 약관은 플랫폼과 숙박사업자는 물론 플랫폼과 고객, 더 나아가 숙박사업자와 고객 사이의 계약관계에 대하여도 규정하고 있다. 이에 약관법에 기한 내용통제가 각각의 경우에 어떻게 이루어질 수 있는지를 검토할 필요가 있다. 여기서 플랫폼과 고객 사이의 관계를 '이용관계(Benutzungsverhältnis)'로, 그리고 숙박사업자와 고객 사이의 관계를 '시장관계(Marktverhältnis)'라고 하고 나누어서 각각 살펴보려고 한다.[45)]

1. 이용관계에서 이용약관에 담긴 환불불가 조항의 통제가능성

고객이 숙박플랫폼에 회원가입을 하면서 플랫폼 이용약관에 동의하면 이용약관은 고객과 숙박플랫폼 사이의 이용계약관계에 편입된다. 여기서 숙박플랫폼은 약관법에서 말하는 약관을 제안한 사업자이고 고객은 약관을 제안받는 고객이 된다.

이용관계와 관련된 약관조항들은 이견 없이 약관법의 통제를 받는다. 그런데 이용약관에는 플랫폼과 고객 사이의 법률관계에 관한 규정뿐만 아니라, 숙박사업자와 고객 사이의 법률관계를 대상으로 하는 규정도 있다. 예를 들어 환불불가와 관련하여서는 여행 이용약관 "2. 요금, 비교 요금, 최저가 보장, Genius 프로그램"에서 "당사 웹사이트에서는 특정 숙박, 상품 및 서비스의 경우 더 저렴한 특가를 제공하기도 합니다. 그러나 여행 서비스 제공업체가 제공하는 이러한 특가 상품에는 취소 불가 또는 환불불가와 같은 별도의 제약 및 조건이 있을 수 있습니다. 예약하시기 전에 관련 상품, 서비스, 예약 조건과 상세 정보를 꼼꼼히 확인하시기 바랍니다."라고 규정하고 있다.

---

45) 이와 같이 플랫폼 경제를 이루는 인터넷 경매에서 구분하는 견해로 Rüfner, MMR 2000, 598; Grapentin, GRUR 2001, 714.

1) 환불불가 조항을 통하여 플랫폼은 이익을 취하고 있는가?

그러면 환불불가 조항이 내용통제의 대상이 되기 위해서는 원칙적으로 이 조항을 사용한 사업자에게 이익이 되고 그 반면에 고객에게 불이익이 되어야 한다.

환불불가 조항을 통하여 예약을 취소할 경우 숙박시설을 이용하지 못하더라도 숙박료가 지불된 상태로 유지되기 때문에, 숙박사업자에게 이익이 있음은 명백하다. 또한, 환불불가 조항은 기본적으로 숙박플랫폼 사업자에게도 이익이 된다. 통상 중개료는 계약이 체결되어 그 효력이 유지된 경우에만 지급되는 것인데, 숙박예약이 취소되면 중개료를 지급받지 못하기 때문이다. 따라서 환불불가 조항을 통하여 플랫폼 사업자는 중개료가 무조건 예약을 통하여 지급되는 것을 확보하게 되는 이익을 누리게 된다.

또한 숙박플랫폼은 기본적으로 양면시장을 형성한다.[46] 즉, 숙박사업자와 고객 양쪽 모두 많이 모여야만 시장이 긍정적으로 형성된다. 이러한 측면을 고려하면 환불불가 조항은 근본적으로 호텔에게 유리한 조건을 형성하여 호텔이 많이 등록하는 유인으로 작용하게 된다. 나아가 숙박플랫폼에서는 환불불가 조항을 통하여 확보한 재원으로 최저가보장이라는 조건을 추진할 수 있는 재원을 확보하는 이점을 누린다. 그리고 이 최저가보장은 고객을 많이 유인하게 된다. 이와 같이 환불불가 조항은 숙박플랫폼 사업자의 숙박중개모델이 다른 숙박플랫폼과의 경쟁관계에서 우위를 확보할 수 있는 수단으로 활용됨을 알 수 있다. 즉, 환불불가 조항이 적용되는 고객의 손해를 통해 숙박플랫폼의 이익을 보장하고 이를 재생산하는 것이다.

2) 고객에게 일방적으로 불이익만 가하는 경우 내용통제 가능성

만약 앞에서와 같이 숙박플랫폼 사업자에게 환불불가 조항으로 인한 이익을 인정하지 않은 경우에도 환불불가 조항에 대한 내용통제가 가능한지

---

46) 양면시장에 관하여 자세한 것은 박미영, "플랫폼 규제를 위한 플랫폼 작용의 이해 필요성", 유통법연구 제5권 제2호, 2018, 111면 이하 참조.

살펴보려고 한다.

숙박사업자와 고객 사이의 관계에 관한 규정이 한 당사자에게만 부당하게 이익이 되는 경우 플랫폼과 고객 사이의 이용관계에서 약관법에 기한 통제가 가능한지는 문제될 수 있다.[47] 약관법 제6조 이하의 규정에 기하여 약관의 불공정성을 판단함에 있어서 약관을 제안한 사업자와의 관계에서만 고객에게 불이익이 있음을 판단하지 않는다. 중요한 점은 고객이 불이익을 받고 있다는 사실이다. 따라서 독일 판례와 학설은 제3자에 대한 관계에서 고객이 불이익을 받은 경우도 약관법에 기한 통제가 가능하다고 보고 있다.[48] 설령 환불불가 조항을 통하여 숙박플랫폼이 직접 이익을 누리지 않더라도 숙박사업자에게는 부당한 이익이 되고 고객에게 불이익이 된다면 이용관계에서 약관법에 기한 통제가 가능하다.[49]

3) 소 결

숙박플랫폼과 고객 사이의 이용관계에 적용되는 이용약관에도 환불불가 조항이 있다. 이때 숙박플랫폼 사업자가 이용계약의 당사자라는 측면에서 약관을 제안하는 사업자임에는 의문이 없으며, 환불불가 조항을 통하여 고객에게 숙박료 전액의 손해라는 불이익이 존재함은 분명하다. 환불불가 조건이 선택되는 경우 숙박플랫폼 사업자에게 중개수수료가 무조건 지급된다는 측면에서 환불불가 약관은 숙박플랫폼 사업자에게 이익이 된다는 사실은 분명하며, 환불불가 약관이 제3자인 숙박사업자에게만 이익이 있더라도 내용통제의 대상이 될 수 있기 때문에 약관에 대한 내용통제는 가능하다고 판단된다.

---

47) 위 판결에서는 전혀 논의되지 않는 부분이다.

48) BGHZ 104, 93; BGH NJW 1984, 2816.

49) 인터넷 경매와 관련하여 이러한 견해로 Hager, JZ 2001, 789.

2. 시장관계에서 환불불가 조항의 통제가능성

1) 시장관계에서 숙박 이용약관에 담긴 환불불가 조항의 통제가능성

환불불가 조항을 중개역할을 담당하고 있는 플랫폼 사업자가 만든 것이더라도 숙박사업자가 이 조항을 사용하여 제안한 이상 숙박사업자가 약관법상 약관을 제안한 사업자로 보는 것이 원칙이다. 이에 따르면 숙박사업자에게 불공정한 약관을 사용하였다는 이유로 내용통제가 가해질 수 있고 숙박이용약관에 담긴 환불불가 조항을 제안한 사업자로 플랫폼 사업자를 볼 수는 없는 것이 원칙적인 사고에 해당한다. 다만 중개인이 만든 약관을 선택하여 계약을 체결하는 경우에 누가 약관을 계약의 내용으로 제안한 자에 해당하는지에 관하여는 논의가 있다. 이 논의는 외형적인 계약당사자가 누구인지에 초점을 맞추고 있는 것이 아니라, 약관을 실질적으로 '제안'한 자가 누구인지에 초점을 맞추고 있다.

'제안'이라는 요건을 통하여 약관법은 해당 규정내용을 사업자가 일방적으로 제시할 필요가 있다는 것을 명확히 하고 있다. '제안'이라는 요건이 충족되기 위해서는 한 계약당사자가 사전에 마련한 계약내용을 앞으로 체결될 계약에 편입될 것을 요구하여야 한다. 다시 말하면 구체적으로 (일방적인) 편입제안을 해야 한다. 그런데 약관을 제안하는 자가 누구인지 불명확한 경우에는 어떻게 판단해야 할지가 문제 된다. 이와 관련하여 제안자가 불명확하면 약관이 사용된 것임은 분명하므로 약관법 제3조처럼 사업자와 고객의 지위를 전제로 한 규정의 적용을 배제한 체 약관의 해석과 내용통제에 관한 규정을 적용해야 한다는 견해가 있다.[50] 하지만 이 경우에도 제안 개념을 형식적으로 판단하지 않고 약관법의 보호목적을 기초로 **실질적인 판단**을 하면 사업자와 고객의 지위를 구분할 수 있는 경우가 존재한다.

약관이 되는 계약내용은 계약당사자에 의하여 제안되어야 하지만, 반드시 계약당사자들에 의하여 작성될 필요는 없다.[51] 계약내용이 제3자에 의

50) 손지열, 「민법주해[XII]」, 1999, 306면.

하여 작성된 경우에는 계약당사자들 중 한 당사자가 작성된 계약내용을 계약으로 편입할 것을 제안하였는지가 중요한 판단요소가 된다.[52] 아직 우리 판례상 문제가 되지는 않았지만 독일 판례상으로는 제3자가 제안한 경우에도 약관법상의 규제대상이 될 수 있는지가 문제되고 있다. 실무상으로 공인중개사, 공증인, 변호사와 같이 법률적 자문을 하는 자가 일정한 계약내용의 사용을 권장하여 체결된 경우가 문제된다. 왜냐하면 이들은 통상 가지고 있는 모범계약서 내지 표준계약서를 권장하여 계약체결을 돕는 경우가 많기 때문이다. 이처럼 자문을 하는 제3자가 중립적인 위치에서 약관의 사용을 제안하는 경우에는 그 제안을 어느 당사자에게 귀속시킬 수는 없을 것이다.[53] 그에 반하여 한 당사자의 부탁으로 다수 계약의 체결을 위하여 계약서식이 제3자에 의하여 만들어지거나, 제3자가 만들어 놓은 계약서식을 사용하는 경우에는 그 사용을 부탁한 당사자의 '제안'이 있는 것으로 볼 수 있다.[54] 예컨대 아파트 분양업체가 중개인에게 분양을 목적으로 계약서를 만들어 줄 것을 부탁하고 수분양자와의 계약에 해당 계약서식을 사용한 경우 분양업체가 직접 그 사용을 제안하지 않았더라도 실질적으로는 분양업체를 통하여 제안이 이루어진 것으로 볼 수 있으므로 분양업체가 약관을 제안한 것으로 보아야 한다.

2) 시장관계에서 플랫폼 이용약관에 담긴 환불불가 조항의 통제가능성

숙박 예약플랫폼을 통하여 3면의 계약관계가 성립하는 경우 약관의 내용통제에 관한 문제를 앞의 제2절에서 이미 살펴보았다. 이때에는 불공정성이 문제된 조항이 직접적으로 플랫폼 이용자들 사이의 법률관계에는 존재

---

51) 이재현, "약관의 개념", 비교사법 제10권 제1호, 2003, 340면.

52) BGH NJW 1994, 2825; Stoffels, Rn. 134. 따라서 사업자단체에서 마련한 표준약관을 A회사에서 구체적인 계약을 체결할 때 제안하게 되면 A회사가 약관법상 사업자가 된다.

53) 장경환, "보통거래약관의 개념 — 약관의 규제에 관한 법률 제2조를 중심으로", 법학연구 제3권, 1991, 324면; 이재현, "약관의 개념", 비교사법 제10권 제1호, 2003, 352면; BGH NJW 1991, 843; Stoffels, Rn. 135.

54) BGH NJW 1993, 2160; Stoffels, Rn. 136.

하지 않았고 단지 경매업체와 이용자들 사이의 약관에만 존재하였다. 이때 해당 규정은 직접적으로 이용자들 사이의 법률관계 내로 직접 편입되지는 않지만, 당사자들의 행위나 의사표시를 해석할 수 있는 해석표준으로 볼 수 있다는 입장을 취하였다. 더 나아가 내용통제와 관련하여 직접적인 내용통제는 불가능하지만 반사효를 인정하여 내용통제를 할 필요가 있다고 주장하였다.

그런데 여기서는 근본적으로 위 사안보다 플랫폼을 통한 약관의 관여도가 더 커서 약관의 효력을 더 강하게 인정하여 이용자에 대한 보호의 필요성이 더 크다고 생각된다. 왜냐하면 여기서 문제되고 있는 환불불가 조항은 플랫폼과 이를 이용하는 숙박사업자 및 고객 사이의 계약관계에 적용되는 약관에만 존재하는 것이 아니라, 숙박사업자와 고객 사이의 계약관계에서도 존재하기 때문이다. 즉, 인터넷 경매약관 관련 사안에서는 불공정한 약관조항을 사용하는 사업자가 시장관계에서는 존재하지 않았지만, 여기서는 이미 숙박사업자가 환불불가 조항을 제안한 사업자로 존재하기 때문에, 이용자들에게 미치는 영향은 훨씬 직접적이다. 따라서 여기서는 환불불가 조항을 근본적으로 제정하여 해당 숙박플랫폼에서 체결되는 모든 숙박계약에서 사용하도록 마련한 숙박플랫폼 사업자도 이를 선택한 숙박사업자와 더불어 추가적인 시장관계에서 해당 약관을 제안한 사업자로 볼 수 있는지 아니면 최소한 시정명령의 대상으로 삼을 수 있는지가 문제될 수 있다.

(1) 사업자 개념을 확대하는 방안

이미 살펴본 바와 같이 약관법상 사업자 개념은 기본적으로 양면계약을 기초로 양자 간의 직접계약이 주로 존재하였던 시기에 제정되는 것으로 본 사안에서처럼 중개인이 개입된 경우에 이러한 중개인의 법적 지위를 어떻게 평가할 것인지를 명시적으로 고려하지 않은 것으로 보인다. 이러한 측면에서 현재의 거래현실을 반영하기 위해서는 약관법상의 사업자 개념에 중개인이 포함된 것으로 볼 여지가 있다.

이와 관련하여 방문판매 등에 관한 법률에서는 방문판매의 '판매'행위에는 위탁 및 중개를 포함하는 것으로 규정하고 있다(동법 제2조 제1호). 또한 금융소비자 보호에 관한 법률도 '금융상품직접판매업'의 내용에 자신이 직접 계약의 상대방으로서 금융상품에 관한 계약의 체결을 영업으로 하는 것 또는 자본시장과 금융투자업에 관한 법률 제6조 제3항에 따른 투자중개업도 포함되는 것으로 규정하고 있다(동법 제2조 제2호). 따라서 법률상 판매자라고 할 때 판매계약의 당사자뿐만 아니라, 중개자도 포함되는 것으로 보는 법률이 존재한다. 특히 출판법에서는 '판매하는 자'로만 규정하고 있고 법률상 명시적으로 중개가 포함되는지 여부에 관하여 규정하고 있지 않으나, 앞에서 살펴본 도서정가제 판결에서 대법원은 중개를 담당하는 자도 포함하는 것으로 해석한 것이다. 위 대법원 판결 취지에 따른다면 약관법도 중개인이 포함된 경우를 충분히 고려하지 않았으므로 계약당사자인 사업자 개념에 중개를 포함하는 것으로 해석할 여지도 있다.

앞에서 살펴본 바와 같이 사업자의 개념 요소 중 '제안'이라는 요건을 실질적으로 파악하여 중개를 담당하는 자가 중개의뢰인 사이의 계약에 약관을 제안하는 사업자인지의 여부를 구체적 사정에 따라 판단하고 있다. 따라서 단순히 계약당사자인 사업자 개념을 모든 중개자에게 확대하는 것이 아니라 구체적으로 실질적인 '제안'을 누가 하였는지를 기초로 판단해야 한다고 생각된다.

(2) 누구의 이익을 실현하기 위하여 제안된 조항인지를 기초로 판단하는 독일 판례의 입장

독일 연방법원 판례는 중개인과 같은 제3자가 해당 조항을 사전에 마련하고 단순한 중개기능을 넘어서 독자적인 이익을 추구하는 경우에는 그 자를 근본적으로 약관을 만들어서 제안하는 자로 볼 수 있으므로 약관의 사용자로 인정할 수 있다고 보고 있다.[55] 동 판례는 실질적으로 '제안'이 이루

---

55) BGH NJW 2017, 1540; HK-BGB/Hans Schulte-Nölke, Bürgerliches Gesetzbuch, BGB § 305 Rn. 5.

어졌는지 여부를 구체적으로 판단하는 법리를 제공하고 있는 것으로 해석될 수 있다.

여기서 문제되고 있는 환불불가 조항은 자체가 아래와 같이 숙박플랫폼 사업자의 이익이 되기 때문에 위 독일 판례의 법리가 적용될 수 있다. 즉, 1) 양면시장을 형성하는 플랫폼 사업자가 경쟁의 우위를 확보하기 위하여 환불불가 조항과 결합하여 최저가보장조항을 통하여 다른 숙박플랫폼과 경쟁우위를 점하려는 목적, 2) 환불불가 조항을 통하여 플랫폼 사업자는 예약취소의 경우에 수수료를 받지 못하는 위험을 면할 수 있다는 직접적 이익 등을 기초로 하여 보면 독자적 이익을 추구하고 있다고 볼 수 있다.

우리나라에서는 아직 중개 기능을 담당하고 있는 플랫폼 사업자를 약관법상 약관을 제안하는 사업자로 보는 명시적 판결을 발견하지 못하였다. 다만 중개기능을 담당하는 자가 실질적 이익을 취득하는 경우에 실질적으로 '제안'하는 자로 볼 수 있는 독일 판례 법리를 대입하여 보면 충분히 숙박플랫폼 사업자를 약관을 제안한 사업자로 볼 수 있는 여지가 있다.

(3) 환불조항의 제안자와 환불조항의 선택자로 구분하여 이론구성하는 방안

환불불가 조항을 계약관계 내로 근본적으로 가져오도록 한 자가 누구인지를 살펴보아야 한다. 물론 형식적으로는 숙박계약에서 환불불가 조항이 효력이 발휘하고 있으므로 이를 제안한 숙박사업자가 해당 환불불가 조항을 계약의 내용으로 제안한 자이다. 따라서 당연히 숙박사업자는 숙박계약의 당사자로서 형식적으로 해당 약관조항을 제안한 사업자에 해당한다.

그런데 근본적으로는 환불불가 조항은 숙박플랫폼 사업자가 만든 시장의 조건으로서 해당 시장 안에서 체결한 숙박계약에 적용된 것으로 보아야 한다. 즉, 숙박플랫폼에서 환불불가 조항을 만들고 이를 숙박사업자와의 숙박등록계약 및 고객과의 이용계약에서 약관에 담아서 전체 숙박계약체결 시에 계약의 내용이 되도록 하고 있다. 숙박플랫폼에서 환불불가 조항을 각 계약관계의 약관을 통하여 모든 시장참여자에게 계약의 내용으로 삼아서 이들 계약관계에도 해당 환불불가 조항이 특정한 내용과 조건으로 효력을 갖도록 하고 있다. 더 나아가 환불불가조건을 선택한 경우에 반드시 사전결제를 하도록 하여 숙박플랫폼과 숙박사업자의 이익을 보호하고 있다는 점에도 주목할 필요가 있다.

구체적으로 살펴보면 고객이 부킹닷컴을 통해 예약하는 경우, 부킹닷컴이 제공하는 숙박조건에 대한 설명과 부킹닷컴의 이용약관만 확인할 수 있고 부킹닷컴은 개별 숙박업소의 개별적인 이용약관은 제공하지 않는다(그러나 그에 대하여 고객은 동의한 것으로 간주된다). 즉, 숙박플랫폼에 기재된 숙박업체의 중요 정보 및 숙박업체의 자체 규정이 예약 전에 얻을 수 있는 숙박 이용약관의 전부인데 이는 부킹닷컴이 먼저 정해 놓은 형식에 맞추어 각 숙박업체에서 선택하는 것이다. 여행업체가 '환불불가'약관을 선택하는 경우 그 의미에 대해서는 부킹닷컴이 이용자에게 제공하는 이용약관에서 설명하게 된다. 이는 결국 적어도 환불불가와 관련해서는 부킹닷컴이 숙박업체와 고객 사이에 적용되는 기본약관을 제공하는 것이라고 생각된다.

〈부킹닷컴이 고객에게 제공하는 이용약관의 내용〉

"여행 업체를 통해 여행 예약을 진행하게 되면 해당 예약에 적용되는 취소 및 노쇼 정책, 그리고 여행 업체 측에서 해당 여행에 제공하는 상품과 서비스를 포함하여 여행에 적용할 수 있는 별도의 (서비스) 이용약관(당사의 플랫폼에 기재된 여행 업체의 중요 정보 및 여행 업체의 자체 규정 포함)에 동의하시는 것으로 간주합니다. 여행 업체별 (서비스/구매/이용/이송) 이용약관은 해당 여행 업체를 통해 확인해 주시기 바랍니다. 각 여행 업체의 기본 취소 및 노쇼 정책은 당사의 플랫폼에서 각 여행 업체 정보 페이지에 명시되어 있으며, 예약 과정에서, 그리고 예약 확정 이메일 또는 (해당되는 경우) 티켓에서도 확인하실 수 있습니다."

〈부킹닷컴이 고객에게 제공하는 이용약관 중 환불불가 관련 부분〉

지불 지연, 잘못된 은행 정보, 신용/직불카드 정보, 유효하지 않은 신용/직불카드 또는 잔액 부족은 모두 고객의 책임으로 간주되며, 여행 업체에서 동의/허용하거나 (선)결제 및 취소 정책에 달리 명시되어 있지 않는 한, (환불 불가) 선결제 금액은 어떠한 경우에도 환급해 드리지 않습니다.

이는 시장을 만들어서 시장참여자에게 공통한 조건을 형성하려고 하는 온라인 플랫폼들이 가지려고 하는 시장지배자로서 행사 가능한 자율적 규율형성의 측면에서도 검토되어야 한다. 이러한 온라인 플랫폼의 지위를 '사적인 입법자'라고 표현한다.[56] 플랫폼에서 사적인 입법자로서 시장지배력을 행사한 이상 이에 따른 책임도 부담해야 한다. 즉, 숙박플랫폼 사업자가 환불불가 조항과 같은 특정조건을 설정하고 이를 전체 시장참여자인 숙박사업자 및 고객에게 적용하려고 한다면 이 조건이 숙박사업자와 고객 사이의 숙박계약을 통하여 실현되는 것이라도 숙박플랫폼 사업자에 의하여 실질적으로 제안된 것으로 보아야 하며 해당 조항의 불공정성에 따른 책임을 부담해야 한다고 생각된다.[57]

이처럼 플랫폼에서 불공정한 조건을 만들고 숙박사업자로 하여금 해당 조건을 선택하도록 하는 경우에는 플랫폼을 숙박사업자와 공동제안자 내지 숙박사업자를 대신하여 진정으로 제안한 자로 볼 여지가 있는 것이다. 숙박사업자는 이때 수동적으로 여러 약관조항 중에서 하나를 선택하는 지위에 있을 뿐이고 불공정한 약관을 근본적으로 만들어서 숙박계약의 내용으로 관철시키는 역할을 하는 것은 숙박플랫폼 사업자이다.

(4) 시정조치의 대상인 사업자를 확대하는 방안

약관법상 불공정한 약관을 사용하여 시정조치의 대상은 '사업자'로 규정되어 있다. 즉, 공정거래위원회는 사업자가 약관법의 내용통제규정에 위반한 약관을 사용한 경우에는 사업자에게 해당 불공정약관조항의 삭제·수정

---

56) Schweitzer, "Digitale Plattformen als private Gesetzgeber: Ein Perspektivwechsel für die europäische "Plattform-Regulierung"", 「ZEuP」, 2019, 1. 참조.

57) 이와 같은 입장으로 Olmor, "Haftung von Airbnb für unwirksame Stornierungsbedingungen", 「LSK」, 2017, 134.

등 시정에 필요한 조치를 권고할 수 있다(제17조의2 제1항). 또한 유사하게 불공정한 약관의 금지청구를 대상으로 하는 단체소송에서도 금지청구의 대상은 사업자로 규정되어 있다(소비자기본법 제70조 참조).

그에 반하여 독일에서 단체소송을 규정하고 있는 부작위소송법상으로는 약관의 내용통제규정에 따라 무효인 약관을 '사용하거나 권장하는 자'로 규정되어 있기 때문에 그 범위가 넓다(독일 부작위소송법 제1조 참조). 따라서 숙박플랫폼에서 환불불가 조항을 만들어서 숙박사업자에게 제시하도록 하면 여기서 말하는 권장하는 자에 포함되는 것으로 볼 수 있다.[58] 이처럼 독일에서는 이론적 어려움 없이 부킹닷컴은 환불불가 조항을 권장하는 자에 포함되기 때문에 단체소송의 대상이 될 수 있다.

우리 약관법 규정상 사업자를 계약당사자로 제한하고 있어 그 인적 적용범위를 확장할 수 없는 것처럼 생각할 가능성이 있다. 양 당사자 사이의 계약관계만을 고려하여 만든 약관법은 근본적으로 3당사자 관계에 적용될 수 없는 것처럼 보일 수 있다. 그러나 계약법적으로는 중개자로서의 역할을 가지고 있지만 실질적으로 계약관계를 지배하여 플랫폼 내 시장을 형성하고 전체적으로 플랫폼 내에서 체결되는 모든 숙박계약의 규범적 틀을 형성하고 있는 숙박플랫폼 사업자는 약관을 시장 지배의 법적 도구로 사용하고 있다. 이러한 점을 감안하면 숙박플랫폼 사업자를 약관법에 의하여 규제할 필요성이 있으므로 플랫폼 사업자에 대한 시정조치를 명할 수 있도록 해야 한다는 점에는 의문이 없다. 즉, 숙박플랫폼에서 사용되는 모든 숙박계약의 조건을 형성하고 있는 지위에 숙박플랫폼 사업자가 있으므로 개개의 숙박사업자가 아닌 숙박플랫폼 사업자에 대하여 약관의 변경을 도모하는 것이 타당하다. 이러한 취지를 기초로 해서 살펴볼 때 판례에 의한 법 형성이 요구된다고 할 수 있다.

---

58) 이와 같은 입장으로 Airbnb와 연관하여 Omlor, jM 2017, 134.

참고문헌

국내단행본

공정거래위원회, 「약관규제의 실제 : 약관규제법 시행 20주년을 기념하여」, 2008

곽윤직, 「채권각론」, 제6판, 2005

곽윤직 · 김재형, 「민법총칙」, 제9판, 2013

권오승, 「소비자보호법」, 제5판, 2005

김남홍, 「약관에 의한 계약에서 개별약정우선의 원칙에 관한 연구」, 한국외국어대학교 법학과 석사학위논문, 2014

김용덕 편, 「주석 민법[채권각칙(1)]」, 제5판, 2021

김윤명 · 신재호 · 김형렬 · 유대종, 「사이버스페이스법」, 2001

박설아, 「약관의 해석에 관한 연구」, 서울대학교 법학과 박사학위논문, 2016

박수영, 「소비자법해설」, 제4판, 2019

박지순, 「일반 사법상의 근로자보호제도에 관한 연구(I)」, 한국노총 중앙연구원, 2004

백태승, 「민법총칙」, 2021

법무부, 「국제사법 해설」, 2002

사법연수원, 「국제사법과 국제민사소송」, 2013

서돈각, 「상법강의(상)」, 1999

서희석, 「소비자계약의 법리」, 2018

서희석 · 백경일, 「소비자법의 민법전 편입에 관한 연구」, 2009년도 법무부연구용역 보고서, 2009

석광현, 「국제사법과 국제소송 1」, 2001

석광현, 「2001년 개정 국제사법 해설」, 제2판, 2003

석광현, 「국제사법 해설, 박영사」, 2013

소비자문제를 연구하는 시민의 모임, 「약관규제의 입법」, 1986
손주찬, 「상법(상)」, 제15판, 2005
송덕수, 「민법총칙」, 제6판, 2021
송덕수, 「신민법강의」, 제15판, 2022
양승규 · 박길준, 「개정 상법요론」, 1984
여정성 · 최종원 · 장승화, 「소비자와 법의 지배」, 2008
왕상한, 「전자상거래와 국제규범」, 2001
이기수 · 이병준 · 이대희, 「인터넷 경매에서의 계약체결과 소비자보호」, 아산재단 연구보고서 제96집, 2003
이병준, 「계약성립론」, 2008
이병준, 「현대시민사회와 소비자계약법」, 2013
이상정 · 권대우, 「약관의 규제에 관한 법률해설」, 한국소비자보호원, 1987
이영준, 「민법총칙」, 개정증보판, 2007
이은영, 「민법총칙」, 제5판, 2009
이은영, 「약관규제법」, 1994
이은영 편, 「소비자법과 민법」, 2010
이호영, 「소비자보호법」, 제4판, 2018
장경환, 「약관규제법 일반조항에 관한 연구—독일 약관규제법 제9조를 중심으로」, 서울대학교 법학과 박사학위논문, 1990
정희철, 「상법학(상)」, 1989
지원림, 「민법강의」, 제20판, 2023
차락훈, 「상법(상)」, 1966
최기원, 「상법학신론(상)」, 1986
한국법학교수회 편, 「법과 약관」, 삼영사, 1984

국내논문

고동원, "은행 거래에 있어서 근저당권 설정 비용 부담 주체에 관한 논의의 검토", 은행법연구 제5권 제2호, 2012
고영한, "수산업협동조합중앙회가 실시하는 어선공제상의 실효약관의 효력", 대법

원판례해설 제27호, 1997
고형석, “해외구매계약에서의 소비자보호에 관한 연구”, 민사법이론과 실무 제18권 제1호, 2014
고형석, “국제전자소비자계약에 있어서 준거법에 관한 연구”, 가천법학 제11권 제3호, 2018
권영준, “자살과 재해사망보험금 지급에 관한 보험약관의 해석”, 재산법연구 제32권 제3호, 2013
권오승, “보통거래약관법시안”, 「민사법개정의견서」, 1982
권오승, “보통거래약관의 효력한계”, 사회과학논집 창간호, 1984
권오승, “한국의 약관규제”, 경쟁법연구 제8권, 2016
김교창, “보통거래약관의 기초적 연구”, 보통거래약관의 연구, 1983
김남홍, “선택규정의 약관성과 근저당권설정비용 부담주체”, 외법논집 제38권, 2014
김대규, “독일 약관규제법의 민법전 편입 및 개정”, 경쟁법연구 제8권, 2002
김대규, “약관편입통제 조항의 기능성연구 – 소비자보호의 관점에서”, 비교사법 제11권 제1호, 2004
김동훈, “개별교섭후 수정되지 않은 약관조항의 효력 – 대상판결: 대법원 2008. 7. 10. 선고 2008다1650 판결”, 법학논총 제22권 제2호, 2010
김동훈, “약관규제법 시행 이후의 대표적 판결과 그 의의”, 외법논집 제41권 제3호, 2017
김동훈, “약관법의 형성과 전개”, 「한국민법이론의 발전(I): 채권편」, 1999
김동훈, “약관조항의 일부무효의 법리: 약관규제법 16조의 해석론”, 경희법학 제23권 제1호, 1988
김동훈, “전자거래와 관련한 약관규제법의 정비방안”, 디지털경제법제⑤ 전자거래 관련 법제정비방안, 2001
김민중, “골프회원계약”, Jurist plus 제411호: 채권법(계약법), 2006
김상철, “약관의 개념”, 대법원판례해설 제31호, 1999
김선국, “구두증거배제의 원칙 – 그 적용상의 문제와 현대적 의미에 관하여”, 경영법률 제16집 제2호, 2006
김성민, “서식의 충돌시 계약 내용의 확정”, 민사법학 제73호, 2015

김성민, "서식의 충돌의 국제사법상 쟁점", 국제사법연구 제23권 제1호, 2017
김세준, "숙박예약 플랫폼과 환불불가 약관", 월간 소비자 제422호, 2020
김시철, "개별약정에 의한 관할합의의 허용범위와 법원이 관할합의 약관조항에 대하여 행하는 구체적 내용통제의 특성", 대법원판례해설 제77호, 2009
김영갑, "약관규제의 법리와 수정해석의 문제", 법조 제484호, 1997
김영주, "미국 통일상법전상의 구두증거배제법칙과 계약의 해석", 비교사법 제23권 제2호, 2016
김원기 · 박수영, "소비자기본법상 집단적분쟁해결제도", 상사판례연구 제20집 제2권, 2007
김은경, "상법상 보험약관 교부 및 설명의무와 독일 보험계약법 개정안의 소비자정보제공 등의 의무에 대한 고찰", 외법논집 제25집, 2007
김인호, "소비자계약 및 그 분쟁해결조항에 대한 소비자보호의 범위와 한계", 국제거래법연구 제29권 제2호, 2020
김종귀 · 강창경, "약관의 명료화에 관한 연구", 한국소비자보호원, 1997
김주호, "금융기관의 이율변경에 관하여 정한 약관조항에 대한 개별약정우선의 원칙", 판례연구 13집, 2002
김진우, "CISG에서의 약관의 편입통제", 경희법학 제46권 제2호, 2011
김진우, "약관의 해석에 관한 일고찰 — 객관적 해석과 작성자 불이익의 원칙의 유럽법과의 비교를 통한 검토", 재산법연구 제28권 제3호, 2011
김진우, "공통참조기준초안(DCFR)에 따른 계약의 내용통제", 법학논고 제38집, 2012
김진우, "약관의 내용통제의 정당화 사유", 법학연구 제53권 제1호, 2012
김진우, "불공정조항의 내용통제에 관한 몇 가지 법적 문제점 — 유럽 및 독일계약법과의 비교를 중심으로", 외법논집 제36권 제1호, 2012
김진우, "근저당권설정비용의 부담에 관한 선택형 약관조항이 약관규제법 제6조의 의미에서의 불공정조항에 해당하는지 여부 — 대법원 2014. 6. 12. 선고 2013다214864 판결", 민사법학 제69호, 2014
김진우, "금융거래에서의 약관에 대한 사법적 통제", 민사판례연구 제37권, 2015
김진우, "약관조항의 불편입 및 무효와 그 보충", 외법논집 제39권 제4호, 2015

김진우, “약관의 편입통제”, 동북아법연구 제8권 제3호, 2015
김진우, “금융거래에서의 부수적 대가조항의 내용통제”, 외법논집 제41권 제3호, 2017
김진우, “강행적 계약법”, 법조 제68권 제4호, 2019
김진혜, “약관해석에 적용되는 객관적 해석원칙과 불명확조항 해석원칙 — 대법원 2017. 12. 13. 선고 2015다33441 판결에 대한 평석”, 소비자법연구 제5권 제2호, 2019
김진환, “약관규제법과 전자약관의 계약편입”, 법학연구 제10집, 2001
김택주, “보험모집인의 설명과 개별약정의 성립”, 상사판례연구 제5집, 1992
김형배, “보통거래약관에 의한 계약”, 고시연구 제20권 제2호, 1993
김화, “약관에 있어서 효력유지적 축소해석 — 독일법상의 논의를 중심으로”, 민사법학 제82호, 2018
김화, “약관에 있어서 투명성 원칙에 대한 고찰 — 독일법상의 논의와 우리 약관규제법에 있어서의 함의”, 비교사법 제26권 제3호, 2019
노종천, “DCFR에서의 약관규제”, 법학연구 제15집 제3호, 2012.
박미영, “플랫폼 규제를 위한 플랫폼 작용의 이해 필요성”, 유통법연구 제5권 제2호, 2018
박설아, “약관에서 불명확조항의 해석 — ‘고객 유리의 해석 원칙’을 중심으로”, 법조 제64권 제11호, 2015
박신욱, “가격조정조항에 대한 독일법과의 비교 연구(I) — 서울중앙지법 2016. 10. 6. 선고 2014가단5221992 판결과 인천지법 2017. 6. 27. 선고 2016가합3177 판결의 비교를 중심으로”, 법과정책연구 제22권 제3호, 2022
박신욱, “도서정가제에 대한 우리나라와 독일의 법체계에 대한 비교법적 고찰 — 대법원 2019. 9. 10. 자 2019마5464 결정에 대한 비판적 접근”, 비교사법 제27권 제1호, 2020
박종희, “보통거래약관의 민법에의 통합”, 「독일 채권법의 현대화」, 2002
박찬주, “약관의 해석과 예문해석”, 아주법학 제2권 제1호, 2008
박창희, “약관해석에 관한 일고찰”, 전북법학논집 제1집, 2000
백경일, “소비자보호법의 민법전 내 편입문제에 관한 비판적 고찰 — 소비자사법론,

상황관련적 소비자보호관, 실질적 사적 자치 개념 등의 모순성에 대하여", 재산법연구 제26권 제2호, 2008
백경일 · 이병준, "개인정보 관련 약관 · 서식과 그 내용통제", 외법논집 제36권, 2012
서희석, "공정위의 표준약관 직권제정 및 사용권장과 그 전제로서의 약관조항의 불공정성 판단: 추상적 내용통제와 구체적 내용통제의 관계", 판례연구 제24집, 2013
서희석, "약관규제와 계약법", 외법논집 제41권 제3호, 2017
서희석, "일본의 3단계 전기요금 누진제 – 우리나라 누진제와의 비교 및 시사점", 소비자문제연구 제50권 제1호, 2019
석광현, "국제거래와 약관의규제에관한법률의 적용", 국제사법연구 제9호, 2003
석광현, "국제계약법", 국제사법연구 제4호, 1999
석광현, "영국법이 준거법인 한국 회사들 간의 선박보험계약과 약관규제법의 적용 여부 – 대상판결: 대판 2015. 3. 20., 2012다118846(본소), 2012다118853(반소)", 저스티스 제149호, 2015
석광현, "국제사법상 소비자계약의 범위에 관한 판례의 소개와 검토: 제27조의 목적론적 축소와 관련하여", 국제사법연구 제22권 제1호, 2016
석광현, "해외직접구매에서 발생하는 분쟁과 소비자의 보호: 국제사법, 중재법과 약관규제법을 중심으로", 서울대학교 법학 제57권 제3호, 2016
성준호, "DCFR의 불공정조항 규정에 관한 고찰", 외법논집 제36권 제3호, 2012
소재선, "무효행위의 추인과 약관의 규제에 관한 법률", jurist 409호, 2006
손건웅, "보통거래약관의 효력과 그 배제의 한계", 판례연구 제1집, 1988
손지열, "보험외판원의 잘못된 설명과 개별약정의 성립", 「민사판례연구 제12권」, 1990
손지열, "약관에 관한 판례의 동향", 「민사판례연구 제10권」, 1988.
손지열, "일반거래약관과 예문해석", 「민사판례연구 제3권」, 1981
송덕수, "보통거래약관의 법률문제", 이화여자대학교 법학논집 제11권 제1호, 2006
송덕수, "근저당권 설정비용 등의 부담자", 이화여자대학교 법학논집 제22권 제4호, 2018
신영수, "약관의 규제와 소비자보호", 「소비자와 법의 지배」, 2008

신정은, “부킹닷컴상 약관의 제3자(고객)에 대한 효력과 규제 – 서울고등법원 2020.5.20. 선고, 2019누38108 판결을 중심으로”, 외법논집 제44권 제4호, 2020
양승규, “내용설명이 다른 보통보험약관의 효력”, 보험학회지 제34권, 1989
양승규, “보통보험약관의 구속력”, 서울대학교 법학 제27권 제4호, 1986
양승규, “보험자의 보험약관의 명시설명의무”, 서울대학교 법학 제40권 제1호
양승혜, “해외 직거래상황에서의 소비자 보호를 위한 기존 법제의 분석 및 대안검토”, KHU 글로벌기업법무 리뷰 제8권 제1호, 2015
양창수, “약관조항에 대한 내용통제”, 「민법연구 제4권」, 1997
오석웅, “CISG에 있어서 약관의 편입과 준거법조항의 성립 및 유효성의 준거법”, 법학연구 제20권 제3호, 2020
오승유, “숙박공유 플랫폼 약관의 불공정성 – 에어비앤비(Airbnb) 이용약관을 중심으로”, 소비자법연구 제5권 제2호, 2019
유남석, “독일 사법상 단체소송”, 재판자료 제74집, 1996
유시동, “불명확준칙 및 제한적 해석원칙에 의한 약관규제”, 재산법연구 제16권 제1호, 1999
유주선, “은행근저당권설정비 부담주체 : 2012년 5월 8일 선고한 독일 연방대법원 판례를 고려하여”, 기업법연구 제27권 제1호, 2013
윤남순, “미국 계약법상 구두증거배제의 법칙”, 「지식사회와 기업법」(이기수 교수 화갑기념논문집), 2005
윤남순, “국제사법상 소비자계약의 적용에 관한 문제”, 경영법률 제28권 제4호, 2018
윤태영, “키코판결과 설명의무”, 민사법학 제66호, 2014
이균성, “상법개정에 대한 개별적 의견의 종합”, 「상법개정의 논점」, 1981
이기수, “보통보험약관의 효력”, 사법행정 제346호, 1989
이병준, “가상시장의 규칙인 인터넷경매이용약관의 편입과 그 규제”, 법조 제51권 제9호, 2002
이병준, “유럽계약법에서의 소비자와 사업자”, 외법논집 제23집, 2006
이병준, “약관규제법의 민법편입”, 「소비자법과 민법」, 2010
이병준, “글로벌 인터넷 서비스의 법적 환경과 서비스 구성 가능성”, 가천법학 제5권 제1호, 2012

이병준, “약관의 추상적 내용통제와 구체적 내용통제의 관계－약관의 추상적 내용통제에서 확정된 약관의 무효를 개인의 개별적인 소송에서 주장할 수 있는가?”, 재산법연구 제29권 제2호, 2012
이병준, “해외 소셜 네트워크 서비스이용약관의 약관규제법에 의한 내용통제 가능성: Facebook 게시물이용약관의 유효성을 중심으로”, 소비자문제연구 제41호, 2012
이병준, “서비스이용자의 위반행위에 대한 제재와 불명확조항해석의 원칙”, 민사판례연구 제35권, 2013
이병준, “선택규정의 약관성－근저당권설정비용 반환소송과 관련하여”, 안암법학 제42호, 2013
이병준, “약관의 개념에 관한 약관규제법 제2조의 규정취지와 의미 내용”, 가천법학 제7권 제3호, 2014
이병준, “키코판결과 약관규제법상의 쟁점”, 외법논집 제38권 제2호, 2014
이병준, “2014년 소비자법 판례의 동향”, 소비자법연구 제1권 제1호, 2015
이병준, “의외조항 내지 기습조항의 법률적 취급”, 민사법학 제73호, 2015
이병준, “모순 있는 보험약관조항의 해석과 불명확조항 해석원칙의 적용”, 선진상사법률연구 통권 제74호, 2016
이병준, “계약당사자가 아닌 제3자에 대한 면책약관의 적용과 그 내용통제”, 법학연구 제57권 제1호, 2016
이병준, “약관규제법에 관한 입법평가”, 입법평가연구 제11호, 2017
이병준, “법원에 의한 가격수정과 사적자치의 원칙”, 법조 제67권 제3호, 2018
이병준, “약관규제법에 기한 내용통제와 일반사법인 민법에 기한 내용통제”, 「민사법의 실현과 지향」(윤용석 교수 정년기념논문집), 2019
이병준, “전기요금 누진제와 가격결정에 대한 정당성 통제－대전지방법원 2017. 12. 22. 선고 2017나103175 판결”, 법조 제68권 제4호, 2019
이병준, “숙박플랫폼의 환불불가 조항과 약관규제법에 의한 내용통제－서울고법 2020. 5. 20. 선고 2019누38108 판결에 대한 평석”, 소비자법연구 제6권 제3호, 2020
이병준, “약관규제법에 의한 내용통제의 대상과 그 제한”, 선진상사법률연구 제95

호, 2021
이병준·김도년, “약관규제법 관련 최근 동향과 입법과제 – 단체소송을 통한 약관심사와 표준약관 활성화 방안을 중심으로”, 법조 제58권 제3호, 2009
이병준·정신동·김세준, “플랫폼 경제시대에 있어 제조물책임법의 확장 – Oberdorf v. Amazon.com Inc. 판결을 중심으로”, 소비자법연구 제6권 제1호, 2020
이병준·황원재·박미영, “유럽연합 전자상거래 플랫폼 규제동향과 시사점”, 외법논집 제42권 제3호, 2018
이소은, “미국법상 구두증거배제의 원칙에 관한 연구 – 처분문서의 증명력 법리와의 비교를 중심으로”, 비교사법 제23권 제1호, 2016
이소은, “약관 중요내용의 설명의무와 그 면제사유에 관한 고찰 – 대법원 2019. 5. 30. 선고 2016다276177 판결을 중심으로”, 홍익법학 제20권 제3호, 2019
이영준, “법원에 의한 일반약관의 통제(2)”, 법조 제18권 제11호, 1969
이원일, “약관의 규제에 관한 법률 제6조 제2항 제2호 소정의 ‘고객이 계약의 거래형태 등 제반 사정에 비추어 예상하기 어려운 조항’의 의미 및 상가분양계약서에 기재된 ‘기부채납에 대한 부가가치세액은 별도’라는 규정이 위 법률 소정의 조항에 해당하는지 여부”, 대법원 판례해설 제31호, 1998
이은영, “보통거래약관의 해석원칙”, 「사법연구 1: 계약법의 특수문제」, 삼영사, 1983
이은영, “약관법과 민법의 관계, 계약내용통제 및 일부무효와 관련하여”, 외법논집 제34권 제4호, 2010
이은영, “약관에 대한 추상적 내용통제”, 외법논집 제41권 제1호, 2017
이재현, “개별약정 우선의 원칙”, 법학연구 제15권 제1호, 2004
이재현, “약관의 개념”, 비교사법 제10권 제1호, 2003
이재현, “약관의 편입”, 부동산법학 제10집, 2004
이재현, “약관해석의 원칙”, 사회과학연구 제21집, 2003
이재현, “일부무효의 특칙에 관한 법리: 비교법적 고찰”, 비교사법 제7호, 1997
이재현, “약관의 편입”, 부동산법학 제10집, 2004
이채진, “고난도 금융투자상품과 투자자보호 적합성원칙과 관련하여”, 홍익법학 제21권 제1호, 2020

이춘원, "외국어로 된 약관의 규제에 대한 소고", 성균관법학 제21권 제3호, 2009
이헌묵, "국제적 강행규정의 판단기준", 인권과 정의 제442호, 2014
이헌묵, "국제사법 제27조에 의해 보호되는 소비자계약의 범위와 수동적 소비자가 되기 위한 요건의 국제거래와 약관규제법 분석", 소비자문제연구 제49권 제2호, 2018.
이희영, "약관규제법 제8조, 제6조에 위배되는 약관의 효력", 대법원판례해석 제21호, 1994
임홍근, "보통거래약관(상)", 판례월보 제206호, 1987
장경환, "증권거래법의 문제점 : 약관의 규제에 관한 법률 제6조(일반원칙)에 관한 몇가지 고찰", 상사법연구 제8권, 1990
장경환, "보통거래약관의 개념 – 약관의 규제에 관한 법률 제2조를 중심으로", 법학연구 제3권, 1991
장경환, "약관의 구속력의 근거", 고시계 제40권 제7호, 1995
장경환, "약관의 내용통제의 방식과 체계", 경희법학 제30권 제1호, 1995
장경환, "고객이 수기한 내용의 약관성", 경희법학 제31권 제1호, 1996
장경환, "약관의 의외성의 원칙 – 독일 약관규제법 제3조를 중심으로", 경희법학 제34권 제2호, 1999
장경환, "우리나라 약관규제법의 의의와 성과", 경희법학 제41권 제2호, 2006
장덕조, "설명의무위반으로 인한 계약편입배제와 개별약정 우선의 원칙", 사법 제37호, 2016
장재현, "계약의 제3자에 대한 효력", 성균관법학 제19권 제1호, 2007
장준혁, "흑연전극봉 카르텔 사건에서의 저촉법적 논점의 검토", 국제사법연구 제8호, 2003
정규상, "소비자단체소송", 성균관법학 제19권 제2호, 2007
정영수, "소비자단체소송에 관한 고찰", 법조 제56권 제3호(통권 제606호), 2007
정종휴, "인터넷에 의한 여·수신계약과 은행거래약관", 비교사법 제7권 제2호, 2000
정진명, "인터넷을 통한 거래의 계약법적 문제 – 인터넷통신계약을 중심으로", 비교사법 제6권 제1호, 1999
정진명, "계약자유와 약관의 내용통제", 소비자법연구 제5권 제2호, 2019

정형진, "영미법상 구두증거배제원칙", 경영법률 제17집 제1호, 2006
정호열, "약관과 다른 보험모집인의 설명과 보험자의 책임", 보험법연구 제1권, 1995
지원림, "(근)저당권 설정비용의 부담자", 고려법학 제66호, 2012
진상범 · 최문희, "KIKO 사건에 관한 대법원 전원합의체 판결의 논점: 적합성 원칙과 설명의무를 중심으로", BFL 제63호, 2014
최난설헌, "불공정조항지침 관련 최근 EU 판례 동향 및 시사점", 선진상사법률연구 제74호, 2016
최병규, "상법 제638조의3과 약관법 제3조의 관계", 보험법률 제15호, 1997
최병규, "독일 약관규제법 폐지와 변화", 상사법연구 제21권 제1호, 2002
최병규, "근저당권설정비의 부담주체에 대한 연구—서울고등법원 2008년 11월 20일 선고 2008누7962 판결에 대한 평석을 중심으로", 상사판례연구 제22권 제1호, 2009
최병규, "약관규제법상 개별약정 우선의 원칙에 관한 연구", 경제법연구 제10권 제1호, 2011
최병규, "약관규제법상 일부무효의 특칙에 관한 연구", 경제법연구 제10권 제2호, 2011
최병규, "은행근저당권설정비 부담주체에 대한 약관의 효력—대법원 2010.10.14. 선고 2008두23184 판결에 대한 평석을 중심으로", 상사판례연구 제24권 제1호, 2011
최병규, "약관내용에 대한 사법적 통제의 한계", 경제법연구 제12권 제1호, 2013
최병규, "은행의 근저당권설정비 부담주체에 관한 후속논의", 외법논집 제37권 제2호, 2013
최병규, "약관의 계약편입요건에 관한 연구", 경제법연구 제13권 제2호, 2014
최병규, "부킹닷컴 '환불불가 상품 조항'의 불공정 약관 여부—서울고법 2020.5.20. 선고 2019누38018 판결에 대한 평석을 중심으로", 경제법연구 제19권 제2호, 2020
최성수, "국제사법 제27조의 해석론 및 관련 판례에 대한 평가", 국제사법연구 제22권 제2호, 2016
최영홍, "완결조항에 관한 소고", 상사법연구 제28권 제1호, 2009

최준규, "보험계약의 해석과 작성자불이익 원칙 – 최근 대법원 판례들을 중심으로", BFL 제48호, 2011
최홍섭, "유엔국제매매법(CISG)에서 약관에 관한 문제", 법조 제55권 제1호, 2006
최홍섭, "유엔국제물품매매법(CISG)상의 계약성립 규정과 그 보충가능성에 관한 검토 – 국제상사계약원칙(PICC) 및 계약법원칙(PECL)과의 비교를 통해", 재산법연구 제26권 제3호, 2010
한인상, "독일민법상 보통거래약관에 관한 내용통제와 근로계약의 형성", 광운비교법학 제5호, 2004
홍대식, "약관규제법상 불공정약관조항 사용금지 의무 위반에 대한 행정적 책임 주체와 관련 문제", 비교사법 제29권 제1호, 2022
황남석, "근저당권설정비용의 부담주체에 관한 고찰", 법조 제61권 제8호, 2012.
황원재, "약관규제에 관한 법률상 심사기준과 그 의미", 재산법연구 제35권 제1호, 2018
황원재, "온라인 플랫폼의 도서 할인은 위법한가?", 월간 소비자 제420호, 2020

해외단행본

Bamberger/Roth(Hrsg.), Beck'scher Online-Kommentar BGB, 50. Edition 2019
Boemke-Albert, Rechtsfolgen unangemessener Bestimmungen in Allgemeinen Geschäftsbedingungen, 1989
Bunte, Handbuch der Allgemeinen Geschäftsbedingungen, 1982
Canaris, Vertrauenshaftung im deutschen Privatrecht, 1971
Ermann, BGB, Handkommentar, 12. Aufl. 2008
Fastrich, Richterliche Inhaltskontrolle im Privatrecht, 1992
Flume, Allgemeiner Teil des Bürgerlichen Rechts, Bd. II, Das Rechtsgeschäft, 1979
Grigoleit, Grenzen des Informationsmodells – Das Spread-Ladder- Swap-Urteil des BGH im System der zivilrechtlichen Informationshaftung, Bankrechtstag 2012, 2013
Hellewege, Allegemeine Geschäftsbedingungen, einseitig gestellte Vertragsbediungen und die allgemeine Rechtsgeschäftlehre, 2010
v. Hoyningen-Huene, Die Billigkeit im Arbeitsrecht. Ein Beitrag zur rechtsdogmatischen

Präzisierung der Billigkeit im Zivilrecht — dargestellt am Beispiel des Arbeitsrechts, 1978

Kluth, Die Grenzen des kollisionsrechtlichen Verbraucherschutzes, 2009

Kroll-Ludwigs, Die Rolle der Parteiautonomie im europäischen Kollisionsrecht, 2013

Münchener Kommentar zum BGB, 9. Auflage 2022 [MüKoBGB/Bearbeiter로 인용]

Raiser, Das Recht der Allgemeinen Geschäftsbedingungen, 1935

Reithmann/Martiny, Internationales Vertragsrecht, 9. Auflage 2021

Rühl, Rechtswahlfreiheit und Rechtswahlklauseln in Allgemeinen Geschäftsbedingungen 1999

Sachse, Der Verbrauchervertrag im internationalen Privat- und Prozessrecht, 2006

Säcker, Die Einordnung der Verbandsklage in das System des Privatrechts, 2006

Söllner, Einseitige Leistungsbestimmung im Arbeitsverhältnis, 1966

Stankewitsch, Entscheidungsnormen im IPR als Wirksamkeitsvoraussetzungen der Rechtswahl, 2003

J. von Staudingers, Kommentar zum Bürgerlichen Gesetzbuch mit Einführungsgesetz und Nebengesetzen, 18. Auflage 2019 [Staudinger/Bearbeiter로 인용]

Stoffels, Der Vertragsbruch des Arbeitnehmers: Zugleich ein Beitrag zu den Grenzen der Vereinbarungsfreiheit im Arbeitsverhältnis, 1994

Stoffels, AGB-Recht, 4. Auflage 2021

Ulmer/Brandner/Hensen, AGB-Recht: Kommentar zu den §§ 305-310 BGB und zum UKlaG, 12. Auflage 2016 [Ulmer/Bearbeiter로 인용].

Wolf/Lindacher/Pfeiffer, AGB-Recht, 7. Auflage 2020 [Wolf/Bearbeiter로 인용].

Wolf/Neuner, Allgemeiner Teil des Bürgerlichen Recht, 10. Aufl. 2012

해외논문

Basedow, Kollektiver Rechtsschtuz und individuelle Rechte — Die Auswirkungen des Verbandsprozesses auf die Inzidentkontrolle von AGB, AcP 182(1982)

Beckmann, Auswirkungen der Auge-und-Ohr-Rechtsprechung auf die Beurteilung von Vollmachtsbeschränkungen, NJW 1996

Bloching, Schriftformklausel in der Rechtsprechung von BGH und BAG, NJW 2009
Canaris, Grundrechte und Privatrecht, AcP 184(1984)
Coester-Waltjen, Die Inhaltskontrolle von Verträgen austerhalb des AGBG, AcP 190(1990)
Gansfort, Wirksame Einbeziehung der Allgemeinen Beförderungsbedingungen der Luftfahrtunternehmen in den Pauschalflugreise-Vertrag?, TranspR 1989
Gounalakis, Formularmäßige ärztliche Aufklärung im Lichte des AGB-Gesetzes, NJW 1990
Grapentin, Vertragsschluss bei Internet-Auktionen, GRUR 2001
Hager, Die Versteigerung im Internet, JZ 2001
Höhn, Wirksamkeitskontrolle als Instrument des allgemeinen Privatsrechts zur Bewältigung von Ungleichgewichtslagen, JZ 1983
Kramer, Nichtausgehandelter Individualvertrag, notariell beurkundeter Vertrag und AGBG, ZHR 146(1982)
Lieb, Sonderprivatrecht für Ungleichgewichtslagen, AcP 178(1978)
Lingemann/Gotham, Doppelte Schriftformklausel - gar nicht einfach!, NJW 2009
Lorenz, Die Rechtswahlfreiheit im internationalen Schuldvertragsrecht — Grundsatz und Grenzen, RIW 1987
Löwenheim, Irrtumsanfechtung bei Allgemeinen Geschäftsbedingungen, AcP 180(1980)
Mankowski, Überlegungen zur sach-und interessengerechten Rechtswahl für Verträge im internationalen Wirtschaftsverkehr, RIW 2003
Mankowski, Strukturfragen des internationalen Verbrauchervertragsrechts, RIW 2003
Mankowski, Verbandsklagen, AGB-Recht und Rechtswahlklauseln in Verbraucherverträgen, NJW 2016
Miethaner, ABG oder Individualvereinbarungt — die gesetzliche Schlüsselstelle "im Einzelnen ausgehandelt", NJW 2010
Nord/Manzel, "Datenschutzerklärungent — misslungene Erlaubnisklauseln zur Datennutzung Happy-Digits" und die bedenklichen Folgen im E-Commerce, NJW 2010

Olmor, Haftung von Airbnb für unwirksame Stornierungsbedingungen, LSK 2017

Pfeiffer, Die Abwahl des deutschen AGB-Rechts in Inlandsfällen bei Vereinbarung eines Schiedsverfahrens, NJW 2012

Pfeiffer, Transparenz von Rechtswahlklauseln in Verbraucherverträgen, LMK 2017

Rieländer, Die Inhalts- und Transparenzkontrolle von Rechtswahlklauseln im EU-Kollisionsrecht, RIW 2017

Roth, Datenschutz, Verbandsklage, Rechtswahlklauseln in Verbraucherverträgen: Unionsrechtliche Vorgaben für das Kollisionsrecht, IPRax 2017

Rüfner, Virtuelle Marktordnungen und das AGB-Gesetz, MMR 2000

Sambuc, Unklarheitenregel und enge Auslegung von AGB, NJW 1981

Schmidt-Rimpler, Grundfragen einer Erneuerung des Vertragsrechts, AcP 147 (1947)

Schünemann, Aufklärungspflicht und Haftung, BB 1987

Schweitzer, Digitale Plattformen als private Gesetzgeber: Ein Perspektivwechsel für die europäische "Plattform-Regulierung", ZEuP 2019

Sieg, Auswirkungen des ABG-Gesetzes auf Justiz und Verwaltung im Bereich der Privatversicherung, VersR 1977

Sieg, Allgemeine Geschäftsbedingungen im grenzüberschreitenden Rechtsverkehr, RIW 1997

Tilmann, Das AGB-Gesetz und die Einheit des Privatrechts, ZHR 142 (1978)

Ulmer, Teilunwirksamkeit von teilweise unangemessenen AGB-Klauseln?, NJW 1981

Wolf, Vorschläge für eine gesetzliche Regelung der AGB, JZ 1974

Zöllner, Privatautonomie und Arbeitsverhältnis, AcP 176 (1976)

판례색인

사항색인

저자_ **이병준**

고려대학교 법과대학, 동 대학원 졸업(법학석사)

독일 Tübingen 대학교 법과대학(법학박사)

부산대학교 법과대학, 한국외국어대학교 법학전문대학원 교수

대법원 재판연구관, 법무부 민법개정위원

현재: 고려대학교 법학전문대학원 교수

E-mail: leebgb@korea.ac.kr

약관법론

초판 1쇄 인쇄 2023년 10월 20일
초판 1쇄 발행 2023년 10월 30일

—

저 자 | 이병준
발행인 | 이방원

—

발행처 | 세창출판사

신고번호 · 제1990-000013호 | 주소 · 서울 서대문구 경기대로 58 경기빌딩 602호
전화 · 02-723-8660 | 팩스 · 02-720-4579
http://www.sechangpub.co.kr | e-mail: edit@sechangpub.co.kr

—

ISBN 979-11-6684-257-3 93360